云南省哲学社会科学创新团队成果文库

西南地区扶贫实践研究

Research on Poverty Alleviation Practice in Southwest China

冯朝睿　著

社会科学文献出版社
SOCIAL SCIENCES ACADEMIC PRESS (CHINA)

《云南省哲学社会科学创新团队成果文库》
编辑说明

《云南省哲学社会科学创新团队成果文库》是云南省哲学社会科学创新团队建设中的一个重要项目。编辑出版《云南省哲学社会科学创新团队成果文库》是落实中共中央、云南省委关于加强中国特色新型智库建设意见，充分发挥哲学社会科学优秀成果的示范引领作用，为推进哲学社会科学学科体系、学术观点和科研方法创新，为繁荣发展哲学社会科学服务的具体举措。

云南省哲学社会科学创新团队 2011 年开始立项建设，在整合研究力量和出人才、出成果方面成效显著，产生了一批有学术分量的基础理论研究和应用研究成果，2016 年云南省社会科学界联合会决定组织编辑出版《云南省哲学社会科学创新团队成果文库》。

《云南省哲学社会科学创新团队成果文库》从 2016 年开始编辑出版，拟用 5 年时间集中推出 100 本云南省哲学社会科学创新团队研究成果。云南省社科联高度重视此项工作，专门成立了评审委员会，遵循科学、公平、公正、公开的原则，对申报的项目进行了资格审查、初评、终评的遴选工作，按照"坚持正确导向，充分体现马克思主义的立场、观点、方法；具有原创性、开拓性、前沿性，对推动经济社会发展和学科建设意义重大；符合学术规范，学风严谨、文风朴实"的标准，遴选出一批创新团队的优秀成果，根据"统一标识、统一封面、统一版式、统一标准"的总体要求，组织出版，以达到整理、总结、展示、交流，推动学术研究，促进云南社会科学学术建设与繁荣发展的目的。

编委会

2017 年 6 月

序　一

习近平总书记在全国脱贫攻坚总结表彰大会上庄严宣告："经过全党全国各族人民共同努力，在迎来中国共产党成立一百周年的重要时刻，我国脱贫攻坚战取得了全面胜利"，"完成了消除绝对贫困的艰巨任务，创造了又一个彪炳史册的人间奇迹！"① 《人类减贫的中国实践》白皮书指出，贫困问题本质上是对人民的根本态度问题。中国共产党从建党之初就将以人民为中心的本质属性和核心价值内嵌于党的初心与使命中，70余年来中国共产党带领广大人民群众以中国发展的成功实践为推进世界减贫进程贡献了中国方案和中国智慧。

中国西南地区受区位、政策和地缘政治等因素影响，贫困问题错综复杂，是脱贫攻坚的主战场和重点区域。冯朝睿博士从2011年开始关注扶贫研究，至今已12年。她和团队成员跑遍了云南11个州市的129个区县中的70多个区县和邻近的贵州、四川、重庆、西藏等地的重点贫困地区。西南贫困地区改变了基础设施、财政投入、人才资源、文化供给、公共服务等落后的状况，到2020年所有贫困村实现了村村通硬化道路、自来水、天然气、公交车、网络宽带和快递，同时，还建立了完善的人才引进、文化供给和公共服务可达性机制。今天，冯朝睿博士基于自己的切实感受、实践调研资料，扎实地完成了《西南地区扶贫实践研究》一书，该书理论联系实际，用定性与定量相结合的方法对西南地区的扶贫政策、政策实施、政策效果全过程展开了分析，论证科学，立场坚定，展现了当代年轻学者扎实的学术功底和对国家政治制度由衷的认同与自豪。

通读全书，一部西南地区减贫发展史就是一部不断追求公平正义的文明进化史。西南地区科学精准地根据国家政策出台不同阶段细化可操作的

---

① 习近平：《在全国脱贫攻坚总结表彰大会上的讲话》，人民出版社，2021，第1页。

扶贫方案，跟立足实际的决策原则、民主集中的决策机制、改革创新的决策驱动力、为民谋利的决策价值观和脱贫攻坚的国家战略密切相关，这是中国公共政策保持精准理性的核心机制，也是中国摆脱贫困的制度秘钥。

聚焦中国西南地区的扶贫实践，在中国扶贫政策的统一指导下，本书提炼了西南地区扶贫的典型案例，基于案例分析，总结提炼了西南地区扶贫实践的模式。该模式克服了以政府为单一治理主体力量的扶贫弊端，打破了中国传统扶贫模式中政府与社会、政府与市场以及社会与市场之间的隔阂，集中全国扶贫资源干好了脱贫攻坚这件大事要事和民生之事。这种内生于中国政治土壤的积极动员社会多方力量参与的扶贫模式，是适合西南地区实际的模式，是凝聚中国社会多边共识与合力的体现社会普遍夙愿的模式，是对西方精英治理模式的超越与替代。该模式将公平正义的核心价值理念全面融入扶贫制度安排和政策实践中，致力于实现全体人民共同富裕的制度追求，创新了人类制度文明的形态。西南地区的扶贫实践促进了极度贫困地区人民生活水平的改善，缩小了社会收入分配差距，缓解了社会发展过程中的突出矛盾，实现了预期的目标。冯朝睿博士的著作从西南地区扶贫的政策制定水平、政策执行水平和实施效果三个层面进行了整体性的效果呈现和客观精准的测量分析，框架合理、内容翔实、方法得当、数据精准、结论科学、策略可行，是一部立足实践既有质性分析又有量化测量的扶贫研究佳作。

农业农村部农村经济体制与经营管理司原司长

清华大学中国农村研究院副院长

全国乡村文化联盟副主席、中国农业风险管理研究会会长

张红宇

序 二

消除贫困、改善民生、实现共同富裕，是社会主义的本质要求。党的十八大以来，中国共产党和中国政府坚持以人民为中心的发展思想，把脱贫攻坚摆在治国理政的突出位置，明确了到 2020 年我国现行标准下农村贫困人口实现脱贫、贫困县全部摘帽、解决区域性整体贫困的目标任务，实现全面建成小康社会的目标。经过全党全国各族人民共同努力，在中国共产党成立一百周年之际，脱贫攻坚战取得了全面胜利，完成了消除绝对贫困的艰巨任务，创造了人类减贫史上的伟大奇迹。

习近平总书记强调："脱贫攻坚不仅要做得好，而且要讲得好。"① 讲好中国扶贫故事，有利于让世界更加全面、系统、深刻地理解中国共产党治国理政的大逻辑、大格局、大历史观，有利于为世界上其他国家减贫事业分享中国经验、传播中国智慧、提供中国方案，有利于全党全国各族人民在新征程上更加凝心聚力取得更多更大的发展成就。

西南地区是我国脱贫攻坚硬仗中的重点场域，扶贫实践取得的历史性成就是我国打赢脱贫攻坚战的一个生动缩影。昆明理工大学冯朝睿教授以西南地区为讲好中国扶贫故事的一隅，系统梳理和回顾了重庆、四川、云南、贵州、西藏等 5 省（区、市）的扶贫实践，从理论维度、实践维度、政策维度、策略维度等对西南地区扶贫实践的相关问题进行了研究，形成了专著《西南地区扶贫实践研究》。

该著作是云南省哲学社会科学创新团队研究成果之一，得到了云南省社科联"云南省哲学社会科学创新团队成果文库"的资助，共九章内容，六大板块。该著作的研究价值和研究特色主要体现在以下五个方面。

第一，展示"中国之治"，回应"时代命题"。西南地区扶贫实践是我

---

① 习近平：《在决战决胜脱贫攻坚座谈会上的讲话》，人民出版社，2020，第 14 页。

国近1亿贫困人口实现脱贫的具体行动,是我国提前10年实现联合国2030年可持续发展减贫目标的重要组成部分,它向世界生动展示了"中国之治"。专著指出,在"后扶贫时代",西南地区的减贫工作由消除绝对贫困转向巩固拓展脱贫攻坚成果与防止大规模返贫。专著回应这一"时代命题",在综合、科学、系统分析西南地区脱贫攻坚成效的基础上,对西南地区扶贫实践水平进行多维度测量并提出能力提升策略。

第二,聚焦"西南地区",阐释"扶贫实践"。该著作认为绝对贫困的消除并不意味着贫困的终结,全面建成小康社会后相对贫困问题仍将长期存在。西南地区在"后扶贫时代"的巩固拓展脱贫攻坚成果、防止大规模返贫等问题上仍存在诸多挑战。该专著以"西南地区"为研究区域,借鉴公共政策过程研究理论模型,以扶贫政策文本、政策变迁、政策执行和政策效果为研究逻辑,重点研究阐释了西南地区"扶贫实践"政策问题。

第三,建立"内在联系",拓展"研究范式"。该著作尝试在政治体系、扶贫政策和扶贫治理之间建立内在联系,从政治体系、扶贫政策视角研究阐释西南地区扶贫治理成效,以便更深入地理解中国解决绝对贫困问题的制度逻辑。作者指出,中国扶贫政策的制定、运行过程和治理成效等环节并不是孤立的,而是嵌入中国政治体系之中,形成了一个完整的扶贫体系。此外,该著作整体性研究了西南地区扶贫政策制定、政策执行和执行效果三个层面问题,研究内容涵盖了扶贫政策的关键过程,拓展了扶贫政策研究的范式。

第四,大兴"调研之风",注重"实证分析"。作者秉承大兴调查研究之风的理念,先后对四川、重庆、云南、贵州、西藏等5省(区、市)的扶贫实践工作展开实地调研,通过问卷和访谈等方式获取研究的一手资料,为专著的顺利出版提供了真实素材。同时,该著作还综合采用了政治学、管理学、统计学的fs-QCA方法、Logistic方法、AHP-模糊综合评价法等多种分析方法展开了跨学科的交叉实证分析,有效提升了研究的科学性与准确性。

第五,助力"全球减贫",提供"西南样本"。该著作整体性研究了西南地区扶贫实践,阐释了经济发展落后地区反贫困治理的普遍逻辑,揭示了发展中国家反贫困治理的一般性规律。该著作提出的研究结论和扶贫能力提升策略，为"全球减贫"提供了理论支撑和经验证据，为世界减贫理论、减贫事业尤其是广大发展中国家摆脱贫困贡献了智慧。同时，该著作也能起到抛砖引玉的作用，将吸引更多国内外同人关注和研究中国西南地区扶贫实践，使西南地区脱贫攻坚实践经验得到充分总结和提炼，为建设具有中国特色、中国风格、中国气派的贫困治理理论话语体系提供"西南样本"。

总体而言，该著作研究意义重大、结构严谨、调研扎实、数据翔实、案例丰富、新见迭出、建议科学，充分展示了我国脱贫攻坚伟大奇迹的"西南篇章"，刻画了中国政府以人民为中心的可信、可爱、可敬的为人民服务的形象，是一部讲好中国扶贫故事、传播西南区域实践经验的绝佳理论著作。

教育部长江学者特聘教授

复旦大学特聘教授

复旦大学马克思主义研究院副院长

周　文

序 三

　　贫困问题一直是阻碍人类发展的绊脚石，也是限制人类文明进程的一大难题。解决贫困问题，是保障人民的生产生活条件、增强人民的幸福感、提升经济社会发展质量、促进社会发展进程、提高人类文明程度等的重要前提。因此，贫困和减贫始终是国际社会共同关注的焦点与话题。中国作为发展中大国，受历史、社会、民族、区域、政治、政策和自然等因素影响，贫困问题错综复杂，一度成为世界上贫困人口最多的国家。由此，中国的减贫也成为世界各国尤其是同样处于发展中的国家所关注的焦点。

　　2012 年，党的十八大报告提出到 2020 年底全面建成小康社会的宏伟目标。相比联合国于 2015 年在《2030 年可持续发展议程》中提出的"2030 年在全世界消除贫困"的目标，中国政府将消除绝对贫困问题的时间提前了整整十年，体现了中国脱贫攻坚的坚定决心。党的十八大以来，以习近平同志为核心的党中央出台一系列脱贫攻坚硬举措，把扶贫开发纳入"四个全面"战略布局，把"消除绝对贫困"作为全面建成小康社会的底线要求，力求举全国之力打赢脱贫攻坚战。随着中国脱贫攻坚事业的不断推进，中国区域性整体贫困问题得到明显解决，贫困地区的生存环境得到极大改善，贫困人口的收入不断增加、生活质量显著提高。2020 年中国决战决胜脱贫攻坚目标的完成，创造了人类减贫史上的伟大奇迹。

　　纵观中国的扶贫历程，中国的扶贫治理不是单一维度的减贫政策，而是以消除绝对贫困为目标的、国家主导的系统性减贫治理工程。中国的扶贫治理在汲取众多国际减贫理论、思想和中国传统优秀减贫理念的基础上，通过实践和创新，形成了具有鲜明中国特色的减贫模式。这既是一个从普遍性到特殊性的知识生产过程，也是新的普遍性扶贫理念孕育的过程。在全面打赢脱贫攻坚战、全面建成小康社会，向第二个百年奋斗目标迈进的过程中，以西南地区为研究中国减贫问题的一隅，系统回顾西南地区的扶贫实践，思考中国历史性地解决绝对贫困问题的基本经验，并分析其背后的制度基础和治理逻辑，是一项具有重大意义的理论工作，也是社科界理论回应现实研究逻辑的依归。

在大量的政策文件、文献、调研资料、案例的质性文本研究的基础上，冯朝睿博士借鉴政治学中的政策过程理论，针对西南地区扶贫实践的关键过程，围绕扶贫政策的制定水平、执行水平、实施效果等，进行了开创性的整体性研究，力图在政治体系、扶贫政策和扶贫治理之间建立内在联系，从政策过程视角来审视西南地区扶贫政策运行的关键过程，从而更深入地理解中国解决绝对贫困问题的制度逻辑，为揭示中国西南地区扶贫模式的内在动力和制度逻辑提供了理论解释。

另外，冯朝睿博士的研究基于政策过程视角，将扶贫过程视作一个完整的政策过程，分别从扶贫政策文本、扶贫政策执行、扶贫政策实施效果三个层面构建了政策层、执行层、效果层的西南地区扶贫能力提升框架，据此构建西南地区扶贫水平测量指标体系，并据此提出了整体性的扶贫能力提升策略。该策略发轫于中国西南减贫经验，通过政策层、执行层和效果层三个层级之间的联动、协同和演进三重机制的共同影响，推动了西南地区经济从不平衡增长过渡到均衡的增长。其研究既有鲜明的西南扶贫特色，也反映出经济发展落后地区反贫困治理的普遍逻辑，拓展了扶贫政策研究的范式，揭示了发展中国家反贫困治理的一般性逻辑，强调了因地制宜制定扶贫政策并贯彻实践的重要性。

中国西南地区的扶贫治理是一个兼具特殊性和普遍性的扶贫治理元场域，也是一个提炼中国扶贫治理原创理论的东方试验场域，在这个实践过程中亟须关注中国扶贫治理的特殊性，更需兼顾中国扶贫治理的普遍性价值。冯朝睿博士的研究可为具有相同情境的国家的反贫困治理提供借鉴，也可为丰富世界减贫理论提供来自中国的典型案例和精彩注脚。

中国农业大学文科资深讲席教授

国家乡村振兴研究院常务副院长

李小云

目　录

导 论

公平与正义是社会制度的首要价值，正像真理是思想体系的首要价值一样。[①] 追求社会公平与正义，是人类社会发展进步以及迈向更高文明阶段的价值取向。马克思、恩格斯早在《共产党宣言》中就指出，随着无产阶级取得胜利，"代替那存在着阶级和阶级对立的资产阶级旧社会的，将是这样一个联合体，在那里，每个人的自由发展是一切人自由发展的条件"。中国共产党从建党之初就将公平与正义的本质属性和核心价值内嵌于党的初心与使命中。1949 年中华人民共和国成立，70 余年来中国共产党带领中国广大民众以中国发展的成功实践为当今世界促进和维护公平正义提供了东方经验，创造了引领世界潮流的中国发展模式。毛泽东同志指出："在我们的工作中尽管有缺点，有错误，但是每一个公正的人都可以看到，我们对人民是忠诚的，我们有决心有能力同人民在一起把祖国建设好。"[②] 党的十六届六中全会通过的《中共中央关于构建社会主义和谐社会若干重大问题的决定》强调"社会公平正义是社会和谐的基本条件"。实现公平正义，不仅是衡量社会和谐的重要标准，更是发展中国特色社会主义社会的重要任务。党的十八大报告首次明确系统地阐述了公平正义的价值与意义。党的十九大报告也强调，要不断满足人民日益增长的美好生活需要，不断促进社会公平正义，形成有效的社会治理、良好的社会秩序。但随着我国社会经济高速的发展，结构性的矛盾和问题凸显，如城乡差别、收入差距和贫富悬殊等社会不平等现象频发，这在拉高经济发展成

[①] 罗尔斯：《正义论》，何怀宏等译，中国社会科学出版社，1988，第 1 页。
[②] 《毛泽东文集》第 7 卷，人民出版社，1999，第 231 页。

本、阻碍生产力发展的同时，对人民群众共享改革和发展成果产生了不利影响。《共产党宣言》写到，每个人的自由发展是一切人自由发展的条件。罗马著名哲学家、政治家西塞罗也指出，公平的原则必须贯彻到社会的最底层。让发展成果更多更公平惠及全体人民，让贫困地区群众能够彻底摆脱贫困，步入小康社会进而实现全体人民共同富裕，是社会主义发展的目标所在，也是社会主义的本质要求。而西南地区是贫中之贫、困中之困，是脱贫攻坚战中难啃的硬骨头，也是打赢脱贫攻坚战的重要区域。在共同富裕的新时代场域之中，公平正义不可或缺，不可漠然视之，它本身是共同富裕的内蕴价值和伦理精神，也是衡量共同富裕实现的重要标尺。

在中国全面建设社会主义现代化国家的新征程上，在扎实推进共同富裕的国家发展核心议题背景下，公平正义作为国家和社会的核心价值理念，全面融入扶贫制度安排和政策实践，以促进社会公平正义、增进人民福祉为目标的全体人民共同富裕的制度追求，创新了人类制度文明的新形态，赋予了脱贫攻坚战新的时代意义。社会制度的正当性与生命力，从根本上取决于其能否让全体人民过上幸福生活。习近平总书记指出，"共同富裕，是马克思主义的一个基本目标，也是自古以来我国人民的一个基本理想"①。新时代共同富裕承载着全体人民幸福生活的美好愿景，是党的初心以及党对人民的庄严承诺。在这一点上，中国共产党始终以实现全体人民共同富裕为目标，坚持以人民为中心的发展思想，旗帜鲜明地彰显中国特色社会主义制度的根本理念。但共同富裕并非一蹴而就，而是社会、政治、经济、文化、生态水平发展到一定阶段的结果。共同富裕的共享性要求改革发展成果更多更公平惠及全体人民。当前我国仍处于社会主义初级阶段，每一个个体的天赋、能力、机遇有所不同，差距也必然存在。因此，要实现共同富裕，必须首先聚焦于解决贫困问题。贫困既是一个绝对概念，也是一个相对概念。当人们处于无家可归、无所可住、无饭可吃的状态，我们可以将这种状态视作贫困，也就是绝对贫困。但是，如果一个群体或一个国家甚至更大范围都处于食物短缺的状态，贫困概念的政治经济意义就变得不明显。也就是说，即使贫困是客观现实，这种客观性的贫

---

① 《习近平讲故事》（第二辑），人民出版社，2022，第108页。

困仍然是相对的。① 2012 年，中国政府确定了中国农村新的绝对贫困线：年人均纯收入 2300 元。而在 1986 年，中国政府确定的农村绝对贫困线为年人均纯收入 200 元。同样是绝对贫困，但其福利内涵却完全不同。为了彻底消除我国现存的绝对贫困现象，党的十八大以来，以习近平同志为核心的党中央领导全国人民打响了彪炳史册的脱贫攻坚战，展现了中国共产党和中国政府消除绝对贫困，改变中国贫困人口生活状况，推进社会公平正义的决心和使命。在这场世界史无前例的举国脱贫攻坚战中，中国政府通过统一的制度安排供给社会资源，从国家层面出台相关公共政策干预贫困者的资源稀缺状态，减少初始资源禀赋的差异，缩小不同阶层间的生活水平差距，从而减少贫困，促进社会的和谐发展，最终实现公平与正义。它是现阶段中国解决绝对贫困问题的最主要途径，是实现社会公平正义的重要突破口，更是实现全体人民共同富裕的必然举措。

第一节　选题缘起、研究意义及国际影响

一　选题缘起

贫穷不是社会主义，消除贫困是社会主义的本质要求，是实现中华民族伟大复兴的基本前提，是社会主义发展道路上必须面对的艰巨任务。中国共产党第十七届中央委员会第五次全体会议前瞻性地预测了中国经济的"五大转变"及"六大前瞻性问题"，其中蕴含着中国经济社会发展条件将开始发生转变，GDP 增速将有所放缓；经济结构转型使得经济发展所带来的涓滴效应式微；收入不平等日益加剧；社会分化日益明显；城乡差距等问题引发的社会矛盾凸显；中国面临公平和效率的双重挑战。在此大历史环境背景下，2011 年，国务院印发《中国农村扶贫开发纲要（2011—2020年）》，提出到 2020 年加快贫困地区发展，促进共同富裕，实现全面小康社会的奋斗目标。面对经济增速放缓以及收入差距拉大的发展形势，为了

---

① 李小云：《贫困的终结》，中信出版社，2021，第 32 页。

完成该目标，我国于 2013 年启动了覆盖全国贫困人口的系统性国家扶贫工程。在这一过程中，中共中央立足我国现实国情和时代特征，以马克思主义贫困治理理论为指导，在深刻总结我国长期扶贫实践经验的基础上，提出了精准扶贫的理念。该理念以"中国之制"看"中国之治"，把贫困治理看作政府的责任和国家治理的内容，也把贫困治理的成效视为政府和官员绩效考核的标尺。精准扶贫的运行机制与可持续的制度基础以及高质量的经济社会发展密不可分，这突破了当前学界主流针对脱贫的涓滴效应理论或财政脱贫理论的解释框架，凸显了精准扶贫所具有的中国特色社会主义的独有风格。[①]

改革开放 40 余年来，中国共产党和中国政府始终高度重视扶贫开发工作，致力于提升人民的生活水平，增强人民的幸福感和获得感。随着中国进入中国特色社会主义新时代，中国的扶贫事业也进入一个崭新的时代。在以习近平同志为核心的党中央统一领导下，中国共产党带领全国人民，在中国特色社会主义制度的指引下通过公共政策中福利再分配的制度手段，矫正了发展过程中产生的不平等不公平问题。我国贫困人口从 2012 年 12 月底的 9899 万人减少到 2019 年 12 月底的 551 万人，贫困发生率由 10.2% 降至 0.6%，并于 2020 年历史性地解决了绝对贫困问题，全面建成小康社会。中国贫困治理取得的巨大成就，为我们深刻理解"中国减贫样板"提供了重要的视角。中国的扶贫治理模式成功地将中国共产党的政治领导力转换为一种现代化的国家扶贫治理能力，将贫困人口的个人幸福上升到国家战略的高度，发挥了中央权威的理性化优势，激发了多主体参与反贫困治理国家工程的热情和地方政府与社会协同治理的活力。[②] 中国特色社会主义制度的本质决定了中国贫困治理的政治逻辑：国家主导的以政策倾斜为导向的实现社会公平与正义的系统性贫困治理工程，是一种普遍的全体中国人的共同富裕之路，而不是排他的少数人的共同富裕；是一种基于共同富裕和全面实现小康社会的国家层面的人民福利战略目标，而不

---

① 王雨磊、苏杨：《中国的脱贫奇迹何以造就？——中国扶贫的精准行政模式及其国家治理体制基础》，《管理世界》2020 年第 4 期，第 195~209 页。

② 吕普生：《制度优势转化为减贫效能——中国解决绝对贫困问题的制度逻辑》，《政治学研究》2021 年第 3 期，第 54~64 页。

是为特定利益群体代言的伪民主的谋利手段；是一种旨在帮助贫困人口形成致富能力的发展意义上的再分配制度，而不是"作秀式"的功利性社会救济。中国的脱贫攻坚战用事实证明了社会主义制度为人民谋福利、为民执政的政治优势。同时，为帮助发展中国家走出以西方为灯塔的贫困治理理论贫乏与西方制度固有的矛盾的困境，提供了具有参考性的替代方案。①

但绝对贫困的消除并不意味着贫困的终结。全面建成小康社会后，相对贫困问题仍将长期存在，并将伴随社会主义现代化建设的整个过程。进一步解决相对贫困问题，实现全体人民共同富裕的目标，中国仍面临巨大的压力。其中，西南地区（重庆、四川、云南、贵州、西藏）作为我国少数民族人口数量最多的地区，是集革命老区、边疆山区、民族聚居区、生态脆弱区、连片贫困区于一体的特殊地区。党的十八大以来，西南地区各级地方政府切实把脱贫攻坚作为重大政治任务，尽锐出战、攻坚克难，贫困地区"两不愁三保障"突出问题得到解决，脱贫攻坚工作取得亮眼成就。《中国农村贫困监测报告2020》显示，2013~2019年，西南五省（区、市）农村贫困发生率大幅下降，如表1-1所示。

表1-1　2013~2019年西南五省（区、市）农村贫困发生率

单位：%

省（区、市）	2013年	2014年	2015年	2016年	2017年	2018年	2019年
重庆	6.0	5.3	3.9	2.0	0.9	0.6	0.0
四川	8.6	7.3	5.7	4.4	3.1	1.4	0.7
贵州	21.3	18.0	14.7	11.6	8.5	5.0	1.5
云南	17.8	15.5	12.7	10.1	7.5	4.8	1.8
西藏	28.8	23.7	18.6	13.2	7.9	5.1	1.4

西南地区脱贫攻坚的底色和成色直接关系整个国家脱贫攻坚成果的巩固与全体人员共同富裕伟大目标的实现。随着2020年脱贫攻坚战取得全面胜利，西南五省（区、市）脱贫成绩显著。整个西南地区334个贫困县

---

① 谢岳：《中国贫困治理的政治逻辑——兼论对西方福利国家理论的超越》，《中国社会科学》2020年第10期，第4~25页。

1593.77 万贫困人口脱贫，其中云南 88 个贫困县 471 万贫困人口脱贫[①]，四川 88 个贫困县 380.3 万贫困人口脱贫[②]，重庆 18 个贫困区县 190.6 万贫困人口脱贫[③]，贵州 66 个贫困县 493 万贫困人口脱贫[④]，西藏 74 个县（区）58.87 万贫困人口脱贫[⑤]。虽然西南脱贫攻坚成果喜人，但巩固脱贫攻坚成果与可持续减贫能力提升依然压力巨大。由于西南贫困地区大部分位于过去"三区三州"的集中连片特困地区，其面临的可持续减贫和防止返贫问题异常严峻，尤其是一些脱贫户的返贫风险较大。例如，云南是边疆、民族、贫困、山区"四位一体"的经济欠发达省份，有 11 个"直过民族"，其社会经济发展滞后，可持续减贫能力弱。乌蒙山、滇桂黔和武陵山三大贫困片区的少数民族聚居区，仍是贵州省未来缓解相对贫困的重中之重。四川有秦巴山区、乌蒙山区、大小凉山彝区、高原藏区四大连片贫困地区，后续巩固脱贫攻坚成果任务非常艰巨。重庆市的贫困地区属于典型的西部高山、高寒、连片特困和民族地区，具有扶贫开发地缘的典型特征，生计资源缺失、生计来源单一、生计能力缺乏，自然因素再生性贫困问题突出。在"后扶贫时代"，西南五省（区、市）的减贫工作由消除绝对贫困转向巩固脱贫攻坚成果与防止大规模返贫。如何建立巩固脱贫攻坚成果与防止大规模返贫的长效机制，将针对绝对贫困的脱贫攻坚举措逐步调整为巩固脱贫攻坚成果与防止大规模返贫的帮扶措施，进而推动巩固拓展脱贫攻坚成果同乡村振兴有效衔接，是对政府执政能力的一场难度极大的考验，也是对中国经济可持续发展能力的考验，更是对中国特色社会主义制度优越性先进性的考验。时代是出卷人，中国共产党是答卷人，中

---

① 《云南省脱贫攻坚规划（2016—2020 年）》，云南省人民政府网站，2017 年 8 月 14 日，http://www.yn.gov.cn/zwgk/zcwj/zxwj/201708/t20170814_142279.html。

② 《四川省人民政府关于印发四川省"十三五"脱贫攻坚规划的通知》，四川省人民政府网站，2017 年 1 月 12 日，https://www.sc.gov.cn/10462/10464/13298/13301/2017/1/12/10410797.shtml。

③ 《"十三五"期间重庆脱贫攻坚综述》，重庆市人民政府网站，2021 年 2 月 7 日，http://www.cq.gov.cn/ywdt/jrcq/202102/t20210207_8878223.html。

④ 《贵州省"十三五"脱贫攻坚专项规划》，贵州省人民政府网站，2017 年 2 月 14 日，https://www.guizhou.gov.cn/zwgk/zdlygk/shsyjzdms/tpgj_5870403/ghtj/202110/t20211011_70836184.html。

⑤ 《西藏自治区"十三五"时期脱贫攻坚规划》，西藏自治区人民政府网站，2018 年 11 月 23 日，http://www.xizang.gov.cn/zwgk/xxfb/ghjh_431/201902/t20190223_61971.html。

国人民是阅卷人，世界人民是监督者，在这场巩固脱贫攻坚成果与防止大规模返贫的减贫持久战中，中国的"后扶贫时代"政绩牵动着世界的目光。

回顾中国改革开放 40 多年来的扶贫历程，从救济式扶贫（1978~1985年）到开发式扶贫（1986~2012年）再到精准式扶贫（2013~2020年），这既是中国 40 多年扶贫开发工作的缩影，也是中国扶贫理念的演化路径与发展趋势的时代呈现。内嵌于精准扶贫理念的逻辑体系，中国政府创造了一种新的贫困治理模式——多元主体扶贫模式。西南地区多元主体扶贫模式是一种政府主导、社会协作、企业参与的扶贫模式，强调政府、社会、市场各主体在协同推进的多元互动系统中协同发力。多元主体扶贫模式的产生、发展及完善与中国各个扶贫阶段的公共政策、经济发展、社会治理、文化潮流等相匹配相契合。纵观中国的减贫成绩，不难看出在脱贫攻坚的过程中，西南地区多元主体扶贫模式作为精准扶贫的一种政策拓展和实施策略，是打赢脱贫攻坚战、巩固脱贫攻坚成效的正确路径，也是中国实现整体性脱贫的必然举措。构建政府、社会、市场协同推进的多元主体扶贫模式是贯彻落实精准扶贫理念的具体实践，是中国政府主导的系统性扶贫治理工程的重要创新成果，是具有鲜明中国特色的马克思主义贫困治理理论中国化的制度集成创新方案。坚持专项扶贫、行业扶贫、社会扶贫等多方力量、多种举措有机结合和互为支撑的"三位一体"的多元主体扶贫模式是精准扶贫理念的重要实施路径。多元主体扶贫模式强调通过建立和完善政府与市场共同发力的有效机制，促进政府与市场的优势互补，使其在脱贫攻坚过程中充分发挥协同效应。该模式克服了以政府为唯一治理主体力量的扶贫弊端，打破了中国传统扶贫模式中政府与社会、政府与市场以及社会与市场之间的隔阂，实现了集中全国扶贫资源干好中国脱贫攻坚这件大事，实现了资源利用效率最大化，是中国在打赢脱贫攻坚战中形成的宝贵实践经验。基于此，本书以我国脱贫攻坚难啃的"硬骨头"——西南五省（区、市）实施的扶贫实践为研究对象，进一步对西南地区的扶贫实践水平进行多维度测量并提出能力提升策略，可对西南五省（区、市）的脱贫攻坚成效进行综合、科学、系统的测度，为西南地区下一步健全扶贫体系、提升扶贫能力、打造多元主体扶贫模式做出新的研究贡献；

为中国巩固拓展脱贫攻坚成果同乡村振兴有效衔接，推进我国治理能力和治理体系现代化夯实基础；为我国成功跨越"中等收入陷阱"，早日迈向高收入国家行列，实现全体人民的共同富裕并建成社会主义现代化强国做出西南贡献。同时，对西南地区扶贫的理论与实践研究，可为总结提炼中国原创的扶贫治理模式，揭示中国扶贫治理模式运转的理论与实践逻辑，进一步解释扶贫模式在一个发展中大国取得异乎寻常的成功的内在机理，为中国其他地区及世界发展中国家减贫提供中国方案和中国样板，也可为中国迈向更高社会阶段的文明提供支撑。

二　研究意义

贫困问题一直是世界各国发展的绊脚石，也是阻碍人类文明进程的一大难题。为此，如何解决贫困问题以保障人民的生产生活条件、增强人民的幸福感，始终是国际社会共同关注的焦点与话题。中国作为发展中的大国，受历史、自然等因素的影响，贫困问题错综复杂，一度成为世界上贫困人口最多的国家，中国的减贫也成为世界各国关注的焦点。改革开放以来，中国的脱贫攻坚先后经历了救济式扶贫、开发式扶贫、精准式扶贫三个发展阶段。多元主体扶贫作为精准扶贫的政策拓展和具体实践，在打赢脱贫攻坚战中发挥了重要作用，脱贫成效明显。以 2010 年的贫困标准来看，中国的贫困人口由 1978 年的 77039 万人减少到 2019 年的 551 万人，贫困发生率由 1978 年的 97.5%下降到 2019 年的 0.6%。[1] 40 余年来，中国共产党和中国政府带领数亿人口摆脱贫困，减贫成绩堪称世界奇迹。2012年，党的十八大报告提出了"2020 年底全面建成小康社会"的目标，此目标比联合国提出的"2030 年在全世界消除贫困"的目标早了整整 10 年，再次体现了中国脱贫攻坚的坚定决心。中国迎来脱贫攻坚的关键时期，以习近平同志为核心的党中央出台了一系列脱贫攻坚硬举措，把扶贫开发纳入"四个全面"战略布局，把消除绝对贫困作为全面建成小康社会的底线要求，力求举全国之力打赢脱贫攻坚战。随着中国脱贫攻坚事业的不断推

---

[1]　国家统计局编《中国统计年鉴 2020》，中国统计出版社，2020。

进，中国区域性整体贫困得到明显解决，贫困地区的生存环境得到极大改善，贫困人口的收入不断增加、生活质量显著提高。2020年，中国决战决胜脱贫攻坚的目标完成。有必要系统研究西南地区扶贫实践的历史意义和在世界范围内产生的实际影响，讲好脱贫攻坚的西南故事，为中国和世界减贫事业的推进提供西南理论和实践样板。

（一）理论意义

中国的扶贫治理不是单一维度的减贫政策，而是以消除绝对贫困为目标的国家主导的系统性减贫治理工程。[①] 中国的扶贫治理在汲取众多国际减贫理论思想和中国传统优秀减贫理念的基础上，通过实践创新形成了具有鲜明中国特色的减贫模式。这既是一个从普遍性到特殊性的知识生产过程，也是新的普遍性知识孕育的过程。在全面打赢脱贫攻坚战、全面建成小康社会之际，系统梳理西南扶贫历程，思考中国历史性地解决绝对贫困问题的基本经验，并分析其背后的制度基础和治理逻辑，是一项具有重大意义的理论工作。本书试图从政策过程视角分析中国的制度优势是如何经由减贫政策的生成、执行、变迁和评估转化为减贫效能的，为揭示中国解决绝对贫困问题的内在动力和制度逻辑提供理论解释。同时，基于政策过程视角，将脱贫攻坚视作一个完整的政策过程，分别从政策文本、政策执行、政策实施三个层面对西南地区扶贫实践水平进行测量并提出整体性的能力提升策略。该策略发轫于中国西南的减贫经验，通过政策层、执行层、效果层的联动、协同和演进三重机制的共同影响，推动西南地区经济从不平衡增长过渡到均衡增长，既有鲜明的西南扶贫特色，也反映出经济发展落后地区反贫困治理的普遍逻辑。[②]

西南地区的扶贫治理推动了国内国际扶贫理念的有机衔接和多样性扶贫知识生产的结合。进入新时代以来，逆全球化思潮的抬头和全球发展环境的不确定性增加使中国面临许多前所未有的新发展问题，扶贫的治理也

---

① 郑宇：《贫困治理的渐进平衡模式：基于中国经验的理论建构与检验》，《中国社会科学》2022年第2期，第141~161页。

② 吕普生：《制度优势转化为减贫效能——中国解决绝对贫困问题的制度逻辑》，《政治学研究》2021年第3期，第54~64页。

变得更为复杂。作为理论创新摇篮的西方国家，基于早期经验的理论体系将减贫视作一个单纯的技术问题，希望通过技术叠加和技术变革找到减贫的标准答案，但这并未给发展中国家特别是发展比较缓慢的东方国家的贫困治理提供参考答案。西南地区的扶贫理论与实践经验证明，扶贫治理没有标准答案和预设条件，也不是一成不变的，更不会受初始"宿命论"观点的影响，而是一个在"干"中"学"的动态调整和动态治理过程。西南地区的扶贫治理模式揭示了发展中国家反贫困治理的一般性逻辑，同时强调了因地制宜制定扶贫政策并贯彻实践的重要性。西南地区的扶贫历程是一个兼具特殊性和普遍性的动态平衡过程，也是一个提炼原创理论的东方试验场域，可为具有相同情景的国家反贫困治理提供借鉴，同时可为丰富世界减贫理论提供独特案例。

（二）现实意义

从扶贫模式发展的趋势出发，西南地区扶贫实践研究符合中国新时代扶贫模式的变迁趋势和国际减贫前沿研究潮流。西南地区扶贫实践研究破解了当前我国扶贫实践中一个棘手的大问题。本书在借鉴公共政策过程研究理论模型的基础上，基于我国西南地区扶贫实践的特点和实践经验，在对扶贫政策进行内容分析和效力评价的基础上，运用 fs-QCA（模糊集定性比较分析）方法、Logistic 回归分析以及 AHP（层次分析法）等定性和定量相结合的方法，对西南五省（区、市）扶贫实践进行测量，试图揭开一种基于实践前沿的精准扶贫工作机制和运行过程，努力建立一种可检验和可推广的扶贫模式，为地方政府巩固拓展脱贫攻坚成果同乡村振兴有效衔接提供突破路径。同时，借鉴管理学、社会学、经济学等学科的研究方法，从整体性的视角对新中国成立以来的扶贫政策变迁、扶贫政策效力以及综合扶贫效果进行综合性、整体性、全面性的量化研究，改变了中国政治学科领域减贫研究以定性研究为主的研究现状，为政治学科研究扶贫问题带来了新的研究视角。

西南地区扶贫实践研究打破了传统的减贫理论资源、政策、制度等设置初始条件影响扶贫效果的"宿命论"观点。西南地区扶贫的实践表明，初始条件并非减贫的决定因素，科学的减贫政策、有效的政策实施、达到既定目标的实施效果才是扶贫治理成功的关键。西南地区的扶贫实践成果表明，制定科学的减贫政策、利用多种政策工具组合确保扶贫政策目标的依次推进，既可保证扶贫资源的有效供给，又可扩大扶贫政策的受益群体，还可通过多元协同的形式扩大扶贫资源，减少阻力，最终实现预定的减贫目标。这一经验对大多数发展中国家来说，在没有强有力的资源禀赋和强大的国家实力的条件下，只要立足自身条件因地制宜地制定适合本国发展条件和基础的减贫政策和措施，不断完善多元主体参与机制，确保建立一种多主体参与的扶贫治理机制，就有机会摆脱"贫困陷阱"，实现经济的向好发展。

三 西南地区扶贫实践的国际意义

消除贫困、保障民生，是世界各国的共同使命，也是国际社会亘古不变的永恒话题。中国作为世界脱贫成效最显著的国家，始终保持负责任的大国态度，在自身实践的基础上为国际减贫事业的发展出谋划策。中国西南地区的扶贫实践有重要的国际意义，不仅提升了中国的国际形象，更是为世界各国的减贫事业提供了减贫方案，极大地推动了国际减贫进程。此外，中国西南地区的扶贫实践在凸显政治多样性的包容发展、促进世界人权事业的发展以及推进世界"和平与发展"进程等方面也具有突出的贡献，对推动人类文明进程起到了积极的作用。

（一）西南地区扶贫实践提升了中国政府国际形象

1. 扶贫实践抒写了从贫穷走向富裕的伟大历史进程

根据国家统计局 2020 年公布的统计数据，改革开放之前，中国的贫困发生率高达 30.7%，中国的国内生产总值（GDP）及人均 GDP 均落后于印度，展现在世界面前的是一个贫穷落后的中国。1978 年，中国实行了"对内改革、对外开放"的改革开放政策，力求全面发展经济，为脱贫事业奠定良好的物质基础。40 多年来，中国的脱贫事业取得了巨大的进展，2019 年中国的贫困发生率降到 0.6%，中国人民的幸福指数不断提升。中国脱贫事业的不断推进也对中国经济的发展产生了积极的作用。1979～

2018年中国GDP年均增长9.4%，远高于同期世界经济2.9%的年均增速，对世界经济增长的年均贡献率达18%；中国GDP更是于2010年超越日本，跃居世界第2位。2015年12月至2016年1月，华中科技大学国家传播战略协同创新中心在中美两国做了主题为"中美公众的世界观念调查"的全国性民调，数据显示，63%的中国被访者认为中国是经济大国，62%的美国被访者也认为中国是经济大国。当代中国与世界研究院、凯度集团合作开展的第六次中国《国家形象全球调查报告（2018）》显示，有60%的海外受访者认可中国在经济领域的表现。中国的国家形象已由过去的贫穷、落后国家转变为正在逐步发展壮大的具有巨大潜力和活力的世界第二大经济体。

2. 扶贫实践展示了中国从韬光养晦到负责任大国的转变

20世纪80年代末，东欧剧变引发社会主义阵营瓦解，这给中国带来了巨大的发展压力。在此背景下，邓小平提出了"韬光养晦、善于守拙、决不当头、有所作为"的战略方针，中国专注于自己的事情，一心一意谋发展。40多年来，中国共产党及政府始终谨记执政为民的初心，致力贫困治理方面的探索，特别是党的十八大以来以习近平同志为核心的党中央全面推进脱贫攻坚战，以精准扶贫为治理理念，逐步形成了具有中国特色的精准扶贫治理方针和政策，减贫效果显著。西南的扶贫实践对国际减贫进程的推进起到了积极作用，其成效也赢得国际社会的广泛认可，中国在减贫发展方面的话语权也在逐步提高。目前，世界贫困人口大多分布在发展中国家，而中国作为最大的发展中国家，依靠扶贫实践积累的减贫经验，积极承担起世界减贫事业的艰巨责任，积极帮助其他国家摆脱贫困，在国际社会上树立起良好的负责任大国形象。根据第六次中国《国家形象全球调查报告（2018）》，中国对国际事务的影响力在所有国家中居第2位，中国对全球治理的贡献得分为6.4分。中国的国家形象已然是一个有所作为、有所担当的负责任大国的形象。

（二）西南地区的扶贫实践丰富了世界减贫方案

西南地区的扶贫探索和实践在很大程度上丰富了世界的减贫方案。在很长一段时间内，很多国家把脱贫减贫看作一种社会慈善事业，而没有将其纳入国家、政府的治理范畴。然而，随着中国脱贫事业的不断推进和脱贫成效的不断凸显，中国对贫困治理的定义也在影响世界各国对脱贫减贫的态度。中国把贫困治理看作政府的责任和国家治理的内容，也把贫困治理的成效视为政府和政府工作人员绩效考核的标尺。这一做法极大地提高了世界各国对脱贫减贫事业的重视程度，也再一次推动了世界减贫理念的发展。

除了在减贫理念上的创新，中国还在扶贫治理方面积累了大量的宝贵经验，特别是西南地区的扶贫治理为世界各国提供了丰富、经得起实践检验的减贫方案。例如，西南地区在脱贫攻坚中强调政府统筹作用与市场调控作用的有机整合，充分发挥政府和市场的双重作用，为贫困人口提供更加完善的保障制度；实行"区域+个体"的双重瞄准机制，充分考虑贫困地区的地域特性和贫困人口的个体特性，以便为贫困人口提供更加有效的帮扶措施；将扶贫开发纳入政府考核范围，实行严格的绩效考核制度，以确保脱贫攻坚的真实性和高效性；贫困户脱贫后的一段时间内依然享有扶持政策，享受完善的医疗、教育保障，以避免脱贫后再次返贫的发生等。此外，中国作为发展中的大国，始终秉持开放、包容、互助的理念，通过国际会议、项目合作等方式，为其他发展中国家减贫事业的发展提供经验、人才、技术等方面的帮助，积极承担起国际减贫的重任。例如，中国国际扶贫中心于 2016 年设立的"中外减贫案例库及在线案例分享平台"网站，为很多发展中国家提供了学习中国脱贫经验的途径。

（三）西南地区的扶贫成效加快了国际减贫进程

改革开放以来，随着中国脱贫事业的不断推进，中国的贫困人口大幅度下降，特别是党的十八大以来，虽然贫困治理的边际效益逐年递减，中国还是创造了连续 7 年脱贫人数过千万的伟大成就。根据《中国统计年鉴2019》（2012~2019 年中国贫困人口及贫困发生率），党的十八大以来，伴随着脱贫攻坚系列举措的持续推进，2013~2019 年中国累计脱贫人数达9348 万人，年平均脱贫人数达 1335 万人，截至 2019 年底，中国贫困人口还剩 551 万人，贫困发生率仅为 0.6%。

聚焦国际社会，2000 年联合国提出了《联合国千年宣言》，旨在为世界 10 亿多贫困人口提供帮助，并提出了于 2015 年底实现挨饿人口比例与每日收入少于 1 美元的人口比例减少 50% 的目标。然而，根据国际劳工组织于 2016 年发布的报告，在中国减贫工作取得显著成效的同时，发达国家的贫困人口却呈逆势增加的态势，这也从侧面体现出中国对联合国千年发展计划的突出贡献。《2015 年联合国千年发展目标报告》中也提到，中国对全球减贫的贡献率超过 70%。以上各项数据均可表明，中国扶贫的伟大成就极大地推动了国际减贫进程。

除了为世界各国提供可借鉴的减贫经验和减贫方案外，中国还通过"南南合作"以及"一带一路"倡议等方式，积极为发展中国家提供各种援助。据统计，新中国成立以来，中国已累计向 170 多个国家和地区提供了超过 4000 亿元的各类援助，派遣了 60 多万名技术人员支援贫困国家的医疗、教育和基础设施建设，先后 7 次宣布无条件免除各类到期无息贷款债务。① 中国对其他国家减贫事业的支援也为世界减贫进程的推进起到了积极作用。

（四）西南地区的扶贫实践彰显了世界政治多样性的魅力

回顾西南脱贫攻坚的历史进程，中国式减贫的显著特点就是政治性减贫——依靠党和国家的领导，不断改进和完善脱贫攻坚方案，实现贫困人口的顺利脱贫。中国特色社会主义制度在西南扶贫实践中表现出的优越性，不仅表现在"以民为本"的政治价值观，更表现在中国可以实现政府宏观统筹与市场微观调控的有机整合，可以实现扶贫开发与产业发展的有机结合，可以实现民生保障与经济增长的有机统一，充分体现出中国特色社会主义制度优势。西南扶贫事业在中国共产党和中国政府的正确领导下，不断创新帮扶机制（如以工代赈、信贷帮扶、劳务输出等），为贫困地区提供了源源不断的经济增长活力。伴随着西南扶贫事业的不断推进，中国式减贫也在不断刷新世界纪录，创造了世界减贫的中国奇迹。一花独放不是春，百花齐放春满园。世界是多样的，政治制度更应多样。西南扶贫的积极影响引起了西方学者对中国式减贫的深入探究，有助于

---

① 王灵桂、侯波：《新中国成立 70 年贫困治理的历史演进、经验总结和世界意义》，《开发性金融研究》2020 年第 1 期，第 3~9 页。

西方学者研究中国特色社会主义制度的优越性，提高世界对中国政治制度的认可程度，进而有效促进国际社会政治多样包容性发展。

（五）西南地区的扶贫实践成效促进了世界人权事业的发展

1948 年，联合国通过了第一部维护世界人民人权的国际性文件——《世界人权宣言》，这也标志着人权问题已逐步成为国际社会最为关心和关注的问题。为此，越来越多的国家在保障国权第一的前提下，重点关注生存权、发展权等最基本的人权事业的发展，以求保障人民生活、增进人民福祉。

受自然环境、发展能力等条件的限制，世界上仍有许多人口处于贫困状态，其生存权和发展权无法得到有效保障，这也是世界人权事业亟待解决的问题。然而，贫困人口的人权保障更多地依赖贫困状态的脱离。换句话说，只有推动世界减贫事业的发展才能更好地保障世界人权事业的发展。对此，中国的扶贫实践与中国人权事业的发展是最好的证明。

西南地区的扶贫实践始终坚持"为民谋利"的政治价值观，横向上保障"一个都不能少"，纵向上力求斩断贫困的代际传递效益，争取做到"脱真贫""真脱贫"，极大地保障了中国人民的生存权和发展权。西南地区的扶贫实践始终注重贫困人口的真实需求，始终重视贫困人口的主体地位和主体尊严，始终强调贫困人口自身能力和素质的提高。西南地区的扶贫实践不只以年人均纯收入作为脱贫的衡量标准，更是将"两不愁三保障"作为脱贫攻坚期间的底线要求，切实保障贫困人口的吃饭、穿衣、住房、医疗、教育问题，在解决贫困人口温饱问题的同时，为其提供良好的发展机会，有效保障贫困人口的生存权和发展权，为中国人权事业的发展做出了伟大的贡献。中国是世界上人口数量最多的国家，中国人权事业的发展本身就是对世界人权事业的极大推动。此外，中国扶贫实践带来的人权发展红利也为世界人权事业的发展提供了中国方案。

（六）西南地区的扶贫成效推进了世界和平与发展进程

20 世纪爆发的两次世界大战给人类社会造成了重创，此后，"和平与发展"成为当今时代的主题。西南地区的扶贫实践始终重点关注边疆少数民族地区，不但每年拨出大量的专项资金投入这些地区，还制定了大量的优惠政策，支持边疆少数民族地区的经济建设，重点解决边疆少数民族贫困人口的温饱问题。西南地区的扶贫实践加强了边疆少数民族贫困人口的脱贫信心，凝聚了中华民族的向心力，增加了中华民族抵御外来分裂势力的能力，维护了国家的安全和社会的稳定发展。近年来，扶贫实践越来越重视区域间的协调发展。随着西部大开发、东西对口帮扶等一系列举措的持续推进，中国东西部的发展差距逐渐减小，区域间的发展矛盾得到有效缓解，这对中国社会的稳定乃至亚太地区和平与发展事业的发展起到了积极的促进作用。

西南地区的扶贫实践不断取得举世瞩目的成就，促使中国经济稳步发展、中国综合国力稳步提高，中国再也不是曾经那个任人宰割的对象，中国的国土上不再有硝烟，这本身就是对世界和平与发展的突出贡献。随着中国脱贫攻坚的不断推进，中国不仅从贫穷走向了富裕，更是逐步树立起负责任大国的良好形象。中国国际形象的不断提升也为中国在国际社会上赢得了越来越多的话语权，而中国始终倡导和平与发展的理念，始终承担起负责任大国的担当，始终反对战争和霸权主义，为世界和平与发展进程的推进做出了不可磨灭的贡献。

"其作始也简，其将毕也必巨。"经过不懈努力，西南地区走出了一条具有中国特色的扶贫治理道路。西南地区脱贫目标的完成是中国迈向社会主义现代化强国建设征程的基石，是中国人民与反贫困斗争的智慧之果，是中国政治制度文明的璀璨成就，是中国改革开放与法制建设成就的有力见证，是中国与世界人民携手创建人类命运共同体的新起点。

第二节　国内外研究综述

政府主导、社会协作、企业参与、贫困户为主体的扶贫模式注重政府强力高位引领和推动①脱贫攻坚进程、全面协调各种扶贫社会资源、如期完成脱贫攻坚的总目标和具体的子目标，是中国西南地区扶贫的鲜明特色。全面打赢脱贫攻坚战作为政治属性强、路线图和时间表明确、任务和事项要求具体的政府主导的集体性系统性国家治理工程，在中国特色社会主义制度优势的加持下，为贫困地区注入了优质的外源性资源，在实现基本的公平正义的保障下，提升了贫困地区社会治理能力，加速推进了贫困地区现代化进程，在助推贫困地区经济社会发展和贫困户自身发展等方面发挥了关键性和决定性作用。② 在巩固脱贫攻坚成果同乡村振兴有效衔接的关键时刻，对中国及西南地区扶贫的实践过程进行全观性审视，总结、提炼和发掘其中蕴含的中国经验和中国智慧，为国家治理实践提供启示，成为学术界的一项重要任务。一方面，国际社会在扶贫领域的研究和实践为中国开展精准扶贫和提升扶贫治理能力提供了丰富的理论基础和经验借鉴。另一方面，中国原创的扶贫实践能力的提升和完善为中国打赢脱贫攻坚战和全面建成小康社会做出了巨大的贡献。

一 反贫困治理研究综述

（一）以西方经济学为视角的反贫困治理研究

在西方经济学的视野中，贫困和反贫困一直都是被密切关注的问题。古希腊是古老的经济学的起源地。苏格拉底作为古希腊著名的思想家、教育家、哲学家，在西方开创了一个崭新的时代，并被其学生色诺芬记录了下来。此外，色诺芬还在《经济论》中围绕奴隶主如何通过管理农庄来增加个人的财富这一话题进行了阐述。③ 而后，经济学家对此话题进行了探讨与延伸，比如，如何增加财富、如何缓解贫困、如何实现分配与再分配

① "高位推动"作为学术术语，最早由贺东航和孔繁斌两位学者在《公共政策执行的中国经验》一文中提出。参见贺东航、孔繁斌《公共政策执行的中国经验》，《中国社会科学》2011年第5期，第61~79页。

② 丁建彪：《整体性治理视角下中国农村扶贫脱贫实践过程研究》，《政治学研究》2020年第3期，第113~124、128页。

③ Xenophon, *Oeconomicus* (New York: Harvard University Press, 1998), pp. 21-97.

问题等，从经济学视角形成了一系列反贫困的理论与模型。

1. 后凯恩斯主义经济学与反贫困治理

后凯恩斯主义的代表人物奥肯关于反贫困的问题开展了"漏桶"实验，首先提出了公平与效率难以同时拥有的棘手问题，同时针对该问题提出了相应的解决办法，即关注与重视贫困在社会发展中所带来的影响，充分利用市场这只手，尤其是市场在提高效率方面发挥的作用，而在公平与效率这两方面，需要做到维持合理的公平，以及提高人性化的效率。[①] 萨缪尔森对奥肯的理论开展了进一步的解释与延伸，认为税率会对人们工作的积极性产生很大的影响，若征收的税率太高，则会打击工作的积极性，这不仅会伤害社会上的富人，还会伤害社会上的穷人。[②] 对富人而言，若国家征收的税率太高，则会大大打击富人生产与投资的劳动积极性，即会大大减少国民的总产出。对穷人而言，若国家对其实施没有限制的救助，则会导致穷人不愿工作的现象。后凯恩斯主义主流经济学学者认为，解决贫困问题主要在于通过提升经济发展的水平、提高资本的流动性来减缓贫困。换言之，通过资本由高到低的流动，逐步提高穷人的收入，最终实现贫富差距越来越小的目标。

2. 福利经济学与反贫困治理

福利经济学的代表人物庇古出版的《财富与福利》一书打开了福利经济学的大门。他认为，国民收入水平越高，则社会总福利越高，要想提高社会总福利，必须从国民需求入手，满足大部分人的需求，增加大部分人的福利。此外，他提出，在对经济水平不产生大幅影响的情况下，将富人的一部分资产转移给穷人是增加社会福利的有效举措。[③] 但新福利经济学对此提出了不同的意见。他们认为，若通过减少一部分人的福利来增加其他人的福利，则社会总福利无法实现增长，若要增加社会总福利，必须达到"帕累托最优"。诺贝尔经济学奖得主阿马蒂亚·森也提出了类似的观

---

① Arthur M. Okun, *Equality and Efficiency: The Big Tradeoff* (Washington, D. C.: Brookings Institution Press, 2015), pp. 89-93.

② 萨缪尔森·诺德豪斯：《经济学》，高鸿业等译，中国发展出版社，1992，第 1257~1258 页。

③ Arthur Cecil Pigou, *Welfare Economics* (Cambridge: Cambridge University Press, 1920), pp. 11-136.

点，认为要达到"帕累托最优"的条件是增加国民收入以及实现社会福利的公平分配。同时，他通过分析贫困形成的原因提出，贫困群众持续处于贫困状态的最主要原因是贫困群众的个人能力不足。这一观点认为懒惰、缺乏道德操守、受教育水平低、缺乏技能等个人因素导致了贫困，致使不公平问题的产生。[1] 同时，阿马蒂亚·森还提出了对避免贫困而言至关重要的两大社会能力。一个能力是在公众面前不感到羞耻的能力，另一个能力是参与社区生活的能力。[2] 19 世纪美国作家霍雷肖·阿尔杰（Horatio Algerde）的小说描述了数百个由贫穷到富裕的故事，小说《衣衫褴褛》讲述了主人翁开始非常的贫困，但最后依靠他的内生动力和不懈努力摆脱了贫困。[3] 除了这本小说外，他还写了一系列这样励志的故事，这些故事的核心含义是一个人的命运主要掌握在自己手里，这就是至今都影响着社会大众观念的"决定收入"的进取模式。经济学家通常认为自由竞争在自由民主制度的条件下能够支持相似的个体和群体的经济状况逐步趋同。然而，即使在相似条件下，贫困仍然普遍、长久地存在于全球、一个国家甚至一个社区中，这实际上已经挑战了进取模式对贫困的解释。阿马蒂亚·森提出为解决该致命缺陷，应增加在贫困区域的教育投入，开展相应的技能培训，提高其内生动力，从而实现可持续减贫。[4]

3. 发展经济学与反贫困治理

相较发达国家，发展中国家的经济发展问题更加突出，是发展经济学的重点研究对象。诺贝尔经济学奖获得者、美国著名的经济学家舒尔茨认为，世界上的大多数人是贫穷的，这些大多数的穷人以从事农业生产为生，因而如果弄懂了农业，也就掌握了许多真正重要的经济原理。他强调穷人的数量在世界总人口数量中占据非常大的比例，若能有效运用穷人经济学，就掌握了经济学中非常重要的理论。但是，穷人并不会因为贫困而

---

[1] A. K. Sen, "Conceptualising and Measuring Poverty," in D. Grusky & R. Kanbur, eds., *Poverty and Inequality* (Stanford, C. A.: Stanford University Press, 2006), pp. 30-46.

[2] A. K. Sen, *The Idea of Justice* (Cambridge, M. A.: Harvard University Press, 2009), pp. 9-49.

[3] Horatio Algerde, *Ragged Dick: Or, Street Life in New York with the Boot-Blacks* (New York: Modern Library, 2005), pp. 12-96.

[4] A. K. Sen, "Well-being, Agency and Freedom," *Journal of Philosophy* 4 (1985): 169-221.

变得愚蠢，正如舒尔茨所说的，全世界的农民在权衡成本、收益和风险时，心中都会有一本账，他们都是精打细算的"经济人"。① 从阿玛蒂亚·森到舒尔茨两任诺贝尔经济学奖获得者都在关注穷人经济学，都在关注贫困问题，也都在寻求贫困的解决之道，只是二者解决贫困的经济视角和经济手段不同。因此，不难看出贫困和贫困治理的普遍问题是经济学中十分重要的研究对象。从古典经济学到现代经济学，贫困问题一直都是经济学家研究的热点。经济学家从不同的视角、采用不同的分析方法建立各式各样的理论模型，对贫困问题提出了各种见解。比如，罗森斯坦-罗丹的"大推进理论"、拉格纳·纳克斯的"贫困恶性循环理论"、库兹涅茨的"倒 U 假说"、弗朗索瓦·佩鲁的"发展极"理论、冈纳·缪尔达尔的"循环积累因果关系"理论、赫希曼的"涓滴效应"假说等。尤其是舒尔茨提出的"人力资本投资""贫穷而有效率"的观点，为人类的贫困与反贫困理论带来了崭新的角度。这些观点都认为贫困的环境产生贫困，而陷入贫困的群体则无法摆脱贫困。包括刘易斯（Oscar Lewis）的《贫困文化：墨西哥五个家庭实录》②、班费尔德（Edward C. Banfield）的《一个落后社会的伦理基础》③、哈瑞顿（Michael Harrington）的《另类美国》④ 等，来自墨西哥、意大利和美国等不同社会的经验资料，共同构筑起贫困的概念分析架构。

综上所述，西方经济学界对贫困问题的关注热度一直未减，贫困问题一直是西方经济学的主流研究问题之一，贫困问题研究领域产出了许多颇负盛名和有显著影响力的学术成果，为世界反贫困做出了巨大贡献。特别是很多原创理论的产生，可以说一直在主导世界研究贫困问题的理论体系。但是，西方经济学界对贫困问题的研究对象始终处于西方政治制度的框架下，始终禁锢于西方的话语体系，没有跳出制度的牢笼去普适性地研

---

① Theodore W. Schultz, *The Economics of Being Poor* (Oxford: Blackwell, 1993), pp. ix+340.

② Oscar Lewis, *Life in a Mexican Village: Tepoztlan Restudied* (Urbana: University of Illinois Press, 1951).

③ Edward C. Banfield, *A Critical View of the Urban Crisis* (New York: Harvard University, 1970).

④ Michael Harrington, *The Other American: Poverty in the United States* (New York: The Macmilan Company, 1962), p. 23.

究世界多样的贫困问题。因此，西方经济学界反贫困治理的经验对东方国家反贫困治理的借鉴性有限。

（二）以西方社会学为视角的反贫困治理

在西方社会学的视野中，社会阶级问题是贫困形成与解决的关键。西方社会学家大多从该角度开展研究，提出了阶级导致贫困的观点。在多数具有强烈阶级观念的国家，贫困群众一般位于社会的最底层，地位、生活等方面都无法得到重视，导致其贫困程度越来越深。也有部分社会学家从社会结构、社会制度角度切入，认为社会制度与社会结构的不合理、不公平也会导致社会不平等现象的产生，从而带来贫困。这里讲的结构主要是指政治、经济、社会制度，如私有制以及由此产生的一系列社会经济政策。卢梭认为私有制是人类不平等的根源，马克思更是系统地论述了资本主义条件下贫困的根源，他认为在资本主义私有制的生产方式下，生产资料所有者能够通过无偿占有工人创造的剩余价值使工人贫困化。马克·兰克（Mark Rank）是当代美国著名的贫困问题专家，与相信美国的贫困主要因为个人懒惰、不进取的主流观点不同的是，他系统的实证研究表明经济体制和社会政策是导致美国贫困的重要结构性要素。他认为美国的经济结构无法为所有参与者提供足够的机会，是造成美国贫困的重要原因。[1] 阿尔贝托·阿莱西纳（Alberto Alesina）等人的研究深刻揭示了美国贫困与政治制度的关系。[2] 很显然，为什么会有贫困是一个非常复杂的问题，不同的社会阶段贫困的发生机制也是不同的，按照私有制—不平等—贫困的逻辑来看，只有到了共产主义才能真正消除贫困。

1. 以西方民族学为视角的反贫困治理

在西方民族学视野中，民族特性、民众文化差异、民族地域特色等方面都可能成为民族地区贫困的原因。比如，美国在印第安人的反贫困治理问题方面实施的多元文化政策，新西兰在毛利人反贫困治理方面实施的振

---

[1] Mark Rank, *The Politics of Welfare Reform* (Chicago: The University of Chicago Press, 1985), pp. 385-401.

[2] A. Alberto Alesina, E. Glaeser, and B. Sacerdote, "Why doesn't the United States Have a European-style Welfare State?" *Brookings Papers on Economic Activity*, 2001, pp. 187-277.

兴民族语言文字、保留民族传统文化政策，非洲部分国家在俾格米人反贫困治理方面实施的帮助其走出森林、适应现代生活的政策等。这些反贫困治理的政策举措从改善少数民族最基本的生存问题出发，能够在一定程度上改变少数民族的贫困状况，提高国内各民族间关系的融洽程度，促进社会发展的公平正义，加快国家文明进步的步伐。

2. 以西方公共管理学为视角的反贫困治理

西方公共管理学中的核心价值不仅是经济效率与经济理性问题，更重要的是关于公共价值的创造问题，即在重视社会公平正义的同时，强调在处理公共事务的过程中的互动性、合法性、公共部门各自应负的责任以及对各公共事件的回应能力。伊斯顿（Easton）指出，公共管理是通过公共政策对社会价值的权威性分配。[①] 贫困问题从国家建立之初就成为一个公共问题，受到了世界各国政府的普遍关注和重视。从公共管理学的视野去审视贫困问题，发现贫困是一个极其复杂的社会现象，是多方面相互作用的结果。[②] 反贫困是一个多元主体共同追求最大化的公共价值的过程，公共管理学研究中认为反贫困既是政府治理的重要内容也是政府的一项重要职责。但政府治理面临效率低下的问题，因此，引入项目化运行模式可提升反贫困治理的效率。[③] 西方公共管理学者以扶贫项目的运行逻辑为视角研究贫困问题，普遍存在以下问题：第一，扶贫项目分配的不均衡是世界各国面临的一个普遍问题，受资源、资金、注意力、政策等因素的影响，各国很难从根本上实现扶贫治理项目的均衡分配；第二，在央地关系中，政府更注重经济的发展，而社会更注重福利的最大化，政府与社会间利益诉求的差异化导致政府—社会的合作受阻，进而影响扶贫效果；第三，扶贫项目具有的"短、平、快"的特点，使得可持续减贫的效果受到质疑，易产生脱贫人口再次返贫的现象，而且，扶贫项目在实施初期可能会产生碎片化治理的现象，也会给治理效果带来不利的影响。反贫困治理作为公

---

① David Easton, *The Political System* (New York: Knopf, 1953), pp. 125-141.

② Pham Thi Thanh Binh and Vu Van Ha, "Poverty Reduction in Vietnam and the Role of Public Administration," *Journal of Contemporary Asia* 49 (2018): 151-163.

③ Salvatore Ercolano and Giuseppe Lucio Gaeta, "Anti-poverty Competences in a Multilevel Government: An Empirical Analysis of Citizens' Preferences in Europe," *Applied Economics* 39 (2017): 3979-3994.

共管理领域的一个重要理论，是西方学者长期以来研究的重点，迄今为止硕果累累。国际众多的公共管理学者都从各自的研究视角提出了反贫困治理的对策与方法，这些对策和方法都有一个共同的属性，那就是关注公共价值，把反贫困治理作为一项公共事务推进，注重国家及公共部门在反贫困治理过程中作用的发挥，容易忽视其他扶贫主体的力量与价值。同时，有很多学者进行了不同视角的研究，例如，马尔萨斯主张通过抑制人口增长来减少贫困的发生。罗森斯坦-罗丹提出通过增大投资量、发展经济来改善国家经济状况。明瑟认为对一个人教育、培训的投资可以决定他一生的收入，而收入是最重要的贫困成因。明瑟将人力资本理论与公共政策相结合，开展了对贫困治理的公共价值研究。①

（三）反贫困治理研究述评

贫困问题是困扰全人类的重大发展问题。全球的贫困问题既有共性，但又有特性。同时，贫困问题又是一个复杂的系统性问题，涉及政治、经济、社会和文化发展的方方面面。因此，贫困问题不仅是经济问题，更是政治问题、文化问题、社会问题，需要多领域、多主体、多视角进行既有整体性又有不同学科不同视角的观察研究。回顾国外学者在反贫困问题上的研究，主要有三方面的特征。第一，大部分研究在西方资本主义的制度框架内进行，在西方已经趋于完善的理论框架下寻求解决贫困问题的密钥。经济学类的学者在研究过程中过分强调技术、资本以及劳动力等因素对减贫的作用，强调通过技术变革、资本积累、提升劳动力附加值等方式助力贫困问题的解决；研究民族学的学者则是从民族文化、精神内涵等视角分析贫困的成因，进而提出解决对策；社会学类的学者则专注从社会结构、社会组织以及社会阶层角度分析贫困的成因。在不同的学科领域，学者通过各个学科的独特视角去探析反贫困治理的不同路径，但现有研究缺乏对贫困问题的整体性、系统性的分析框架和理论体系去共同解释贫困的成因，导致反贫困理论难以跳出学科范式的束缚，进而导致其解释力不强。第二，阶级观点在理论中被忽略。贫困的成因是多方面的，包括技

---

① J. A. Mincer, *Schooling, Experience, and Earnings* (New York: National Bureau of Economic Research, 1974), pp. 35-39.

术、生态、教育、资金等，这些因素都在学者的研究中有所体现，但学者忽视了阶级所带来的影响。国外学者没有从阶级的角度去分析，某一方面还是在维护资产阶级，提出的政策只适合在西方语境框架下去缓和资本主义社会的社会矛盾。第三，国外学者的反贫困建议在中国缺乏实施的可行性。国外研究贫困的学者往往是站在西方的理论和实践框架下来看反贫困治理问题，或站在某一学科领域来看待贫困问题，对减贫政策制定的完整过程不全然了解，故提出的见解理论性较强，在现实生活中实践的可行性较弱，特别是在中国的减贫问题上。此外，将不同学科领域下扶贫的研究成果进行对比，发现大多数研究主要关注致贫的外部因素，没有很好地分析贫困主体。自然环境论和资本短缺论是西方研究贫困学派的主题，都是以研究外部因素为准，对贫困主体的致贫原因缺少分析，忽略了贫困主体这一因素所带来的影响。特别是资本短缺理论过分地强调资本在反贫困问题上的作用，忽视了技术、人才、政策等其他因素的影响。综上所述，虽然西方的反贫困治理研究为中国的脱贫攻坚战提供了丰富的理论基础，但是能够拿来粘贴复制解决中国贫困问题的研究成果凤毛麟角。中国的反贫困治理有特定的语境，期冀未来更多的学者能以中国的脱贫攻坚案例开展更具针对性的中国反贫困治理研究。

二 精准扶贫研究综述

"精准扶贫"思想是扎根于中国减贫实践的中国原创的减贫思想。目前，关于精准扶贫理念的研究鲜有外国学者加入，一方面说明世界扶贫学术研究领域的交流机制有待完善，另一方面表明世界学者对中国扶贫问题的关注度有待提升。基于此，本书对精准扶贫领域的研究综述主要侧重国内学者的研究，期待未来更多国际减贫学者关注精准扶贫理念及其价值，让精准扶贫理念更多地惠及世界减贫事业的发展。

自 2013 年习近平同志首次提出"精准扶贫"概念以来，国内众多学者对其进行了多学科、多视角、多层面的分析和研究，取得了丰硕的研究成果。截至 2021 年 5 月，以"精准扶贫"为关键词，在中国知网检索到的相关学术文章总量达 1 万多篇，发布的时间主要集中在 2013 年之后，尤其是在 2015~2019 年，研究成果呈现逐年递增的趋势。通过梳理研究发现，国内学者对精准扶贫的研究主要集中在精准扶贫的提出逻辑、精准扶贫内容特征、精准扶贫工作机制、精准扶贫影响因素以及精准扶贫改进措施 5 个方面。

（一）对精准扶贫提出逻辑的研究

精准扶贫理念并非无源之水、无本之木，更不是无中生有、独立形成，而是我国扶贫开发工作发展到新阶段、农村贫困问题发生新变化的必然要求，是与我国经济发展水平以及国情农情相匹配、相契合的一种科学的扶贫策略。2013 年 11 月，习近平总书记在视察湘西的扶贫工作时，首次提出精准扶贫，"扶贫要实事求是，因地制宜。要精准扶贫，切忌喊口号，也不要定好高骛远的目标"，这被普遍认为是我国精准扶贫的正式确立。[1] 从扶贫开发的时间维度来看，精准扶贫战略是中国扶贫开发进程的延续；从扶贫开发的制度设计来说，精准扶贫是我国扶贫模式的进一步调整。[2] 苗爱民在《精准扶贫战略的内涵逻辑及实现路径分析》中指出，两个大的条件促使精准扶贫战略的提出：市场经济优胜劣汰致使减贫效应下降，需要创新扶贫方式；传统扶贫模式捉襟见肘，需要"靶向治疗"精准扶贫。[3] 一方面，中国农村贫困人口分布呈现明显的空间集聚特征：贫困人口主要集中在我国中西部偏远山区、边疆地区和少数民族地区，并呈现向西南地区聚集的态势，[4] 过去"大水漫灌"的扶贫模式已难以发挥有效作用。另一方面，21 世纪以来，收入不平等、社会分化、环境资源吃紧以及城乡差距等问题使得中国开始面临效率和公平的双重挑战，如果再考虑

---

[1] 仇晓璐、陈绍志、赵荣：《精准扶贫研究综述》，《林业经济》2017 年第 10 期，第 21~27 页。

[2] 莫光辉：《精准扶贫：中国扶贫开发模式的内生变革与治理突破》，《中国特色社会主义研究》2016 年第 2 期，第 73~77、94 页。

[3] 苗爱民：《精准扶贫战略的内涵逻辑及实现路径分析》，《中共福建省委党校学报》2019 年第 6 期，第 85~90 页。

[4] Liu Yansui, Liu Jilai, and Zhou Yang, "Spatio-temporal Patterns of Rural Poverty in China and Targeted Poverty Alleviation Strategies," *Journal of Rural Studies* 52（2017）: 66-75.

到我国 2020 年全面消除绝对贫困的目标任务，超常规的扶贫策略必不可少，[①] 精准扶贫战略应运而生。精准扶贫解决了粗放式扶贫未能解决的难题，弥补了开发式扶贫覆盖范围有限、减贫效应式微、继续减贫难度加大的劣势，是满足全面建成小康社会目标要求的科学方案。

（二） 对精准扶贫内容特征的研究

相对以往的扶贫工作，精准扶贫在扶贫领导体制、贫困治理机制、扶贫方式等多项内容上进行了有效的创新。[②] 扶贫领导体制方面，我国消除贫困的核心手段之一是采用党和国家对扶贫工作高度重视下的"政府行政主导"扶贫模式，其主要特征为行政扶贫。王雨磊、苏杨将其定义为"精准行政扶贫模式"，即扶贫作为政治目标并被行政事务化；扶贫的团队、资源与项目等由行政系统动员产生；将扶贫任务与其他常规的行政工作进行有效的对接、整合以及协同；在行政体制内建立信号和反馈系统。[③] 在具体的实践上，通过实施"五级书记挂帅"落实党在中央对扶贫工作第一线的领导，同时向贫困村派驻第一书记，将扶贫领导体制从战略政策层面贯穿到实践层面。精准扶贫的领导体制创新根源于中国共产党领导形成的国家治理机制，具有典型的"中国之制"的特征。贫困治理机制方面，在脱贫攻坚战中采用的"五级书记挂帅"领导机制，打破了行政专业治理的结构性制约，将摆脱贫困这一政治议题置于改革开放工作全局的中心位置，形成了扶贫资源筹措使用的新机制，并对从中央到地方扶贫开发领导小组的领导、协调和落实的权责进行了前所未有的强化。[④] 扶贫方式方面，精准扶贫强调采用多元化的扶贫手段因地制宜开展扶贫工作，同时配合以定点帮扶，引导全社会共同参与。其中，Zhou Yang 等学者以河北省阜平

---

① 李小云、于乐荣、唐丽霞：《新中国成立后 70 年的反贫困历程及减贫机制》，《中国农村经济》2019 年第 10 期，第 2~18 页。

② 李小云、陈邦炼、唐丽霞：《精准扶贫：中国扶贫的新实践》，《中共中央党校学报》2019 年第 5 期，第 80~91 页。

③ 王雨磊、苏杨：《中国的脱贫奇迹何以造就？——中国扶贫的精准行政模式及其国家治理体制基础》，《管理世界》2020 年第 4 期，第 195~209 页。

④ 李小云、吴一凡、武晋：《精准脱贫：中国治国理政的新实践》，《华中农业大学学报》（社会科学版）2019 年第 5 期，第 12~20、164 页。

县宋家沟村为例,研究了 2013 年以来中国扶贫的制度创新并发现,在精准扶贫中将土地政策创新与易地扶贫搬迁相结合,有助于打破体制障碍,进一步揭示了土地政策创新推动精准扶贫的幕后机制。① Sarah Rogers 等通过半结构化访谈与对陕西、甘肃二省调研数据的分析,发现中国高度重视易地扶贫搬迁在消除贫困中的作用,易地搬迁人员经济负担的减轻主要依赖巨量的政府投资。②

(三) 对精准扶贫工作机制的研究

通过精准的文献梳理发现,当前对精准扶贫工作机制的研究主要可以分为三类,第一类是直接以精准扶贫为研究对象的机制分析。如李萍和田世野将精准扶贫的实现机制分为三部分:为主导精准扶贫脱贫的党和政府组织体系提供动力的晋升锦标赛激励机制、解决党和政府如何动员全党全国全社会的力量投入脱贫攻坚战问题的扶贫资源动员机制以及解决各类资本如何带动扶贫脱贫问题的资本带动扶贫脱贫机制。③ 韩旭东与郑风田在精准扶贫的经验总结中指出,中国的制度优势与治理体系是支撑中国取得减贫奇迹的关键,尤其是举国体制,即集中力量办大事,为精准扶贫战略实施提供了有力支撑。④ 这一制度优势大大加强了扶贫开发的领导力量,从中央到地方形成了一个以政府为主导、主要依靠行政组织体系、自上而下的扶贫开发体系。⑤ 第二类是研究精准扶贫中各个细分领域的作用机制。如宫留记聚焦精准扶贫中市场化扶贫机制的构建和运行,提出包括政府与社会资本合作的 PPP (public-private-partnership) 模式、政府购买服务、资产收益扶贫以及电商扶贫在内的市场化扶贫新模式,同时强调通过扶贫立

---

① Zhou Yang et al. , "Targeted Poverty Alleviation and Land Policy Innovation: Some Practice and Policy Implications from China," *Land Use Policy* 74 (2018): 53-65.

② Sarah Rogers et al. , "Moving Millions to Eliminate Poverty: China's Rapidly Evolving Practice of Poverty Resettlement," *Development Policy Review* 38 (2020): 541-554.

③ 李萍、田世野:《习近平精准扶贫脱贫重要论述的内在逻辑与实现机制》,《教学与研究》2019 年第 2 期,第 5~14 页。

④ 韩旭东、郑风田:《精准扶贫经验分析与价值总结——基于举国体制制度优势》,《当代经济管理》2021 年第 9 期,第 1~8 页。

⑤ 胡振光、原珂:《模式与经验:新中国特色扶贫的脉络传承》,《党政研究》2018 年第 3 期,第 117~126 页。

法和推动市场化扶贫机制建设使得市场扶贫模式更加符合精准扶贫的要求。[1] 刘建生等学者从微观尺度对产业精准扶贫的作用机制展开细致研究并发现：产业精准扶贫将产业透过村庄到农户，实现与农户的土地、资本和劳动力等生产要素的有机结合；产业精准扶贫通过利益相关方共同对土地、资本和劳动力等生产要素进行匹配，凸显了贫困户的主体性作用；产业精准扶贫还能够促进贫困户参与生产过程，有助于贫困户的公民精神培育、实用技术掌握和思想观念转变。[2] 此外，张春美等瞄准精准扶贫中的乡村旅游，从实施主体、帮扶客体、精准扶贫识别、乡村旅游开发、帮扶方式以及扶贫管理手段6个部分对乡村旅游精准扶贫运行机制进行了阐述，并强调需要实行动态管理以保证乡村旅游精准扶贫系统的动态运行。[3] 第三类是对精准扶贫与乡村振兴的协同机制展开分析。精准扶贫与乡村振兴并非相互割裂，而是互为表里，具有内在一致性与逻辑顺承性。精准扶贫是乡村振兴的关键和基本前提，而乡村振兴是精准扶贫的深化和保障；通过要素资源合理流动和配置补齐乡村人、地、业等发展短板，贫困地区重塑了要素耦合、结构合理、功能复合的乡村地域系统，从而推动乡村振兴。[4] 精准扶贫将使乡村振兴战略更加扎实、更高质量、更可持续；同时，乡村振兴可以从早期精准扶贫取得的显著成效中汲取更充分的发展动力。[5] 为进一步促进精准扶贫到乡村振兴的跨域协同，陈桂生等学者提出以产业、人才和行政改革先行先试的东、中西部定点和对口扶贫协作，从基本公共服务一体化、城乡精神文化和拓展新城镇建设等方面，为减贫事业和

---

[1] 宫留记：《政府主导下市场化扶贫机制的构建与创新模式研究——基于精准扶贫视角》，《中国软科学》2016年第5期，第154~162页。

[2] 刘建生、陈鑫、曹佳慧：《产业精准扶贫作用机制研究》，《中国人口·资源与环境》2017年第6期，第127~135页。

[3] 张春美、黄红娣、曾一：《乡村旅游精准扶贫运行机制、现实困境与破解路径》，《农林经济管理学报》2016年第6期，第625~631页。

[4] 郭远智、周扬、刘彦随：《贫困地区的精准扶贫与乡村振兴：内在逻辑与实现机制》，《地理研究》2019年第12期，第2819~2832页。

[5] Tan Mingjiao, Liu Qin, and Huang Nanni, "Path Model and Countermeasures of China's Targeted Poverty Alleviation and Rural Revitalization," *Revista De Cercetare Si Interventie Sociala* 70 (2020): 312-332.

小康社会建设探索一条协同融合之路。①

（四）对精准扶贫影响因素的研究

针对精准扶贫的影响因素涉及精准扶贫的不同方面，部分学者针对我国精准扶贫实施绩效的影响因素进行了相关分析。如陈升等学者以广东省、湖北恩施以及贵州毕节三地为案例研究对象，对其精准扶贫实施绩效的影响因素进行了系统研究，分析发现影响精准扶贫绩效的因素主要包括精准识别、精准帮扶、精准管理与精准考核4个层面的9个因素，且各影响因素的重要性不同，其中核心因素包括项目安排精准、资金使用精准、措施到户精准、扶贫对象精准以及因村派人精准5项。② 郭宁宁和钱力运用数据包络分析（DEA）模型测算精准扶贫效率，同时使用 Tobit 模型对影响精准扶贫效率的因素进行了分析。研究发现，人均生产总值、规模以上工业总产值、粮食总产量、污水处理厂数对精准扶贫效率影响较为显著，体育馆个数、有卫生站（室）的村比重对精准扶贫效率影响较弱。③ 东梅等以陕青宁六盘山集中连片特困地区为研究对象，采用三阶段 DEA 与 Tobit 模型，发现公共财政支出减少以及耕地面积增加均会显著提升精准扶贫绩效。④ 另外，刘春腊等学者基于地理学视角，在省域尺度从扶贫标准、扶贫方式、扶贫主体、扶贫对象识别四个方面对精准扶贫存在的省域差异进行分析，发现这种差异主要是由各个省域的自然地理环境、资源禀赋、经济发展水平以及精准扶贫自身的复杂性等因素综合决定的，同时与扶贫政策导向密切相关。⑤ 该项研究凸显出精准扶贫中各省域在实践上的差异性，但作者同时强调省域差异并非越大越好，科学的管控措施必不可少。

① 陈桂生、张跃巅：《精准扶贫跨域协同研究：城镇化与乡村振兴的融合》，《中国行政管理》2019 年第 4 期，第 79~85 页。

② 陈升、潘虹、陆静：《精准扶贫绩效及其影响因素：基于东中西部的案例研究》，《中国行政管理》2016 年第 9 期，第 88~93 页。

③ 郭宁宁、钱力：《集中连片特困地区精准扶贫效率影响因素分析》，《盐城工学院学报》（社会科学版）2019 年第 2 期，第 51~57 页。

④ 东梅：《陕青宁六盘山集中连片特困地区精准扶贫绩效评价及其影响因素研究——基于三阶段 DEA 和 TOBIT 模型》，《软科学》2020 年第 9 期，第 72~78 页。

⑤ 刘春腊等：《中国精准扶贫的省域差异及影响因素》，《地理科学》2018 年第 7 期，第 1098~1106 页。

此外，也有不少学者从扶贫客体即贫困人口的角度出发，对贫困人口精准扶贫满意度的影响因素进行分析，如刘裕和王璇以山西省 1842 户建档立卡贫困户为研究对象，通过入户调研与 Logistic 回归模型，发现建档立卡贫困户对精准扶贫总体评价为"基本满意"，其中对扶贫政策的满意度最高，对帮扶措施的满意度最低；年龄、文化程度、家庭收入来源、致贫原因、对精准扶贫政策的了解程度、贫困户人均收入增长情况及退出精准度是影响贫困户对精准扶贫满意度的主要因素。① 邢伯伦等学者在此基础上通过对凉山彝族自治州乡村的 101 户建档立卡贫困户采用类似的方法进行研究，发现住房条件等基础设施改善、扶贫资金的合理有效使用、贫困户的精准识别、政府对扶贫工作的重视等也会对贫困户的精准扶贫满意度产生影响。② 马志雄等学者则聚焦已脱贫农户的脱贫认同影响因素，发现家庭人均收入、脱贫程序规范性、家庭发展能力、脱贫公平感和脱贫成效满意度均对其具有显著影响。他同时强调脱贫认同这一主观性指标在脱贫考核评估中的重要地位。③ 黄晓野和高一兰利用海南省大量的扶贫调查数据分析精准扶贫地区人口贫困状态及影响因素，结果表明，贫困发生概率与贫困人口教育水平及脱贫能力、意识等个人特征关系显著，同时与家庭人口结构、收入来源、社会组织、交通等家庭和社会特征有关。④ 还有学者把中国减贫成就归因于经济高速增长与扶贫开发政策的共同作用，以及二者背后的制度基础共同作用。⑤

（五）对精准扶贫改进措施的研究

当前，我国虽已打赢脱贫攻坚战，但解决相对贫困问题的持续性与系

---

① 刘裕、王璇：《贫困地区贫困人口对精准扶贫满意度及影响因素实证研究》，《经济问题》 2018 年第 8 期，第 98~103 页。
② 邢伯伦、龚贤、闫紫月：《深度贫困民族地区精准扶贫满意度评价及影响因素——基于对凉山彝族自治州乡村的调查》，《财经科学》2019 年第 5 期，第 71~80 页。
③ 马志雄等：《精准扶贫中建档立卡贫困户脱贫认同的影响因素分析》，《农业技术经济》 2018 年第 12 期，第 103~110 页。
④ 黄晓野、高一兰：《精准扶贫地区人口贫困状态及影响因素研究——基于海南省扶贫调查数据的实证分析》，《南方人口》2018 年第 4 期，第 36~45 页。
⑤ 汪三贵：《中国 40 年大规模减贫：推动力量与制度基础》，《中国人民大学学报》2018 年第 6 期，第 1~11 页。

统性仍需要积极汲取精准扶贫过程中的宝贵实践经验，从而为走向共同富裕打下坚实基础。对此，部分学者基于现有的精准扶贫的整体情况，针对未来的帮扶工作提出了涉及多方面的改进建议。滕雨芯和王淑梅从经济学、农技推广角度阐述了精准扶贫工作的现状、贫困村的现状以及扶贫要达到的目标等问题，有针对性地提出了精准扶贫工作在经济及农业推广方面的可操作策略，比如加强基础设施建设，分层次推进，立体式帮扶；通过"1+3产业带"党建模式，通过党员引领示范、集中流转土地等方式，确保发展温室大棚、特色苹果基地建设等项目开展。① 李卓、金菁和左停从建立稳定脱贫长效机制的角度出发，提出了严格执行多维贫困识别机制，加快推进城乡基本公共服务均等化；实现农村低保与扶贫开发"两项制度"衔接；不断进行基层扶贫治理机制创新，并纳入社会性别意识等改进措施。② 也有学者仅以精准扶贫的单个要素为研究对象，提出了更具针对性的改进建议，如赵燕鸿聚焦精准扶贫中的乡村旅游，提出进一步提升乡村旅游精准扶贫产业的市场竞争力、完善管理体系建设、提高贫困人群参与乡村旅游精准扶贫的意愿，以解决扶贫工作中乡村旅游市场开发不成熟、管理不到位、宣传教育不充分等一系列难题。③ 孙小梅则尝试探索如何在"互联网+精准扶贫"模式下推动乡村生态旅游行业的发展，并提出积极深化"互联网+"技术在精准扶贫工作与乡村生态旅游中的融合性运用；结合贫困地区自身发展特征与优势，深入探索更加适配当地的乡村生态旅游产业结构和发展模式；挖掘地区所蕴含的乡村生态及社会文化资源，确立独特的旅游主题，并借助"互联网+"技术进行广泛宣传。④ 李华等学者也提出利用信息化手段助力乡村教师提能，利用大数据精准施策保证学生入学机会，以及利用信息化手段助力贫困群众接受再教育的路径、

---

① 滕雨芯、王淑梅：《农民创收过程中农村精准扶贫工作现状及对策》，《现代农业》2019年第1期，第68~69页。
② 李卓、金菁、左停：《精准扶贫的现实困境与优化路径——基于豫西L县的实地调查》，《长白学刊》2019年第6期，第111~117页。
③ 赵燕鸿：《脱贫攻坚期乡村旅游精准扶贫的难题与对策研究》，《农业经济》2021年第3期，第83~84页。
④ 孙小梅：《"互联网+精准扶贫"模式下乡村生态旅游发展研究》，《核农学报》2021年第12期，第2944~2945页。

方法与策略等。① 以上对策建议虽然是在精准扶贫时期被提出的，但在后扶贫时代助推巩固拓展脱贫攻坚成果同乡村振兴有机衔接方面，仍具有借鉴价值。

在脱贫攻坚战取得全面胜利后，统筹贫困地区的精准扶贫政策落实和乡村振兴战略实施，提高脱贫攻坚与乡村振兴的政策匹配度和实践融合度，对于推进中国第二个一百年奋斗目标的实现具有重要意义。对此，郭远智等学者提出通过要素资源合理流动和配置补齐乡村人、地、业等发展短板，推动贫困地区重塑要素耦合、结构合理、功能复合的乡村地域系统，助推乡村产业、人才、文化、生态、组织等全面振兴。② 曹立与王声啸提出"五个振兴"来探寻二者的衔接点和突破口：构建产业体系，实现从产业扶贫到产业振兴的转变；培育"三农"人才队伍，推动乡村人才振兴；提高乡村社会文明程度，实现文化振兴；培育生态农业，促进生态扶贫与生态振兴有效衔接；完善乡村治理，实现从组织建设到组织振兴转变。③ 在此基础上，陈弘等学者还强调要提升农民脱贫致富新动能，通过创造和保障其就业机会、受教育机会等，唤起贫困人口的主动脱贫意愿，进一步提升后精准扶贫阶段农村扶贫绩效。④ 促进乡村振兴和精准扶贫政策稳定接续是巩固精准扶贫成果和实施乡村振兴战略的必然要求。对此，张立等提出保证二者在政策方针上的连续性、落实方法措施的有效衔接，以及进一步完善二者的考核制度等。⑤ 陆益龙提出构建包括精准分类、精准均衡和精准施策在内的精准机制，配合依法振兴、协同振兴和融合发展等路径以实现乡村振兴与脱贫攻坚的精准对接。⑥

---

① 李华等：《信息化助力深度贫困地区"教育精准扶贫"路径与对策研究》，《电化教育研究》2021 年第 1 期，第 50~56 页。

② 郭远智、周扬、刘彦随：《贫困地区的精准扶贫与乡村振兴：内在逻辑与实现机制》，《地理研究》2019 年第 12 期，第 2819~2832 页。

③ 曹立、王声啸：《精准扶贫与乡村振兴衔接的理论逻辑与实践逻辑》，《南京农业大学学报》（社会科学版）2020 年第 4 期，第 42~48 页。

④ 陈弘、周贤君、胡扬名：《后精准扶贫阶段农村精准扶贫综合绩效提升研究——基于 4 省 38 市数据的实证分析》，《中国行政管理》2019 年第 11 期，第 12~18 页。

⑤ 张立、张河：《推动乡村振兴与精准扶贫有效衔接的政策稳定性思考》，《农业经济》2021 年第 7 期，第 78~79 页。

⑥ 陆益龙：《精准衔接：乡村振兴的有效实现机制》，《江苏社会科学》2021 年第 4 期，第 36~46、241~242 页。

（六）精准扶贫研究述评

综观前述，不同领域的学者从多学科的视角对精准扶贫理念进行了详尽而丰富的解读，形成了多领域、多层次的科学研究成果，共同构建了新时代具有中国特色的精准扶贫理念理论体系。考虑到精准扶贫研究具有很强的现实性、社会性和实践性，并且总体上呈现较为明显的动态调整、前后接续、持续推进的特点特色，因而在内容体系的丰富完善上需要及时跟进、及时深化、及时提升。[①] 在研究内容上，我国的脱贫攻坚战取得了全面胜利，针对精准扶贫的研究则需要更多地向乡村振兴、相对贫困、城乡融合等新领域、新视角、新方向展开，尤其是如何将精准扶贫的宝贵经验应用于巩固拓展脱贫攻坚成果同乡村振兴有效衔接中并转化为乡村振兴的直接经验和动力。当前这方面的研究大多从宏观层面进行政策研究或理论分析，缺乏微观层面的细致解析和内容创新，亟须进一步深化和探索。在研究方法上，现有研究多囿于政治学及行政学的范畴，精准扶贫是个系统工程，涉及政治、经济、社会、文化、生态文明等多个视角、多个领域、多个方面，不是单独一个学科专业、一个研究范式、一个分析视角能够完全涵盖的，因此，未来需要进一步拓宽精准扶贫的研究边界，综合运用管理学、经济学、社会学、人类学、心理学、物理学等不同学科的专业知识和研究方法，发挥各类研究工具的协同效用，进一步提升研究的科学性与准确性，为理论指导实践提供更加翔实、更为具体的借鉴。

三　多元主体扶贫研究综述

随着国内社会经济进入新常态和贫困治理体制的改革变迁，囊括专项扶贫、行业扶贫和社会扶贫的"三位一体"扶贫模式在全国大范围推广。根据十九大报告中提出的打赢脱贫攻坚战必须集合全党全国全社会力量，助力如期打赢脱贫攻坚战及脱贫攻坚后续的可持续减贫工作的开展，已成为国内学术界研究探讨的热点和重点。多元主体扶贫模式的锻造与中国经

[①] 于德：《习近平精准扶贫思想研究》，博士学位论文，中共中央党校，2019，第 20 页。

济社会发展阶段的社会特征密不可分，与中国政府坚决消除贫困、改善民生的执政理念密不可分，与中国全面建成小康社会向第二个百年奋斗目标迈进的伟大历史征程密不可分。多元主体扶贫模式的形成、发展是中国特定历史阶段和特定政策目标下的政治、经济、文化、社会发展适应新形势的产物，目前，对多元主体扶贫进行研究的主要是中国学者。因此，本部分在对国内相关文献进行综合梳理后，主要从多元主体扶贫格局、多元主体扶贫视角以及多元主体扶贫机制三方面进行综述。

（一）多元主体扶贫格局研究

整体而言，当前国内学者对于多元主体扶贫格局的研究主要聚焦在理念内涵与实践评价两个方面。首先是针对多元主体扶贫格局的理念内涵，李娜对"三位一体"中的专项扶贫、行业扶贫与社会扶贫分别进行了详细阐释：专项扶贫主要包括易地扶贫搬迁、整村推进、以工代赈、产业扶贫、就业促进、扶贫试点以及革命老区建设七项行动；行业扶贫强调在合理分工、权责分明的基础上，结合贫困区域的实际情况有针对性地促进不同行业发展；社会扶贫则主要是通过加强定点扶贫、推进东西部扶贫协作、动员企业和社会各界参与扶贫等措施形成扶贫合力。[1] 基于理论视角，方堃和吴旦魁认为，多元主体扶贫格局注重发挥中国的制度优势，是以人民为中心的发展思想的集中体现和深刻诠释；突破了碎片化、分散化的扶贫格局，丰富充实了马克思主义贫困治理的体系内容；彰显了辩证唯物主义和历史唯物主义的哲学智慧，创新拓展了马克思主义反贫困的方法路径；加强了党政领导力量在贫困治理体系中的主导作用，健全完善了马克思主义反贫困的体制机制。[2]

对于多元主体扶贫格局的实践评价，肖江通过分析西部地区政策性农业保险的实施现状，从西部省份间农户收入结构差异和补贴险种的角度出发，揭露了现行政策性农业保险保费补贴政策中存在的问题，并结合十九

---

① 李娜：《深入理解"三位一体"大扶贫格局的内涵》，《现代经济信息》2019 年第 18 期，第 3~4 页。

② 方堃、吴旦魁：《习近平对马克思主义反贫困理论的创新》，《中南民族大学学报》（人文社会科学版）2019 年第 3 期，第 108~111 页。

大报告中的大扶贫格局，提出农业保险精准扶贫的政策建议。[①] 邹开敏以旅游扶贫为例，研究了全民参与的大扶贫格局构建，他指出全民参与的旅游大扶贫格局可使企业、组织和个人以各自更加有效的方式发挥作用，并同地方政府一起构建社会帮扶网络，在基本生产生活保障、资金支持、产业对接、智力支持、人才支持和市场供给等多个方面为贫困乡村发展乡村旅游产业提供有效帮扶。[②] 常艳霜聚焦于"三位一体"中的社会扶贫，认为当前社会扶贫机制运行过程中存在社会主体观念落后、缺乏主动扶贫意识、政府物质保障落实仍不到位、各主体扶贫动力不足、社会扶贫制度建设还不完善、运行机制尚不健全等问题，并提出了相应的建议。[③] 在针对具体的大扶贫格局的实践分析中，贵州作为国家扶贫开发的重点省份，成为众多学者首选的研究对象。如朱莉对贵阳市"高一格"扶贫典型案例进行实地调研后，得出扶贫脱贫机制方面需构建有效的多元主体扶贫协同机制、有效稳定的扶贫主体利益联结机制以及绿色产业扶贫机制，路径方面脱贫需加强基层组织建设，以具体的现代农业生产经营模式为载体，保证"恒产"的结论。[④] 骆凯提出，贵州省大扶贫工作应以扶持发展为核心，在发展民营经济中，党和政府做好服务职能，加强鼓励支持和引导。[⑤] 高军波和杨瑞东以贵州大学为例，基于当前贵州省开展精准扶贫工作取得的成效和工作现状，结合贵州省内学院（校）在专业设置、人才培养、学生就业等方面存在的突出问题，分析了二者之间可以有机结合、相互促进的切入点。[⑥]

---

① 肖江：《大扶贫格局下西部农业保险精准扶贫实施现状及改进对策》，《中国市场》2018年第7期，第66~67页。

② 邹开敏：《全民参与的大扶贫格局构建研究——以旅游扶贫为例》，《广东社会科学》2019年第3期，第50~56页。

③ 常艳霜：《面向大扶贫格局的社会扶贫机制构建研究》，《中国市场》2018年第18期，第27~28、34页。

④ 朱莉：《贵阳"大扶贫"战略下"高一格"扶贫案例调查启示》，《贵阳市委党校学报》2017年第6期，第29~35页。

⑤ 骆凯：《大力发展民营经济 助推大扶贫格局》，《贵州社会主义学院学报》2017年第4期，第19~24页。

⑥ 高军波、杨瑞东：《大扶贫战略背景下地学院校发展应重点关注的问题——以贵州大学为例》，《教育文化论坛》2018年第4期，第52~57页。

（二）多元主体扶贫视角研究

扶贫问题不仅是一个经济问题，还是政治问题、社会问题、治理问题，涉及国家治理和社会治理的方方面面，是一个视角非常宏大的研究主题，也是一个事关人类文明进步的根本问题。多元主体扶贫在推动扶贫工作中发挥了巨大的作用，也体现出了其他扶贫模式难以比拟的优势。其中不少学者将多元主体扶贫格局作为研究脱贫攻坚的一个独特视角，从不同角度对国家或地区的扶贫工作展开了调查与研究。如范子娜基于大扶贫视角，提出应树立多元治理的理念，建立多部门、多主体间的合作机制，转变政府职能，保障扶贫对象的参与权利，大力发展产业扶贫，形成多部门、多主体间的监督机制，实现贫困地区共同富裕的目标等建议。[1] 葛笑如与刘祖云基于组织场域理论，以 G 县多元主体扶贫实践为研究对象，提出构建政府主导的县域大扶贫格局，以界定扶贫场域的边界，同时强调在统筹行业扶贫、社会扶贫和专项扶贫工作的基础上，做好工作队与当地扶贫部门的力量整合与业务协调，充分发挥各个扶贫机构的扶贫优势。[2] 杨达等学者将大扶贫与绿色治理相结合，基于广义绿色治理理念体系，提出了包含"大扶贫"、"大生态"与"大数据"的广义绿色治理实践体系，[3]以助力"一带一路"全球治理。

（三）多元主体扶贫机制研究

多元主体扶贫格局强调以政府为主导、市场和社会协同推进，从而实现多方力量、多种举措的有机结合以及互为支撑，推动贫困地区经济社会的可持续发展。[4] 对多元主体扶贫机制进行研究，必然需要对政府、市场以及社会在构建多元主体扶贫格局中所扮演的角色及其作用进行细致

---

① 范子娜：《大扶贫视角下我国农村扶贫开发问题与对策研究》，《济源职业技术学院学报》2015 年第 1 期，第 55~58 页。

② 葛笑如、刘祖云：《工作队驻村帮扶引发的扶贫场域解构及再结构化研究——以苏北 G 县为例》，《理论与改革》2018 年第 6 期，第 30~43 页。

③ 杨达、康宁：《大扶贫、大数据、大生态："一带一路"绿色治理的中国经验》，《江西社会科学》2020 年第 9 期，第 194~203、256 页。

④ 李天、韩广富：《新时代脱贫攻坚实践价值的三维解读》，《人民论坛》2021 年第 4 期，第 69~71 页。

阐述。

从单一主体出发，政府一方面发挥财政专项资金的杠杆作用和社会帮扶工作机制的激励作用来引导多元主体参与扶贫开发；另一方面从教育、医疗、救助、民政等方面构建社会安全网，以政策为指导，基层组织、企业和社会分别从"整村提升工程"、"家门口就业工程"和社会帮扶等路径助力贫困治理，实现村集体和农户收入同步增长。[1] 民间组织是扶贫过程中政府不可或缺的合作者，民间组织和政府合作不仅能优势互补实现双赢，还能弥补政府主导扶贫的局限，在扶贫瞄准度和社会资金筹集上发挥合力效应，提高扶贫行动效率。但李国安和郭庆玲在研究 NGO 参与我国扶贫实践的过程中发现，民间组织与政府合作仍存在不少障碍，比如没有专门的民间组织法，社会团体的法人定义范围和企业单位的法律地位较为模糊；政府对 NGO 的管理错位导致其遇到发展困境；国内 NGO 的发展尚不成熟，经费紧张，工作受限等。[2] 韩俊魁在对云南地区的多个非营利组织进行实地调研的基础上，提出以打破部门利益分割、向非营利组织赋权、优化扶贫资源配置，推进从国家、省、贫困县三级层面成立政府—非营利组织合作机制。[3] 徐顽强等指出，社会扶贫无论是从实践上还是从研究上看，均是大扶贫格局的短板，而公益扶贫作为社会扶贫的核心要素，其稳定性与可持续性直接影响社会扶贫的效果。因此，作者提出从核心支点、基础条件、制度嵌入、技术支撑 4 个关键要素着手，构建公益组织嵌入精准扶贫行动的生态网络，以进一步推动公益扶贫效能的可持续化和高效化。[4]

从多个主体的相互关系出发，蔡科云发现我国在整体上存在权力结构失衡、权责不对等和泛行政化的问题，他从政府与社会组织合作扶贫的本质是政府与社会、国家权力与社会权力的"合力"的角度，提出以《政府

---

[1] 谢玉梅、臧丹:《多元共治贫困:基于江苏省泗阳县的个案研究》,《农业经济与管理》2018 年第 5 期，第 30~39 页。

[2] 李国安、郭庆玲:《民间组织参与扶贫的意义、障碍与实践路径》,《人民论坛》2014 年第 6 期，第 33~35 页。

[3] 韩俊魁:《透过政府与非营利组织共治而减贫:大扶贫视野下云南多案例比较研究》,《经济社会体制比较》2016 年第 2 期，第 143~153 页。

[4] 徐顽强、李敏:《公益组织嵌入精准扶贫行动的生态网络构建》,《西北农林科技大学学报》(社会科学版) 2019 年第 3 期，第 43~53 页。

与社会组织合作扶贫框架协议》的形式增强政府与社会组织合作的刚性，强化合作扶贫的督察与督查，并落实合作扶贫的司法审查。① 朱火云和杨超柏则基于政府失灵、市场失灵、福利多元主义等理论，提出政府与非政府组织合作治理城市扶贫、国家加大政策扶持力度、建立常态化扶贫机制、规范政府与非政府组织的权责等建议。② 从具体的实践案例出发，王友云和向芳青通过对武陵山区域合约制治理的实践考察，发现这个过程中存在协作观念不强、协作制度与机制尚未完全建立、缺乏强有力的组织保障等问题，建议从培育协作观念与合作意识、建构治理贫困的合约制系列制度、成立区域发展委员会和协同扶贫开发委员会保障合约执行等方面改进连片特困地区合约制治理。③ 周艳玲和赵普民将山西省 T 县作为地方政府与私人部门协同扶贫的示例，通过地方实践，发现 T 县政府和私人部门存在协同困境，针对该地区协同扶贫中存在的问题提出了改进的建议。④ 吴映雪通过对村庄层面的精准扶贫多元协同治理的治理主体、日常运作、合作关系等的考察发现，扶贫治理中政府强势、社会弱势，而治理发展现实又呼吁多中心的协同治理，从而引发治理主体不平等、治理力量不均衡、治理协同不一致、治理资源不优化、治理成效不理想的现实治理困境。⑤ 总之，政府、市场和社会组织在扶贫中发挥的协同作用有利于我国扶贫工作的持续推进。但 Li 等学者也指出，扶贫最重要的因素仍然来自贫困农村自身，农村发展能力和竞争能力的提高是实现农村脱贫的内在因素，未来需要通过扶贫政策进一步提高贫困人口分享增长成果的能力，通过完善社会保障体系避免农村弱势群体被进一步边缘化。⑥

① 蔡科云：《论政府与社会组织的合作扶贫及法律治理》，《国家行政学院学报》2013 年第 2 期，第 33~37 页。
② 朱火云、杨超柏：《城市新贫困：政府与非政府组织合作扶贫研究》，《杭州师范大学学报》（社会科学版）2019 年第 5 期，第 129~136 页。
③ 王友云、向芳青：《连片民族特困地区区域发展与协同扶贫合约制治理模式探讨——以武陵山片区为例》，《重庆师范大学学报》（社会科学版）2018 年第 5 期，第 106~112 页。
④ 周艳玲、赵普民：《政府与私人部门协同扶贫：互动、困境与策略——以 T 县扶贫项目为例》，《长春市委党校学报》2020 年第 1 期，第 22~25 页。
⑤ 吴映雪：《精准扶贫的多元协同治理：现状、困境与出路——基层治理现代化视角下的考察》，《青海社会科学》2018 年第 3 期，第 120~126 页。
⑥ Li Yuheng, Su Baozhong, and Liu Yansui, "Realizing Targeted Poverty Alleviation in China," *China Agricultural Economic Review* 8 (2016): 443-454.

（四）多元主体扶贫研究述评

研究发现，近年来的多元主体扶贫问题研究吸引了国内各大高校、科研院所、智库、民间学术团体等众多机构各个学科领域研究者的关注，研究视角涉及马克思主义、经济学、社会学、政治学、心理学、教育学、人类学、文学、管理学、统计学、哲学等众多学科，学者聚焦于多元扶贫总体框架下专项扶贫、产业扶贫以及社会扶贫这三类主题范畴下的具体问题，展开了一系列丰富的研究，产生了一批有价值的研究成果，但立足于宏观视角从政策过程理论出发对区域性多元主体扶贫问题的整体性探讨和利用定量分析方法对多元主体扶贫政策制定—政策实施—效果评价进行一体化研究的成果却凤毛麟角。同时，由于学科之间的研究偏好各异，研究各自为政，没有形成统一的研究范式，研究成果纷杂，没有形成完整的研究体系。此外，虽然多元主体扶贫的研究在中国掀起了一阵热潮，但由于研究时间相对较短，研究虽有广度，但缺乏深度和精度。目前多元主体扶贫的研究还没有在国际学术话语体系中引起足够的关注，也缺乏国外学者跳出中国本土视野去研究多元主体扶贫问题。综上所述，多元主体扶贫是中国特定扶贫场景中特定的故事叙述，有中国特定的时空环境，但多元主体扶贫模式是发展中国家致力于改善民生，消除绝对贫困问题，促进人类文明发展进程的一次成功实践。从本质上来讲多元主体扶贫模式的锻造与国际公共管理潮流中"多中心治理""多元协作治理"等理论的核心价值有高度的价值一致性，与国际公共治理问题的研究方向趋同，期冀未来越来越多的国际学者加入多元主体扶贫研究行列，从局外人的视角客观公正地研究中国多元主体扶贫实践中蕴含的中国本土化反贫困治理的智慧，为丰富世界减贫理论和体系提供中国素材，贡献中国智慧。

第三节　理论基础

一　多中心治理理论

在《自由的逻辑》一书中，迈克尔·博兰尼第一次提出了多中心治理理论，之后奥斯特罗姆夫妇引用博兰尼的"多中心"一词，衍生出多中心秩序，该概念强调了参与者对建立治理规则制度的能动性。多中心治理理论主张多个权力组织或者体系同时存在，通过竞争性和合作性活动使公众拥有更多机会去共同承担公共管理的职责和义务，强化了治理的公共性。[①]作为新的公共管理理论，多中心治理理论的特征主要包括以下四个方面。第一，多元化的多中心治理主体。治理主体包括政府、企业、公民、社会组织、国际组织、非营利组织等。多中心治理模式打破了单一主体治理模式中权力高度集中的局面，拓宽了治理主体参与公共事务讨论的空间。第二，多中心治理结构的网络化。信息技术尤其是互联网技术以其开放性、实时性、交互性、无中介性打破了沟通壁垒，使网络化治理的实现成为可能。治理主体通过信息技术能够直接表达利益和诉求，弱化了时间和地域因素的约束。第三，多中心治理以实现公民利益最大化为目标。在多中心治理过程中，公民通过多个渠道表达诉求，多元主体在最大程度上使公共资源的运用满足公共需求。第四，多中心治理的竞合并存。治理主体在生产、使用和维护公共物品上存在竞争关系的同时，通过协商、谈判等方式进行合作，打破彼此的边界，产生代表共同利益的结果，辐射所有主体。我国扶贫治理模式最显著的特征正是多元主体的参与。在扶贫治理过程中基于多中心治理理论建立政府、企业、社会组织、农户等多主体参与的反贫困治理模式，能够充分发挥各主体优势，凝聚多方力量共同推进脱贫攻坚工作的深入开展，对于贫困地区扶贫治理有显著成效。本书在对西南地区的扶贫过程进行充分研究的基础上，在对多中心治理理论进行了中国化改良之后，尝试从政府主导，企业、社会组织以及农户合作社广泛参与四个角度建立西南地区扶贫治理框架，并在此基础上构建西南地区扶贫影响因素的指标体系，配合 Logistic 回归分析方法，实现对西南地区多中心反贫困治理影响因素和治理效果的定量测度。

---

① Michael Polanyi, *The Logic of Liberty: Reflections and Rejoinders* (Indianapolis: Liberty Fund Inc., 1998), pp. 214-234.

二 IAD 框架

IAD 框架（Institutional Analysis and Development），即制度分析与发展框架，由以埃莉诺·奥斯特罗姆为代表的布鲁明顿学派提出，旨在揭示应用规则等外生变量对公共池塘资源自主治理的影响，为资源使用者提供一套制度设计方案与评价标准以提升信任与合作关系。IAD 框架是一个综合了古典政治经济学、新古典微观经济学、交易成本经济学、博弈论以及公共选择理论等多种学科的元理论结构，是对政策过程研究领域产生最大影响的制度理论，在政策过程理论中占据重要地位。目前，IAD 框架的应用领域主要集中在农村治理、生态环境、社会治理、政府改革等公共治理领域。作为公共治理典型的扶贫实践，其内在特征与 IAD 框架具有极高的匹配性。本书在充分诠释 IAD 框架的基础上，通过论证扶贫与 IAD 框架的契合性，引入 IAD 框架对西南地区扶贫的实践过程进行了鲜活的展现。首先，利用 IAD 框架从自然属性、政策属性、应用规则三个角度出发充分描述西南地区扶贫的外生变量。其次，采用实践和理论相结合的方式描绘西南地区扶贫的行动舞台，形象具体地讲述西南地区扶贫的行动者和行动情境，并在此基础上总结西南地区扶贫的作用模式。最后，分析西南地区扶贫的实践特征。基于 IAD 框架客观讲述西南地区扶贫的实践过程，生动呈现西南地区扶贫的实践现状，能够为后文西南地区扶贫实施路径探讨、影响因素测量、实施效果评价等内容做好铺垫。

三 协同治理理论

协同治理理论这一学术概念发源于西方，其强调治理主体的多样性，并主张政府广泛吸收企业、非政府组织和公民等主体积极参与治理公共事务。[1] 全球治理委员会将"协同治理"界定为人、各种公共或私人机构管理其共同事务的诸多方式的总和。它是使相互冲突的不同利益主体得以调

---

[1] 许光建、卢允子：《论"五水共治"的治理经验与未来——基于协同治理理论的视角》，《行政管理改革》2019 年第 2 期，第 33~40 页。

和并且采取联合行动的持续的过程，其中既包括具有法律约束力的正式制度和规则，也包括各种促成协商与和解的非正式的制度安排。① 协同治理的主要特性如下。第一，协同治理作为一个组织和联结社会结构的系统，倡导以激励和说服的手段形成"温和的权力"（soft power）。协同治理摒弃等级观念，设想治理主体平等参与公共事务治理，通过协商对话、谈判交流等行动，达成共识，相互合作。第二，协同治理由不同机制混合形成一个整体，最终目标是寻求多样性与统一性的整合。作为"多主体、多权威耦合而成的整体"，协同治理的中心议题是协调性与创造性之间的平衡。② 多元主体扶贫格局形成的本质为多主体的协同治理，是指政府、市场、社会、贫困群众等多元主体共同参与扶贫领域的治理，同时注重发挥多元主体间的协同作用，从而形成治理的协同效应，实现治理的目标。本书基于协同治理理论，结合对西南地区贫困成因、扶贫治理措施等方面的研究，提出加强西南地区各省级政府内与政府间的扶贫协同性，以政府、企业、社会组织、合作社、农户为主体凝聚西南地区扶贫网络化治理公共价值，协同肩负起脱贫攻坚与乡村振兴的职责使命，进而提升西南地区帮扶政策执行能力，助力扶贫措施效率最大化与效果最优化目标的实现。

四　政策网络理论

政策网络理论是将网络理论引入政治学和公共政策学而形成的一种分析框架。20 世纪 70 年代以来，政策网络在英国、美国等西方国家逐渐成为政治学和政策分析领域的主流理论和研究范式。学界对于政策网络的定义存在不同的理解。罗茨是政策网络的集大成者，他认为政策网络是"一群或复杂的组织因资源依赖而彼此结盟，又因资源依赖结构的断裂而相互区别"③，即在政策过程中，国家与社会各行动主体在相互依赖的基础上表

---

① 徐嫣、宋世明：《协同治理理论在中国的具体适用研究》，《天津社会科学》2016 年第 2 期，第 74~78 页。

② Linda Weiss, *The Myth of the Powerless State* (Ithaca：Cornell University Press, 1998), pp. 71-79.

③ R. A. W. Rhodes, *Understanding Governance: Policy Networks, Governance, Reflexivity and Accountability* (Buckingham：Open University Press, 1997), pp. 23-37.

现的不同互动关系模式的总称。政策网络的这种多主体治理思维的实质是不同专长的行动者基于彼此分工合作而施行联盟治理或"契约化"合作。本书基于政策网络理论，对应罗茨的政策网络分类表，结合西南地区扶贫工作的实际实施情况，将西南地区扶贫治理资源划分为政策社群网络、府际网络、专业网络、生产者网络以及议题网络五类。在此基础上，提出通过厘清各政策网络资源的价值属性与交互关系，强化政策网络资源间的耦合作用，提升其集聚力，使得治理资源间保持一种共享化的有益关系，实现有限扶贫资源的最优分配。

五 政策过程理论

1956 年，政策科学的奠基人拉斯韦尔在《决策过程》中提出和构建了"阶段启示法"，首次尝试对政策过程进行阶段划分，他与丹尼尔·勒纳合著的《政策科学》一书被认为是政策过程理论发展的基石。政策过程理论通过政策主体、政策客体及政策环境间的相互作用相互联系，使得政策呈现连贯的动态过程。政策过程理论主要包括政策制定、政策执行、政策评估、政策终结、政策监督五个环节。政策过程理论的发展经历了理论启蒙初创阶段、理论创立发展阶段、理论集成创新三个阶段。第一代政策过程理论始于拉斯韦尔提出的七阶段理论，即情报、建议、规定、行使、运用、评价及终止。第二代政策过程理论试图建立概括性的理论框架将现实问题概念化及模型化。第三代政策过程理论逐渐兴起，通过对第二代政策过程理论的继承创新与变革，形成了稳健性框架、制度集体行动框架、解释学框架、生态博弈框架等。经过 60 多年的发展，政策过程理论通过融合治理理论寻求发展创新，力图在政治体系、政策和治理之间建立内在联系，国内众多学者应用政策过程理论来分析中国的政策，为本书研究奠定了坚实的基础。基于政策过程理论，本书试图从政策过程视角分析中国制度优势是如何经由减贫政策的制定、执行和评估转化为减贫效能的。

第四节　研究内容与研究方法

一　研究思路

扶贫政策的运行过程无法脱离特定的政治体系，而一个国家的政治体系是由一系列制度要素构成的有机整体。因此，在中国政治体系中扶贫的制度要素及制度优势，通过影响扶贫政策的不同环节来影响扶贫实践和扶贫效能。在扶贫政策制定环节，影响扶贫政策议程设置和价值定位的关键制度要素是中国特色社会主义制度的本质属性，这种制度属性决定了扶贫治理是中国国家治理的优先议程，并且这项议程必须坚持以人民为中心的扶贫理念，以实现社会公平正义和共同富裕为目标，该理念和目标是中国开展脱贫攻坚战的初心和使命，也是党和政府的执政追求。

在理论聚焦环节，发展规律、现实经验和理论逻辑均表明，中国之所以能打赢这场脱贫攻坚的硬仗，关键在于中国的政治制度优势、主导扶贫的政府的角色不能替代、中国扶贫政策的功能发挥不可或缺、中国扶贫效果的考核环节不便作假。并且中国减贫政策的制定、运行过程和效果评价等环节并不是孤立进行的，而是嵌入中国的政治体系当中，形成了一个完整的扶贫实施体系。立足于以人民为中心的施策视角，致力于推进社会公平正义，实现共同富裕的民族宏愿，本书在中央扶贫政策的指导下，以多中心治理理论、IAD 框架、协同治理理论、政策网络理论以及政策过程理论为研究的理论基础，在对国家和西南地区脱贫攻坚政策进行综合研究的基础上，对反贫困治理、精准扶贫及多元主体扶贫的前沿文献进行了综述，总结了扶贫治理的研究经验、研究重点和研究趋向，为西南地区扶贫实践研究奠定了良好的理论基础。

在扶贫政策变迁环节，中国的减贫政策始终立足中国现实，科学精准、与时俱进地出台适合中国国情的扶贫政策，体现了中国政策创新的特征。本书将历史制度主义作为分析方法，通过对改革开放以来的中国扶贫政策变迁路径进行系统的梳理，厘清中国多元主体扶贫的形成过程，探索多元主体扶贫的治理模式、治理优势和政策意蕴，分析多元主体扶贫形成的政治、经济、社会背景以及路径依赖过程、行为主体互动结果，从宏观、中观、微观三个层面挖掘多元主体扶贫形成的动力机制，揭示多元主体扶贫政策形成的内在逻辑。通过阐述多元主体扶贫的形成逻辑和动力机制为后续多元主体扶贫政策在西南地区的实施奠定良好的政策基础。

在政策制定环节，中国的扶贫实施始终坚持党的领导制度，以及在党的领导制度下形成的集中统一的党政治理结构，这些制度要素决定了扶贫政策的执行力度、速度与精度。扶贫政策的制定和实施会受到不同利益群体的影响，而作为国家重要战略的脱贫攻坚，严格遵循"中央统筹、省负总责、市县抓落实"的总体工作方案，不仅在中央的统一部署下制定了从上到下一以贯之的扶贫政策，更重要的是建立了支持扶贫政策持续实施的多主体联盟。本书在理论储备充分的基础上，采用内容分析法对中央、西南五省（区、市）的扶贫政策进行了内容分析与政策效力评价。为后续扶贫实践研究提供了政策层面的依据。

在政策执行环节，在前述扶贫政策水平研究的基础上，以 IAD 为分析框架，采用理论与实践相结合的方式，对西南地区扶贫的实施过程进行了定性描述，科学、客观地还原了西南地区扶贫的实施过程，呈现了西南地区扶贫实施的动态样本，并结合西南地区扶贫实践进行了典型案例的阐述。基于此，本书进一步采用 fs-QCA 方法建立扶贫实施路径的研究模型，实证分析了西南地区成功的扶贫实施路径的必要条件及实施状况，客观总结归纳了扶贫取得成功的路径，并分析了扶贫实践过程中存在的问题，为后续西南地区扶贫影响因素测量、效果评价等内容做好了铺垫，为后续西南地区扶贫实践能力提升提供了应用层面的依据。

在政策效果环节，多元主体扶贫模式充分发挥了集中力量办大事的社会动员和资源整合机制，这使得中国减贫实践能够吸纳全社会力量来扩充贫困治理的主体和资源。本书采用统计分析方法根据收集的一手或二手数据，客观严谨地建立了统计数学模型，并用数学模型计算出分析对象的各项指标及研究数值，分析研究过程，为书稿的顺利完成提供了分析依据。首先，基于 Logistic 回归分析方法构建了西南地区扶贫影响因素的指标体系并进行了实证分析，致力于找出西南地区扶贫的主要影响因素，同时明确各项影响因素在西南扶贫实践过程中的影响程度。其次，采用AHP-模糊综合评价法对西南地区的扶贫效果进行了评价。综合使用了多种定量分析方法和统计分析工具，对西南地区扶贫的实施过程、影响因素、扶贫效果等进行了精准测量，为后续西南地区扶贫能力提升提供了效果层面的依据。

中国政治体系中的相关制度要素会不同程度地影响扶贫政策运行过程的各个环节，并将政治和制度优势通过扶贫政策的文本、变迁、执行和评估转化为扶贫治理效能。本书力图在政治体系、扶贫政策、扶贫实践和效果评估之间建立内在联系，从政治体系、政策过程视角来解释西南地区扶贫政策运行的关键过程，从而更深入地理解中国多元主体扶贫模式的制度逻辑。试图从政策过程视角分析中国制度优势是如何经由扶贫政策制定、扶贫政策执行和扶贫政策评估转化为扶贫效能的，为揭示西南地区及中国的扶贫制度的内在动力和制度逻辑提供理论解释和实践验证。

二　研究框架

"理论聚焦"涵盖第一章、第二章内容。"政策水平"涵盖第三章内容。"实践扫描"涵盖第四章、第五章内容。"效果评价"涵盖第六章、第七章内容。"能力提升"涵盖第八章内容。第九章为整个研究的展望。本书总体研究框架如图 1-1 所示。

三　研究内容

第一章：导论。本章作为课题研究的开篇语，在整体介绍课题研究的背景、选题的缘起、研究方法、研究内容、创新点等课题设计的整体思路和框架的逻辑体力上，立足于以"人民为中心"的施策视角，致力于推进社会公平正义，实现共同富裕的民族宏愿。本书研究在国家扶贫政策的指导下，以政策过程理论、多中心治理理论、IAD 框架、协同治理理论以及政策网络理论为研究的理论基础，在对西南地区脱贫攻坚政策进行综合研究的基础上，对反贫困治理、精准扶贫及多元主体扶贫的前沿文献进行了

扶贫治理最新学术成果及扶贫政策文本库	多学科交叉定性与定量政策内容及效力分析 → 扶贫政策水平的科学测量

理论聚焦

理论聚焦

多中心治理理论、IAD框架在西南地区扶贫中的应用 ← 生成思考 →

实践扫描

西部地区扶贫实践过程的案例展示及执行水平测量

实践扫描

研究对象：西南地区60个脱贫摘帽贫困县

构建科学可操作的指标体系，进行西南地区扶贫效果评价

研究方法：模糊集定性比较分析（fs-QCA）方法、案例分析、Logistic回归分析方法、AHP-模糊综合评价法

效果评价

基于西南地区扶贫实践的政策层、执行层、效果层三个维度 ← 科学评价 → 西南地区扶贫能力（三个维度）提升策略

能力提升

全面总结具有中国特色的扶贫治理模式并向世界推广

展望未来的深层次思考

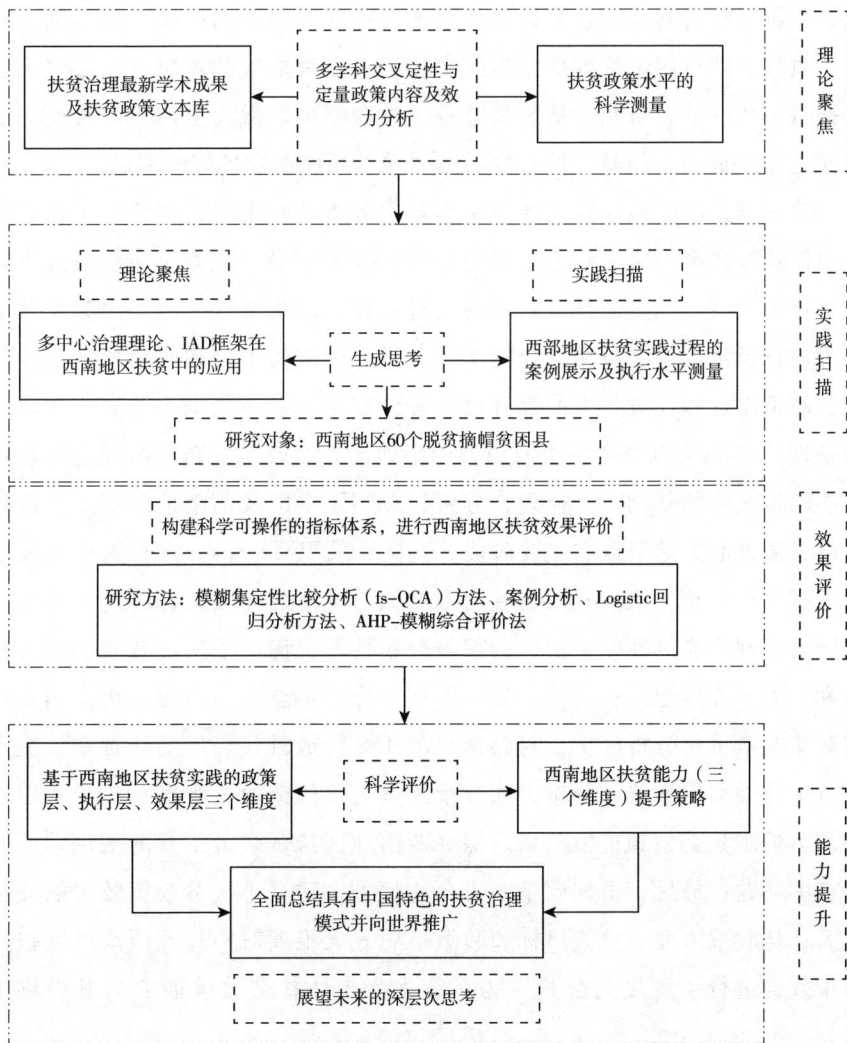

图 1-1　西南地区扶贫水平测量与能力提升总体研究框架

综述，总结了扶贫治理的研究经验、研究重点和研究趋向，为研究的开展奠定了良好的理论基础。

　　第二章：历史制度主义视角下西南地区扶贫政策的形成逻辑和动力机制。研究以历史制度主义作为分析方法，通过对改革开放以来的扶贫政策变迁路径进行系统的梳理，厘清中国多元主体扶贫的形成过程，探索多元

主体扶贫的治理模式、治理优势和政策意蕴，分析多元主体扶贫形成的政治、经济、社会背景以及路径依赖过程、行为主体互动结果，从动因、政策、过程、特点四个维度挖掘多元主体扶贫政策形成的逻辑，探索多元主体扶贫形成的动力机制，从宏观背景、中观制度、微观主体三个层面揭示多元主体扶贫确立的科学性，为后续课题的开展奠定良好的基础。

第三章：西南地区扶贫政策文本量化分析及政策效力评价。本章以多元主体扶贫政策为研究对象，采用 CiteSpace 可视化、内容分析法及政策效力评价模型对多元主体扶贫政策的演进规律、政策特征、政策内容及政策效力进行了定性与定量相结合的文本分析，期冀为中央和西南地区后续的帮扶政策出台和政策效力的提升提供理论支撑与参考依据。首先，在收集和整理了 2013~2020 年中央政府及西南地区省级政府发布的多元主体扶贫核心政策文本的基础上，梳理、分析、总结了中国及西南地区多元主体扶贫政策演进的关键节点和主要阶段；其次，采用 CiteSpace 软件对中央及西南五省（区、市）发布的多元主体扶贫政策文本的高频关键词进行了可视化图谱呈现，通过高频关键词的聚类分布特征提炼出了扶贫政策的两大板块和五大研究议题群；再次，基于上述研究，本章运用内容分析法构建扶贫政策文本量化分析框架，对筛选出的 158 份最具代表性的扶贫政策文本进行了分类编码和统计分析，从政策工具与价值链两大维度分析了我国扶贫政策的工具类型和价值关系，探寻西南地区扶贫政策工具的使用偏好及存在的问题；最后，根据政策效力分析模型，建立了扶贫政策效力的评分体系，从政策力度、政策目标和政策措施三大维度对中央及西南地区扶贫政策效力进行了测度与分析，为后续多元主体扶贫政策能力提升提供了依据。

第四章：基于 IAD 框架的西南地区扶贫实践过程描述。首先，在对 IAD 框架嵌入西南扶贫实践进行适用性分析的基础上，本书对西南地区扶贫的结构要素进行了描述，从自然属性、政策属性、应用规则三个角度出发对西南地区多元主体扶贫的外生变量展开详细分析；其次，采用实践和理论相结合的方式描绘西南地区扶贫的行动舞台，形象具体地讲述西南地区扶贫的行动者和行动情境；再次，在实地考察和理论研究的基础上，归纳西南地区特色扶贫模式并辅以典型案例进行阐述；最后，根据西南地区扶贫的实施过程，提炼西南地区扶贫的实践特征。本章通过研究，客观讲述了西南地区扶贫的实践过程，生动呈现了西南地区扶贫的实践现状，为后续西南地区扶贫实践能力的提升提供了依据。

第五章：基于 fs-QCA 方法的西南地区扶贫实施路径探讨。多元主体扶贫作为中国扶贫领域原创的扶贫模式，是精准扶贫政策的具体实践和拓展，为了精准展示西南地区扶贫实践的路径，本书从西南五省（区、市）贫困县中选取 60 个 2017～2020 年顺利脱贫摘帽的多元主体扶贫样本，根据 TOE 构建理论分析框架，设定扶贫实施路径的条件变量与结果变量，通过 fs-QCA 方法对西南地区贫困县脱贫摘帽的扶贫实施路径进行分析，探寻西南地区脱贫的主要路径及各条路径的效用程度，期冀为后续西南地区扶贫实践能力提升提供依据。

第六章：基于 Logistic 回归分析方法的西南地区扶贫影响因素测量。首先，基于多中心治理理论构建了西南地区扶贫影响因素的理论框架，在该框架指导下构建了扶贫影响因素测量的指标体系，该指标体系也为第七章西南地区扶贫效果评价指标体系的构建奠定了基础；其次，通过实地调研、调查问卷等方式深入西南贫困地区收集数据并运用无序多分类 Logistic 回归分析方法深度剖析多元主体扶贫治理过程中的影响因素；最后，总结研究结论及各个影响因素在西南地区多元主体扶贫实践过程中发挥的效应，为后续多元主体扶贫能力提升提供依据。

第七章：基于 AHP-模糊综合评价法的西南地区扶贫效果评价。在第六章构建的扶贫影响因素测量指标体系的基础上，根据影响因素影响大小排序，选取政府间的帮扶合作、企业参与扶贫合作、合作社与农户参与扶贫合作、社会组织参与扶贫合作、精准扶贫主体共同参与合作和政府组织动员的合作六个主要一级指标展开西南地区多元主体扶贫实施效果评价指标体系的构建，并运用 AHP 方法计算各指标权重，采用模糊综合评价法对西南地区多元主体扶贫实施效果进行综合与单项评价，分析了评价的结果，指出了评价过程中存在的问题，为扶贫能力提升提供依据。

第八章：政策过程视域下西南地区扶贫能力提升策略。进一步提升西南地区扶贫能力，关系西南地区后续乡村振兴建设的稳步推进，关系全国相对贫困问题的有效应对，关系全体人民共同富裕目标的高效完成，关系中华民族伟大复兴征程中国梦的顺利实现。对此，根据政策过程理论的逻辑框架，基于前七章的研究结果，立足实际，定点西南地区，辐射中国，形成涵盖多元主体扶贫关键环节的三个层面的对策建议。从政策层面提升西南地区扶贫政策制定能力；从执行层面提升西南地区扶贫政策执行能力；从效果层面提升西南地区扶贫效果。这三个层面的对策建议是整个课题研究的整体性提升策略。期冀该提升策略能为西南地区可持续减贫提供宝贵的经验借鉴，也希望能为世界减贫理论、减贫事业尤其是广大发展中国家摆脱贫困贡献中国智慧、中国方案与中国经验。

第九章：结语。首先，本章对课题研究内容进行了全面的整体性的总结，系统地阐述了课题研究的结论。其次，立足西南地区历史性解决绝对贫困问题，实现全面建成小康社会，对西南地区未来可持续减贫、乡村振兴、共同富裕等的延伸热点议题进行了前瞻性的展望，为后续深入研究指明了方向，同时期冀能起到抛砖引玉的作用，希望引起更多国内外同仁对西南地区扶贫实践的关注，让西南地区脱贫攻坚研究走向世界，也让西南地区扶贫的经验得到充分的提炼和总结，为提出中国原创减贫理论提供西南经验和西南样板。

四 研究方法

（一） 文献研究法

通过梳理国内外反贫困治理研究、精准扶贫研究以及多元主体扶贫研究三大领域的前沿研究成果，采用文献研究的方法透过文献挖掘其背后的中国脱贫攻坚的一般规律，聚焦文献研究热点和趋势，展开系统、全面的阐述和评论，为后续课题研究的开展夯实理论基础。

（二） 历史制度主义研究方法

研究选取历史制度主义作为扶贫政策变迁的研究方法与分析框架，坚持将制度方法和历史方法相结合，将逻辑和历史相统一，由简入繁，对改革开放以来中国扶贫政策的变迁路径进行逻辑规律的找寻。同时运用历史比较方法，在复杂而多重的关系中探究与制度相关的现象的因果关系，着力在扶贫的微观行为基础和宏观制度结构之间建立起联系。通过采用理论分析和价值判断相结合的历史制度主义研究方法，厘清了中国多元主体扶贫的形成过程，分析了多元主体扶贫形成的政治、经济、社会背景以及路径依赖过程、行为主体互动结果，从宏观、中观、微观三个层面挖掘多元主体扶贫形成的动力机制，深刻揭示多元主体扶贫政策形成的内在逻辑，为后续的实例研究与统计分析奠定了基础。

（三） 实地调研法

2018 年 9 月至 2022 年 2 月，课题组先后对云南、贵州、四川、重庆、西藏西南五省（区、市）的扶贫工作展开了实地调研，通过问卷和访谈进行资料的收集。问卷和访谈的对象主要为政府部门与扶贫工作相关的工作人员、村干部、企业、社会组织、农户等扶贫主体。课题组通过实地调研，获取了有关西南地区扶贫实践的一手资料，为后续的研究提供了真实素材和资料支撑。

（四） 问卷调查法

课题组在 2018～2022 年，向云南、贵州、四川、重庆、西藏五省（区、市）的政府部门、参与扶贫的企业、参与扶贫的社会组织、农户发放研究调查问卷。针对不同主体，问卷内容不同，主要包括调查主体的基本信息、自身发展情况、帮扶情况、参与扶贫情况等。总共发出问卷 2500 份，总共收回调查问卷 2423 份，其中有效问卷 2387 份，有效率达到95.48%。通过问卷调查获取的有关西南地区扶贫的一手数据，为课题后续研究的展开提供了数据支撑。

（五） 统计分析法

研究综合采用了政治学、管理学、统计学当中的 fs-QCA、Logistic 回归分析、AHP、模糊综合评价法等多种方法展开了跨学科的交叉实证分析。首先，选取 60 个 2017～2019 年顺利脱贫摘帽的贫困县作为扶贫样本，根据 TOE 理论基础构建分析框架，设定扶贫实施路径的条件变量与结果变量，通过 fs-QCA 方法对西南地区贫困县脱贫摘帽的扶贫实施路径进行分析和探讨；其次，基于多中心治理理论构建西南地区扶贫效果评价指标体系的构建，并采用 Logistic 回归分析对指标进行筛选，运用 AHP 计算各指标权重，继而采用模糊综合评价法对西南地区扶贫效果进行综合与单项评价。通过综合使用各类计量模型与统计分析方法，有效提升了研究的科学性与准确性。

第五节　研究的创新点、重点难点及不足之处

一　研究的创新点

（一）研究视角创新

在中国全面建设社会主义现代化强国的新征程上，在扎实推进共同富裕的国家发展核心议题背景下，公平正义作为国家和社会的核心价值理念，全面融入扶贫制度安排和政策实践，以促进社会公平正义、增进人民福祉为目标，致力于实现全体人民共同富裕的制度追求创新了人类制度文明的新形态，赋予了扶贫新的时代意义。课题立足推进社会公平正义、实现中国全体人民共同富裕的视角来研究西南地区的扶贫问题，体现了中国及西南地区扶贫的政治性、现实性及价值性的三性统一特性。中国特色社会主义制度的本质属性决定了中国扶贫治理的政治逻辑：国家主导的以政策倾斜为导向的实现社会公平与正义的系统性贫困治理工程，是一种普遍的全体中国人的共同富裕之路，而不是排他的少数人的共同富裕；是一种基于共同富裕和全面实现小康社会的国家层面的人民福利战略目标，而不是为特定利益群体代言的伪民主的谋利手段；是一种旨在帮助贫困人口形成致富能力的发展意义上的再分配制度，而不是"作秀式"的功利性社会救济。中国的扶贫实践通过国家强制干预分配，实现极度贫困地区人民生活水平的改善，缩小了社会收入分配差距，缓解了社会发展过程中的突出矛盾。这不仅有助于推进从西南地区特殊到中国的普遍的知识生产，为建

设具有中国特色、中国风格、中国气派的人文社会科学体系提供了西南原创实践，也有助于西南地区扶贫经验融入世界知识体系，为解决世界性贫困问题贡献西南智慧和西南方案。

（二）研究模式创新

西南地区的扶贫实践强调通过建立和完善政府、企业、社会组织及农户共同发力的有效机制，促进政府与市场的优势互补，使其在脱贫攻坚过程中充分发挥协同效应。该模式克服了以政府作为唯一治理主体力量的扶贫弊端，打破了中国传统扶贫模式中政府与社会、政府与市场以及社会与市场之间的隔阂，实现了集中全国扶贫资源干好中国脱贫攻坚这件大事的资源利用效率最大化。这种内生于中国政治土壤、积极动员社会多方力量参与的贫困治理模式，是习近平总书记带领全国人民探索出来的一种全新的扶贫模式，是精准扶贫理念的具体实践，是凝聚中国社会多边共识与合力、体现社会普遍夙愿的中国扶贫方案，是对西方精英获益与西方国家福利模式的超越与替代。

（三）研究范式创新

当前学界鲜有针对公共政策开展政策文本水平、政策执行水平、政策实施效果，涵盖政策关键过程的研究。本书力图在政治体系、扶贫政策和扶贫治理之间建立内在联系，从政治体系、政策过程视角来解释西南地区扶贫政策运行的关键过程，从而更深入地理解中国解决绝对贫困问题的制度逻辑。基于政策过程分析框架，本书整体性研究了西南地区在扶贫政策制定、政策执行及执行效果三个层面的问题，研究内容涵盖了扶贫政策的关键过程，拓展了扶贫政策研究的范式。

（四）研究方法创新

反贫困治理是一个涉及面特别广的研究议题，为了精准开展研究，本书采用了经济学中的统计计量分析方法，政治学中的历史制度主义分析方法，管理学中的 Logistic 回归分析、AHP 与模糊综合评价法，社会学中的访谈法和观察法，人类学中的田野调查法等多学科研究方法相互融合的方式，充分利用不同学科研究方法的多样性、规范性和适用性特点，从多学科研究方法交叉的视角展开扶贫实践的研究，有效地提升了研究的规范性和严谨性，丰富了政治学领域扶贫的研究方法。

二 研究重点、难点

本书的重点、难点可概括为"首尾相连、中间突破"。"凤首"在于基于多中心治理理论、IAD 框架、协同治理理论、政策网络理论及政策过程理论并在综述该领域前沿研究成果的基础上筑牢西南地区多元主体扶贫实践的理论基础，"豹尾"在于提出提升西南地区扶贫水平的有建设性的策略。"猪肚"在于建立测量模型和评价框架对西南地区扶贫水平进行测量。

研究的重点在于对我国西南地区扶贫实践进行测量并根据实证结果提出相应的提升策略。本书遵循"政策内容分析—实施过程描述—实施路径探讨——影响因素测定—实践效果——能力提升策略"的思路来破题。在政策内容分析部分，研究基于历史制度主义的分析方法对中国改革开放以来的扶贫历程进行了梳理，采用 Citespace、内容分析法和政策效力评价方法对扶贫相关政策文本进行量化分析，客观、真实、准确地量化了政策内容和政策效力，为后续研究提供了精准的政策依据。在实践过程描述部分，采用 IAD 框架呈现了西南地区扶贫过程，并采用 fs-QCA 方法对西南地区扶贫实施路径进行了量化分析。在效果评价部分，通过采用 Logistic 回归模型对评价指标进行筛选和赋权并运用 AHP 计算各指标权重，继而采用模糊综合评价法对西南地区扶贫效果进行综合与单项评价分析。

研究的难点主要集中于对西南地区扶贫实践进行测量。首先，当前学界在扶贫政策、扶贫实践、扶贫效果等方面的研究以定性分析为主，缺乏整体性、系统性、定量的评价分析。本书在综合考量"扶贫政策水平—政策实施水平—效果评价"的基础上对扶贫实践进行了整体性测度。鉴于三个维度测量的具体内容不同，本书在研究的不同阶段采用多学科研究交叉的方法，将定性与定量结合融入西南地区扶贫实践研究过程中。其次，西南地区五省（区、市）地理特征、资源禀赋、致贫因素、扶贫模式等均存在显著差异，如何综合考虑地区间的多重异质性特征，兼顾扶贫水平测量指标体系和评价模型的科学性与全面性，也是研究需要解决的难题。最后，如何将数据分析与现实情境有机结合，将理论知识融入扶贫实践，也是研究面临的难题。

三 不足之处

第一，研究的样本量可继续扩大。受新冠疫情的影响，实地调研难度加大。在疫情防控的背景下，调研组只在西南地区五省（区、市）选定的非疫情重点防控地区进行调研访谈及问卷调查的发放，没能更大范围地开展实证调研，也没能更大范围地展开研究结论的验证。从研究的精度及大数据的角度来看，发放的问卷量及覆盖的范围还可以更大更广。未来课题组还会持续关注西南脱贫地区可持续减贫及巩固拓展脱贫攻坚成果同乡村振兴有效衔接的情况，将研究进一步延伸。

第二，课题组在对西南地区扶贫效果进行评价时选取的方法为层次分析法与模糊综合评价法，虽然在实际操作过程中已选取多位相关专业权威专家对问卷的信度和效度进行了独立客观的评价，尽可能降低由主观因素带来的不确定影响，但受疫情防控影响，多为云南的专家，从权威性视角分析还存在改进空间。未来课题组会进一步深入地对多维贫困测度、可持续减贫评价指标体系进行优化，以更客观更精准更科学的方式对西南地区可持续减贫进行更加精准的评价，为西南地区及中国脱贫攻坚经验的总结提供更加精准的实证支撑。

第二章

历史制度主义视角下西南地区扶贫政策的形成逻辑与动力机制

历史制度主义以制度为核心，引入历史分析机制，强调从历史和比较中追寻政策变迁的逻辑与动力，展现政策的历史性概貌，其结构观对政策研究具有解释性意义，其历史观对政策研究具有描述性意义，其方法论对政策研究具有建构性意义。根据公共政策过程理论，一个公共问题从提出到受到关注再到上升为政策议程需要经过一系列的政策过程，而公共问题能否顺利开启政策议程最终成为国家的政策，决定着它是否能够优先获得解决问题所需要的政治、经济、环境、组织和社会资源等要素。贫困治理能够在中国执政党的注意力分配中获得优先关注并长期被纳入国家治理的重要议程，成为国家的一项重要战略，与中国社会主义制度的本质属性、发展阶段和执政初心密切相关。国家制度赋予脱贫攻坚战略的优先级国家目标和以人民为中心的消除千百年来困扰中华民族的绝对贫困问题的减贫目标，成为凝聚社会各界的政治共识和一致目标，但政治共识和一致目标要转化为科学精准的扶贫政策，还需要特定的决策机制。中国特色社会主义制度及中国执政党的执政理念将二者进行了有机融合，最终形成了一致的减贫政策。

回顾中国的扶贫历史，自 1978 年改革开放以来，中国共产党和中国政府始终将扶贫开发作为民生工作的重点，走出了一条独具中国特色的减贫道路，特别是党的十八大以来以精准脱贫为抓手的大规模减贫更是取得了显著成绩。2021 年 2 月 25 日，习近平总书记在全国脱贫攻坚总结表彰大会上宣布："我国脱贫攻坚战取得了全面胜利"，"区域性整体贫困得到解决，完成了消除绝对贫困的艰巨任务，创造了又一个彪炳史册的人间奇迹"。[①] 站在两个一百年的历史交汇点，有必要认真梳理中国扶贫故事，厘清中国多元主体扶贫的政策逻辑与动力机制，总结中国多元主体扶贫的先进经验，弘扬中国多元主体扶贫的伟大精神，为巩固拓展脱贫攻坚成果同乡村振兴有效衔接提供一定的理论支撑，为西南地区乡村振兴发展思路的创新提供一定的实践指导。为此，课题立基前人研究，在扎实推进共同富裕的国家发展核心议题背景下，将推进公平正义作为国家和社会的核心价值理念，全面融入扶贫制度安排和政策实践，重点借鉴林闽钢教授等对我国 1978~2010 年贫困治理的划分依据，[②] 以历史制度主义的研究方法为指引，从历史演进的角度对中国改革开放以来的扶贫开发进行分析，将我国改革开放以来的扶贫开发进程分为救济式扶贫（1978~1985 年）、开发式扶贫（1986~2012 年）、精准式扶贫（2013~2020 年）三个阶段，并从动因、政策、过程、特点四个维度对上述三个阶段的扶贫开发工作进行详细的分析，旨在从政策变迁的分析中挖掘多元主体扶贫形成的逻辑，总结多元主体扶贫的治理模式、治理优势与政策意蕴，从宏观背景、中观制度、微观主体三个层面揭示多元主体扶贫确立的科学性。从历史制度主义的视角探究中国多元主体扶贫的政策逻辑与动力机制，不仅有助于理顺扶贫政策变迁逻辑，还有助于摸清西南地区扶贫实践的背景，为西南地区扶贫实践研究提供政策向导及依据。

第一节　基于历史制度主义的扶贫政策
分析框架

作为新制度主义的重要流派之一，历史制度主义将制度研究与历史变迁相融合，既强调政治、经济、社会等宏观因素对制度变迁的引导作用，又重视中观制度本体及微观参与主体对制度变迁的影响作用，构建了"宏

①　习近平：《在全国脱贫攻坚总结表彰大会上的讲话》，人民出版社，2021，第1页。
②　林闽钢、陶鹏：《中国贫困治理三十年回顾与前瞻》，《甘肃行政学院学报》2008 年第 6 期，第 51~56 页。

观背景—中观制度—微观主体"的政策分析框架，有助于学者从整体性视角对政策变迁的全过程进行剖析。在宏观层面，历史制度主义认为制度是"嵌入政体或政治经济组织结构中的正式或非正式的程序、规则、规范和范例"，[①] 主张通过宏观背景的研究把握政策变迁的动力机制。在中观层面，历史制度主义聚焦制度本身，认为政策的产生并不是一蹴而就的，而是对原始政策的继承和发展，即政策在发展的过程中易受原始状态的影响，表现出路径依赖的特点。在微观层面，历史制度主义重视多元参与主体的互动关系，着重考察不同微观主体在宏观背景和中观制度约束下的利益追求路径对政策变迁的推动作用。为此，本章将历史制度主义作为分析方法，通过对改革开放以来的中国扶贫政策变迁路径进行系统的梳理，厘清中国多元主体扶贫的形成过程，探索多元主体扶贫的治理模式、治理优势和政策意蕴，分析多元主体扶贫实践的政治、经济、社会背景以及路径依赖过程、行为主体互动结果，从宏观、中观、微观三个层面挖掘多元主体扶贫实践的动力机制，揭示多元主体扶贫政策形成的内在逻辑。

第二节　基于历史制度主义的扶贫政策变迁

一　救济式扶贫（1978~1985 年）

受传统福利观的影响，救济式扶贫将贫困视为物质的匮乏，其解决贫困的方式往往是将扶贫资源（如资金、食物、住房、政策等）直接送到贫困户的手中，期望通过直接给予的方式改善贫困户物质方面的条件，从而在一定程度上解决贫困人口的贫困问题。救济式扶贫是一种典型的"输血式"扶贫，这种扶贫方式在特定的时空具有一定的减贫效果，但因容易助长贫困户的懒惰心理而具有不可持续的缺点。

---

① 彼得·豪尔、罗斯玛丽·泰勒：《政治科学与三个新制度主义》，何俊智译，《经济社会体制比较》2003 年第 5 期，第 20~29 页。

（一）救济式扶贫的动因

改革开放前，我国实行的是高度集中的计划经济体制，其平均主义过重、无法满足生产力发展的需要，制约了我国经济的发展。同时，统购统销政策以及农产品价格易受打压的性质，影响了农民的生产积极性，我国的国民经济一度陷入低迷状态，数亿人口的收入处于绝对贫困线以下。按照1978年的贫困标准，1978年我国的贫困人口为25000万人，贫困发生率达30.7%。为改善人民生产生活条件，1978年，党的十一届三中全会做出了"把党和国家工作重心转移到经济建设上来"的重大决策，并做出一系列战略部署以解放和发展生产力，促使我国经济得到较大发展，这也为救济式扶贫资金的下拨创造了条件。然而，受早期高度集中的计划经济影响，我国农村多以集体的形式从事生产经营和社会主义建设，人民的整体收入很低，收入差距较小，贫困现象较为普遍。为此，我国政府基于当时的国情，采取普惠性质的救济式模式进行扶贫，主要通过直接向贫困户拨款、捐物、提供优惠政策等方式，缓解贫困户的生存压力。

（二）救济式扶贫的政策

课题组对救济式扶贫阶段（1978~1985年）的主要扶贫政策及其重点内容进行了梳理，主要内容如下。1978年，党的十一届三中全会对我国的经济发展模式做出了新的战略部署，提出要全面实施"对内改革、对外开放"的发展战略。1979年，党的十一届四中全会通过的《关于加快农业发展若干问题的决定》提出了25项发展农业生产力的政策，其中明确指出："从财政、物资和技术上给这些地区以重点扶持，帮助它们发展生产，摆脱贫困。"1980年，中央财政设立"支援经济不发达地区发展资金"，这是中央财政设立的第一笔财政专项资金。[1] 1983年，中央一号文件《当前农村经济政策的若干问题》指出，对于贫困地区，"在各项政策上，要比其他地区更加放宽；在生产上要发挥当地资源的优势，并有效地利用国家财政扶持，开展多种经营"。1984年，国务院印发的《关于帮助贫困地区

---

① 《财政支持农村扶贫主要包括两方面政策措施》，国务院新闻办公室网站，2011年12月6日，http://www.scio.gov.cn/xwfbh/xwbfbh/wqfbh/2011/1206/zy/Document/1059429/1059429.htm。

尽快改变面貌的通知》提出，"国家对贫困地区要有必要的财政扶持"，"对贫困地区要进一步放宽政策"。党中央的一系列政策充分体现了对扶贫工作的高度重视，通过回顾该阶段的扶贫政策可知，该阶段的扶贫工作多以资金扶持和政策帮扶为主，具有明显的救济式扶贫特点。

（三）救济式扶贫的过程

实行家庭联产承包责任制。针对农民积极性低下导致农作物产量不高的问题，我国农村实行了家庭联产承包责任制改革。在该制度中，土地的所有权仍然归集体所有，但是农民因享有"分田到户，自负盈亏"的权力，劳动积极性显著提高，农业资源利用率和土地产出率也得到一定的提高，[①]粮食产量增多，农民收入也因此增加。受家庭联产承包责任制普惠特征的影响，农民收入普遍增多，贫困人口迅速脱贫。

实行多项经济改革举措。在这一时期，我国实行了多项改革举措以带动经济的发展，通过放宽农副产品的价格管束、放宽对劳动力输出的限制、鼓励乡镇企业的发展等途径为农村的经济发展提供新动力。例如：重视市场引导作用，放宽对农副产品的价格约束，提高产品的收购价格;[②]放宽劳动力输出限制，丰富农民增收渠道，实现农民收入增加;鼓励乡镇企业的发展，促进第二产业及第三产业在农村的发展，为农民提供合适的工作岗位，激发农村发展活力。

开始重点关注"老、少、边、穷"地区。这一时期，我国扶贫政策和扶贫资金主要向"老、少、边、穷"地区倾斜。例如，1980 年设立的"支援经济不发达地区发展资金"、1982 年启动的"三西"地区农业建设扶贫工程等，都专注于"老、少、边、穷"地区的扶贫。1980~1984 年，中央财政累计安排扶贫资金 29.8 亿元，年均增长 11.76%。[③]值得一提的是，这一时期对各贫困地区帮扶的方式逐步演化为以工代赈，也就是说，

① 曾小溪、汪三贵：《中国大规模减贫的经验：基于扶贫战略和政策的历史考察》，《西北师大学报》（社会科学版）2017 年第 6 期，第 11~19 页。

② 向德平、华汛子：《改革开放四十年中国贫困治理的历程、经验与前瞻》，《新疆师范大学学报》（汉文哲学社会科学版）2019 年第 2 期，第 59~69 页。

③ 向德平、华汛子：《改革开放四十年中国贫困治理的历程、经验与前瞻》，《新疆师范大学学报》（汉文哲学社会科学版）2019 年第 2 期，第 59~69 页。

救济对象只有参与社会工程的建设才可获得赈济金和赈济物。为此，政府还加大了对贫困地区基础设施建设的投资力度，旨在帮助贫困人口拓宽收入渠道的同时，进一步完善贫困地区的基础设施，从而实现贫困地区环境的改善和贫困人口收入的增加，达到一举两得的效果。此外，以工代赈的救济方式为我国后续实行的开发式扶贫奠定了基础。

（四）救济式扶贫的特点

救济式扶贫阶段主要是以体制改革来促进减贫，利用经济体制的改革来达到带动贫困地区发展的目的，具有非常典型的政治扶贫色彩。救济式扶贫阶段的迅速减贫，既得益于改革开放前农业以及农村的积累，更得益于改革开放后农业科技水平的提高以及农村生产力的不断解放。家庭联产承包责任制使得土地占有更加平等，经济增长开始释放有利于贫困地区的"涓滴效应"，农村大规模减贫的宏观环境逐步形成。[①] 在这一阶段，我国的扶贫方式仍然以政府的"外部输血"为主，利用中央政府颁布的各种优惠政策及下发的扶贫资金来促进贫困地区的经济发展，同时开始注重人力资源的开发，以实现贫困人口的增收，帮助贫困人口顺利脱贫。可以说，救济式扶贫阶段是农民的经济收入增长最直接的阶段，同时是我国的绝对贫困状况得到迅速缓解的一个阶段。然而，救济式扶贫因形式单一、救济范围易模糊等条件的限制，扶持力度相对较小，很难从根本上解决贫困地区的贫困问题。

二　开发式扶贫（1986~2012 年）

在发展援助理论的影响下，开发式扶贫应运而生。这种扶贫方式强调贫困户的主体地位，即在贫困地区经济建设和资源开发的帮扶过程中，主张通过提升贫困户的自我发展能力实现脱贫致富。开发式扶贫实现了扶贫工作从单纯依靠政府救济到主要依靠经济建设的重大转变，是一种有利于贫困地区自我积累的"造血式"扶贫方式。

---

① 李小云：《我国农村扶贫战略实施的治理问题》，《贵州社会科学》2013 年第 7 期，第 101~106 页。

（一）开发式扶贫的动因

依据 1978 年的贫困标准，1985 年我国的贫困人口为 12500 万人，贫困发生率达 14.8%。然而，随着改革开放的不断深入，体制改革带来的经济增长红利逐渐减少，贫困地区减贫的边际收益开始下降；农民与城市居民的收入增长速度开始出现较大的差异，城乡贫富差距开始拉大，基尼系数逐渐上涨；中西部内陆地区受自然环境的影响，自我发展能力远不及东部沿海地区，区域间的贫富差距逐渐显露；集体组织的解散和市场化带来的冲击开始凸显，部分贫困地区发展的脆弱性逐渐显现，我国的贫困问题也开始因经济的分层、分块发展而从普遍性的贫困发展成为区域性的贫困。以往实行的单纯依靠"输血式"救济的扶贫方式对贫困的缓解作用开始减弱，且救济式扶贫容易引发社会矛盾，也很难从根本上解决贫困问题，因此需要对扶贫方式做出一定的变革。为此，中国政府在继续实施向贫困地区倾斜的优惠政策的基础上，开始将扶贫开发作为新的扶贫战略，中国开始进入开发式扶贫阶段。

（二）开发式扶贫的政策

课题组对开发式扶贫阶段（1986~2012 年）的主要扶贫政策及其重点内容进行了梳理，主要内容如下。1986 年，我国成立第一个专门扶贫机构——贫困地区经济开发领导小组（1993 年改名为"扶贫开发领导小组"），负责扶贫政策的拟定、规划、实施等，这意味着我国的扶贫工作开始进入专业化和规范化的阶段。1986 年和 1994 年，中央政府先后两次确定国家级贫困县名单，以合理安排扶贫资源实现重点帮扶，防止扶贫资源的分散、浪费，这也表现出我国对贫困瞄准精度的重视。1994 年，国务院印发了《国家八七扶贫攻坚计划（1994—2000 年）》，其中明确提出："继续坚持开发式扶贫方针。"1996 年 10 月，中共中央、国务院印发的《关于尽快解决农村贫困人口温饱问题的决定》再次强调"继续坚持开发式扶贫"，"增强自我积累、自我发展的能力"。1997 年，国务院印发的《国家扶贫资金管理办法》对扶贫资金的分配依据和使用对象进行了明确，我国对扶贫资金的监管力度开始加大。2001 年，《中国农村扶贫开发纲要

（2001—2010年）》再次缩小贫困瞄准单位，将扶贫开发的单位聚焦到村一级。2007年6月9日，国务院印发了《兴边富民行动"十一五"规划》，强调"重点解决边境地区发展和边民生产生活面临的特殊困难和问题，不断增强自我发展能力"。2008年10月，中共十七届三中全会审议通过了《中共中央关于推进农村改革发展若干重大问题的决定》，该决定从农村制度、农业生产能力以及农村公共事业三个角度提出了扶贫政策，为农村的发展指明了方向。2011年，国务院印发的《中国农村扶贫开发纲要（2011—2020年）》指出："加大贫困地区干部和农村实用人才的培训力度。"通过回顾这一阶段的扶贫政策可以发现，该阶段改变了单纯供给的救济式扶贫方式，开始强调贫困人口的个人素质和贫困地区的基础建设，开发式扶贫风格显现。

（三）开发式扶贫的过程

1. 区域开发式扶贫阶段（1986~1993年）

建立专门的扶贫机构。1986年成立的贫困地区经济开发领导小组是一个以扶贫开发为主要任务的机构，主要负责核定贫困县、划定扶持标准、设立并发放扶贫资金、制定并实施扶贫政策等各项扶贫业务。贫困地区经济开发领导小组的成立标志着我国扶贫工作从社会救济工作中的剥离，扶贫工作开始成为独立、有组织的社会工程。由此，我国进入了开发式扶贫阶段。

开始实行以县为单位的贫困瞄准机制。在贫困瞄准上，该阶段完全摒弃了救济式扶贫的思路，确立了开发式扶贫战略，将扶贫开发的瞄准单元确立到县一级。通过设置符合中国国情的贫困标准线、划定国家级贫困县等系列举措，瞄准贫困地区和贫困户，从而合理规划贫困县的扶贫开发策略，集中使用扶贫资金，带动贫困县的整体发展，帮助贫困人口顺利脱贫。

继续加大财政专项的扶持力度。这一阶段，中央政府持续加大对贫困地区的帮扶力度，通过设置国家财政专项扶贫资金、以工代赈资金以及扶贫贴息贷款等一系列专项资金为贫困地区提供大量的财政支持，为贫困地区的经济发展提供了源源不断的动力。据统计，1985~1993年，中央财政累计安排的扶贫资金达 201.27 亿元，年平均增长率达 16.91%，[①] 这不仅表现出中央对扶贫开发的投入力度和支撑强度，还体现出中央对扶贫开发的重视程度逐年提升。

2. 开发式扶贫全面普及阶段（1994~2000 年）

重新划定贫困线，重新确立贫困县。1994 年，扶贫开发领导小组重新划定贫困县的标准——以 1992 年的年人均纯收入为标准，低于 400 元的纳入贫困县的扶持范围，高于 700 元的退出扶持范围，并以此重新确立了国家级贫困县。经过调整，国家级贫困县由 331 个增加到 1994 年的 592 个，新一轮的开发式扶贫也由此开始。

重点开展行业帮扶。《国家八七扶贫攻坚计划（1994—2000 年）》明确要求，政府应以部门为单位制定帮扶措施，充分发挥部门优势，从资金、物资以及技术等方面为贫困地区提供帮助。在"八七"扶贫攻坚阶段，各政府部门（如农业部、教育部等）积极开展多种类型的行业帮扶工作，从农业、教育、金融、卫生等多个方面为贫困地区的全方位发展提供重点帮扶。

正式启动东西对口帮扶机制。1996 年，随着《关于尽快解决农村贫困人口温饱问题的决定》的下发，东西部的对口帮扶机制正式启动。通过建立东部发达地区与中西部欠发达地区的对口帮扶机制，确立东部发达省份与中西部贫困省份一对一的帮扶关系，加强东部地区与中西部地区的沟通与交流，在为中西部贫困地区带去丰富的资源和先进的技术的同时，进一步促进我国东西部的协调发展。

加大以工代赈力度。我国于救济式扶贫阶段后期开始实行以工代赈的扶贫方式，并取得了较为理想的效果，但由于实施范围不广泛、资金发放方式不同，与开发式扶贫阶段的以工代赈存在明显差别。进入开发式扶贫时期，我国持续加大以工代赈力度，明确扶贫资金的主要用途是建设贫困地区的基础设施，贫困人口只有参与扶贫项目建设才可获得赈济金。这种扶贫方式不仅改善了贫困地区的发展环境，还激发了贫困人口主动脱贫的内生动力，为贫困人口生产能力的提高做出了积极贡献。

---

① 《财政部副部长解读中央财政专项扶贫资金》，中国经济网，2016 年 8 月 27 日，http://tuopin.ce.cn/news/201608/27/t20160827_15302531.shtml。

开始采取多样化的扶贫措施。这一阶段，我国的扶贫措施呈现多样化的特征，主要的扶贫方式包括财政支持、政策保障、产业规划、劳务输出以及生态移民等，各扶贫措施相互交织、相辅相成，极大地推动了贫困地区经济、文化等的全面发展。1994~2000年，中央政府累计安排财政扶贫资金约531.81亿元，年均增长9.81%，[①] 财政支持力度持续加大；为贫困户推出信贷优惠政策和财税优惠政策，减轻其财务负担；将贫困地区的种植业和养殖业作为培养的重点，同时积极发展与之相关的加工业、销售业和运输业，增加贫困地区的农作物产量和销量；在贫困地区培育劳动密集型企业，为贫困人口提供更多的就业机会；合理地安排劳务的输出，引导贫困劳动力有序转移，帮助贫困人口增加收入；针对生活环境极其恶劣的贫困户实行生态移民，为其提供更好的发展环境；加强贫困地区的基础设施建设，保障贫困人口的用水、用电、用路问题。

3. 开发式扶贫纵横推进阶段（2000~2012 年）

开始实行以村为单位的贫困瞄准机制。2000年底，我国贫困人口的分布开始呈现"大分散、小集中"的形态，2001年新确定的592个国家级贫困县只能覆盖贫困人口的61.9%，[②] 有将近40%的贫困人口无法享受扶贫资源，这意味着早期实行的以县为单位的贫困瞄准机制已不再适用，需要进一步缩小瞄准单位，因此，该阶段开始将村级单位作为新的贫困瞄准单元。截至2002年，我国共确定了14.8万个贫困村，占全国行政村的21.4%，[③] 贫困人口的覆盖率达到了80%。这一阶段，我国的专项扶贫工作都以贫困村为单位"整村推进"，通过制定各种村级扶贫规划改善贫困村的经济状态。

重点实施定点帮扶、对口帮扶、社会帮扶。这一阶段，政府进一步推进党政机关的定点帮扶工作，选派扶贫干部驻村帮扶，以便更详细地了解贫困村的具体需求、更有力地推动贫困地区的开发建设；继续推进东西对

---

① 《财政部副部长解读中央财政专项扶贫资金》，中国经济网，2016 年 8 月 27 日，http://tuopin. ce. cn/news/201608/27/t20160827_15302531. shtml。

② 龚冰：《中国新阶段农村扶贫开发的主要策略与效果评价》，《学术论坛》2007 年第 11 期，第 111~114 页。

③ 张磊主编《中国扶贫开发政策演变（1949—2005 年）》，中国财政经济出版社，2007，第 8 页。

口帮扶工作，扩大东西协作规模，加快中西部地区脱贫进程；鼓励企业、非政府组织等社会力量积极参与扶贫开发工作，减轻政府的扶贫压力。定点帮扶、对口帮扶、社会帮扶都属于依赖社会力量的帮扶措施，这意味着我国开始注重社会力量在扶贫工作中的能力发挥，为贫困地区发展活力的持续增强提供了重要的推动力。

加强劳动力转移培训。2007 年，贫困地区开始在《关于在贫困地区实施"雨露计划"的意见》和《贫困青壮年劳动力转移培训工作实施指导意见》的指导下开展"雨露计划"，旨在通过技术培训、职业教育、创业培训等方式，帮助贫困人口解决就业、创业中的实际问题，促成贫困人口的就业或创业。

着重实施产业化扶贫。产业化扶贫的具体方式包括以下几种：合理安排贫困地区的发展规划，为贫困地区确立主导性产业，规划并建立主导性产业的生产基地；鼓励龙头企业的发展，为其提供一定的优惠政策，以带动贫困地区经济水平的提高；鼓励农户学习与当地产业相匹配的知识、技能，支持农户进入工厂工作，实现企业与农户的互利双赢。

（四） 开发式扶贫的特点

1. 区域开发式扶贫阶段的特点

区域开发式扶贫阶段的特点可以总结为如下两条。一是以区域发展带动扶贫开发。这一阶段，我国贫困分布具有明显的区域特征。为此，我国的扶贫策略侧重于以带动贫困地区的区域发展来间接促进贫困人口脱贫，这是一种优先发展贫困人口集中区域经济的减贫方式，可以有效节约识别成本和组织成本，实现扶贫资金最大限度的利用。二是注重与贫困户的联系。开发式扶贫更注重对贫困地区人力资源的开发，通过将贫困地区的资源开发和经济建设与贫困户的开发能力、动手能力相结合，增强贫困户获取资源的能力，提高贫困户的自我发展能力，为贫困户特别是有劳动能力且有劳动意愿的贫困户提供主动增加收入的机会。

2. 开发式扶贫全面普及阶段的特点

在开发式扶贫全面普及阶段，科学技术得到重视，并广泛应用于贫困地区的扶贫开发中。主要表现在以下几个方面：采用科学的种植方式，增加农田的单位亩产量；引进机械化的收割机器，加快农作物的收割进程，减少对农村劳动力的占用；通过教育支持和技能培训等方式，提升贫困人口就业竞争力，为贫困人口提供新的发展方向；优化贫困地区资源分配方式，在保证资金平均分配的基础上，努力实现知识、技能、发展机会等多种资源的合理分配。这一阶段，扶贫资金的使用开始转向集中，扶贫资金的投放方式也变得多样，主要包括政府的财政资金下拨、银行贷款与外资等有偿使用方式，投放的扶贫资金增幅较为明显，资金的管理力度也得到了一定程度的加大。

3. 开发式扶贫纵横推进阶段的特点

开发式扶贫纵横推进阶段最主要的特点就是其贫困瞄准单位到村到户，以贫困村为单位实行整村的扶贫开发，减少了扶贫资源在县域内的外溢现象，同时解决了非贫困县的贫困人口被排斥在扶贫开发之外的问题。此外，该阶段开始强调贫困地区的全面发展，既重视贫困地区的基础设施建设和经济发展，也注重贫困地区卫生、教育、文化等事业的全方位发展，不断促进贫困地区的全面进步，减少返贫现象的发生；重视群众的参与，聆听贫困群众的具体需求，从而为贫困人口提供切实有效的帮扶；重视贫困地区二、三产业的发展，在增加贫困人口非农业收入的基础上，增强贫困地区对非农业产业的依赖程度，促进贫困地区的经济发展。

三 精准式扶贫（2013~2020 年）

经济学认为，与人类需求的无限性相比，资源具有明显的稀缺性。同样，扶贫资源也具有稀缺性的特征。为改善传统"大水漫灌"扶贫方式造成的资源浪费问题，提高扶贫效率，保证扶贫质量，我国提出了精准式扶贫战略。精准式扶贫，是指针对不同贫困地区、不同贫困户的实际状况，使用差别化的扶贫手段对贫困对象实施精准识别、精准管理以及精准帮扶的扶贫方式。这种帮扶方式以更加精准的贫困瞄准机制、更加贴合贫困户的帮扶设计、更精确的脱贫成效考核，实现了扶贫工作从粗放到精准的转变，是保障扶贫成效的重要举措。

(一) 精准式扶贫的动因

经历开发式扶贫的三个阶段之后，我国的贫困问题表现出新的特征，扶贫工作面临新的挑战。首先，从贫困的分布上看，我国贫困人口的分布在宏观上是分散的，在微观上又是集中的，即呈现碎片化、分散化的特征。大多数的贫困人口分布在自然环境恶劣、自然灾害频发的中西部地区，这些贫困地区基础设施相对薄弱，教育和医疗水平也处于相对落后的状态，贫困问题十分严峻。其次，从贫困深度上看，依据新贫困标准线确定的贫困人口属于扶贫开发工作中的"硬骨头"，其贫困深度较高、自我发展的能力较为薄弱、脆弱性十分明显、极易返贫，扶贫开发的难度开始加大，易出现扶贫成本升高而扶贫边际收益下降的情况。最后，从致贫原因上看，新时期我国贫困人口的致贫原因呈现多样化的特征，贫困的成因由原来的以结构性贫困为主逐步转化为贫困人口的社会资本不足、生计资本不足等个性化因素。综合上述三点原因，以习近平同志为核心的党中央提出了精准扶贫的理念，主张通过精准识别、精准帮扶、精准管理的扶贫方式满足贫困人口的个性化需求，从而达到精准扶贫的目标。

(二) 精准式扶贫的政策

本书对精准式扶贫阶段（2013~2020年）的主要扶贫政策及其重点内容进行了梳理，主要内容如下。2013年，习近平总书记首次提出了"精准扶贫"的理念。2014年，中央出台了《建立精准扶贫工作机制实施方案》《关于进一步动员社会各方面力量参与扶贫开发的意见》等一系列政策文件，进一步对"精准扶贫"的理念进行了深化。2014年10月17日为我国首个扶贫日，扶贫日的确定是我国向贫困宣战的重要举措，同时标志着我国对扶贫开发工作的高度重视。2015年6月，习近平在贵州召开部分省区市党委主要负责同志座谈会时再次强调"扶贫开发贵在精准，重在精准，成败之举在于精准"。① 此外，习近平还在2015减贫与发展高层论坛的主旨演讲中表示"中国在扶贫攻坚工作中采取的重要举措，就是实施精准扶

---

① 《"平语"近人——关于扶贫工作，习近平这样说》，新华网，2015年10月19日，http://www.xinhuanet.com/politics/2015-10/19/c_128333096.htm。

贫方略"。① 2016 年 2 月，《省级党委和政府扶贫开发工作成效考核办法》中强调"考核工作围绕落实精准扶贫、精准脱贫基本方略"，基于减贫成效、精准识别、精准帮扶、扶贫资金四个维度实行考核。2017 年 3 月，《中央财政专项扶贫资金管理办法》对扶贫资金的使用做出了规定，强调"在精准识别贫困人口的基础上"，"提高资金使用精准度和效益"。2018 年 6 月，《关于打赢脱贫攻坚战三年行动的指导意见》再次明确了要"坚持精准扶贫精准脱贫基本方略"，"做到扶真贫、真扶贫，脱真贫、真脱贫"。2020 年，面对新冠疫情的冲击，国务院扶贫开发领导小组印发《关于做好新冠肺炎疫情防控期间脱贫攻坚工作的通知》，要求"进一步贯彻落实精准扶贫精准脱贫基本方略"，"积极稳妥推进脱贫攻坚各项重点工作"。通过这一阶段的扶贫政策可以发现，在扶持对象精准、项目安排精准、资金使用精准、措施到户精准、因村派人精准、脱贫成效精准"六个精准"扶贫理念的影响下，② 该阶段的扶贫工作更加注重扶贫过程中瞄准、帮扶、监管的精准性，在提高贫困户识别准确性的同时，有效保证了帮扶措施的有效性，大大提升了帮扶效率。

（三）精准式扶贫的过程

开始实行"区域+个体"的双重贫困瞄准机制。这一阶段延续了开发式扶贫后期的村级瞄准机制，继续依据标准划定贫困村，优先为连片特困地区提供扶贫资源和政策倾斜，仍然保留着区域瞄准的机制。同时，精准式扶贫实行个体瞄准机制，通过建档立卡的扶贫方式精准记录贫困户的贫困状况、致贫原因、个体需求以及预计脱贫时间等一系列重要信息，实现扶贫精准到人。这种"区域+个体"的双重贫困瞄准机制，既能考虑到贫困地区的地域性特征，又能考虑到贫困人口的个体性特征；既有利于实现由整体发展带动个体发展的脱贫，又有利于实现由个体脱贫推动整体脱贫；既可保证贫困地区的经济发展，又可保障扶贫工作"不落一人"，真

---

① 《习近平主席在 2015 减贫与发展高层论坛上的主旨演讲（全文）》，新华网，2015 年 10 月 16 日，http：//www.xinhuanet.com/politics/2015-10/16/c_1116851045.htm。

② 《习近平提"精准扶贫"的内涵和意义是什么》，中国经济网，2015 年 8 月 4 日，http：//www.ce.cn/xwzx/gnsz/szyw/201508/04/t20150804_6121868.shtml。

正实现了精准脱贫。

注重发挥制度优势。《建立精准扶贫工作机制实施方案》明确指出，扶贫工作需要按照"中央统筹、省负总责、县抓落实"的原则，逐级分解落实，抓好精准扶贫工作的顶层设计、沟通、协调、指导和服务工作。精准式扶贫重视贫困地区基层党组织的建设，主张通过派遣扶贫驻村干部或工作队的方式，既要充分利用驻村干部的先进经验，精准识别贫困户并为其制定个性化的脱贫方案，又要加强对贫困地区的扶贫管理，为贫困地区带去新的发展活力，从而充分发挥我国的制度优势，确保扶贫工作在末端的落实，保证我国的扶贫做到"不落一人"。

广泛实施"五个一批"工程。党的十八大以来，各级地方政府在精准扶贫理念的指导下开始注重"五个一批"工程的建设，利用产业帮扶、易地搬迁、生态补偿、发展教育、社会保障等措施助力扶贫开发，推动贫困人口顺利脱贫。"五个一批"工程的广泛实施，表明我国的扶贫开发开始注重贫困人口的自我发展能力，注重贫困人口人力资本与内生脱贫能力的双向提升。此外，"五个一批"工程也注重对丧失劳动能力的贫困人口的帮扶，通过社会兜底等方式保障其基本的生活。

（四）精准式扶贫的特点

在精准式扶贫阶段，我国的扶贫开发工作较开发式扶贫呈现新的特点，主要表现为如下四个方面。第一，精准确立扶贫目标。这一阶段，我国将"到2020年现行标准下的农村贫困人口全部脱贫"作为扶贫目标，不仅符合我国当时的基本国情，更是顺应了国际减贫事业的发展，且与国际水准相比较，我国的脱贫标准更为严苛，充分体现了我国脱贫攻坚的坚定决心。第二，坚持发挥社会主义集中力量办大事的政治优势。这一阶段，我国充分发挥中国共产党领导的政治优势，构建了省市县村乡五级抓扶贫、层层落实责任制的治理格局。[①] 在精准式扶贫阶段，为了利用制度约束克服各种结构性的帮扶难题、强化政府的主导性，我国开始实行"第一书记挂帅"的领导机制，将扶贫工作摆在政府工作的重要位置，进一步

---

① 黄承伟：《中国扶贫开发道路研究：评述与展望》，《中国农业大学学报》（社会科学版）2016年第5期，第5~17页。

以政府的权威带动扶贫开发工作。同时，通过向贫困村派遣驻村干部和工作队的方式，更加精准地了解贫困户的实际需求，为贫困户设计更加精准的帮扶方案，实现贫困户的顺利脱贫。此外，为保障脱贫成效精准，我国还建立了脱贫攻坚责任监督机制，由一把手负总责，对扶贫开发工作进行有效的监督，确保相关政策的有效落实。第三，瞄准单元更加精准，实行直接瞄准建档立卡户的识别机制。这一阶段，我国开始实施建档立卡制度，用以精确描述贫困户的贫困特征、致贫原因等一系列内容。同时，附加更容易识别贫困户的"两不愁三保障"的非收入性指标，允许各地依据实际情况采取创新举措，贫困的识别更加精准。第四，强调精准施策，实施"五个一批"（发展生产脱贫一批、易地搬迁脱贫一批、生产补偿脱贫一批、发展教育脱贫一批、社会保障兜底一批）工程。精准式扶贫阶段，我国做出了"五个一批"的战略部署，主张通过精准识别贫困户的致贫原因对其分类施策，直接瞄准贫困户的贫困问题。同时，通过分类施策将扶贫资源合理地纳入各帮扶部门，以充分发挥各帮扶部门的专业技术，形成帮扶的强大合力，更好地解决贫困问题。

第三节　基于历史制度主义的多元主体扶贫政策的形成逻辑

多元主体扶贫强调多主体参与、多手段帮扶、多途径沟通的治贫模式，主张通过运用法律、公共权威、技术、道德等多种扶贫政策工具，弱化时间和地域的限制，加强多元主体的沟通协作，构建政府、社会、市场、农户等多元主体共同参与的扶贫模式。作为改善传统参与式扶贫的重要途径，多元主体扶贫的治理思路在扶贫政策变迁过程中逐步得到确立和实施，并逐渐成为推动减贫的重要组成方式。在扎实推进共同富裕的国家发展核心议题背景下，公平正义作为国家和社会的核心价值理念，全面融入多元主体扶贫制度安排和政策实践，以促进社会公平正义、增进人民福祉为目标，保障社会公平正义，全体人民共同富裕的制度追求创新了人类制度文明的新形态。

一 多元主体扶贫的形成过程

早在开发式扶贫阶段，多元主体扶贫的雏形就已经开始显现。在以提升贫困人口自我发展能力为抓手的开发式扶贫的持续推进下，党中央发现贫困地区的致贫原因开始表现为发展资本不足、抵御风险能力不足、返贫状况频发等，单一的依靠政府进行扶贫开发的传统模式逐渐暴露弊端，需要借助市场和社会的力量继续培育贫困对象的自我发展能力。2011 年，《中国农村扶贫开发纲要（2011—2020 年）》中首次提出专项扶贫、行业扶贫、社会扶贫"三位一体"的扶贫工作格局，这与本书提出的多元主体扶贫的主要内容完全一致，研究认为这就是多元主体扶贫的最初萌芽。

2015 年 6 月 18 日，习近平总书记在部分省区市党委主要负责同志座谈会的讲话中强调："要坚持专项扶贫、行业扶贫、社会扶贫等多方力量、多种举措有机结合和互为支撑的'三位一体'大扶贫格局。"① 2016 年 2 月，《省级党委和政府扶贫开发工作成效考核办法》中除了强调加强考核以保证扶贫绩效外，再次提到了"坚持客观公正、群众认可，规范考核方式和程序，充分发挥社会监督作用"，这也体现了党和国家更加重视社会力量在扶贫中的表现。2016 年 4 月，国务院办公厅印发的《关于支持贫困县开展统筹整合使用财政涉农资金试点的意见》提出，贫困县要"撬动金融资本、社会帮扶资金投入扶贫开发"。2016 年 12 月，《关于进一步加强东西部扶贫协作工作的指导意见》中强调，"帮扶省市要鼓励支持本行政区域内民营企业、社会组织、公民个人积极参与东西部扶贫协作和对口支援"，"提高东西部扶贫协作和对口支援工作水平"。2018 年 6 月，《关于打赢脱贫攻坚战三年行动的指导意见》指出，"坚持调动全社会扶贫积极性"，"引导市场、社会协同发力，构建专项扶贫、行业扶贫、社会扶贫互为补充的大扶贫格局"。可见，从开发式扶贫阶段开始，我国就已经开始注重激发社会、市场等多元主体参与扶贫的积极性，并逐步在此基础上构建了多元主体扶贫格局，强调通过全社会的共同努力决战脱贫攻坚。

---

① 《习近平谈扶贫：形成大扶贫格局》，中国扶贫在线网站，2016 年 9 月 1 日，http://cn. chinagate.cn/povertyrelief/2016-09/01/content_39210788.htm。

二 多元主体扶贫的治理模式

习近平总书记指出："扶贫开发是全党全社会的共同责任，要动员和凝聚全社会力量广泛参与。"①《中国农村扶贫开发纲要（2011—2020 年）》也明确提出："广泛动员社会各界参与扶贫开发。"在这种观念的指引下，扶贫格外注重多元主体的参与，提倡构建专项扶贫、行业扶贫、社会扶贫相互交叉的扶贫格局。在这种"三位一体"的扶贫格局下，政府、市场、社会、农户等多元主体站在各自的角度、利用各自的优势资源为贫困人口提供帮助，从而更好地满足了贫困人口差异化的脱贫需求，加大了帮扶工作的有效性，提高了扶贫的效率。

注重横向分工、纵向分权。在扶贫工作中，政府积极号召社会、市场以及农户参与，形成了多元共治的扶贫格局。然而，多主体的参与涉及分工的问题。在这一阶段，我国扶贫体系十分注重横向分工与纵向分权。横向分工主要是指参与扶贫的各类主体之间的任务合理分配，根据不同主体的不同优势合理安排扶贫任务，有效实现不同主体间的协同合作。这一环节的意义在于协调各参与主体的工作，避免出现重复作业的状况，减少扶贫成本，提高扶贫的效率。纵向分权主要是指政府上下级之间的合理授权，明确中央、省、市、县各级党委的职能，并分配给各级地方政府适当的权力，提高扶贫政策执行的效率。在这一阶段，审批扶贫项目的权力被下放到县级单位，以更好地判断实施的扶贫项目是否适应当地的发展，为贫困县的创新发展提供了重要的推动力。

注重扶贫开发与社会保障的结合。多元主体扶贫同样重视贫困地区的可持续发展能力建设，坚持政府主导、其他主体共同参与的方式，充分开发贫困地区的优势资源，帮助贫困地区找寻适合当地发展的产业，在此基础上根据产业特征对贫困人口开展就业培训，丰富贫困人口的收入渠道。此外，政府还对没有劳动能力的贫困人口提供生活保障，大力动员社会力量对其进行捐助，以发挥社会兜底保障作用。

---

① 《习近平谈扶贫：形成大扶贫格局》，中国扶贫在线网站，2016 年 9 月 1 日，http：//cn. chinagate.cn/povertyrelief/2016-09/01/content_39210788.htm。

三 多元主体扶贫的治理优势

我国的扶贫治理模式不仅突破了政府单一主体的限制，而且有利于制定更加公平合理的扶贫决策，形成更具持续性的扶贫手段，大大提高了扶贫效能。与传统的参与式扶贫相比，多元主体扶贫具有以下优势。

扶贫主体多元化。参与式扶贫的主体主要为政府，即政府在扶贫的过程中既充当运动员的身份，又充当裁判员的身份。而多元主体扶贫的主体则是多方面的，政府、企业、社会、市场、农户都可作为扶贫的主体。随着扶贫开发的持续开展，我国的贫困问题逐渐呈现分散化、碎片化、复杂化、多样化的特征，以政府为单一主体的参与式扶贫方式在掌握贫困特征、致贫原因、扶贫资源、扶贫技术等方面开始显得力不从心，以多元主体协同合作为支撑的扶贫方式则比较容易实现扶贫知识、资源和技术的共享，从而实现扶贫效果的最大化。

扶贫内容多样化。参与式扶贫比较注重经济方面的帮扶，将带动贫困地区的经济发展看作帮扶的唯一目标，而常常忽略贫困地区在社会、文化等方面的发展，因此很容易出现贫困人口脱贫后又返贫的现象。多元主体扶贫因含有多元化的主体，更容易从多个角度看待贫困地区的发展问题，从而为贫困人口提供更加多样化的帮扶，满足贫困人口个性化的脱贫需求，实现真正意义上的扶贫和脱贫。

扶贫沟通双向化。参与式扶贫由政府主导，具有一定的强制性，其帮扶方式可以看作由内而外的扶贫资源的输出过程，容易忽略贫困地区之间的差异，也容易忽略对帮扶对象主观能动性的培养。多元主体扶贫则是在政府的主导下，多元主体相互协作，其帮扶方式是由内而外与由外而内相结合的，通过构建多元主体的协作机制，合理安排各参与主体的扶贫工作，鼓励贫困户的主动参与，提高贫困户的脱贫热情，从而实现贫困户的顺利脱贫。

四　多元主体扶贫的政策意蕴

（一）多元主体扶贫契合扶贫模式转变

改革开放以来，我国的扶贫模式经历了救济式扶贫、开发式扶贫、精准式扶贫三个阶段，并在战略演化的过程中逐步形成了多元主体扶贫格局。相较于传统的参与式扶贫而言，多元主体扶贫不仅注重扶贫的精准度，而且更加看重多元主体的共同参与，强调多元主体在扶贫开发工作中的相互协调、相互合作、相互补充。

多元主体扶贫主张动员政府、市场以及社会等各方力量积极参与扶贫工作，形成"政府主导、统筹规划、整合资源、板块开发、多元参与"的扶贫格局。也就是说，在多元主体扶贫中，政府仍然是脱贫攻坚的首要主体，依靠政治、制度等优势实现对扶贫战略的统筹规划以及扶贫资源的整合和统一配置，开设多个板块进行扶贫开发，并广泛呼吁多元主体的积极参与。随着我国市场及社会力量的不断发展壮大，我国扶贫开发逐渐开始推崇政府为主、社会为辅的治理理论，也逐步形成了政府、社会、市场、农户等多元主体共同参与的多元主体扶贫格局。

多元主体扶贫理念的提出、发展和形成与我国新阶段扶贫的发展是相契合的。多元主体扶贫理念的萌芽期可追溯到开发式扶贫阶段，在改革开放政策的不断推进下，我国的市场和社会力量得到了飞速的成长，并逐渐渗透到扶贫工作中，成为政府强有力的助手。《中国农村扶贫开发纲要（2011—2020 年）》明确指出，继续坚持"政府主导，分级负责""部门协作，合力推进""社会帮扶，共同致富"的基本原则，"广泛动员社会各界参与扶贫开发"。党的十九大报告中强调"要动员全党全社会力量""坚持大扶贫格局"。① 结合扶贫开发三个阶段政策的演变，可以发现，在多元主体扶贫治理中，我国的扶贫政策发生了如下四个转变：一是在扶贫开发管理机制上，强调自上而下的央地协同；二是强调扶贫工作是全社

---

① 龚毓烨：《新时代下大扶贫格局的构建》，《党政干部学刊》2018 年第 9 期，第 63 页。

会的共同责任；三是强调对特殊困难地区的格外关注，继续完善"挂包帮"等帮扶制度；四是强调借助多种宣传方式开展扶贫宣传，营造全社会共同扶贫的氛围。[①] 由此可见，多元主体扶贫理念的形成与我国扶贫模式的转变相辅相成，既是扶贫政策演变过程中的新产物，又有效确保了扶贫政策的贯彻落实。

（二）多元主体扶贫治理衔接乡村振兴战略

农村一直是贫困的高发地，也是我国扶贫开发的主阵地。而乡村作为我国社会的有机组成部分，在革命、建设、改革的各个时期都发挥着重要的作用，为我国的社会主义建设做出了巨大的贡献。因此，基于我国国情、农情、社情的新变化，党的十九大提出了乡村振兴战略。该战略是决胜全面建成小康社会、全面建设社会主义现代化国家的重大历史任务，是新时代"三农"工作的总抓手。

帮扶工作必然要适应社会发展的需要，而扶贫是做好巩固拓展脱贫攻坚成果同乡村振兴有效衔接的核心力量。首先是政策上的衔接。多元主体扶贫一直强调多元主体在帮扶中的重要性，其背后的逻辑在于贫困人口因可持续发展资本的欠缺而难以获得发展机会，需要动员多元主体帮助，以实现贫困线下的贫困人口全面脱贫。2017 年乡村振兴战略提出之后，一直注重"三农"及城乡协调发展问题，其背后的逻辑在于农村地区因自然环境以及历史问题处于欠发达状态，需给予重点扶持，促进乡村经济、文化、社会的全面振兴，推动城乡协调发展。基于此，扶贫和乡村振兴是党中央提出的相互衔接、逐渐过渡的两项政策，不仅涉及帮扶政策由特惠向普惠的逐渐转型，更反映出党中央对民生问题的持续关注。其次是目标上的衔接。多元主体扶贫锁定的是绝对贫困人口，主要通过动员多元主体参与扶贫的方式，实现我国现行贫困标准下的绝对贫困人口全部脱贫，全面消除绝对贫困，实现 2020 年全面建成小康社会的目标。乡村振兴则重点关注乡村发展，主张通过坚持乡村优先发展的策略，逐渐缩小城乡发展的差距，逐步解决相对贫困问题，实现 2050 年全面建成社会主义现代化强国的

---

① 冯朝睿：《迈向多中心协同反贫困治理的中国扶贫模式变迁研究》，《学术探索》2019 年第 12 期，第 54~62 页。

目标。多元主体扶贫与乡村振兴分别是党中央为实现两个一百年奋斗目标而制定的重要举措，其在目标上的衔接不仅是顺应客观规律的必然结果，更是符合发展逻辑的现实选择，对国家发展目标的实现有重要的保障作用。最后是主体上的衔接。多元主体扶贫的主体是政府、市场、社会以及农户，主张通过构建政府主导、多元主体共同参与的扶贫治理模式，带领贫困人口摆脱贫困。乡村振兴则广泛面向市场以及社会各界，鼓励多元主体发挥集体智慧，实现乡村的振兴。因此，多元主体扶贫与乡村振兴在主体的选择上有很强的契合性，都注重发挥多元主体的多元智慧，注重帮扶的多元性。

虽然扶贫与乡村振兴战略在实施时间、对象瞄准等方面有所不同，但是根据上述分析可以发现，二者在政策、目标、主体等方面具有一定的衔接性。一方面，扶贫以贫困地区以及建档立卡贫困户为帮扶对象，重点解决农村地区的绝对贫困问题，在一定程度上弥补了乡村振兴的短板，为乡村振兴战略的实施奠定了良好的经济和发展基础。另一方面，乡村振兴作为扶贫的接续战略，是对脱贫攻坚成果的进一步巩固和拓展，有利于持续激发农村人口脱贫致富的内生动力，从而形成可持续的减贫机制。为此，应继续推进扶贫与乡村振兴的顺利过渡，统筹做好二者之间的有效衔接，传承并发扬协同理念，激发农村人口的内生动力，实现两者之间的平稳转型。

（三）多元主体扶贫治理呼应国家治理目标

党的十六大深刻分析了党和国家面临的形势和任务，明确提出了"要在本世纪头二十年，集中力量，全面建设惠及十几亿人口的更高水平的小康社会"的战略目标，而扶贫作为脱贫攻坚的重要抓手，其治理目标在于全面消除绝对贫困、全面建成小康社会，该目标与国家治理目标不谋而合。

党的十九届四中全会做出了遵循共建共享原则，维护社会稳定、有效维护国家安全的要求。[①] 2020 年中央一号文件中强调，脱贫攻坚最后堡垒

---

① 《党的十九届四中全会公报关键词解读》，《政策》2019 年第 12 期，第 24~25 页。

必须攻克，全面小康"三农"领域突出短板必须补上。① 党的十九届五中全会再次强调，坚持把解决好"三农"问题作为全党工作重中之重，走中国特色社会主义乡村振兴道路。② 这是新时期党和国家提出的新要求，也是我国在新时期的治理目标，而提倡多元共治的扶贫理念与该目标不谋而合。多元主体扶贫工作不仅提倡发挥政府的主导作用，有效引导市场、社会以及农户等多元主体的广泛参与，更主张建设全社会共同参与的扶贫体系，从而协调各方力量、整合各种资源，聚焦贫困地区，全面解决"三农"领域的重点问题，提升农村贫困人口的获得感和幸福感，努力于 2020 年底全面打赢脱贫攻坚战。同时，多元主体扶贫的目标是消除绝对贫困、全面建成小康社会，这也是建成现代化强国的先决条件，是扶贫理念与国家治理目标的又一次呼应。

（四）多元主体扶贫治理嵌入现代化建设

党的十六届六中全会提出了"富强、民主、文明、和谐"的社会主义现代化建设的目标。党的十九大报告中正式提出了"两个阶段"的发展目标：从 2020 年到 2035 年，在全面建成小康社会的基础上，继续奋斗 15 年，达成基本实现社会主义现代化的目标；从 2035 年到 2050 年，在基本实现现代化的基础上，再奋斗 15 年，达成建成社会主义现代化强国的目标。种种战略布局表明了党和国家对社会主义现代化建设的重视以及建成社会主义现代化强国的坚定决心，而多元主体扶贫理念的推行同样是服务于现代化建设的具体表现。

面对脱贫攻坚战中最后也是最难啃的"硬骨头"，中央政府着力通过多元主体扶贫举措进行攻坚：调动资源做好贫困地区的基础设施建设，为贫困地区修路，保障贫困地区的用水、用电、用网，注重危房的改造，做好贫困户的易地搬迁工作；合理规划贫困地区的产业发展，依托龙头企业及农村合作社，打造贫困地区产销一体的扶贫产业体系；加强贫困地区的

---

① 《中共中央　国务院关于抓好"三农"领域重点工作确保如期实现全面小康的意见》，《中国农民合作社》2020 年第 3 期，第 7~12 页。

② 《十九届五中全会会议公报（全文）》，"政事儿"百家号，2020 年 10 月 29 日，https：//baijiahao. baidu. com/s? id＝1681878650959407819&wfr＝spider&for＝pc。

医疗保障及教育保障，保障贫困人口的生命健康安全及受教育的权利，同时进行文化宣传，做好扶贫与扶志、扶智的结合；引导行业部门、社会以及民间扶贫资金的投入，在营造"济困光荣"氛围的同时进一步减轻政府的负担；支持和引导非公有制经济及社会组织的参与，充分整合各种扶贫资源，制定精准的扶贫方案，提高扶贫的效率；充分借助互联网、大数据、信息系统等现代化手段，实现扶贫的数字化、信息化及智能化，推动扶贫事业发展；注重生态文明的建设，严守贫困地区的生态红线，实现贫困地区的绿色健康可持续发展。虽然从短期来看，多元主体扶贫的种种举措都是为消除绝对贫困、全面建成小康社会而服务的，但是以长远的眼光来看，多元主体扶贫的成效远远不止于此。多元主体扶贫在消除绝对贫困的同时，为现代化建设相对薄弱的农村地区做好了基础设施的建设，并为其打造了可持续发展的产业，提供了发展的内生动力，为我国的社会主义现代化建设打下了良好的基础。由此可见，多元主体扶贫与现代化建设相辅相成、密不可分。

第四节　基于历史制度主义的多元主体扶贫政策的动力机制

一　多元主体扶贫形成的基础动力：宏观环境变迁

多元主体扶贫产生于我国精准扶贫的大背景下。随着脱贫攻坚的不断深入，传统的依靠政府单一主体的扶贫模式已不能适应中国贫困现状。在政治、经济、社会等宏观环境的影响下，依靠多元主体共同帮扶的扶贫治理模式逐步成形。首先，在政治层面，中国共产党始终将消除贫困、改善民生、逐步实现共同富裕作为重要使命，始终坚持"以人民为中心"的价值立场，不仅充分注重贫困人口的物质诉求，还强调要满足贫困人口的精神文化需求，这是多元主体扶贫形成的根源性政治动力。其次，在经济层面，改革开放政策的不断推进在促进生产力发展、为多元主体扶贫提供物质基础的同时，为市场、社会等主体的发展创造了条件，为多元主体参与扶贫开发提供了可能。最后，在社会层面，随着经济的发展，我国社会主要矛盾已经转化为人民日益增长的美好生活需要和不平衡不充分的发展之间的矛盾，促进贫困地区脱贫已经成为全社会的共同责任。这些都为多元主体扶贫模式的形成与发展提供了充足的推动力。

二 多元主体扶贫形成的内生动力：中观政策演进

多元主体扶贫在学习效应、协调效应、适应性预期的支撑下不断完善，基于路径依赖的政策接续是其形成、发展与强化的内生动力。首先，在学习效应方面，多元主体扶贫是在我国扶贫政策的基础上演化而来的，是西方多中心治理理论在中国土壤中改良培育起来的具有中国特色的扶贫实践，是顺应时代需求的西方理论中国化的理论改良过程。其次，在协调效应方面，多元主体扶贫一词首次出现于《关于创新机制扎实推进农村扶贫开发工作的意见》，而后中共中央、国务院发布《关于打赢脱贫攻坚战三年行动的指导意见》等多项文件支持多元主体扶贫的发展，这也为多元主体扶贫政策与其他多种扶贫政策的衔接创造了条件，为多元主体扶贫政策的自我强化提供了动力支撑。最后，在适应性预期方面，多元主体扶贫采取的多种举措对贫困人口脱贫起到了积极的帮助作用，市场、社会、农户等多元主体对扶贫的适应性逐步加强，并逐渐加入扶贫过程，促使多元主体扶贫格局得到进一步的强化。

三 多元主体扶贫形成的直接动力：微观多主体互动

多元主体扶贫是一项多元主体协同的系统化工程，依赖多元参与主体的紧密配合和相互协作，扶贫过程中各参与主体的利益追求与关系互动是推动多元主体扶贫形成的直接动力。首先，中央政府是扶贫政策的制定者与推动者，其对扶贫政策的顶层设计、财政支撑、更新完善是推动多元主体扶贫发展的重要推动力。其次，各级地方政府是扶贫政策的主要执行者，其在中央政府的引导下，结合地方实践出台地方性细则，推动多元主体扶贫政策创新发展，实现地方扶贫效益最大化。再次，市场、社会是多元主体扶贫的间接推动者，其在提升自身影响力与经济效益的利益驱动下，积极参与扶贫过程，助推贫困人口脱贫致富。最后，贫困人口是多元主体扶贫的主要参与者，在追求改善自身贫困现状的内驱力量驱动下，其自主脱贫意识逐步增强，并积极融入扶贫的主体互动，采取多种途径寻求政府、市场、社会的帮助，促使扶贫政策与贫困人口需求有效衔接，进而促进贫困人口全面发展，达到减贫的效果。

本章小结

中国减贫政策更迭的依归为中国政府立足中国现实特征和社会发展基础，根据中国经济社会发展的实际科学精准地制定和实施相应的扶贫政策。这与中国的政治制度密不可分。同时，中国之所以能够科学精准地制定不同阶段适合中国国情的扶贫政策，跟立足实际的决策原则、民主集中的决策机制、改革创新的决策驱动力、为民谋利的决策价值观密切相关，这是中国公共政策保持精准理性的核心机制，也是中国摆脱贫困的制度秘钥。为民谋利的决策价值观是中国减贫政策出台的初衷和本心，立足实际的决策原则和改革创新的决策驱动力，为民主集中制减贫政策的出台提供了方法论基础，改革创新要求决策者根据中国环境变化不断地对减贫政策进行调整。

多元主体扶贫的形成逻辑和动力机制是与中国现代化建设的历史进程密切相关的，因而多元主体扶贫的形成必然遵循特定的内在规律。进一步阐释扶贫政策内在的变迁，有助于深入理解中国扶贫政策演进的话语意涵与内在规律。基于此，本章研究从历史制度主义的视角对中国多元主体扶贫的形成逻辑和动力机制展开了系统的梳理，研究发现，受中国社会环境及贫困特征变化的影响，中国的扶贫开发表现出明显的阶段性特征。本章研究立足我国改革开放以来至 2020 年的扶贫政策变迁的阶段，利用历史制度主义"宏观背景—中观制度—微观主体"的政策分析框架挖掘中国多元主体扶贫的形成逻辑与动力机制，详尽描述了多元主体扶贫的形成过程、治理模式、治理优势及政策意蕴，旨在从宏观背景、中观制度、微观主体三个层面揭示多元主体扶贫确立的科学性，为后续研究提供政策依据。具体而言，从宏观背景来看，政治、经济与社会环境是多元主体扶贫形成的基础动力。中国多元主体扶贫形成逻辑与动力机制是国家利益不断调整的过程，是国家通过政策干预进行的有目的、有计划地将扶贫资源向农村倾斜，消除农村绝对贫困问题的国家贫困治理工程。从中观制度来看，基于路径依赖制度演进是多元主体扶贫形成、发展与强化的内生动力。多元主体扶贫的形成在结构上遵循国家主导、省负总责、县市抓落实的工作机制，是国家自上而下进行的集中力量解决农村贫困问题的制度设计安排。从微观主体来看，各参与主体之间的关系互动是多元主体扶贫形成的直接动力，多元主体扶贫的产生是环境、观念、关键行为者相互作用的结果，是顺应中国减贫发展现实的现阶段解决贫困问题的最优解。

第三章

西南地区扶贫政策文本量化分析
及政策效力评价

公共政策的制定和执行是国家治理的主要内容和实现治理能力现代化的重要手段，是确保政府公共治理有效性的基本工具。[①] 精准扶贫是新时期解决中国贫困问题的关键途径，是新时代扶贫开发的战略导向，是我国经济高质量发展时期优化扶贫资源配置、提升整体扶贫质量的政策回应，已经成为我国扶贫领域的一项重要政策创新。[②] 作为精准扶贫战略的一种政策拓展和实施策略，多元主体扶贫政策包含中央及地方政府颁布的一系列法律、法规和地方通知等，其内容具有高度的权威性和指导性。多元主体扶贫强调政府、市场和社会的协同推进以及多部门、多行业、多主体的多元参与，体现了专项扶贫、行业扶贫、社会扶贫三大方面的有机结合，其创新之处在于打破了仅依靠政府力量推进扶贫事业的传统模式，积极引进非政府力量参与扶贫工作，激励市场发挥投资主体功能，高效配置扶贫资源，联合政府力量与社会组织为扶贫开发汇聚合力。中央的扶贫政策文件是地方政府推进扶贫工作的统领性指导性文件，是西南五省（区、市）扶贫政策编制和扶贫体系构建的政策依据。对中央和西南地区颁布的扶贫政策文本进行量化研究的目的不仅在于深刻领悟中央扶贫的战略思维和政策导向，也在于深入研判西南五省（区、市）与中央扶贫政策目标的一致

---

① 李晓冬：《公共政策落实跟踪审计三维评价标准构建研究：以精准扶贫政策落实跟踪审计为例》，《会计与经济研究》2020 年第 2 期，第 43~58 页。

② 李晓冬等：《精准扶贫政策落实跟踪审计：理论基础、实践困境与路径优化——基于审计结果公告文本分析的证据》，《理论月刊》2020 年第 8 期，第 51~63 页。

性与政策实施的延续性。系统解析中央与西南五省（区、市）的扶贫政策内容并对政策的效力进行量化测度，有助于从公共政策的视角探究我国扶贫政策的发展脉络、演变路径和演变趋势，可为后续章节扶贫政策实施的路径分析、影响因素测量和能力提升策略的提出提供必要的政策支撑。

本章以中央和西南地区扶贫政策为研究对象，采用 CiteSpace 可视化、内容分析法及政策效力评价模型对扶贫政策的演进规律、政策特征、政策内容及政策效力进行了定性与定量相结合的文本分析，期冀为中央和西南地区后续的扶贫政策出台和政策效力的提升提供理论支撑与参考依据。首先，在收集和整理了 2013～2020 年中央政府及西南地区省级政府发布的1942 份扶贫核心政策文本的基础上，课题组通过梳理、分析总结了中国及西南地区扶贫政策演进的关键节点和主要阶段；其次，采用 CiteSpace 软件对中央及西南五省（区、市）发布的扶贫政策文本的高频关键词进行了可视化图谱呈现，通过高频关键词的聚类分布特征提炼出扶贫政策的两大板块和五大研究议题群；再次，基于上述研究，本章运用内容分析法构建扶贫政策文本量化分析框架，对筛选出的 158 份最具代表性的扶贫政策文本进行了分类编码和统计分析，从政策工具与价值链两大维度分析了我国扶贫政策的工具类型和价值关系，探寻西南地区扶贫政策工具的使用偏好及存在的问题，并针对问题提出了优化扶贫政策工具的对策建议；最后，研究根据政策效力分析模型，建立了扶贫政策效力的评分体系，从政策力度、政策目标和政策措施三大维度对中央及西南地区扶贫政策效力进行了测度与分析，致力于测量西南地区扶贫政策与中央扶贫政策的响应度和有效度。

第一节 扶贫政策文本量化分析的
工具与方法选择

一 政策文本可视化工具——CiteSpace

CiteSpace 是美国德雷克塞尔大学的陈超美教授开发的一款应用 Java 语

言的信息可视化软件。该软件以库恩的科学发展模式理论和普赖斯的科学前沿理论为基石，借助文献计量学的相关算法对特定领域的研究文献和数据信息进行计量分析，以探索不同学科领域政策文本的演化路径及知识热点，识别并展示该领域科学发展的新趋势和新动向。CiteSpace 软件的优势在于能够突出知识单元间的互动、网络、衍生等诸多隐含的复杂关系，将数量众多、结构复杂的知识群以可视化图谱的方式呈现出来，直观明晰地展示某一知识领域的研究热点、研究进展、主要研究机构等重要信息。近年来，CiteSpace 因其科学性和高效性被广泛应用于学术界各个学科领域的文献计量研究。

自 2003 年被开发以来，CiteSpace 软件已经历多个版本的更新与优化，成为学术界科学计量的常用软件，在文本的量化研究中运用广泛。在国内文献研究中，运用 CiteSpace 软件进行文献计量分析已非常普遍。在职业教育领域，张良、袁梅运用 CiteSpace 软件从时空分布、关注焦点、演进历程、研究前沿等多个方面，对改革开放以来我国民族教育信息化的相关研究进行分析；[①] 危浪、桂学文、喻红艳利用 CiteSpace 软件对中国知网（CNKI）数据库中 1992~2019 年收录的中国农村职业教育领域相关文献进行计量学和知识图谱的分析；[②] 王秋梅、石俊华利用 CiteSpace 软件对 2009~2019 年 CNKI 数据库中的相关文献进行了关键词的 LLR 聚类和 Burst 探测，分析高职学生职业道德教育的研究热点和前沿动态。[③] 在环境保护领域，陈飞等采用 CiteSpace 软件，通过检索 Web of Science 核心合集数据库中 2009~2019 年矿业废弃地复垦与生态修复领域的研究文献，探究并分析矿业废弃地复垦与生态修复的研究热点及发展趋势；[④] 黄现民等为把握土壤农药污染领域发展历程、关系脉络以及明确该研究领域的重点和前沿

---

① 张良、袁梅：《改革开放以来民族教育信息化研究的热点与脉络演进——基于 CiteSpace 知识图谱软件的量化分析》，《民族教育研究》2018 年第 6 期，第 39~47 页。

② 危浪、桂学文、喻红艳：《我国农村职业教育研究的前沿热点与演进态势——基于 CNKI（1992—2019 年）文献的知识图谱分析》，《成人教育》2020 年第 3 期，第 42~48 页。

③ 王秋梅、石俊华：《基于 CiteSpace V 软件的高职学生职业道德教育研究聚类分析》，《学校党建与思想教育》2020 年第 14 期，第 76~79 页。

④ 陈飞等：《基于 Citespace 的矿业废弃地复垦与生态修复研究热点和趋势分析》，《西南农业学报》2020 年第 8 期，第 1806~1815 页。

方向，利用 CiteSpace 软件对 Web of Science 数据库获得的样本进行分析。① 在企业可持续发展领域，敦帅、陈强采用 CiteSpace 软件，对 CNKI 数据库收录的 1995~2018 年的 1032 篇企业可持续发展相关文献进行分析，探究国内该领域研究的态势演进与主题演化；② 李玉刚等以 Web of Science 数据库（SSCI、SCI-E）收录的 1997~2019 年的 1529 篇相关文献为研究样本，运用文献计量法分析研究样本的年度发文量，并通过 CiteSpace 软件绘制科学知识图谱，分析该领域的科研合作网络、关键节点文献以及研究热点演进。③ 在精准扶贫领域，张蒙蒙、刘天平、杨建辉以中国学术期刊（网络版）作为研究文献的数据平台，对 2013~2018 年我国精准扶贫的相关文献进行检索，并结合 CNKI 的计量可视化功能与 CiteSpace 软件的文本可视化功能，分析了这些文献的基本现状、研究热点和发展趋势；④ 王丽巍、安佳、唐任伍应用 CiteSpace 知识图谱分析工具，对收录于 CSSCI 数据库中扶贫研究领域的相关文献进行梳理和可视化分析。⑤

综上所述，学者采用 CiteSpace 软件对职业教育、环境保护、企业可持续发展、精准扶贫等诸多领域的文献进行了文献定量分析，这为本章运用可视化分析软件研究大扶贫政策文本提供了重要的参考价值和研究基础。基于此，本章依据中国大扶贫政策的演进历程，以 2013~2020 年中央及西南地区的大扶贫政策文本为研究对象，运用 CiteSpace 软件对中央及西南地区的大扶贫政策文本中的高频关键词进行了可视化分析，致力于科学系统地呈现大扶贫政策领域的研究热点、演变规律与发展特征，进而精准厘析大扶贫政策文本的核心特征与推进趋势。

---

① 黄现民等：《国际土壤农药污染研究进展与前沿——基于 CiteSpace 分析土壤》，《土壤》 2021 年第 4 期，第 764~770 页。
② 敦帅、陈强：《中国企业可持续发展研究：态势演进与主题演化》，《科学管理研究》2020 年第 1 期，第 94~100 页。
③ 李玉刚等：《制度情境差异对企业成长的影响研究热点与趋势——基于 CiteSpace 的可视化分析》，《科技进步与对策》2020 年第 19 期，第 151~160 页。
④ 张蒙蒙、刘天平、杨建辉：《精准扶贫研究的现状、热点与趋势——基于 CNKI 和 CiteSpace 可视化视角》，《中国农业资源与区划》2019 年第 8 期，第 11~19 页。
⑤ 王丽巍、安佳、唐任伍：《基于 CiteSpace 对扶贫研究阶段性热点和前沿的动态追踪与分析》，《兰州学刊》2020 年第 10 期，第 174~185 页。

二　政策文本量化方法——内容分析法

内容分析法最早出现于传播学领域。1952 年，美国传播学家伯纳德·贝雷尔森（Bernard Berelson）发表的著作《内容分析：传播研究的一种领域》对内容分析法进行了科学的阐述，他认为内容分析法是一种"对具有明确特性的传播内容进行客观、系统和定量描述的研究技术"。[①] 随后内容分析法开始涉及新闻学、图书馆学、情报学等多学科领域的交叉研究，其方法体系也逐步趋于完善。内容分析法一般分为确定研究问题或假设、确定研究总体、客观抽样、选择分析单元、构建类目系统、构建量化系统、进行内容编码、分析数据资料、阐述结果、信度和效度检验等十个步骤。作为一种综合性的研究方法，内容分析法结合了定量研究的科学性、精确性和定性研究的探究性、预测性特点，通过探寻反映文本内容本质的计数特征，将文字表达的文本信息转化为数据表达的量化资料，克服了定性研究的主观性与不确切性。以文本为研究对象的内容分析法可从大量的政策文本和历史资料中获悉有价值的观点，揭示政策议题的历史变迁、政策工具的选择与组合、政策过程的主体合作网络等公共政策推演的本质。因此，采用该方法研究扶贫的政策文本能更深刻地认识政策文本的实质，其研究结果相较于其他政策分析方法也更具科学性。

扶贫治理是国家治理的重要组成部分，扶贫政策是政府贫困治理理念的重要载体。近年来，随着政府扶贫政策文件的公开化、透明化，学术界也更加重视政策文本的科学解读。学者尝试从不同角度对扶贫政策文件进行综述性研究，但其定性分析的研究结果主观性过强，无法发掘政策文本中有价值的深层信息。基于此，本章将采用内容分析法从价值关系维度和政策工具维度出发对中央与西南地区的扶贫政策文本进行整合分析，以期精准地把握扶贫政策文本的核心与本质，为西南地区扶贫政策水平的整体提升提供政策指引。

由于内容分析法具有多样性和高效性，该方法已被运用在不同领域的

---

① 李本乾：《描述传播内容特征检验传播研究假设内容分析法简介（上）》，《当代传播》1999 年第 6 期，第 39～41 页。

众多文本内容研究中。在教育领域，姜雪青和马勇军利用内容分析法统计分析了国内五本教育核心期刊近 20 年的载文研究范式，发现我国教育研究经历了以思辨研究为主到以实证研究为主的演变过程。[①] 张尧、王运武通过 Web of Science 核心数据库检索"机器人""教师""教育"等关键词，将筛选得到的 797 份文献作为研究样本，采用内容分析法对国际教育机器人现状进行分析。他们将样本文献归纳为机器人、教育机器人支持下的工具与环境、教育机器人应用实践三个方面的研究，总结归纳出国际教育机器人未来发展的趋势以及对我国教育机器人未来发展的启示。[②] 在政治领域，何强等从政策工具视角分析老年健康服务业的相关政策，发现不同老年健康服务类别关注程度严重失衡等突出问题。[③] 张维冲等针对政府公文缺乏大数据分析和智能化处理技术的现状，将大规模政府公文的结构解析方法与信息抽取方法作为研究重点，发现改进的内容分析方法能提高政策条文分析的操作效率和智能化水平。[④] 在医学领域，陆舒婷和张雪芳采用内容分析法对关于穴位贴敷治疗高血压病的相关文献进行分析，归纳出高血压病变脏腑多在肝肾、病机以本虚标实为主等结论。[⑤] 喻文菡等运用内容分析法对 25 位肿瘤 MDT 知情人的访谈资料进行分析，发现突出问题存在于基础条件、组织管理和患者管理方面。[⑥] 在扶贫领域，何文盛等从政策变迁的视角，运用内容分析法对甘肃省 2001~2015 年地方层面的 92 份政策文本进行统计分析，发现甘肃省在扶贫目标的实现上具有滞后性，扶贫举措由单一化向多维化转变，扶贫保障逐渐转向制度化和多元化。[⑦] 冯

---

① 姜雪青、马勇军：《近 20 年我国教育研究范式的运用现状与发展趋势——基于国内五本教育核心期刊的内容分析》，《上海教育科研》2019 年第 12 期，第 13~17 页。

② 张尧、王运武：《国际教育机器人研究现状及启示——基于 WOS 期刊文献（2010—2018）的可视化分析》，《数字教育》2019 年第 6 期，第 72~79 页。

③ 何强等：《基于政策工具视角的我国老年健康服务业政策分析》，《医学与社会》2020 年第 6 期，第 47~52 页。

④ 张维冲等：《基于政府公文结构解析的科技政策主题抽取与分析》，《科学学研究》2020 年第 7 期，第 1185~1196 页。

⑤ 陆舒婷、张雪芳：《内容分析法在高血压病穴位贴敷文献研究中的应用》，《中国中医基础医学杂志》2018 年第 12 期，第 1753~1756 页。

⑥ 喻文菡、江恬雨、王曼丽：《基于内容分析法的肿瘤 MDT 运行管理现状研究》，《中国医院管理》2020 年第 1 期，第 50~53 页。

⑦ 何文盛、杜晓林、任鹏丽：《新世纪我国农村扶贫政策的演进特征与价值取向——基于甘肃省的政策文本分析》，《北京行政学院学报》2018 年第 6 期，第 42~50 页。

朝睿立足于大扶贫战略的顶层设计，以内容分析法为分析工具，深入研究2011~2019 年下发的 80 份大扶贫政策文件，解析云南省在大扶贫治理中的政策工具使用规律及偏好。①

综上所述，诸多学者已采用内容分析法对教育、政治、医学、扶贫等领域的政策文献进行了研究并取得了丰硕的成果，为本章采用内容分析法研究扶贫政策文本提供了经验与基础。鉴于此，首先，本章将对选取的中央及西南各省（区、市）县级政府发布的 1942 份扶贫政策文本进行可视化分析；其次，采用内容分析法从政策工具和价值链两大维度构建扶贫的政策文本量化分析框架，对最终筛选出的 158 份具有时效性、权威性、代表性的扶贫政策文本进行内容分析。研究通过对政策文本中 3 种工具类型和 5 种价值关系的选择频数进行统计，厘析了中央及西南地区扶贫政策工具的使用偏好与政策制定的价值理念，期冀为西南地区后续可持续减贫政策的制定提供参考。

第二节　基于 CiteSpace 的扶贫政策
文本可视化分析

一　扶贫政策文本的选择与分类

为了确保研究的真实性、科学性和权威性，在选择扶贫政策文本时，需考虑文本的完整性、权威性、公开性三个主要的因素。第一，文本的完整性。由于本章研究对象涉及的文本范围广泛（从中央政府到西南地区的各级地方政府）、时间跨度较长（从 2013 年至 2020 年），在文本收集的过程中应保证扶贫政策文本不重复、不遗漏，保证所收集时间段内政策文本的连贯性和完整性。第二，文本的权威性。在收集扶贫政策文本时，应确保所选政策文本具有权威性。因此，研究首先选取国务院扶贫开发办公室、中共中央办公厅、国家机关相关部委及西南五省（区、

---

① 冯朝睿：《内容分析法视域下的大扶贫政策文本量化研究》，《昆明理工大学学报》（社会科学版）2020 年第 4 期，第 62~70 页。

市）政府发布的扶贫政策文件，其次选取扶贫相关的地方政府规章、地方规范性扶贫文件作为研究文本，确保文本的权威性。第三，文本的公开性。本研究所选的扶贫政策文本都是各级地方政府网站及各级地方政府平台正式发布的文件，无法查阅或涉及内部机密的扶贫文件都不予选取。综合考虑上述因素，课题组对从国务院扶贫开发领导小组办公室、中共中央办公厅、国家机关相关部委及西南地区地方政府网站等渠道收集到的扶贫相关的政策文件，采用"扶贫""多元主体扶贫"等关键词进行检索，依照上述政策文本的筛选原则，剔除与研究相关度不高或对研究无参考价值的事务性文本，最终得到有效政策文本1942份，具体年度发文量见表3-1。

表 3-1 2013~2020 年中央及西南五省（区、市）扶贫发文数量

单位：份

	2013 年	2014 年	2015 年	2016 年	2017 年	2018 年	2019 年	2020 年	总计
数量	179	210	235	240	245	251	284	298	1942

资料来源：国务院扶贫开发领导小组办公室、中共中央办公厅、西南各省（区、市）扶贫办等网站。

由于所收集到的政策文本体量庞大且内容要素构成复杂，对政策文本的规范化分类与标注十分必要。研究根据政策文本的特征信息构建了扶贫政策文本的结构化分类体系。该体系将文本要素分为三个级别：第一级包括文本基本信息、政策文本主体、政策文本主题以及政策文本数量与说明四大要素；第二级在第一级的基础上，对要素进行细分，共衍生出文本标题、发表年份、文本主体等九类二级区分要素；第三级则是对第二级要素再次进一步细分，将文本主体、发布单位层级以及文本发布方式再分级。其中，发布单位第一层级为国家相关部委、国务院扶贫开发领导小组办公室，第二层级为西南五省（区、市）地方政府，具体见表3-2。根据扶贫政策文本的结构化分类体系表，本章将1942份政策文本依照三层区分要素对政策文本进行标注，以便于快速识别和读取政策文本的重要特征与关键信息，为进一步的量化分析夯实基础。

表 3-2　扶贫政策文本的结构化分类体系

一级区分要素	二级区分要素	三级区分要素
文本基本信息	文本标题	
	发表年份	
政策文本主体	文本主体	单独发文
		联合发文
	发布单位层级	第一层级
		第二层级
政策文本主题	关键词	
	文本正文	
政策文本数量与说明	文本数量	
	文本说明	
	文本发布方式	文件、会议、通知等

二　扶贫政策文本的可视化分析

为科学全面地呈现扶贫政策的发展历程与内容特征，研究采用时间序列法鲜明地展现了中国扶贫政策的发展脉络。首先，研究以中共中央、国务院颁布的《中国农村扶贫开发纲要（2011—2020 年）》为起点，勾画了中央扶贫格局的推进路径，进而梳理出中国扶贫政策发展中的关键节点和主要阶段，系统地呈现扶贫政策的演进历程。其次，研究利用 CiteSpace 可视化分析工具对筛选出的 1942 份中央及西南地区扶贫政策文本中的高频关键词进行可视化聚类图谱分析，从而精准地展现扶贫政策的发展逻辑和政策焦点。

（一）扶贫政策的演进历程解析

在中国，公共政策的出台具有严密的程序和规范的发布渠道，扶贫政策亦是如此。中国的扶贫政策是在政府主导的国家系统性的扶贫治理过程中产生并完善的，体现了政策的整体规划和战略引导功能。系统梳理中央扶贫政策的发展历程、关键节点及阶段性特征，归纳具有全局性、代表性的重点政策文件，有助于深刻认识我国扶贫政策的制定思路和推进方向，为后续的量化研究提供理论基础。本节从我国扶贫战略定位和整体构架视角出发，以时间为演进轴线，依据中央对构建扶贫格局的战略规划，从我国扶贫政策发展的进程中提取具有代表性的关键节点（见图3-1）。

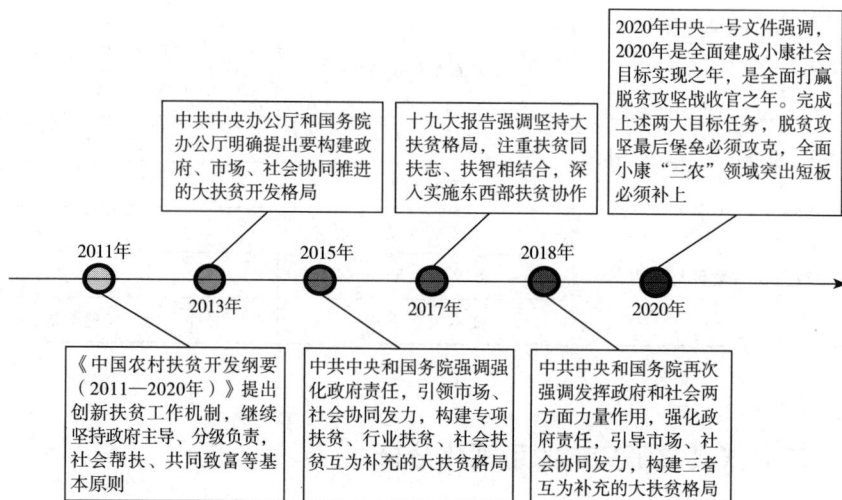

图 3-1　扶贫政策的演化历程

第一处关键节点：2011年多元主体扶贫的萌芽。2011年，中共中央、国务院印发的《中国农村扶贫开发纲要（2011—2020年）》（以下简称《新纲要》）指出，要在2001~2010年的扶贫纲要基础上坚持"政府主导，分级负责""部门协作，合力推进""社会帮扶，共同致富"等基本原则。同时，《新纲要》强调顺应时代发展的潮流，改革创新、扩大开放，充分结合社会主义市场经济发展的新要求，创新开放共享式扶贫工作机制，首次从专项扶贫、行业扶贫、社会扶贫等方面提出具体的扶贫规划与措施，是我国最早完整体现多元主体扶贫理念的纲领性文件。第二处关键节点：2013年大扶贫开发格局正式提出。2013年12月18日，中共中央办公厅和国务院办公厅联合印发《关于创新机制扎实推进农村扶贫开发工作的意见》，该意见深入贯彻党的十八大和十八届二中、三中全会精神，强调我国的扶贫开发工作应进一步解放思想，开拓思路，深化改革，创新机制，更加广泛、更为有效地动员社会力量，构建政府、市场、社会协同推进的大扶贫开发格局，在全国范围内整合配置扶贫开发资源，形成扶贫开发合力。这是我国首次在政策文件中明确大扶贫开发格局的概念与范畴，标志着我国扶贫工作正式进入多元主体协同推进的新阶段。地方政府纷纷响应中央号召，积极规范、鼓励和引导各类企业、社会组织以及个人以多元化形式参与扶贫工作。第三处关键节点：2015 年多元主体扶贫格局的发展。2015 年 11 月 29 日，中共中央、国务院印发的《关于打赢脱贫攻坚战的决定》指出"坚持政府主导，增强社会合力。强化政府责任，引领市场、社会协同发力，鼓励先富帮后富，构建专项扶贫、行业扶贫、社会扶贫互为补充的大扶贫格局"。该决定进一步强调广泛动员全社会力量，健全东西部扶贫协作与党政机关定点扶贫机制，实现社会帮扶资源与精准扶贫的有效对接，将扶贫工作的精度和强度提上新台阶。该决定大力促进了我国多元主体扶贫格局的发展，在我国后续的扶贫开发工作中起到关键的指导作用。第四处关键节点：2017 年多元主体扶贫格局的强化。2017 年 10 月 18 日，党的十九大报告再次提出"要动员全党全国全社会力量"，"坚持大扶贫格局，注重扶贫同扶志、扶智相结合，深入实施东西部扶贫协作"，着重提出大扶贫格局形成中所面临的问题与漏洞，强调打赢脱贫攻坚战必须高度重视社会扶贫在大扶贫格局中的重要作用，将大扶贫格局作为脱贫攻坚的新策略和新机制。同时，党的十九大报告提出"确保到 2020 年我国现行标准下农村贫困人口实现脱贫，贫困县全部摘帽"，这为我国扶贫工作提供了明确的目标和方向。第五处关键节点：2018 年多元主体扶贫格局的冲刺。2018 年 6 月 15 日，中共中央、国务院印发《关于打赢脱贫攻坚战三年行动的指导意见》，强调"坚持调动全社会扶贫积极性。充分发挥政府和社会两方面力量作用，强化政府责任，引导市场、社会协同发力，构建专项扶贫、行业扶贫、社会扶贫互为补充的大扶贫格局"。该意见的颁布标志着我国的脱贫攻坚已进入"收官冲刺阶段"，扶贫工作强度持续加深，着重加大东西部扶贫协作和对口支援力度，开展党政机关定点扶贫工作和军队帮扶工作，激励企业、社会组织扶贫，进一步加大贫困地区政策倾斜力度。第六处关键节点：2020 年多元主体扶贫与乡村振兴的有效衔接。2020 年，中央一号文件提出这一年将全面建成小康社会，攻克脱贫攻坚战最后堡垒、补上全面小康"三农"领域突出短板。文件从"坚决打赢脱贫攻坚战""加快补上农村基础设施和公共服务短板""保障重要农产品有效供给和促进农民持续增收""加强农村基层治理""强化农村补短板保障措施"等五个方面提出脱贫工作的方向和措施,为脱贫攻坚最后阶段的重难点问题提出方针对策,也为扶贫与乡村振兴的有效衔接指明了前进的方向。

从以上关键节点的划分可以看出,我国扶贫的战略规划和政策制定具有显著的阶段性。结合扶贫政策历年发文特点与重要节点规律,课题组将我国多元主体扶贫政策的发展历程划分为三大阶段。

萌芽阶段(2011~2012年):2011年,中共中央、国务院印发《中国农村扶贫开发纲要(2011—2020年)》,第一次从专项扶贫、行业扶贫、社会扶贫等方面规划了未来10年的扶贫开发重点,并强调发挥各大领域协同扶贫的综合效益,实现扶贫开发和社会保障的有机结合。该纲要虽未直接提出"多元主体扶贫",但"协作"一词共出现6次,多元主体扶贫的相关理念与原则已经在这份文件中得到了充分体现。该阶段的扶贫主导思想为以经济发展成效助力扶贫开发。虽然该阶段尚未正式提出"多元主体扶贫"概念,但文件内容已有多元主体扶贫理念的意蕴。该阶段政府紧盯的主要任务为经济效益的单维度发展,以传统特色经济发展促进整体性贫困问题的解决是这一阶段的主要特征。此外,该阶段的扶贫治理体系并不完善,多部门协作扶贫的理念尚未提出,但该阶段的经济积累为后续的扶贫奠定了良好基础。

提出阶段(2013~2016年):2013年12月18日中共中央办公厅、国务院办公厅印发《关于创新机制扎实推进农村扶贫开发工作的意见》,强调将扶贫开发工作摆到更加重要、更加突出的位置,并第一次明确提出构建政府、市场、社会协同推进的大扶贫开发格局,有效协同各方力量共同改善贫困地区的发展环境,提高贫困人口自身发展能力。这一阶段扶贫政策文本发布量呈现逐年稳定增长态势,中央及西南地区颁布的扶贫政策文本达千余份。

发展阶段(2017~2020年):2017年10月召开的中国共产党第十九次全国代表大会上指出:"从现在到二〇二〇年,是全面建成小康社会决胜期。""决胜期"意味着举全国全党之力为全面建成小康社会而奋斗，也是扶贫格局发挥作用的关键时期。会议强调动员全党全国全社会力量，坚持大扶贫格局，注重扶贫同扶志、扶智相结合，深入实施东西部扶贫协作，重点攻克深度贫困地区脱贫难题。至此，中国进入脱贫攻坚阶段，扶贫工作的机制和方法进一步优化，扶贫模式也更为灵活和成熟。坚持在中国共产党领导下，建立以政府为主导、社会力量为合力的帮扶模式，针对贫困人口建档立卡，通过产业扶持、转移就业、易地搬迁等方式帮助贫困人口脱贫致富。这一时期中央及西南地区扶贫政策的发布量稳步增长，我国进入了脱贫工作的攻坚期和决胜期，扶贫格局已上升到国家治理层面，中央不断制定扶贫的相关政策以指导各级地方政府的脱贫攻坚工作。

（二）基于政策文本关键词分布的可视化分析

关键词是文本内容的核心概括与精确描述，可鲜明地表达政策文本的主题，是把握各学科领域文献研究热点的重要途径。可视化分析可从多角度直观、形象地展现各研究领域的关键信息。因此，本章节采用CiteSpace软件对中央及西南地区扶贫政策的研究主题和研究领域进行可视化分析。具体分为三个步骤：首先，使用CiteSpace软件，选择"Keyword"的节点类型，其他选择默认设置，对选取的1942份扶贫政策中的高频关键词进行可视化图谱呈现，统计使用频次前20的关键词频数（见表3-3）。其次，通过高频关键词的聚类分析获得"贫困治理与减贫效应""产业发展与技能培训""教育与健康扶贫""政府主导协同扶贫""金融和资金保障"五大议题。遵循逻辑一致性原则，研究将扶贫政策的五大议题进一步归纳为外源性扶贫和内源性扶贫两大类别并对其进行深入解析。

由表3-3扶贫政策文本高频关键词统计可知，关键词出现频次最高的是"脱贫攻坚"（290次），其次是"精准扶贫"（270次）、"大扶贫"（265次）、"保障措施"（132次）、"产业扶贫"（130次）、"教育扶贫"（85次）、"政府主导"（82次）、"医疗保障"（80次）、"金融服务"（64次）、"动态管理"（60次）等。通过对扶贫政策文本高频关键词的统计和梳理，发现当前中央和西南地区扶贫政策的研究内容、研究对象和研究视角呈现以下特征：（1）政策内容涵盖面广，主要包括扶贫开发模式、效应、问题、对策以及实施措施等方面，政策的制定越来越注重贫困人口的参与、宏观效应的反映、扶贫的可持续发展等。（2）政策实施对象复杂多元，包括西部地区、西南民族地区、少数民族地区、连片特困区等多种贫困地区。（3）阐述视角更为新颖。越来越注重扶贫格局建设与乡村振兴战略、美丽乡村建设等方面的结合，致力于加强西南地区扶贫模式的可持续性创新。

表 3-3 扶贫政策文本高频关键词统计

单位：次

序号	高频关键词	频次	序号	高频关键词	频次
1	脱贫攻坚	290	11	社会参与	58
2	精准扶贫	270	12	易地扶贫	53
3	大扶贫	265	13	扶贫协作	50
4	保障措施	132	14	精准脱贫	46
5	产业扶贫	130	15	组织领导	45
6	教育扶贫	85	16	资金管理	44
7	政府主导	82	17	扶贫扶志	43
8	医疗保障	80	18	技能培训	42
9	金融服务	64	19	政策支持	41
10	动态管理	60	20	健康扶贫	40

通过 CiteSpace 软件对政策文本的高频关键词进行可视化聚类分析，最终形成的可视化聚类图谱如图 3-2 所示。该结果共生成节点 87 个，连线 225 条，密度为 0.0601。图中的节点圈层越大，表示越居于科学知识图谱的核心位置；关键词之间的连接线越多，表示关联度越大，受到的关注度越高。根据 CiteSpace 软件关键词可视化聚类图谱的呈现，研究将扶贫政策文本的高频关键词归纳为五大聚类议题群（见表 3-4），具体如下：（1）政府主导协同扶贫议题。包括政策支持、政府引导、东西部扶贫协作、统筹协调等 12 个关键词，表现了在多方扶贫开发合作中政府统筹引导的重要作用，主要偏向于采用行政、宏观经济及市场化手段来解决贫困问题。（2）金融

与资金保障议题。主要涉及金融服务、资金投入、资金管理、扶贫资金等
16 个核心关键词，围绕金融扶贫过程中资金管理类的深层次问题以及建立
财政资金绩效管理的长效机制等方面展开。（3）产业发展与技能培训议
题。包括产业扶贫、技能培训、就业扶贫、全员培训等 10 个关键词，主要
涉及就业扶贫、产业扶贫、技能培训、创业就业等激发内生动力的可持续
发展扶贫项目，以提高贫困地区的自我发展能力。（4）教育与健康扶贫议
题。包括教育扶贫、医疗保障、健康扶贫、医疗保险等 11 个关键词，主要
涉及西南贫困地区内生性贫困的治理问题，强调了教育扶贫、扶志扶智在
贫困山区的可行路径，重点解决贫困遗传、医疗保障较差等难题。（5）贫
困治理与减贫效应议题。包括精准扶贫、脱贫攻坚、大扶贫、扶志扶智等
15 个关键词，该类议题聚焦于精准扶贫、大扶贫以及脱贫攻坚等扶贫模式
和扶贫机制的创新问题，主要表现为对西南贫困地区扶贫方式的选择以及
治理机制和基层监督的动态管理，特别针对少数民族地区危房改造、易地
扶贫搬迁、医疗扶贫等"两不愁三保障"问题的解决。

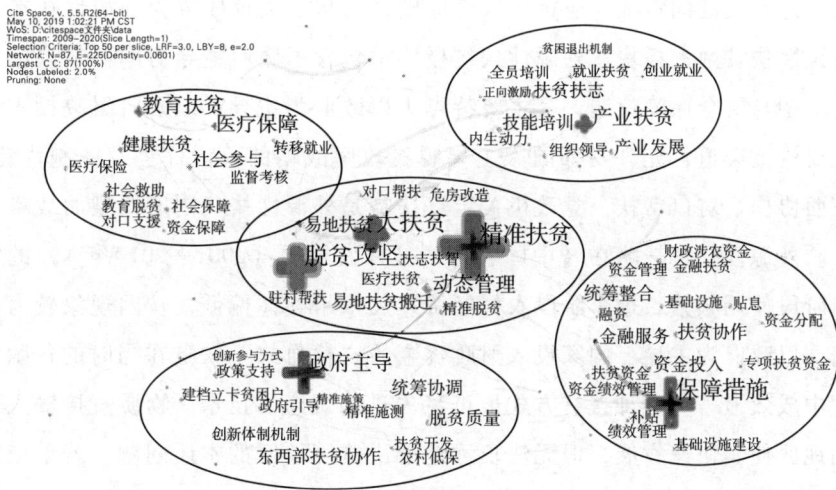

图 3-2 扶贫政策文本高频关键词可视化聚类图谱

表 3-4　扶贫政策文本研究议题及关键词分布

类别	研究议题	高频关键词
外源性扶贫	1. 政府主导协同扶贫议题	政府指导、政策支持、政府引导、统筹协调、东西部扶贫协作、扶贫开发、精准施策、脱贫质量、农村低保、精准识别、创新机制体制、创新参与方式
	2. 金融与资金保障议题	保障措施、资金投入、金融服务、基础设施、资金管理、金融扶贫、财政涉农资金、资金分配、扶贫资金、扶贫绩效管理、专项扶贫资金、补贴、基础设施建设、扶贫协作、融资、统筹整合
内源性扶贫	3. 产业发展与技能培训议题	产业扶贫、技能培训、就业扶贫、全员培训、扶贫扶志、创业就业、组织领导、内生动力、正向激励、产业发展
	4. 教育与健康扶贫议题	教育扶贫、医疗保障、健康扶贫、社会参与、医疗保险、转移就业、监督考核、社会救助、教育脱贫、资金保障、对口支援
	5. 贫困治理与减贫效应议题	精准扶贫、脱贫攻坚、大扶贫、扶志扶智、减贫效应、贫困治理、扶贫模式、精准脱贫、易地扶贫搬迁、医疗扶贫、协同治理、模式创新、整村帮扶、动态管理、危房改造

　　遵循关键词特征与逻辑一致性原则，可将五大议题分为外源性扶贫和内源性扶贫两大板块。外源性扶贫板块中包含了政府主导协同扶贫议题以及金融与资金保障议题，其主要特点为以政府为主导，以政府财政投入为主要资金渠道，充分发挥国家主导脱贫攻坚战略的政治优势及体制优势。东西协作、对口帮扶、党政机关定点扶贫是外源性扶贫制度典型的战略方针。外源性扶贫战略在《中国农村扶贫开发纲要（2001—2010 年）》的实施阶段使用频繁，这个阶段农村经济发展水平整体偏低，贫困现象较为普遍。以政府为主导、国家投入财政资金的"输血式"扶贫在当时的贫困治理中成效显著。这种扶贫方式虽可将先进的观念、技术、物质直接输入贫困地区使其快速发展，但无法长远地解决贫困地区的本质问题。若单依靠外源性扶贫，贫困地区将惰性依赖政府给予的外在力量而弱化自身发展动力，从而陷入"扶一把，富一阵，一放手又贫困"的困境。产业发展与技能培训、教育与健康扶贫和贫困治理与减贫效应三大议题隶属于内源性扶贫板块。其中产业发展与技能培训主要围绕对贫困人口的赋权与赋能，通过产业调动内生发展能力，实现长期稳定增收。教育扶贫通过扶贫、扶

志、扶智"三扶"结合，唤醒贫困个体自我发展的主动性，激发贫困人口追求脱贫致富的驱动力与价值共振，用人民群众的内生动力构建贫困地区脱离贫困的思想源泉与行为活力。[①] 健康扶贫具体指提升医疗保障水平，消除由医疗卫生资源分配不均衡造成的贫困问题，有助于制定科学扶贫战略和长效治贫机制。贫困治理与减贫效应则是结合脱贫攻坚、精准扶贫二者的核心要义，通过协同多方力量，以"扶贫先扶志，扶贫必扶志"为根本宗旨，创新扶贫模式和扶贫理念，建立精准的扶贫工作机制，帮助和指导贫困人口脱贫致富，提升其综合素质。以上三大议题都通过间接地促进贫困地区、贫困人口依靠内生发展动力实现自身脱贫致富，在可持续减贫上发挥着不可替代的作用。由外源性与内源性两大扶贫板块的分类可知，我国的扶贫工作在政府帮扶的基础上，逐渐加入对贫困对象自身能力的激发与培养，促使贫困地区在内外合力的帮助下高效完成脱贫攻坚任务。这体现了我国扶贫政策的日臻完善与创新，也代表着我国治理能力和水平的不断提升。

三　扶贫政策文本的特点

（一）扶贫政策具有广泛性和权威性

根据上文中扶贫政策文本高频关键词的可视化图谱可知，我国扶贫政策涉及范围十分广泛，其目标体系中除了包括如期全面建成小康社会的总体性目标，还涉及扶贫治理体系建设、特色产业脱贫、劳务输出脱贫、易地搬迁脱贫、教育支持脱贫、健康保险医疗救助脱贫、生态保护脱贫、资产收益脱贫、农村低保兜底扶贫等多方面的脱贫目标，涉及经济、文化、政治、公共治理等诸多领域，充分体现了扶贫政策内容的广泛性。

除了内容的广泛性，扶贫政策还具有高度的权威性。近年来，中央一号文件不断强调扶贫。2019 年中央一号文件指出，坚持把解决好"三农"问题作为全党工作的重中之重不动摇，强调将特色产业扶贫、易地扶贫搬

[①] 魏有兴、杨佳惠：《后扶贫时期教育扶贫的目标转向与实践进路》，《南京农业大学学报》（社会科学版）2020 年第 6 期，第 97~104 页。

迁、生态扶贫、金融扶贫、社会帮扶、干部人才等政策措施向深度贫困地区倾斜。2020年中央一号文件指出脱贫攻坚最后堡垒必须攻克，全面小康"三农"领域突出短板必须补上，要求强化产业扶贫、就业扶贫，深入开展消费扶贫，加大易地扶贫搬迁后续扶持力度，强调进一步加大东西部扶贫协作、对口支援、定点扶贫、社会扶贫力度，稳定扶贫工作队伍，强化社会的帮扶力量。从2013年《关于创新机制扎实推进农村扶贫开发工作的意见》中大扶贫开发格局的首次提出，到2020年中央一号文件强调脱贫攻坚，体现了党和领导人对扶贫工作的重视，对多元主体扶贫格局构建的重视脱贫攻坚，充分彰显了我国扶贫政策的权威性与全局性。

（二）扶贫政策具有渐进性和增长性

由我国扶贫政策发展历程可知，扶贫政策在主导地位和政策内容上呈现渐进性特征。从救济式扶贫到开发式扶贫，再到精准式扶贫和多元主体扶贫格局的构建，我国扶贫的发展历程呈现前后接续的渐进性和不断完善的增长性。多元主体扶贫格局立足于国家治理能力现代化战略构想，并综合多主体协同治理的思想，在城乡统筹、区域协调、党政主导、社会参与的格局中构建了集经济救助、能力救助、权利救助于一体，救济式扶贫、福利式扶贫、开发式扶贫、赋权式扶贫多重方式叠加的贫困治理体系。[①]多元主体扶贫政策是党的十八大以来中国精准扶贫的关键手段，它反映了当代中国共产党和领导人的减贫制度设计理念，体现了中国扶贫开发在经济、社会、市场、政治等多方面共同推进的整体构思。扶贫政策的演进是一个不断变迁的动态过程，它与经济社会的适应性发展是在政策文本的不断完善和国家对贫困治理体系的不断优化中完成的。中央及西南地区扶贫政策的发文数量随时间的推移呈现持续增长的趋势，这与我国整体扶贫历程的演变趋势相契合，证实了我国政府在扶贫政策的制定方面是不断强化、与时俱进的，体现了我国扶贫政策体系发展的增长性特征。

---

① 燕继荣：《反贫困与国家治理——中国"脱贫攻坚"的创新意义》，《管理世界》2020年第4期，第209~220页。

（三）扶贫政策具有价值理性和科学性

公共政策的价值问题是政策科学的基础，政策的价值取向是公共政策最本质的属性。[①] 伴随着经济体制的转变，我国的扶贫方式和扶贫策略也发生了本质的变化。在不同的发展阶段，国家针对扶贫主体的实际需求制定相应的扶贫策略。改革开放初期，中国政府开始引入市场机制改革，农村人口收入普遍偏低，政府采取直接的救济式扶贫。随着社会主义市场经济体制的不断完善，普遍性贫困逐渐消解，区域间贫富差距开始凸显，贫困问题的范畴开始向医疗卫生、教育文化、环境建设等方面拓展，对贫困的识别也从单维转向多维。在解决贫困人口收入问题的基础上，政府开始采用多种政策工具、协同多方扶贫力量、统筹多个维度开展扶贫开发，注重激发贫困人口的内生动力和可持续发展潜能，从根本上改善我国贫困地区的发展困境。这体现了我国扶贫政策的价值导向始终保持以人民的利益为先，[②] 我国的扶贫事业始终向着共同富裕的终极目标不断迈进。

同时，扶贫政策注重发挥我国的制度优势，积极推进政府主导、市场调节、社会参与的扶贫格局，树立"人人参与、人人享有"的共享发展理念，大力实施产业扶贫、就业扶贫、易地扶贫搬迁等诸多扶贫工程，致力于为贫困人口提供多方位支持。特别是在党的十九大召开后，扶贫成效显著。一方面，城乡统筹发展推动了扶贫的整体进程，扶贫形式越来越多样化、精细化，扶贫工作效率不断提高；另一方面，政策的激励充分调动了全党全社会力量积极参与扶贫开发，东西部扶贫协作和对口支援不断提升扶贫的效能，促使我国脱贫攻坚战取得全面胜利。我国脱贫攻坚工作的圆满完成从结果层面证实了扶贫政策的科学性和有效性。

---

① 柳青：《浅析公共政策的价值取向》，《科技创业月刊》2005 年第 3 期，第 127~129 页。
② 毛新伟：《政策价值观的历史考察与我国政策价值取向的选择》，《襄樊学院学报》2009 年第 7 期，第 14~18 页。

第三节 基于内容分析法的扶贫政策
文本量化分析

一 扶贫政策文本量化分析框架构建

理性要素和价值要素是扶贫政策工具选择时须考虑的两个重要方面，两者相互支撑，相互制衡。偏离理性的扶贫政策工具缺乏科学性，偏离价值取向的扶贫政策工具缺乏立场和同理性。科学合理的扶贫政策工具必须二者兼具。同时，需考虑政策主体与政策客体及其他政策相关者之间的关系。从时空维度来看，本章选择的扶贫政策工具需注重政策的连续性和可持续性，还需兼顾中央与西南五省（区、市）之间扶贫工作的差异性，做到既兼顾全局又着眼地域特色，从而确保中央与地方共同致力于扶贫目标的完成。

Rothwell 和 Zegveld[1] 从价值链和政策工具维度将政策工具划分为供给型、需求型以及环境型三类，这是政策工具领域常用的分类标准，同时，该分法与扶贫政策活动的特征极为契合。因此，本章沿用 Rothwell 和 Zegveld 的政策工具划分标准，从价值和政策工具维度出发，采用内容分析法对中央与西南地区实施扶贫的政策文本进行量化分析，深刻厘析西南地区扶贫政策的实质内容，以期揭示我国扶贫政策实施过程中政策工具的使用频率及偏好，为扶贫政策的优化与扶贫水平的提升提供有效的应对策略。在构建扶贫政策文本二维分析框架时，X 维度代表政策工具维度，包含中央与西南地区扶贫政策实施的政策工具类型；Y 维度代表价值链维度，包含中央与西南地区扶贫政策所执行的价值关系。通过 X 维度和 Y 维度的有效匹配，可清晰地划分中央与西南地区扶贫政策的内容类型，为进一步的统计分析做好铺垫。

---

[1] R. Rothwell, W. Zegveld, *Reindustrialization and Technology* (London: Longman Group Limited, 1985), pp. 83–104.

（一）*X* 维度：基于政策工具维度

Rothwell 和 Zegveld 结合国家政策活动主要受供给、制度环境和需求三方面影响的特点，将政策工具划分为供给型、环境型和需求型。这三种政策工具能够反映中央和西南地区实施扶贫的特征，且其相互作用能使政策工具的效果发挥至最优，具体内容如下。

供给型政策工具主要是指政府通过项目投入、资金投入、信息供给、教育培训等方式直接扩大扶贫供给，改善贫困人口落后的环境、状态及生活方式，进而推动中央和西南地区扶贫工作的有效进行。供给型政策工具中最常见的是资金投入，政府利用扶贫资金的引导作用和放大效应，发挥市场在资源配置中的决定性作用，有效达到扶贫的工作目标。项目投入则是以扶贫为目的开创项目，加强扶贫协作和投资项目的开发，为贫困户的就业和增收提供保障。信息供给是指通过通信、网络的渠道，促进扶贫行动的开展，更高效地为贫困者提供致富途径和平台。教育培训是指通过优化教育资源和教育设施，提高贫困人口的能力和素质。重点瞄准贫困子女学业方面的现实问题，广泛整合社会资源，为贫困家庭提供切实有效的助学服务，阻断贫困的代际传递。供给型政策工具是推动扶贫事业发展、西南地区脱贫致富的有效保证。

环境型政策工具是指通过优化外部扶贫环境进而对贫困治理产生影响作用，具体表现为政府通过法制监管、金融服务、税收优惠、策略措施等为扶贫事业提供有利的发展环境，间接而长远地推动扶贫事业的发展进程。在多元主体扶贫实施过程中，部分扶贫政策措施适当地采取了环境型政策工具，提供各种金融优惠服务，减轻或免除相关税收负担，通过法律和制度强制性手段协助国家脱贫攻坚战略目标的完成。环境型政策工具易受国家政治、经济、社会、文化、技术、环境等宏观因素的影响，在全面打响脱贫攻坚的关键时期为扶贫事业的创新与发展提供了良好的环境。

需求型政策工具主要表现为政府对扶贫格局发展的拉力，[①] 主要是通过政府购买、贸易管制、市场塑造等措施以及 PPP 模式帮助贫困地区增长

---

① 刘强强、莫兰：《政策工具视角下贵州省扶贫政策的文本量化研究》，《福建行政学院学报》2016 年第 5 期，第 22~30、75 页。

经济并发展市场。在需求型政策工具中，政府往往通过外包、业务购买等方式将相关产品或服务转移给社会中有资质的组织，借助社会力量推动扶贫项目的开展，规制扶贫市场的发展。在考虑供求关系的基础上，有效利用需求带动扶贫资源的供给，为扶贫格局注入有效的推动力量。

（二）Y 维度：价值链维度

扶贫政策执行的价值关系涵盖范围广泛，其执行主体包括中央政府、西南地区的各级地方政府、社会、企业以及广大民众。对我国的中央与西南地区而言，扶贫开发格局遵循自上而下、由整体到局部的治理模式。因此，在 Y 轴价值链治理维度的分析中，本章将扶贫政策的实施模式归纳为央地合作、府际合作、政社合作、政企合作以及官民合作五种类型，具体如下。

央地合作，即中央企业与西南五省（区、市）地方政府之间的协作，是扶贫格局建立的基础保障。只有中央与地方在扶贫治理上保持高度一致，形成扶贫合力，才能确保西南地区扶贫政策的有效推广和实施。

府际合作，即西南五省（区、市）政府间的扶贫合作，如贵州省与云南省，西南五省（区、市）下辖的市与市、市与自治州、自治州与自治州、政府各部门之间的合作。府际合作避免了地方政府部门间的利益影响，确保了扶贫政策在各省（区、市）间的协同实施，加强了各地区间的交流与合作。

政社合作，即政府与社会之间的扶贫合作。政社合作激励社会各方力量的广泛参与，进一步强化了我国扶贫事业发展的整体性，提升了扶贫开发工作的影响力，以助力全国扶贫格局的构建。

政企合作，即政府与企业之间的扶贫合作。该合作明确规划了企业在扶贫格局中的角色与社会责任，有助于扶贫主体势力范围的扩大。

官民合作，即政府与人民群众之间的协同，是政府与民众相互信任、相互支持以及政府与民众共同创建美好生活的根本保证，有利于营造共同构建扶贫格局的良好氛围。

基于包含供给型、环境型、需求型三种政策工具的 X 维度和包含央地合作、府际合作、政社合作、政企合作、官民合作五种价值关系的 Y 维度，本章最终构建扶贫政策特征的二维分析框架（见图3-3）。通过两大维度的空间组合，将中央及西南地区的扶贫政策文本在内容上进行清晰、立体的划分，使中央及西南五（区、市）省的扶贫政策得以全面、客观地呈现。

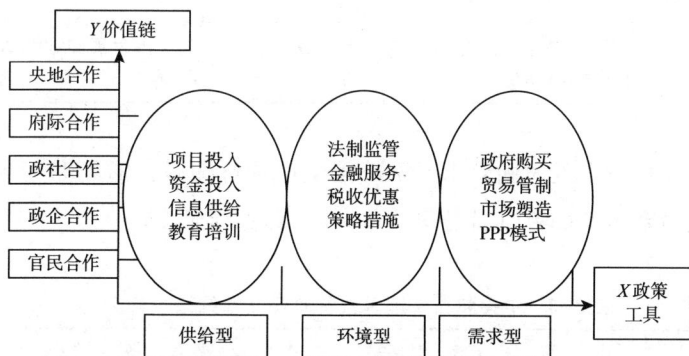

图3-3　基于"价值链-政策工具"的扶贫政策二维分析框架

二　扶贫政策文本选取与编码

通过对上述1942份中央及西南五省（区、市）扶贫政策文本的时效性、权威性和代表性进行综合考量，剔除其中省级以下政府发布的地方政策文件、地方工作文件以及未在有效期内的政策法规，最终筛选出158份最具有代表性的政策文件组成扶贫政策文件分析库（部分见表3-5）。

表3-5　中央和西南地区扶贫政策文本分析库统计（部分）

编号	政策文本名称	发文机关	发文时间
1	《关于改革创新财政专项扶贫资金管理机制的意见》	重庆市扶贫开发办公室综合处	2015年1月27日
2	《西藏自治区人民政府办公厅关于进一步动员社会各方面力量参与扶贫开发的实施意见》	西藏自治区人民政府办公厅	2015年5月14日
3	《四川省人民政府办公厅关于深入动员社会力量参与扶贫开发的实施意见》	四川省人民政府办公厅	2015年6月19日
4	《云南省技能扶贫专项行动方案》	云南扶贫开发领导小组	2015年9月18日

编号	政策文本名称	发文机关	发文时间
5	《中共中央 国务院关于打赢脱贫攻坚战的决定》	中共中央、国务院	2015 年 11 月 29 日
…	…	…	…
158	《"十三五"易地扶贫搬迁建卡贫困户农房整宗地收益权收储实施方案》	重庆市发展和改革委	2017 年 8 月 21 日

按照文本发布的时间对 158 份政策文件进行编码，形成中央与西南地区扶贫政策文本编码表（部分见表 3-6），详见附录 1。

表 3-6　中央和西南地区扶贫政策文本编码（部分）

发文时间	政策文件名称	发文机关	编码
2013 年 12 月 18 日	《关于创新机制扎实推进农村扶贫开发工作的意见》	中共中央办公厅、国务院办公厅	001
2014 年 5 月 7 日	《西藏自治区人民政府办公厅转发教育厅等部门关于西藏自治区教育扶贫工程实施方案的通知》	西藏自治区人民政府办公厅	002
2014 年 7 月 25 日	《四川省人民政府办公厅转发人行成都分行等部门关于深入推进金融支持扶贫惠农工程全面做好四川省扶贫开发金融服务工作实施意见的通知》	四川省人民政府办公厅	003
…	…	…	…
2020 年 12 月 16 日	《中共中央 国务院关于实现巩固拓展脱贫攻坚成果同乡村振兴有效衔接的意见》	中共中央　国务院	158

三　扶贫政策文本统计分析

参照内容分析编码表，根据不同政策工具的分类标准将 158 份政策文本进行分类统计，并引入价值链维度的影响因素，得到价值链—政策工具框架下中央及西南五省（区、市）扶贫政策工具选择频数的占比分布（见表 3-7）。

表 3-7 扶贫政策工具选择频数分布

单位：次，%

类型		央地合作	府际合作	政社合作	政企合作	官民合作	合计	占比	
供给型	项目投入	38	33	35	20	42	168	9.35	39.73
	资金投入	72	60	38	10	51	231	12.85	
	信息供给	24	22	36	8	32	122	6.79	
	教育培训	32	25	40	13	83	193	10.74	
环境型	法制监管	121	62	34	21	40	278	15.47	37.62
	金融服务	33	14	23	35	33	138	7.68	
	税收优惠	25	2	4	10	3	44	2.45	
	策略措施	76	90	32	2	16	216	12.02	
需求型	政府购买	13	4	45	3	0	65	3.62	22.65
	贸易管制	0	0	14	7	0	21	1.17	
	市场塑造	26	6	32	92	12	168	9.35	
	PPP 模式	7	3	116	15	12	153	8.51	
合计		467	321	449	236	324	1797		
占比		25.99	17.86	24.99	13.13	18.03	100		

表 3-7 表明，中央及西南五省（区、市）的扶贫政策兼顾了供给型、环境型、需求型三种政策工具的使用。图 3-4 显示，供给型政策工具占比最高，达 39.73%，其次是环境型政策工具，占比 37.62%，需求型政策工具所占份额最少，仅占 22.65%。由此可知，在我国西南五省（区、市）扶贫进程中，政策制定更偏向供给型和环境型政策工具的使用。中央注重对西南五省（区、市）贫困地区物质、资源、人才的投入，引导西南地区社会企业、单位机构以及个人参与"三位一体"的扶贫格局构建，营造良好的扶贫开发环境以推动扶贫事业的发展。

X 维度的工具类型细化体现着政策工具的内涵以及其使用结构的均衡度，[①] 因此，根据表 3-7 中的统计分析结果，研究分别绘制了各个类型的

---

① 赵丽江、李鹏红、管鹏鹏：《政策工具视角下湖北省扶贫政策研究：一个分析框架》，《统计与管理》2019 年第 2 期，第 102~106 页。

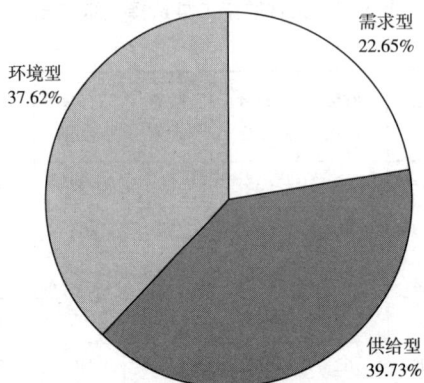

图 3-4　政策工具维度中选择频数分布

扶贫政策工具选择频数分布，如图 3-5、图 3-6、图 3-7 所示。

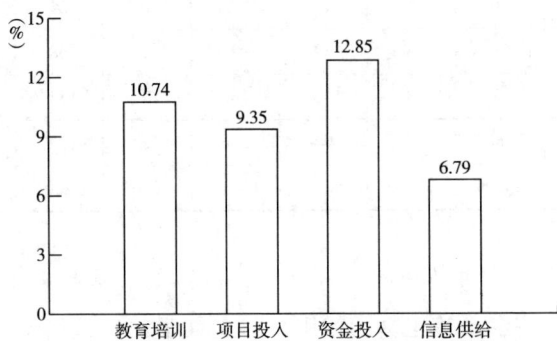

图 3-5　供给型政策工具中具体选择频数分布

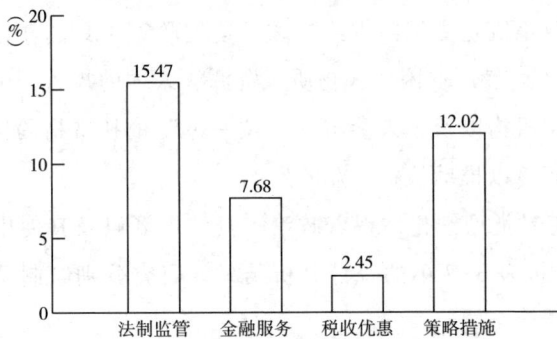

图 3-6　环境型政策工具中具体选择频数分布

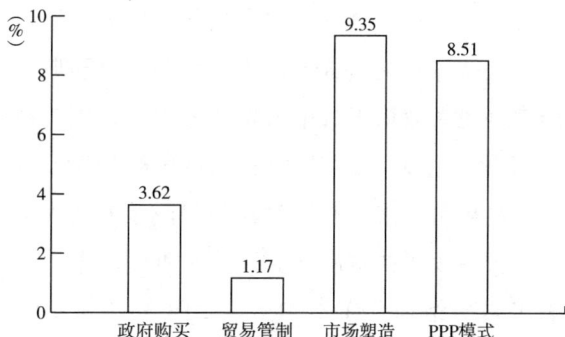

图 3-7 需求型政策工具中具体选择频数分布

供给型政策工具在三种政策工具中结构分布最为均衡。图 3-5 显示，资金投入（12.85%）占比最高，其次是教育培训（10.74%），再次是项目投入（9.35%），信息供给（6.79%）占比最低，其中最高值与最低值相差 6.09 个百分点。资金投入在供给型政策工具中占主要位置。西南五省（区、市）的贫困地区大多处在集中连片的民族地区和农村地区，贫困区域分布面大、交通不便、信息不灵、基础设施薄弱，贫困程度深且贫困人口的内生动力不足，[①] 单依靠自身的经济发展难以在短期内实现脱贫。因此，提供物质保障的外源性扶贫对于西南五省（区、市）的脱贫攻坚工作而言十分必要。即使在全面解决绝对贫困问题后，政府也应持续加强对西南地区的资金供给和项目投入，完善社会保障机制，守住防止规模性返贫底线。教育培训是中央对西南五省（区、市）内源性扶贫的具体抓手，体现了我国扶贫事业"扶贫同扶志、扶智相结合"的理念。供给型政策工具内部的均衡性代表我国对西南五省（区、市）的扶贫规划整体上结合了"输血式"救济与"造血式"扶贫，既考虑资源供给对西南地区短期脱贫的救济作用，又注重教育扶贫对西南地区长期致富的促进效果。

环境型政策工具的结构分布不均衡。如图 3-6 所示，法制监管占比（15.47%）最高，其次是策略措施（12.02%），再次是金融服务（7.68%），

---

① 黄启翠：《扶智与扶志：西南民族地区教育扶贫长效机制探析》，《西昌学院学报》（社会科学版）2021 年第 2 期，第 48~52、57 页。

占比最低的是税收优惠（2.45%），其中最高值与最低值相差 13.01 个百分点。法制监管在环境型政策工具中占主导地位，因为法制监管是通过制度和法律的手段，保证扶贫政策和资金使用到位，是打赢脱贫攻坚战的法制保障。策略措施在环境型政策工具中占据次要地位，因为战略性策划是扶贫工作科学有效开展的保证。针对西南地区扶贫的实际情况和重难点问题，因地制宜、因村施策，采取有针对性的保障策略，大大提高了西南地区的扶贫效率，充分体现了扶贫政策的指导性和战略性。

需求型政策工具的结构分布不均衡。如图 3-7 所示，市场塑造占比（9.35%）最高，其次是 PPP 模式（8.51%），再次是政府购买（3.62%），贸易管制（1.17%）的占比较低，其中最高值与最低值相差 8.18 个百分点。市场塑造是指政府通过鼓励发达地区企业和资本在西南贫困地区兴办企业、扶持龙头企业、支持特色农产品销售等手段，带动贫困地区调整产业结构，激发贫困地区的市场活力。PPP 模式是指通过政府部门的授权，使私营部门负责政府建设、运营和管理的职能工作，在多主体协同扶贫过程中具有独特的作用和价值。政府购买和贸易管制都属于政府对市场的强制干预，有助于减少市场的未知性和不稳定性，是公共事务协同治理的创新模式。

Y 维度体现着政策执行主体之间的相互作用与合作效果。本章根据表 3-7 中的统计分析结果绘制了价值链维度的具体频数分布图。如图 3-8 所示，央地合作占比（25.99%）最高，其次是政社合作（24.99%），再次是官民合作（18.03%）和府际合作（17.86%），政企合作占比（13.13%）最低，其中最高值与最低值相差 12.86 个百分点。由此可知，扶贫政策各执行主体之间的合作关系存在较大差异。央地合作与政社合作的占比领先于官民合作、府际合作和政企合作，在扶贫治理的五大价值类型中占主导地位，这与我国的扶贫治理实际相符。在我国的扶贫实践中，特别是构建多元主体扶贫格局的早期，主要以政府为根本推动力量，鼓励和引导社会各方力量积极参与。其他社会主体纷纷响应各级党委和政府的大力号召，投入扶贫事业，开发扶贫市场，构成更加多元的扶贫队伍。央地合作模式中地方政府通过引进中央企业，利用央企的人才、技术、资金等多方面资源，吸引社会资本参与贫困地区的产业发展，有利于形成扶贫资源的内生重复循环，达成中央与地方合作双赢的局面。在公共治理方面，政府和市场都存在各自的"失灵"范畴，政社合作模式结合了国家政策的统筹规划与社会的市场化机制，通过优化资源利用和分配，提升政府扶贫的效率和效果，实现对西南地区的差异化供给，弥补了传统扶贫方式在扶贫治理范围和治理精力上的有限性。

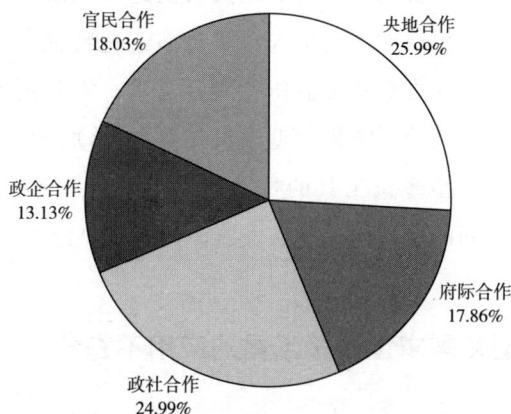

图 3-8　价值链维度中具体选择频数分布

第四节　扶贫政策文本量化分析结论

一　三种政策工具的使用结构不均衡

基于政策工具维度的统计分析结果显示，中国西南地区三种政策工具的应用偏好占比为供给型最多（39.73%），环境型次之（37.62%），需求型最少（22.65%）。这种供给为主、需求疲软的政策工具的投入结构是不稳定、不均衡的，不利于西南地区可持续减贫工作的长远推进。纵观中国扶贫政策的变迁史可知供给型政策工具在我国的扶贫过程中一直发挥着重要作用。政府主导的扶贫模式使我国扶贫长期依赖国家政策的供给与投入，尤其是直接的财政资金投入和项目投入，这为解决贫困问题提供了直接的动力支持。在扶贫格局的政策部署中，政策工具对扶贫目标的服从度与匹配度以及政策工具的整体使用结构至关重要。过多地依赖以资金投入、项目投入为主的供给型政策工具会滋长贫困人口不劳而获的惰性思想，助长部分贫困群体"等靠要"的不良脱贫风气，从而抑制贫困群体的发展潜力。西南地区的扶贫不仅要解决贫困人口的基本温饱问题，还致力于为贫困群体提供有效的社会保障，开发贫困个体的自我发展能力，构建和完善返贫风险的防控机制，降低贫困人口的返贫风险。进入消除绝对贫困问题的新时期后，西南地区贫困人口呈现多元化特征，致贫原因也进一步复杂化。要满足不同类型贫困群体的实际需求，需要更加注重政策工具的合理搭配与运用，充分发挥供给型政策工具的推动作用、环境型政策工具的引导作用、需求型政策工具的拉动作用，平衡三者之间的应用结构，实现不同政策工具间的协同效应和扶贫资源的有效供给。

二　环境型和需求型政策工具的应用不充分

长期以来，我国一直遵循政府主导的扶贫模式，这种模式的天然弊端在于资源的利用效率不高。多元主体扶贫所倡导的政府与市场、社会及其他扶贫主体共同治理贫困问题的模式相比政府主导的扶贫模式在精准性和效率性等方面更有优势，可更好地满足扶贫的目标要求。但从扶贫政策工具的使用情况来看，三种政策工具中，需求型政策工具的使用占比仅有22.65%，这说明在西南地区的扶贫政策中需求型政策工具的使用还不充分，市场在西南地区的扶贫过程中发挥的效用有限。需求型政策工具作为一种稳定市场预期的重要手段，能有效降低企业、个人等非政府组织参与扶贫的不稳定性。需求型政策工具可在坚持政府对扶贫工作进行宏观引导的基础上，帮助西南地区建立完善的市场参与机制，通过市场的力量引导社会组织、贫困人群发挥自身的主动性和能动性，利用市场机遇，实现脱贫致富。不可否认，市场具有天然的优胜劣汰的选择机制，一味讲究市场的作用就会导致贫困农户在市场化过程中处于劣势地位，所以在采用需求型政策工具的时候要适当配合供给型政策工具对弱势的贫困群体予以帮助，并对社会扶贫参与组织进行约束和监督，最终在实现脱贫目标的同时，促进社会经济的发展。目前，西南地区的政府部门对企业、社会组织等其他扶贫力量所提供产品的认可度不足直接阻碍了政策工具对扶贫事业的拉动效应，不利于政策工具整体效力的合理发挥与扶贫格局的稳定发展。

数据显示，环境型政策工具在西南地区扶贫政策中的占比越来越大，说明环境型政策工具已成为西南地区扶贫政策工具的主要组成部分，共同与其他政策工具一道对西南的扶贫实践发挥效用。在环境型政策工具的使用方面，我国多数采用的是策略措施和法制监管的手段。在扶贫政策的制定中，环境型政策工具通过对扶贫事业更精细化的制度规划和目标设计，优化扶贫的策略性政策环境，从而间接推动扶贫事业的长效稳定发展。在此目标愿景下，环境型政策工具更应注重对贫困地区提供金融服务、税收优惠等方面的支持，增加投资项目的贷款额度或放宽其他融资条件，营造有利于企业和社会组织积极参与扶贫的环境。

三　政策执行主体间的协作水平较低

政策执行的价值关系频数统计显示，扶贫背景下中央及西南地区的合作方式具有多样性。既有上下联动的央地合作，又有协同并进的府际合作、政社合作等，合作形式多样、涉及内容广泛，为我国的扶贫事业营造了良好的协作氛围。其中，央地合作在所有类型的合作中占比最高，各级地方政府通过响应中央的政策指示，同中央企业合作，共同为我国的扶贫事业贡献力量。但扶贫政策各执行主体之间的合作关系表现出较强的不均衡性，其中官民合作（18.03%）、府际合作（17.86%）、政企合作（13.13%）的占比都相对较低，这表明西南地区并没充分发挥各类社会力量在扶贫开发中的特长与优势，西南五省（区、市）间政府与政府、政府与群众、政府与企业之间的合作仍有待加强。历来我国的扶贫事业是在政府主导的路线下进行的，但随着传统扶贫治理模式的转变，社会、市场、企业等多元主体陆续参与脱贫攻坚，政府主导、社会与市场组织协同、广大贫困群体积极参与的多元主体扶贫格局逐步形成。多元主体扶贫格局具备高度的复杂特性，需要各方主体高度的协同合作机制以及合理均衡的利益分配机制，以维护多元主体扶贫机制的稳定发展。但目前，西南地区扶贫政策执行主体更偏重央地合作与政社合作，并未充分发挥多元主体扶贫格局中地方政府的核心引领作用、企业的带动发展作用以及群众的自主脱贫作用，这不利于推动各扶贫主体间的交流与联动，阻碍了多元主体扶贫格局的完善发展，也为西南地区可持续减贫增加了难度。

第五节　扶贫政策效力评价过程

政策效力具体指政策文本内容的有效性及可实施程度，可由政策量化计算得出。[①] 扶贫政策的量化研究不仅需要对政策内容进行挖掘分析，还需要将政策文本内容与政策执行效果结合起来，从理论和实践两大维度对扶贫政策文本的实际效力值进行评价。国内现有的政策效力评价，大多基于"政策力度—政策目标—政策措施"三维模型。[②] 其中，政策力度主要取决于政策发布部门的层级，用于反映政策的强制力和影响力以及政府部门的重视程度；政策目标用于反映政策目标的可度量程度，政策目标的量化得分越高，政策目标的实现度越高；政策措施是指政府为实现既定目的所采取的手段和方法，有部分学者为细化政策措施环节，参照 Rothwell 和 Zegveld 的供给型、需求型和环境型政策工具分类方法进行评估[③]。一般而言，高层级政府部门发布的政策文件，政策适用性较广、政策力度较大，但对某一具体主体的约束力相对较小，从而对政策目标和政策措施的量化分析与评价也会较差。[④] 不同政策措施的作用对象和实现目标不同，其政策工具的强制性程度也有所不同，相对应的政策效力也具有较大差异。基于上述考虑，本节从政策力度、政策目标、政策措施三个维度构建了扶贫政策效力评价体系，对中央及西南五省（区、市）扶贫政策进行了效力评

---

① 王帮俊、朱荣：《产学研协同创新政策效力与政策效果评估——基于中国 2006~2016 年政策文本的量化分析》，《软科学》2019 年第 3 期，第 30~35、44 页。

② 彭纪生、仲为国、孙文祥：《政策测量、政策协同演变与经济绩效：基于创新政策的实证研究》，《管理世界》2008 年第 9 期，第 25~36 页。

③ R. Rothwell, W. Zegveld, *Peindustrialization and Technology* (London: Longman Group Limited, 1985).

④ 张国兴等：《我国节能减排政策的措施与目标协同有效吗？——基于 1052 条节能减排政策的研究》，《管理科学学报》2017 年第 3 期，第 161~181 页。

价，以求测度扶贫的政策效力演进以及不同政策工具的效力差异。

一　扶贫政策效力评价体系构建

参照国外学者 Libecap 构建法律指数的思路，[①] 本部分依据政策种类以及发布部门建立中央与西南地区扶贫政策效力的量化指标，并在参考陈新明等学者研究的基础上，[②] 确定中央和西南地区扶贫政策效力评价指标的赋值方式与评分标准。研究主要从政策力度、政策目标和政策措施三大维度构建了扶贫政策效力评价体系，通过对政策文本的量化，更加精细地反映政策内容本身的效力。前文中筛选出的 158 份政策文本均由中共中央办公厅、国务院扶贫办、省委、省政府等相关部门颁布，但由于政策颁布层级不同，政策文本的内容、结构具有较大的差异性。为确保量化标准的一致性和客观性，研究首先对 158 份政策文本进行了仔细的梳理，随后组织课题研讨会对政策效力的量化标准进行讨论交流，向扶贫领域的数位专家请教并解决研讨中产生的疑问与分歧。经过多轮的研讨后，确定扶贫政策效力评价指标的赋值标准。其中，政策力度根据发文机构的等级赋值，代表政策效力评价的权重。对政策目标的评价，主要考虑政策文本的目标要求量化与否。对政策措施的评价，则首先对具体政策措施进行供给型、环境型、需求型三种政策工具类型的划分，其次依据每种工具类型的标志性量化刻度进行评价打分，具体评分标准见表 3-8。

表 3-8　政策效力评价指标及其评分标准

维度	得分	评分标准
政策力度	5	中共中央办公厅、国务院扶贫办等国家层面颁布的文件
	3	省委、省政府、省扶贫办颁布的实施意见和暂行条例
	1	各个省级部门的意见、办法

---

① G. D. Libecap, "Economic Variables and the Development of the Law: The Case of Western Mineral Rights," *The Journal of Economic History* 38 (1978): 338-362.

② 陈新明、萧鸣政、张睿超：《城市"抢人大战"的政策特征、效力测度及优化建议》，《中国人力资源开发》2020 年第 5 期，第 59~69 页。

续表

维度		得分	评分标准
政策目标		2	政策目标清晰且可量化，给出了明确的衡量标准
		1	政策目标清晰，但无量化的标准，仅宏观表述扶贫政策愿景和期望
政策措施	供给型政策工具	5	明确提出了项目投入、信息供给、教育培训的具体内容，资金投入的金额、单位和程序以及相关管理办法等
		3	项目投入、信息供给、教育培训的具体内容和资金投入的金额、单位、程序等存在不明确的方面
		1	政府文件中只提及并无明确规定
	环境型政策工具	5	明确要求了扶贫绩效相关考核、监督检查以及制定有关扶贫治理制度和策略性措施，提出了金融服务和税收优惠等具体内容
		3	要求了扶贫绩效相关考核、监督检查，明确要求制定有关扶贫治理制度，但均未制定相关方案
		1	政策文件中仅提及并无明确规定
	需求型政策工具	5	制定了外包和购买、贸易管制、市场塑造、PPP 模式等具体实施办法或方案
		3	政策中提及了外包和购买、贸易管制、市场塑造、PPP 模式等相关内容，但未制定相关方案
		1	政策文件中仅提及并无明确规定

二　扶贫政策效力测度与分析

在初步确定政策效力评价指标和评分标准后，课题组采用德尔菲法（Delphi Method），邀请 9 位高校研究扶贫政策的专家、3 名课题组内部成员以及 5 位政府扶贫工作人员组成评价小组，对所选取的扶贫政策文本进行分组同步打分。在正式打分开始前，评价小组对政策的评价指标和评分标准进行了商议和讨论。正式进入打分阶段后，评价小组成员独立地根据评分标准对扶贫政策文本进行评价打分。其中，同一项政策文件可能同时涉及多种政策工具的运用，根据上述评分标准分别对每个类型的政策工具进行打分并将其结果进行累加。在专家打分的过程中，首先由政府扶贫工作人员对 158 份政策文件进行预打分与方向性检测。评价小组根据标准完成打分后，将打分结果进行比对，出现分歧的地方大家共同协商讨论。经过两轮的小组打分，讨论分析化解分数异议，确定大家共同协商讨论的结果，测算每组专家打分的均值，最终完成 158 份政策文件的打分工作。依据专家组最终的打分结果，得到各项政策在政策力度、政策目标、政策措施三个维度上的得分，运用公式（3-1）来计算每一年度扶贫政策的整体效力，运用公式（3-2）计算每一年度政策的平均效力。

$$PA = \sum_{j=1}^{n} (m_j + g_j) p_j \tag{3-1}$$
$$i = \left[2013, 2020 \right]$$

$$APA = \frac{\sum_{j=1}^{n} (m_j + g_j) p_j}{n} \tag{3-2}$$

其中，PA 为单一年度政策的整体效力，APA 为单一年度政策的平均效力。i 为政策开始执行年份，$i \in \left[2013, 2020 \right]$；$j$ 为第 i 年开始执行的第 j 项政策条目；n 为第 i 年开始执行的政策条目数量；$(m_j + g_j)$ 为第 j 项政策措施和政策目标的得分之和；p_j 为第 j 项政策力度得分。将计算结果整理输出为政策整体效力和平均效力得分图、三种政策工具的政策效力演变图以及政策效力三大维度平均得分演变图，具体如图 3-9、图 3-10、图 3-11 所示。

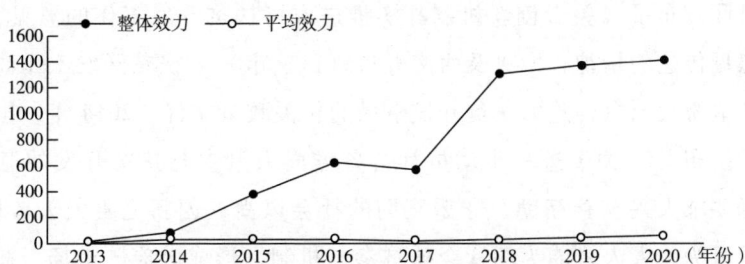

图 3-9　2013~2020 年中央和西南五省（区、市）
扶贫政策整体效力和平均效力得分

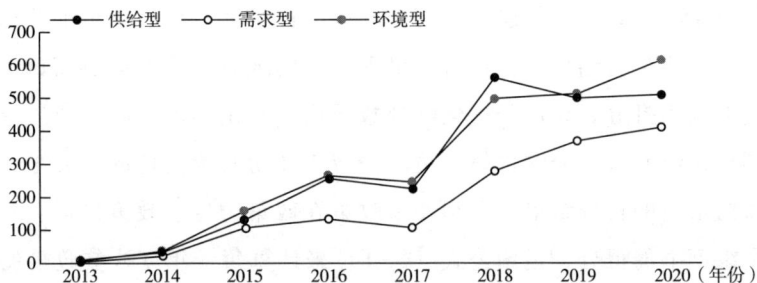

图 3-10　2013～2020 年三种政策工具的政策效力演变

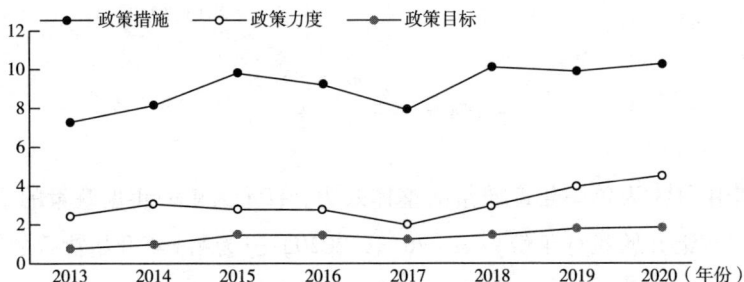

图 3-11　2013～2020 年三大维度政策效力平均得分

图 3-9 显示，中央和西南五省（区、市）扶贫政策的整体效力及平均效力随着时间的推移总体呈上升态势。为加快实现《中国农村扶贫开发纲要（2011—2020 年）》提出的奋斗目标，2013 年中共中央办公厅与国务院办公厅发布了《关于创新机制扎实推进农村扶贫开发工作的意见》。根据该意见传达的精神，中央及西南五省（区、市）对扶贫开发工作高度重视，各地纷纷出台构建大扶贫开发格局的相关政策文件。2014 年，国务院办公厅发布了《关于进一步动员社会各方面力量参与扶贫开发的意见》，该意见要求大兴友善互助、守望互助的社会风尚，创新完善人人皆愿为、人人皆可为、人人皆能为的社会扶贫参与机制，形成政府、市场、社会协同推进的大扶贫格局。该意见激发了西南地区优化扶贫模式、创新扶贫思想的激情，助推多元主体扶贫格局构建的相关政策文件大量涌现，扶贫政策的整体效力迎来了第一个快速增长阶段。各地政府依据国家制定的扶贫

瞄准机制和扶贫目标重新规划自身的扶贫战略，调整新时期扶贫政策的制定思路，扶贫政策的平均效力增强。图 3-9 中显示，政策整体效力在 2017 年出现了一次大幅下降，随后呈逐年上涨趋势。这一现象背后的主要原因在于党的十九大报告再次强调要动员全党全国全社会力量，确保到 2020 年农村贫困人口实现脱贫、贫困县全部摘帽。脱贫攻坚工作成为地方政府工作的重中之重。但在脱贫攻坚的决胜时期，西南地区贫困人口分布趋于分散，贫困的表现也更加多维化。① 以政府为主导的传统扶贫模式难以满足贫困群体的实际需求，引导社会力量参与的多元主体扶贫在扶贫模式的多元化供给中展现出独特优势。西南各地方政府纷纷响应国家号召，重视自身多元主体扶贫的推进与完善，扶贫政策文件数量再次出现猛增。随着地方政府对扶贫政策目标的精准确定和政策工具的灵活运用，"三位一体"的多元主体扶贫格局逐步趋于完善，政策效力迅速提高，扶贫效率进一步提升，为西南地区脱贫攻坚任务的如期完成奠定了良好的政策基础。

为进一步探究扶贫政策整体效力提高的根本原因，课题组绘制了三种政策工具的政策效力演变图以及政策措施、政策力度、政策目标三大维度的平均得分演变图。图 3-10 显示，三种政策工具的政策效力演变路径具有趋同的特征，且其整体增势与图 3-11 中的政策措施得分基本趋同，这说明政策效力得分与政策措施得分具有正相关性。此外，供给型和环境型政策工具多年来的政策效力高于需求型政策工具。一方面，是由于供给型和环境型政策工具的使用频次占比更高，另一方面，是因为在中央及西南五省（区、市）的扶贫政策规划中，供给型和环境型政策工具的使用更为灵活和成熟。由图 3-11 可知，政策措施的平均得分高于政策力度的平均得分，政策力度的平均得分高于政策目标的平均得分。政策措施政策效力平均得分的相对领先表明了在中央和西南五省（区、市）制定大扶贫政策时，相关政府部门有意识地配置多种类型的政策工具，并在颁布的政策中清晰描述了具体措施。而政策力度的政策效力平均得分在 2013~2017 年始终处于低水平波动的状态，但在 2017 年之后呈现迅猛上升的趋势。这主要缘于早期扶贫的相关政策以政策力度得分较低的国务院下属各部委发布的

---

① 崔论之：《大扶贫格局下企业扶贫的理论和实践研究——基于四川省的实证分析》，硕士学位论文，四川省社会科学院，2015，第 30 页。

规划方案和措施性通知居多。近年来，扶贫政策效力的演进历程表明多元主体扶贫格局是国家长期战略层面的扶贫构想，具体量化的政策目标、不断加码的政策力度以及灵活多样的政策措施将确保我国扶贫政策发挥实际效用。

第六节　扶贫政策效力评价结果

政策的整体效力可以解构为：政策效力=政策的平均效力×政策量。内容分析法发现，需求型政策工具的使用不足，直接影响效力分析中需求型政策效力的水平。本章的量化研究分析了中央和西南五省（区、市）扶贫政策文本效力的演变趋势，并进一步对供给型、需求型、环境型三种政策工具以及政策措施、政策力度、政策目标三大维度的政策效力进行了全方位的剖析。研究发现，我国的扶贫政策效力存在以下两大问题。

一　扶贫政策体系设计不完善，扶贫政策效力低下

从2013年12月中共中央办公厅和国务院办公厅颁布《关于创新机制扎实推进农村扶贫开发工作的意见》起，中央和西南地区政府的扶贫重点就开始转向多元主体扶贫格局的开发与构建，有关扶贫的政策文本量逐年增加，其政策整体效力也经历了两个快速增长的阶段。虽然扶贫政策的整体效力历年来总体处于积极的增长状态，但扶贫政策的平均效力始终处于小幅波动增长的态势且整体水平偏低。由政策效力的解构与对比可知，西南地区的扶贫政策采用了多元的政策措施，但政策的力度和目标量化在早期均处于较低水平，两者都是经过了不断的发展和完善才有所提升，说明政府对扶贫政策体系的设计与规划并不完善，这直接限制了扶贫政策效力的释放。

二　配套政策工具不完善，扶贫政策效力发挥受限

从政策工具的类型上看，我国西南地区的扶贫政策工具总体上以供给

型和环境型为主。从数量上讲，供给型政策工具的使用始终占据主导地位。随着贫困问题的复杂化和多维化，政府逐渐尝试用市场工具辅助西南地区的扶贫工作，策略措施与法治监管的应用逐渐增多，环境型政策工具的应用水平稳步提升。但作为扶贫格局以及扶贫产业发展的主要拉力工具，需求型政策工具的应用占比最少，且存在影响力不足、覆盖面不全等问题，这不利于非政府组织、企业以及其他社会力量在扶贫市场上发挥自身的稳定性和主观能动性，同时影响了扶贫政策效力的发挥。

本章小结

扶贫政策是现代国家重要的扶贫治理工具，是连接国家扶贫战略和基层扶贫治理工作的有效桥梁，扶贫格局构建的重大问题都可在具有针对性的扶贫政策中得到映射。相较于综述型和理论型扶贫政策研究而言，扶贫政策文本的量化分析和效力评价更具客观性和全局性，能够系统地厘清扶贫政策的演化变迁逻辑、政策工具使用偏好及频率、政策实施效率及热点议题、政策未来的研究趋势及关键领域，可为扶贫政策和乡村振兴政策的制定提供科学的依据。鉴于此，本章从政策文本量化分析及政策效力评价两方面对中央及西南地区扶贫政策进行了量化分析。首先，从政策工具和价值链关系维度出发，采用内容分析法对中央与西南地区扶贫政策文本进行量化分析，整体分析了西南地区扶贫政策的核心要义，揭示了中央及西南地区扶贫政策实施过程中政策工具的使用频率及偏好，基于此，指出了扶贫政策工具使用过程中存在的三种政策工具的使用结构不均衡、环境型和需求型政策工具的应用不充分、政策执行主体间的协作水平较低等问题。此外，研究借鉴国外学者 Libecap 构建法律指数的思路，[①] 依据政策种类以及发布部门建立中央与西南五省（区、市）扶贫政策效力评价指标，确定中央和西南地区扶贫政策效力评价指标的赋值方式与评分标准，从政策力度、政策措施和政策目标三大维度构建了扶贫政策效力评价体系，更

---

① G. D. Libecap, "Economic Variables and the Development of the Law: The Case of Western Mineral Rights," *The Journal of Economic History* 38 (1978): 338-362.

加客观地对中央及西南地区出台的扶贫政策效力进行了评价和监测，通过扶贫政策效力评价发现，扶贫政策体系的设计不完善、扶贫政策效力低下、配套政策不完善、扶贫政策效力发挥受限等问题。这为第八章从政策层优化政府扶贫政策、提升扶贫水平与能力提供了依据。

第四章

基于 IAD 框架的西南地区扶贫
实践过程解析

公共政策过程的本质展现的是一种政治过程，对政策过程进行研究是认识和理解一个国家政治制度的重要视角与窗口。多元主体扶贫是精准扶贫理念的政策拓展和具体实施策略。通过研究扶贫政策可知，中国的脱贫攻坚是国家主导的以政策倾斜为导向的实现社会公平与正义的系统性贫困治理工程，是一种普遍的全体中国人的共同富裕，而不是排他的少数人的共同富裕；是一种基于共同富裕和全面实现小康社会的国家层面的人民福利战略目标，而不是为特定利益群体代言的伪民主的谋利手段；是一种旨在帮助贫困人口形成致富能力的发展意义上的再分配制度，而不是"作秀式"的功利性社会救济。中国的扶贫政策用事实证明了社会主义制度为人民谋福利、为民执政的政治优势。基于扶贫政策过程的理论关照，研究聚焦于探讨西南地区扶贫实践过程的关键维度，透过这些不同的维度审视西南地区扶贫政策过程中的典型案例与价值。扶贫的政策运行过程被视为检视中国脱贫攻坚政治逻辑、中国特色社会主义制度的基本切入点，通过研究中国扶贫政策过程的内在规律，可准确把握中国国家制度的未来走向。然而迄今为止，对于中国扶贫政策过程的本土化和域外化分析较少，部分研究采用西方政策过程分析框架分析中国的扶贫政策，这种分析背离了西南地区扶贫的政策情境，在研究的真实性与准确性方面受到质疑。另外，部分研究聚焦于中国扶贫政策过程的具体环节，而立足于整体性系统性思维模式对西南地区扶贫政策过程及其关键性作用机制的研究则凤毛麟角。

在政策执行环节，中国的扶贫始终坚持党的领导制度，以及在党的领导制度下形成的集中统一的党政治理结构，这些制度要素决定了扶贫政策的执行力度、速度与精度。作为公共政策过程中的关键环节，政策实施是一个动态的过程，其实施效果直接关系政策的成败，良好的实施过程对提升政策执行力、保障政令畅通等有促进作用。西南地区是中国贫困发生率最高的地区之一，其扶贫实践过程不仅事关西南地区的脱贫成效，更对中国脱贫攻坚的推进有重要的影响，是中国减贫实践中的重要一环。本章聚焦于西南地区扶贫政策过程的关键维度和扶贫政策运行过程中具有特色的扶贫模式和典型案例，透过具体案例来分析西南地区具体的扶贫实践方法和典型做法。为了更加清晰、直观地呈现西南地区扶贫实践过程，在对IAD框架嵌入西南扶贫实践进行适用性分析的基础上，首先，研究对西南地区扶贫的结构要素进行了描述，从自然属性、政策属性、应用规则三个角度出发对西南地区扶贫的外生变量展开了详细分析；其次，采用实例和理论相结合的方式描绘西南地区扶贫的行动舞台，形象具体地讲述西南地区扶贫的行动者和行动情境；再次，在实地考察和理论研究的基础上，总结归纳了西南地区扶贫实践的典型案例和特色模式；最后，根据西南地区扶贫的实施效果，提炼西南地区扶贫的实践特征。本章的研究客观描述了西南地区扶贫的实施过程，生动呈现了西南地区扶贫实施现状，为西南地区扶贫的实施路径探讨、影响因素测量、实施效果评价等内容做好了研究铺垫。

第一节　IAD 框架的解释与应用

一　IAD 框架的解释

IAD 框架的中文名称为制度分析与发展框架。1982 年，拉里·凯瑟尔和埃利诺·奥斯特罗姆在《行动的三个世界：制度方法的元理论集成》中对 IAD 框架进行了阐述，他们将 IAD 框架定义为一个具有综合性的分析框架，并进一步将其引导发展为解决不同实际问题的理论分析框架。从 1982 年开始，奥斯特罗姆一直将制度分析与发展框架作为研究的重点，直到

1996 年，他在《制度性的理性选择：对制度分析和发展框架的评估》一书中对 IAD 框架做出了更加完整的论述。IAD 框架是一个综合了古典政治经济学、新古典微观经济学、交易成本经济学、博弈论以及公共选择理论等多种学科的元理论结构，旨在探究处在行动舞台中的共同体将会采取怎样的行动策略、产生怎样的结果，并对共同体的行动结果进行相应的评估，进一步考察共同体如何利用信息、规则、物品等资源对所处的行动舞台产生反作用。

IAD 框架不仅关注行动主体间的互动，更关注影响框架的内外生变量，对各种变量之间的相互作用机理以及自主治理的结果进行深入的解释，帮助行动主体精确而有效地识别可靠的合作对象。另外，IAD 框架还可以通过结果评估对制度提出相应的改进方案，从而带动制度的协调可持续发展。如图 4-1 所示：一方面，IAD 框架可以分析在外生变量的影响下，行动舞台中的行动情境和行动者将采取怎样的协同互动；另一方面，IAD 框架也对最终结果对外生变量以及行动舞台的反作用进行系统的分析。其中，外生变量是指所处的环境，包括自然属性（即本身所具有的生物物理属性或者物质属性）、社区特点（即社会环境和文化环境）和应用规则（既包括正式制度，也包括非正式制度）；行动舞台是指不同主体之间相互竞争、相互合作的场所和空间，包括行动情境（即在信息、控制力等条件的影响下所产生的一系列结果）和行动者（即处在行动情境中的个体）。

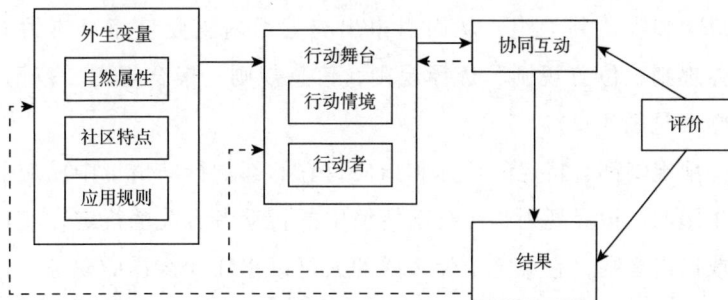

图 4-1　IAD 框架

行动情境是 IAD 框架关注的焦点。奥斯特罗姆在博弈论的启发下，将行动情境概括为行动者数量、职位、允许的行动、潜在结果、对结果的控制、可获取的信息、对行动和结果所分配的报酬共七个要素，① 并认为行动情境受如下三组外生变量的影响。（1）自然属性，即本身所具有的生物物理属性或者物质属性。虽然这种属性广泛地存在于行动情境的各要素之中，但其影响效果还会受到行动情境本身类型的限制。在其他变量条件相同的情况下，行动情境与自然属性的适配度越高，行动者越能在行动舞台中获取好的结果。（2）社区特点，即社会环境和文化环境，包括公认的行动准则、行动者对行动情境的认可度、偏好的同质性以及成员之间资源的匹配度四个方面。值得说明的一点是，自然属性和社区特点是先于行动情境存在的客观背景，行动者很难对其进行大幅度的改变。（3）应用规则，即行动者行为的合理性边界，正式制度与非正式制度都属于应用规则的范畴。应用规则具有三大特性：其一是情境性，即应用规则总适用于某一行动情境；其二是规定性，即应用规则规定了应采取的措施、执行的方式以及违背规则所受的惩罚；其三是可被遵守性，即应用规则具有可以被行动者遵守的特性。这三大特性使得应用规则具有较大的改变性，从而拥有可调控的性质，而应用规则也因此在外生变量中处于核心地位。

奥斯特罗姆很早就意识到，制度主要通过对行动情境的结构进行构建从而对行动产生相应的影响，即利用框架下的激励和约束条件对行动者进行限制，进而产生行动者间的模式化互动。在这一思想的启示下，奥斯特罗姆借鉴制度语法学的"目标"要素，结合行动情境的七个要素，指出行动情境的内生变量可划分为行动者、位置、行动、信息、控制、潜在结果、净成本和收益共七组，从而引申出与七组内生变量相对应的七组规则：边界规则、位置规则、选择规则、信息规则、聚合规则、范围规则、报酬规则（见图4-2）。

每一项规则都有特定的目标和指向，它们都对行动情境中相应的内生变量产生影响。边界规则是与行动情境中的行动者有关的规定，又可以称作进入或退出规则，它规定了什么样的人可以担任什么样的职务、担任某一职务的具体过程以及怎样退出某一职务。位置规则是与行动情境中行动者身份有关的规定，可以作为连接行动者与其行为的基础。有的行动情境

① 李文钊：《制度分析与发展框架：传统、演进与展望》，《甘肃行政学院学报》2016年第6期，第4~18页。

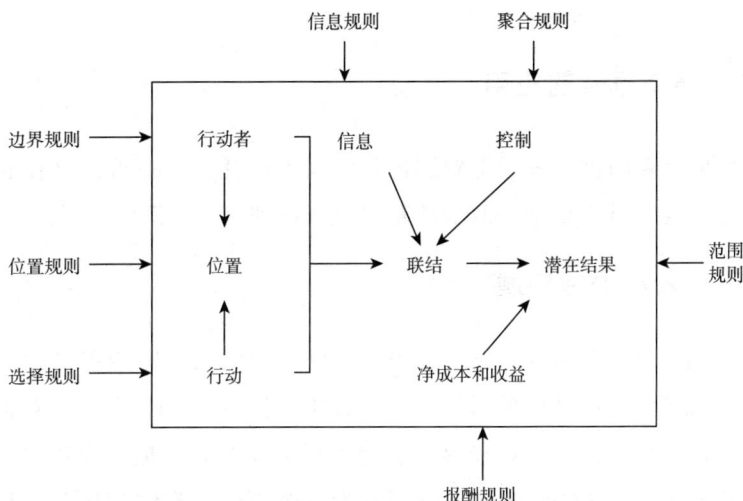

图 4-2　应用规则与内生变量

中只有一种身份，而有的行动情境中可以包含多种身份。选择规则是与行动情境中不同身份行为选择有关的规定，它规定了不同身份的行动者在行动舞台中可以做什么、不能做什么，而这些限制通常与行动者应具备的条件相联系。信息规则是与行动情境中信息有关的规定，主要包括对沟通的渠道、语言、内容、准确性、频率的有关规定。聚合规则是与行动情境中控制有关的规定，它规定了从行动到结果的链条应该由谁来控制。当一项重大的决策交由许多人来进行统一抉择的时候，就需要使用聚合规则对决策权进行相应的规定。范围规则是与行动情境中潜在结果有关的规定，它规定了结果变量应处的范围，是行动情境内可能出现的各种结果的集合。报酬规则是与行动情境中净成本和收益有关的规定，它规定了对特定行为以及特定结果的奖励或惩罚。例如，工作岗位中与劳动报酬有关的规定、最低工资制以及每小时最低工资制都属于报酬规则的范畴。值得说明的一点是，虽然七组规则与七组内生变量相对应，但是并不意味着一组规则只能作用于与其对应的那一组变量，事实上，它也会对其他的变量产生一定的影响，从而对整个行动情境产生一定的影响，同时这七组规则在实际的分析中也不一定同时存在，因此奥斯特罗姆更强调把这七组规则看作一个相互协作的整体。

二 IAD 框架的应用

IAD 框架自问世以来，得到国内外学者的广泛关注，目前已在农村治理、生态环境、社会治理、政府改革等领域得到较为广泛的应用。

（一）农村治理领域

在我国，IAD 框架被广泛地应用于农村治理领域。盛佳在《论自主治理理论在我国农村治理中的适用性》中详细地探讨了 IAD 框架与我国农村治理的适配程度，认为可以借鉴自主治理理论以及 IAD 框架为我国的农村治理出谋划策。[①] 农村治理又可以划分为三个更为细致的领域，分别是农村政治领域、农村建设领域以及农村社会问题领域。在农村政治领域中，王恒尚利用 IAD 框架寻找村庄腐败的内在逻辑，并对村务委员会提出了改进措施。[②] 在农村建设领域，沈伶佳等人利用 IAD 框架分析了村镇基础设施项目建设的监督绩效逻辑框架，并从监督资源的投入、监督过程和监督效果三个角度构建了评价指标体系。[③] 在农村社会问题领域中，金潮利用 IAD 框架分析宅基地退出过程中各参与主体的行为，探究该过程中农民权益的保护问题，以建立保护农民权益的宅基地退出新机制。[④]

（二）生态环境领域

IAD 框架在生态环境领域的应用以奥斯特罗姆牵头的"国际森林资源和制度"（IFRI）项目最具代表性。IFRI 项目是最大型的公共池塘资源领域林业研究项目，该项目采用 IAD 框架对不同国家和地区的森林资源开发

---

① 盛佳：《论自主治理理论在我国农村治理中的适用性》，《商业经济研究》2015 年第 3 期，第 104~105 页。
② 王恒尚：《IAD 框架下村务监督委员会抑制村庄腐败的制度运行现状研究——以甘青宁三省为例》，硕士学位论文，兰州大学，2019。
③ 沈伶佳等：《村镇基础设施项目建设的监督绩效内涵研究——基于 IAD 框架分析》，《工程经济》2020 年第 9 期，第 43~46 页。
④ 金潮：《基于 IAD 分析框架的宅基地退出农户权益问题探究》，《南方农业》2020 年第 12 期，第 93~95 页。

者、管理者以及相关组织进行了深入的分析，并建立起国际协作网络。此外，奥斯特罗姆还在该项目的研究实践中发现了应用规则在制度管理中的特殊地位，从而促进了 IAD 框架进一步发展和完善。

IFRI 项目除了自身对生态环境领域做出了巨大贡献之外，还带动了一大批的学者运用 IAD 框架对生态环境管理进行相应的研究。王雨蓉等人利用 IAD 框架对新安江的生态补偿机制进行了剖析，研究表明，有效的补偿规则体系有利于流域生态补偿制度在更大范围、更广领域实现成功应用。[①] 王芳、孙庆刚、白增博则利用引入 IAD 框架寻找农村垃圾治理领域中相关主体的行动逻辑，为中国农村的垃圾治理提出了宝贵的建议。[②] 廖卫东、肖钦则通过 IAD 框架分析得出，农村污水治理参与者行为决策、参与者决策情境、项目落实地区地域特征和现行治污制度供给是决定农村污水治理成效的关键因素。[③]

（三）社会治理领域

奥斯特罗姆通过研究不同社区的警察局规模及服务水平，厘清了城市治安服务提供者的行动模式和产出，并建立了相关理论。[④] 随后，她又填充和完善了 IAD 框架，使之被广泛运用于治理制度研究、公共设施建设、政治秩序建构等与公共事务密切相关的领域，[⑤] 为社会治理的可持续发展提供了新的理论支持。

国内外的许多学者也对 IAD 框架在社会治理领域的应用进行了探究。Liu Yang 和 Yang Ren 基于 IAD 框架，运用主成分分析法对 533 份调查数据进行了排序概率回归，认为村民道德义务和村干部公共领导对村民集体防

---

① 王雨蓉等：《制度分析与发展框架下流域生态补偿的应用规则：基于新安江的实践》，《中国人口·资源与环境》2020 年第 1 期，第 41~48 页。

② 王芳、孙庆刚、白增博：《以绿色发展引领乡村振兴——来自日本的经验借鉴》，《世界农业》2018 年第 12 期，第 45~48、75 页。

③ 廖卫东、肖钦：《基于 IAD 框架的农村污水治理问题研究》，《世界农业》2018 年第 3 期，第 171~176 页。

④ 朱玉贵：《中国伏季休渔效果研究》，博士学位论文，中国海洋大学，2009。

⑤ 李文钊：《多中心的政治经济学——埃莉诺·奥斯特罗姆的探索》，《北京航空航天大学学报》（社会科学版）2011 年第 6 期，第 1~9 页。

控行动具有积极影响。[①] Jinkyung Oh 和 Hiroshan Hettiarachchi 利用 IAD 框架对库里提巴、巴东和阿库雷 3 个城市的回收方案进行了分析，认为意识提升对促进公众对浪费观点的改变具有积极的作用。[②] Rosa E. Donoso 和 Marja Elsinga 运用 IAD 框架对波哥大和基多 414 个家庭数据进行了分析，探究社区特征、治理特征、物理环境与维护感知水平之间的关系，结果表明，法律要求的正式安排、自我组织和维持结果之间的关系比预期更复杂。[③]

（四）政府改革领域

在我国，许多学者也将 IAD 框架在政府改革领域的应用作为研究的焦点。史云贵、薛喆借助 IAD 框架从边界、选择、信息、报酬、聚合、范围六个方面完善县乡领导干部容错纠错机制，以期调动县乡领导干部的积极性和创造性。[④] 谭江华则将预算改革作为研究的重点，通过对预算改革的行动情境以及评估准则进行详尽的分析，考察影响预算改革成果的制度要素，并以此为依据把握政府改革中存在的制度逻辑。[⑤] 董藩、郑雪峰注意到小产权房政策与现实之间存在背离的现象，通过构建 IAD 框架并分析行动舞台中的行动者以及影响行动情境的外生变量，发现产生背离的主要原因是政府颁布的政策与其目标不契合，并提出需要利用影响行动情境的三个外生变量来解决小产权房政策与现实背离的问题。[⑥] 冯朝睿、王上铭则

---

① Liu Yang and Yang Ren, "Moral Obligation, Public Leadership, and Collective Action for Epidemic Prevention and Control: Evidence from the Corona Virus Disease 2019 (COVID-19) Emergency," *International Journal of Environmental Research and Public Health* 8 (2020).

② Jinkyung Oh and Hiroshan Hettiarachchi, "Collective Action in Waste Management: A Comparative Study of Recycling and Recovery Initiatives from Brazil, Indonesia, and Nigeria Using the Institutional Analysis and Development Framework," *Recycling* 1 (2020).

③ Rosa E. Donoso and Marja Elsinga, "Management of Low-income Condominiums in Bogotá and Quito: The Balance between Property Law and Self-organisation," *International Journal of Housing Policy* 18 (2016): 312-334.

④ 史云贵、薛喆：《县乡领导干部容错纠错机制的功能廓析与路径创新——一种基于 IAD 的分析框架》，《思想战线》2020 年第 3 期，第 63~71 页。

⑤ 谭江华：《预算改革的制度逻辑——基于 IAD 框架的分析》，《湖南社会科学》2016 年第 2 期，第 117~123 页。

⑥ 董藩、郑雪峰：《小产权房现实与政策要求的背离——基于制度分析与发展（IAD）框架的商榷意见》，《学术界》2017 年第 10 期，第 118~130 页。

利用 IAD 框架建立了分析精准扶贫影响因素的框架，并进一步构建了"主动协商型扶贫模式"，为区域性的反贫困工作提供了新思路。[①]

综上所述，国内外学者对 IAD 框架在农村治理、生态环境、社会治理以及政府改革等领域的研究已经比较成熟，然而，如何将 IAD 框架与扶贫联系起来，如何利用 IAD 框架生动呈现西南地区扶贫的实施状况还值得深入思考。

三　IAD 框架的适用性分析

（一）扶贫是公共治理的典型

公共治理是一个上下互动的管理过程，要求以多元、民主、协作的行政模式管理公共事物。[②] 扶贫具有治理主体多元化、治理方式多样化、治理内容公共化等特征，是一项具有公共治理典型特征的项目。扶贫的目标与公共治理的目标在本质上是一致的，即都是对资源的创造和再分配，二者目标的一致性也为扶贫过程中公共治理经验的利用提供了科学的理论支持。IAD 框架的治理成效在公共治理领域已经得到了充分证实，而将 IAD 框架应用于扶贫过程之中，可以将治理与改革方式有机结合起来，建立调动多元主体资源的机制，使资源得到更加有效的分配和利用，从而系统地增强贫困人口脱贫的内生动力。

从扶贫的主体角度出发，运用 IAD 框架可以打破政府单一主体的传统观念，充分发挥政府、市场、社会、农户等多方主体的协同作用，对帮扶观念的转变以及帮扶效能的提升起到了积极的推动作用。从扶贫的方式出发，运用 IAD 框架可以摆脱对救济式扶贫单一路径的依赖，呼吁更多的主体积极参与扶贫，探索出更为有效的扶贫治理路径。从扶贫的内容出发，运用 IAD 框架可以更加精确地分析致贫的原因，从而根据贫困特征"对症

---

① 冯朝睿、王上铭：《主动协商型扶贫：基于 IAD 框架的精准扶贫新模式分析》，《学术探索》2018 年第 5 期，第 76~82 页。

② 柳家富、张杰：《公共治理视角下我国地方政府机构改革分析》，《中国集体经济》2012 年第 3 期，第 49~50 页。

下药", 增强扶贫措施的有效性。由此可见, 公共治理的理论思维与扶贫的理论建设具有高度的兼容性, 因此将适用于公共治理的 IAD 框架引入扶贫, 可帮助我们更加深刻地理解扶贫的内涵。

(二) 扶贫特性与 IAD 框架的契合性

扶贫是一个政府、社会、市场、农户等多元主体互动的过程, 其中心思想是撬动多方力量、整合多种资源、探索多种途径服务于扶贫体系, 推动扶贫进程。扶贫不再是传统的只依赖政府的单一救助, 而是强调多元主体的共同参与以及彼此之间的互动作用, 同时重点关注帮扶主体之间的协作以及被帮扶对象的主观能动性, 是一种新型的多元主体协作型的帮扶形式。

扶贫的互动性强调扶贫多元主体之间的协作互动。首先, 扶贫的多元主体之间存在一个交互的动态系统, 主体之间通过交互系统合力掌握贫困现状, 探索贫困成因, 根据贫困地区的实际共同商议适宜当地发展的治理措施, 精准地解决贫困问题。其次, 这种互动性还表现在扶贫的多元主体之间的博弈上, 例如: 政府向贫困地区发放扶贫资源的同时, 会对资源的使用方向、使用规则、使用标准等做出一定的限制; 而贫困地区除了接受政府的救助之外, 还会积极地寻求更多源自其他帮扶主体的扶贫资源, 并根据该贫困地区的现状对扶贫资源进行适当的分配和使用, 以确保自身扶贫效益的最大化。

扶贫的互动性还体现在扶贫政策与外界环境的交互过程中。由于外界因素的广泛性以及不可控性, 扶贫政策的实施环境也充满未知的变数。换言之, 扶贫的实施过程与外界环境具有很强的交互性, 任何一个环境因素的变化都会影响扶贫的实施效果, 因此, 政府需要对扶贫的实施过程进行严格的监控, 及时地针对扶贫实施过程中产生的变故做出适当的调整, 从而保障扶贫的顺利实施。

除此之外, 扶贫还具有多维性, 从扶贫政策的实施过程来看, 扶贫的工作包括识别、管理、帮扶以及考核等多个环节。在贫困识别环节, 政府需要从多层次、多角度来分析贫困问题, 同时要充分考虑每一户贫困户在贫困现状、致贫原因、减贫方案等方面存在的差异性。在充分识别好帮扶对象之后，政府需要积极动员市场以及社会组织参与扶贫进程，并对各种帮扶资源进行有效的管理和整合，积极采取教育扶贫、文化扶贫、医疗扶贫等多种帮扶措施，努力构建外部输血和内部造血相结合的帮扶机制。在帮扶的过程中，政府还需要根据具体的情况或者环境的变化对帮扶方式进行相应的调整，激发贫困人口脱贫的内生动力，提高贫困户的生活条件，使其渐渐脱离贫困。当贫困人口脱离贫困之后，还需对扶贫的效果进行考核，通过比对多种指标、召开村民大会等方式，考核帮扶对象是否真正满足脱贫的要求以及能否避免二次返贫，进而保障扶贫工作的有效性。

扶贫具有的互动性以及多维性特性与 IAD 框架之间存在完美的契合，因此，我们将引入 IAD 框架构建大扶贫的行动舞台，利用 IAD 框架的七大规则，分析扶贫中各个主体的行动模式以及个体偏好机制，进一步探索扶贫进程中多元主体的行动逻辑，揭露各行动主体之间的相互作用，力求通过文字和图表的方式还原西南地区扶贫的实施背景、过程和结果，为后续研究夯实基础。

第二节　西南地区扶贫的结构要素

一　西南地区扶贫的自然属性

"脱贫攻坚已经到了决战决胜阶段"，现在亟须脱贫的对象，大都是条件较差、基础较弱、贫困程度较深的地区和群众。[①] 西南地区因地势险峻、耕地面积较少、交通并不发达等原因，贫困发生率高、贫困程度深，一直是我国扶贫开发的重点地区。

西南地区包括云南省、贵州省、四川省、重庆市以及西藏自治区共五个省（区、市），多为山地、高原地区，海拔较高，地势起伏较大。本节将逐一介绍西南地区五个省（区、市）扶贫的自然属性，分析各省（区、市）如何根据自身的自然属性开展扶贫工作，并讲述各省（区、市）扶贫

---

① 《脱贫攻坚接下来怎么干？十九大 5 句最新提法告诉你》，人民网，2017 年 11 月 4 日，http://politics.people.com.cn/n1/2017/1104/c1001-29627086.html。

的实施过程，为后续研究提供素材，并为其他省（区、市）的扶贫实践提供借鉴。

云南省位于我国的西南边陲，地理位置比较特殊，其贫困地区主要分布在滇西边境片区、乌蒙山片区、石漠化片区以及迪庆涉藏地区，这些地区以山地、高原为主，海拔较高，生态环境较脆弱，常发生旱灾、雪灾、冰雹、洪涝、地震等自然灾害；分布着大片的喀斯特地貌，地表广泛分布着石灰岩，土层薄、土壤肥力低下、土壤贫瘠、土壤保水性能差；受气候、环境等因素的影响，且易受病虫害困扰，农业发展较为滞后；基础设施较为落后，农村人口的用水问题、用电问题得不到保障，且地表崎岖、修路成本较高，导致交通不便，人们的出行也受到了一定程度的阻碍。此外，云南省是我国民族种类最多的省份，人口在 6000 人以上的世居少数民族达 25 个，民族差异也给扶贫工作的展开带来了很大的困难。为此，云南省考虑到自身高温高热的气候特点，主要种植柑橘、香蕉、马铃薯等作物；积极引进以色列和印度等地的稀有水果，再通过拓宽销路获取更大的利润；充分利用当地的酸性土壤大范围种植茶树，逐步成为我国重要的茶叶生产基地；充分挖掘少数民族的特色，大力发展旅游业。然而，受地势的影响，云南省并不适宜推广大型的机械化种植，再加上交通闭塞，科技也比较落后，云南省的经济水平较低，扶贫工作的推广难度加大。2018～2019 年云南省贫困发生率仅下降了 1.87 个百分点，贫困人口在全国所占的比例仍旧较大，云南省仍是全国扶贫工作的重点地区之一。

贵州省是一个不沿海、不沿江且没有平原支撑、喀斯特地貌广布的省份，其连片特困地区主要分布在武陵山、乌蒙山、滇桂黔石漠化这三大片区。贵州省的三大连片特困地区地形较为复杂，山高坡陡，耕地面积较小，石漠化蔓延，岩溶地貌显著；生态环境较为脆弱，容易发生雪凝灾害、泥石流以及特大旱灾等自然灾害；抗干扰能力较弱，林草植被的生态稳定性较差，容易受到自然灾害和人为的干扰；贫困人口大多居住在深山区、高寒山区等海拔较高的地区，生态环境恶劣，交通不便。贵州省在充分考虑当地自然属性的基础上，结合当地高温高湿的气候特点，大力种植葡萄、折耳根、哈密瓜等。此外，贵州省还充分利用当地丰富的硒资源以及多雨的天气来种植食用菌，带动了该省农业的发展。随着贵州省扶贫工作的持续展开,贵州省的贫困发生率已由 2018 年的 4.3% 降为 2019 年的 0.85%,扶贫效果较为显著,然而,巩固脱贫成果、防止贫困人口脱贫后返贫现象的发生还需贵州省持续努力。

四川省的贫困地区主要分布在川西北高寒藏羌区、攀西老凉山地区、川北秦巴山区、川南乌蒙山区和川中丘陵区等地区,生存环境恶劣,贫困程度较深。这些地区的地形十分复杂,大多是石山、高原、丘陵,耕地面积较少,土壤贫瘠,不适合农作物的耕种;水资源短缺,降水量较少,有些地区的地表水源无法利用,甚至不注重环境的保护而造成了水资源的污染,农民的用水问题得不到保障;生态环境脆弱,灾害性天气较为频繁;海拔较高,日照时间短,霜期长,气温较低,有效积温达不到农业耕种的要求;森林过伐、土地过垦,植被遭到严重的破坏,水土流失较为严重,土地肥力持续下降,造成"越垦越穷"的恶性循环。这些地区自然环境恶劣,农业发展受到极大的限制,长期处于贫困状态,是四川省扶贫的重点地区。为此,四川省结合内部地形的多样性,因地制宜地发展适合各地的农业,同时不断创造性地开发新的特色农业,使得农业呈现多样性的特征。在扶贫工作的持续开展下,四川省的贫困发生率已由 2018 年的 1.1% 降为 2019 年的 0.3%,扶贫成效显著。四川省的扶贫举措也为西南其他地区的扶贫提供了相应的借鉴。

重庆市贫困地区主要分布在三峡库区,该地区位于四川盆地与长江中下游平原的交汇处,地形的反差导致重庆市受到河流的强烈侵蚀,地表崎岖、地形破碎,形成了喀斯特地貌;耕作土壤的有效土层较浅,不耐干旱、不抗暴雨,容易产生跑土的现象,土壤生产力低下;虽然降水较为充沛,但时空分布并不均匀,容易发生洪涝和伏旱等自然灾害;毁林开荒、陡坡地耕种等过度开发造成了水土流失,泥石流、滑坡等自然灾害频发,土地肥力持续下降。为此,重庆市加快了该地区中低产田的改造,注重提高耕地的质量;兴办小型的水利工程,增加耕地的有效灌溉面积;退耕还林、退牧还草,减少水土流失,提高土地的肥力。在扶贫工作的持续开展下,重庆市的贫困发生率由 2018 年的 0.6% 下降为 2019 年的 0.12%,扶贫成效明显。重庆市的扶贫措施对其他省(区、市)的扶贫开发起到了一定的借鉴作用。

西藏自治区位于青藏高原，高山大川密布，地势西高东低，地形复杂多变，平均海拔远超同纬度的其他地区；草甸土、盐碱地、石头山等劣质土地所占的比重较大，耕地面积相对较少；该地区分布着大面积的多年冻土区，同时分布着季节性冻土，不利于农耕；大多数地区属于早寒气候，农作物生长缓慢，产量较低；生态环境较为脆弱，经常发生雪灾、雹灾、山体塌方、泥石流等自然灾害。此外，作为藏族聚居的省份，西藏自治区扶贫工作的开展也存在语言障碍、习俗差异等多方面的困难。为此，西藏自治区充分利用其主要的种植区——河谷地区，种植青稞、小麦、豌豆等粮食作物；以"三品一标"（无公害农产品、绿色食品、有机食品、农产品地理标志）提升其农产品的品质以及核心竞争力，实现农业增效和农民增收；援藏干部引入循环农业的新理念，带领藏族群众打造养殖、种植循环农业，从而提高了农畜产量；同时，西藏自治区还积极利用当地复杂的地形和气候条件，大力推广特色农牧业，形成了丰富的农畜种质资源。2019 年 12 月，西藏宣布已全面消除基本贫困，全域实现整体脱贫，这标志着西藏自治区的扶贫成效已经彰显，而西藏扶贫的手段和措施值得其他省（区、市）深度学习和借鉴。

综上所述，西南五省（区、市）的扶贫自然属性均较差，却能在环境条件恶劣、资源禀赋欠挖掘、基础条件较差等初始禀赋不佳的状态下通过扶贫形成了西南的扶贫减贫模式，该模式具有明显的政治属性、政策属性。而这一切均离不开党的领导、集中力量干大事的制度优势。

二 西南地区扶贫的政策属性

（一）国家层面的扶贫政策

新中国成立以来，消除贫困一直是中国共产党的重点工作，也是中国人民的奋斗目标。我国在脱贫攻坚方面卓有成效，逐步形成了多方力量参与、多种举措并行的扶贫格局。为此，本节将按照时间顺序梳理我国与扶贫相关的政策，通过回顾扶贫政策的确立过程，探索国家层面的扶贫政策属性。

我国的扶贫政策以强调扶贫过程中多元主体的共同参与及其相互协作为主要特征。2013 年 12 月，中共中央办公厅、国务院办公厅印发的《关于创新机制扎实推进农村扶贫开发工作的意见》中明确提出："鼓励引导各类企业、社会组织和个人以多种形式参与扶贫开发。"2014 年 12 月，国务院办公厅发布的《关于进一步动员社会各方面力量参与扶贫开发的意见》中指出"广泛动员全社会力量共同参与扶贫开发，是我国扶贫开发事业的成功经验"。2015 年 6 月 18 日，习近平总书记在部分省区市党委主要负责同志座谈会上的讲话中强调："扶贫开发是全党全社会的共同责任，要动员和凝聚全社会力量广泛参与。"[①] 2015 年 10 月 16 日，习近平在2015 减贫与发展高层论坛发表题为《携手消除贫困 促进共同发展》的主旨演讲，强调"我们坚持动员全社会参与，发挥中国制度优势，构建了政府、社会、市场协同推进的大扶贫格局，形成了跨地区、跨部门、跨单位、全社会共同参与的多元主体的社会扶贫体系"。2017 年 12 月，《关于广泛引导和动员社会组织参与脱贫攻坚的通知》中再次强调，"参与脱贫攻坚是社会组织的重要责任"，这也体现出社会组织在扶贫体系中的重要作用。2018 年 6 月，《关于打赢脱贫攻坚战三年行动的指导意见》中指出，"充分发挥政府和社会两方面力量作用，强化政府责任，引导市场、社会协同发力"。除了提倡全社会的共同参与之外，扶贫政策中还提到要加强监督管理，健全各种规章制度，合理规范各扶贫主体的行为，确保扶贫资金到位、扶贫政策精准实施，实现应扶尽扶、应退尽退，避免出现不良现象而影响扶贫工作的积极性。

（二）西南地区的扶贫政策

西南地区是我国贫困人口集中的地区之一，也是我国扶贫工作的重点地区之一。西南地区的扶贫工作不仅受到国家扶贫政策的指导，同时得到西南地区各个省（区、市）扶贫政策的指导和统一规划，即西南各省（区、市）根据中央下发的扶贫政策，结合各省（区、市）的实际，推出适应各省（区、市）发展的扶贫政策实施细则。研究将对西南地区五省

---

① 《习近平谈扶贫：形成大扶贫格局》，中国扶贫在线网站，2016 年 9 月 1 日，http：//cn. chinagate. cn/povertyrelief/2016-09/01/content_39210788. htm。

（区、市）的扶贫政策进行逐一阐述，以求探索西南地区扶贫的政策属性。

云南省的扶贫政策。2016 年 8 月，云南省人民政府发布的《关于进一步健全特困人员救助供养制度的实施意见》中强调，"鼓励、引导、支持社会力量通过承接政府购买服务、慈善捐赠以及提供志愿服务等方式，为特困人员提供服务和帮扶"。2018 年 9 月，中共云南省委、云南省人民政府发布的《关于打赢精准脱贫攻坚战三年行动的实施意见》中强调，"坚持调动全社会扶贫的积极性"，"引导市场、社会协同发力"。综上，云南省的扶贫政策多表现为引导市场和社会共同发力，强调多方力量的共同参与，充分体现了多元协同的扶贫思想，是云南省扶贫工作实施的依据。

贵州省的扶贫政策。2016 年 9 月 30 日，贵州省第十二届人民代表大会常务委员会第二十四次会议通过的《贵州省大扶贫条例》中提出，"构建政府、社会、市场协同推进和专项扶贫、行业扶贫、社会扶贫等多方力量、多种举措有机结合的大扶贫格局"。《贵州省大扶贫条例》详细地划定了扶贫对象和范围，明确了政府的责任，号召社会的广泛参与，规定了扶贫项目和扶贫资金的管理办法，对贵州省的扶贫工作有高度的指导作用。

四川省的扶贫政策。《四川农村扶贫开发纲要（2011—2020 年）》中提出，"广泛开展社会扶贫"，"积极领导、组织和动员社会各界广泛参与扶贫开发事业"，"鼓励社会组织和个人通过多种方式参与扶贫开发"。2019 年 5 月，四川省脱贫攻坚领导小组印发的《2019 年扶贫日系列活动方案》中再次强调，"努力引导全社会关注支持扶贫事业，积极参与脱贫攻坚伟大实践"。综上，四川省的扶贫政策具有强大的社会引导性，通过积极动员社会力量的参与营造人人愿为的大扶贫氛围，为四川省扶贫工作的持续开展提供了源源不断的活力。

重庆市的扶贫政策。2018 年 11 月，重庆市人民政府办公厅发布的《关于加强城市特殊困难群众救助帮扶工作的意见》中提出，"进一步完善社会救助帮扶体系，着力构建党委领导、政府主导、部门联动、社会参与的大救助格局"。2019 年 2 月，重庆市扶贫开发领导小组印发《2019 年全市脱贫攻坚工作要点》，强调要"强化社会动员，强力推进各方力量参与脱贫攻坚"。综上，重庆市的扶贫政策注重多元协同体系的构建，从党委、政府、社会等多角度出发共建扶贫体系，对重庆市扶贫工作的开展具有很强的现实指导作用。

西藏自治区的扶贫政策。2015 年 5 月，西藏自治区人民政府办公厅发布《关于进一步动员社会各方面力量参与扶贫开发的实施意见》，该意见指出"社会扶贫是我区扶贫开发重要力量""进一步动员社会力量参与扶贫开发是现实的需要和历史的必然"，并提出要"进一步创新西藏扶贫开发社会参与机制""培育多元社会扶贫主体"。2018 年 11 月，《西藏自治区"十三五"时期脱贫攻坚规划》中提出"切实强化社会合力"，"充分发挥政府、市场和社会协同作用"。综上，西藏自治区的扶贫政策更加注重多元扶贫主体的培育，注重多元力量的相互协同，为西藏自治区扶贫体系的运行创造了条件。

综上所述，西南五省（区、市）的扶贫工作不仅依靠国家层面扶贫政策的集中指导，更依靠各省（区、市）扶贫政策的强力支撑。西南地区各省（区、市）的扶贫政策在充分考虑自身地域特征、市场特性和社会氛围的基础上出台，具有更强的贴合性和更高的指导性，为西南各省（区、市）的扶贫工作提供了更具省域特色的指导方案，是西南各省（区、市）开展扶贫工作中不可或缺的政策依据。

三　西南地区扶贫的应用规则

IAD 框架的应用规则有助于更好地理解西南地区扶贫的实施过程，因此本节利用 IAD 框架的七个规则对西南地区的扶贫工作做进一步的阐释。

扶贫的边界规则是对参与扶贫工作的行动者的界定，它规定了什么样的行动者在扶贫工作中担任什么样的职务。边界规则具有一定的强制性，如果参与扶贫的行动者不再能够胜任其原有职务，那么该行动者则丧失了在扶贫进程中行动的资格。此外，边界规则也可以视为一种邀请。比如，在西南地区扶贫中，具有主导作用的政府建立扶贫准入机制，邀请满足准入条件的企业、社会组织等其他社会力量参与扶贫工作，通过刺激消费、购买贫困地区农产品、帮助贫困地区发展旅游业等多种方式，为贫困地区带去新的活力；同时政府建立了退出机制，一旦社会组织、企业等主体出现违规行为，不再符合扶贫的准入要求，便会失去参与扶贫的资格。

　　扶贫中的位置规则是对参与扶贫工作的各类主体身份的界定，它规定了各类行动主体的身份种类及数量。在西南地区的扶贫中，中央政府与地方政府进行了合理的授权，明确了二者之间的权责关系，避免出现交叉管理或管理范围模糊等现象。中央政府主要是在政策和资金上给予支持，而地方政府则对当地的扶贫工作承担主要责任。在此基础上，西南地区的扶贫建立了绩效考核机制，以激励各级地方政府保证扶贫成效。此外，西南地区的扶贫体系还对政府、市场、社会、农户等不同参与主体的职责进行了明确的规定，同时明晰了各主体应承担的风险，以保障扶贫工作的顺利进行。例如，在扶贫体系中，政府主要负责扶贫政策的制定与扶贫资金的发放，同时承担保证贫困地区扶贫成效的责任；市场主要负责积极激发贫困地区的市场活力，同时对贫困地区的市场秩序负责；社会主要通过项目融资和政府援助的方式参与扶贫工作，同时承担维护贫困地区社会公平的责任；农户需要将自身视为扶贫的主体，积极提升自身能力，同时对自身的脱贫结果负责。

　　扶贫中的选择规则是对不同身份行动者在大扶贫工作中行为的界定，是可选行为的集合，同时是行动主体在扶贫进程中权利和义务的集合体，它规定了扶贫格局中不同参与主体可以做什么、不能做什么。西南地区扶贫的选择规则体现在以下三个方面：第一，明晰政府选择企业、社会组织等合作伙伴的标准；第二，明确各主体在扶贫中的行为准则；第三，明确政府对贫困地区的产业规划、帮扶规划等。

　　扶贫中的信息规则是对扶贫工作中信息沟通的渠道、语言、内容、准确性、频率等相关内容的界定，它可以帮助我们充分地了解贫困户的具体需求，从而更加准确地开展扶贫工作。在西南地区的扶贫实践中，各贫困村的村党委在逐门走访贫困户、了解每一户利益需求的基础上，根据各户的具体需求制定合适的脱贫方案，并采取相应的帮扶措施，这就是信息规则在西南地区扶贫中的切实体现。然而，考虑到扶贫任务的紧迫性，仍需继续加快建立健全西南地区扶贫的信息平台，促进扶贫内外部信息的沟通交流，实现扶贫信息的外部公开透明、内部快速共享，提高扶贫工作的效率。

　　扶贫中的聚合规则是对扶贫工作中控制权的界定，它规定了从行动到结果的链条应该由谁来掌控，即拥有某一身份的行动者对扶贫某项工作（如资金、人才、政策、监督等）的控制力。在西南地区的扶贫中，一方面，明确了各帮扶主体的决策能力，明确了各主体的选择权和决策权；另一方面，明确了各参与主体对决策的控制力度，利用 IAD 框架的应用规则，使得信息掌握最全面、决策能力最优秀的主体拥有最强的控制力，保障扶贫工作的实施成效。其具体体现包括：建立扶贫工作领导小组，由小组成员共同商议重大决策；召开村民大会，由广大村民对贫困户退出等重大事件进行投票表决等。

扶贫中的范围规则是对扶贫工作中结果的界定，它规定了扶贫工作结果变量应处的范围，是扶贫可能出现的各种结果的集合。西南地区各个贫困地区的自然环境、文化底蕴等各不相同，甚至同一贫困地区不同贫困户的致贫原因也各不相同，因此扶贫的举措千差万别，所引发的扶贫结果也不尽相同。范围规则一方面提示西南地区扶贫行动者应合理选择帮扶方式，努力提高各主体的协作能力；另一方面可采取事先预测的方式，利用范围规则中的结果参数对扶贫行动者的行为做出适当的调整，从而对可能发生的风险起到一定程度的规避作用，进而提高西南地区扶贫的成效。

扶贫中的报酬规则是对扶贫工作中净成本和收益的界定，它规定了扶贫行动中特定行为及特定结果的奖励或惩罚。例如，建立扶贫绩效考核机制，对在扶贫工作中表现优秀的人员给予奖金奖励或晋升奖励，对在扶贫中不作为或出现违法乱纪行为的人员进行惩戒，以更好地落实扶贫政策、推动西南地区扶贫事业的发展。这就是西南地区扶贫的报酬规则的一个具体表现。

当然，在西南地区的扶贫实践中，上述七个应用规则并不是独立存在的。笔者绘制了西南地区扶贫的应用规则组合图（见图 4-3）。其中，扶贫体系的建立界定了扶贫的行动者、边界、信息等内容，影响西南地区扶贫的位置规则、边界规则以及信息规则；扶贫政策主要通过发布扶贫信息来对西南地区扶贫的信息规则产生影响；间接影响结果的其他主体［如其他省（区、市）的政府、市场、社会等］的行为，将会对扶贫信息、参与者对扶贫决策的控制力、扶贫的潜在结果产生一定的间接作用，会影响西南地区扶贫的信息规则、范围规则、聚合规则等；可行性选择和激励政策则对扶贫参与者的行为、身份以及净收支等内容产生影响，从而与西南地区扶贫的选择规则、位置规则、报酬规则有所联系；扶贫进程主要影响扶贫净收支从而作用于西南地区扶贫的报酬规则；评价程序将影响扶贫的结果以及净收支，因此对西南地区扶贫的范围规则和报酬规则有一定的作用力。

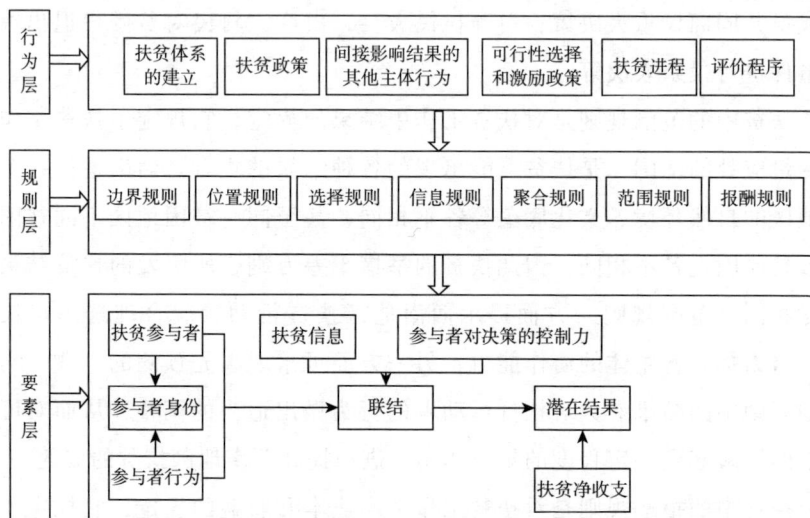

图4-3　西南地区扶贫的应用规则组合

第三节　西南地区扶贫的行动舞台

一　西南地区扶贫的行动者

扶贫的行动者，即参与扶贫的多元主体的总和，也是扶贫工作中最为重要的组成部分。西南地区的扶贫体系是在政府、市场、社会以及农户等多元主体共同参与、相互协作的基础上构成的，各参与主体基于共商共建共享的原则，构建了具有中国特色的西南地区扶贫框架。也就是说，本书提到的政府、市场、社会以及农户都是西南地区扶贫的行动者。

按照从中央到地方的扶贫政策行动主体，可以将西南地区扶贫体系的行动者概括为中央各部委、省一级的各政府机构、市一级的各政府机构、县一级的各政府机构、村干部及村民、企业、社会组织等。然而，在扶贫工作中，扶贫压力是从中央到地方逐步转移的，事实上，除了村主体以外，其他主体很难全面参与扶贫的整个过程。为此，本节将以云南省 A 村的扶贫实践为例，讲述扶贫的行动者是如何开展工作的。

从历史情况来看，A 村地处云南省东北部，地形以山地和坡地为主，人均耕地面积为 2.17 亩，且耕地分布较为分散，难以使用大型机械设备进行耕种，农业发展受限。此外，A 村的工业水平较低，产业类型单一且发展基础薄弱，可以提供的就业岗位较少，很难带动当地经济的快速发展。在对 A 村的具体调研中我们了解到，参与该村扶贫的行动者可以分为三类：以农户为代表的个体参与者、以企业为代表的群体参与者、以政府为代表的组织参与者。本节将从这三个角度分别阐述各类行动者在扶贫工作中的作用。

类型一：以农户为代表的个体参与者。在对村民的采访中我们发现，大部分村民表示要本分做人、踏实做事、勤劳致富。在驻村扶贫干部的宣传和带动下，村民改变了"等靠要"的思想，主动寻求致富途径，并逐步树立起合作意识，对该村的整体脱贫起到了积极作用。A 村大力实施"一村一品"政策，结合当地自然条件，种植辣椒和草莓 77 亩，并成立专业合作社，采取"农户+合作社"的模式实现脱贫。然而，在实际的采访中我们也了解到，由于合作社对参与者的个人素质要求较高，同时受村民个人参与意愿的影响，在合作社成立之初，并非所有的村民都参加了合作社。随着合作社的发展壮大以及村民之间的互帮互助，越来越多的村民开始意识到合作社对经济收入及个人能力提升的重要性，2019 年 12 月，所有的贫困户都已加入合作社。合作社的成立不仅加强了 A 村村民的团结协作、凝聚了 A 村村民的集体智慧，更为 A 村提供了获取外界关注的平台，为 A 村村民提供了勤劳致富的新途径。合作社的成立使得 A 村的年盈利额增加 300 多万元，并带动 49 户贫困户实现了脱贫。

类型二：以企业为代表的群体参与者。为解决产业类型单一且发展基础薄弱的问题，A 村努力寻找自身优势，积极吸纳社会力量实现帮扶，大力发展多种产业，力求带动 A 村的经济发展。由于 A 村的矿产资源比较丰富，因此该村利用扶贫资金成立了一家建材厂，主要经营建筑用石料开采及销售业务，在发展经济的同时为 A 村村民提供了较多的就业岗位，丰富了农户脱贫致富的途径。同时，为保障建材厂的有效运营，由人社局牵头，学术界和技术界的社会人士为其提供知识指导和技术支持，帮助企业制定发展规划，以求通过企业发展帮助农户实现增收。此外，A 村还积极开发农畜产品养殖产业，以"公司+农户"的模式引导村民进行母猪、育肥分开饲养的"两点式"养殖，吸纳带动贫困户 40 多户实现就业增收。社会力量的加入使得 A 村逐渐找到自己的发展方向，企业帮扶业绩较好，村民也在这个过程中获得成长并逐步脱离贫困。

类型三：以政府为代表的组织参与者。对于无法通过自身发展和企业帮扶等方式脱贫的贫困户，A 村的一对一帮扶机制起到了关键性作用。该机制由村里的扶贫工作小组负责，通过深入分析贫困户的贫困成因，为其制定科学的脱贫规划，做到因户施策、精准帮扶。在 A 村的调研中我们了解到：2017~2019 年，A 村实现危房改造 169 户，完成 184 户的易地扶贫搬迁，有效保障了 A 村村民的住房条件；积极推动健康扶贫，实现大病救助 100%参加，年度报销限额提高 50%，报销比例提高到 70%；充分保障 A 村的教育扶贫，实现适龄儿童毛入学率 100%；大力保证兜底救助，实现兜底保障 515 人。政府兜底性质的帮扶使贫困人口的基本生活得到了有效的保障，也为扶贫工作的深入推进提供了保障，可以说政府兜底式帮扶是扶贫工作的最后一道防线，也是保障贫困人口生活的最安心有效的重要防线。

二 西南地区扶贫的行动情境

扶贫的行动情境是指参与扶贫的各类主体在行动时所面临的情境，主要包括扶贫参与者、参与者身份、参与者行为、扶贫信息、参与者对决策的控制力、扶贫净收支、潜在结果七个变量（见图 4-4），是扶贫行动舞台中的重要组成部分。

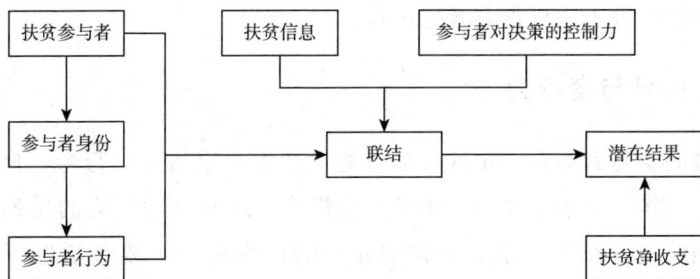

图 4-4　西南地区扶贫的行动情境

（一）扶贫参与者

扶贫参与者是指参与扶贫的行动者有哪些个体，其数量是多少，是单独的个体还是复合的个体。西南地区扶贫的参与者主要包括政府、市场、社会及农户，具体表现为以农户为代表的个体参与者、以企业为代表的群体参与者、以政府为代表的组织参与者，这一点已在前文中进行了详细的解释，此处不再赘述。

（二）参与者身份

扶贫的参与者有不同的身份，甚至包含多重身份，参与者的行为在一般情况下取决于其身份的限制，而身份则主要由它的职能决定。对于政府而言，其拥有战略规划、政策制定等优势，在扶贫的工作中处于主导地位；然而，仅以政府为扶贫主体的帮扶方式具有扶贫精确度难保障、扶贫压力重等缺陷，仍需借助市场、社会等其他主体对扶贫工作的参与，弥补政府单一帮扶的不足。对于市场而言，在贫困地区经济发展落后的大环境中，应主动把握政府对贫困地区的优惠政策，明确贫困地区的市场偏好，激发贫困地区的市场活力。对于社会而言，要充分发挥其贴近基层的特征，充分发挥各部门在资金、技术、培育等方面的优势，为贫困户提供个性化的扶贫方案。对于农户而言，要不断树立主人翁意识，加强主动脱贫的内生动力。需要说明的是，市场、社会、农户虽然在西南地区扶贫工作中扮演着不可或缺的角色，但仍对政府有一定的依赖，因此，仍需不断完善西南地区扶贫体系中的角色定位、政策支持、组织架构等，以促使西南地区可持续减贫工作更加有效地运行。

（三）参与者行为

扶贫的参与者会在一定的行动情境下产生一定的互动行为，包括资源的获取、合作、竞争、冲突、协商、监督等，这些互动行为的排列组合会导致不同的潜在结果。扶贫工作中允许的行为集合主要包括以下几个方面。政府方面，主要是制定扶贫政策、号召其他主体广泛参与、实施监督政策、保障扶贫目标的完成等；市场方面，主要是贫困地区企业的投资、建设、盈利等，其目的在于提高贫困地区的经济效益；社会方面，主要是筹集扶贫资金、输送人才、提供资源等，其目的在于提高贫困地区的社会效益；农户方面，主要是积极参与其他主体提供的扶贫项目，增强自我发展能力，主动脱离贫困。表 4-1 对西南地区扶贫工作中参与者的主要行为进行了分析，结合资金、规则制定、运营管理、监督/制裁、协调、争议处理等过程对各主体的主要行为进行呈现，以直观地展示各参与主体在扶贫工作中的协同合作。

表 4-1　西南地区扶贫参与者主要行为分析

参与者	主要动机	资金	规则制定	运营管理	监督/制裁	协调	争议处理
政府	保障民生	财政拨款、贷款	正式制度	规则制定者	不定期监督、法律制裁	首要角色	正式程序
市场	盈利	自有资金、贷款	应用制度	管理者	违反规定受到制裁	中间角色	正式与非正式渠道
社会	利他主义	政府援助、项目融资	应用制度	服务者	日常监督，较少制裁	重要角色	非正式渠道
农户	自我发展	政府援助、贷款	应用制度	参与者	日常监督，较少制裁	微小角色	非正式渠道

（四）扶贫信息

信息是保障参与者在扶贫工作中做出正确决策的必备要素，参与者对扶贫政策导向以及贫困信息的了解程度将直接影响参与者在扶贫过程中的行为。在西南地区的扶贫过程中，政府能较好地掌握中央政府的宏观脱贫政策，准确定位西南地区的贫困现状，从而做出科学的扶贫战略部署，然而由于信息自下而上的传递链较长，存在政府对微观信息的把握不够精确的客观现象；市场在扶贫过程中的盈利能力并不显著，因此只对政府优惠政策、贫困地区的产业规划、消费偏好等信息较为敏感；社会则更贴近民生，更加关注贫困户的微观信息，从而为贫困户提供切实可行的帮扶措施；农户对扶贫信息的关注主要局限在政府优惠政策、自我发展能力提升方面。

（五）参与者对决策的控制力

决策将直接影响扶贫工作的成效。扶贫参与者需依据所掌握的信息，利用自身拥有的资源做出正确合理的扶贫决策，以实现贫困地区的健康发展，帮助贫困人口顺利脱贫。然而，在扶贫过程中，扶贫参与者在不同环节中拥有的对决策的掌控能力，会随着参与者的地位、个体偏好等因素发生相应的变化，即每个扶贫参与者在不同行动情境中对决策的控制力并不相同。在西南地区的扶贫实践中，政府在扶贫政策制定、资金支持、资源提供等方面具有主要控制力；市场则拥有先进的管理经验和技术，是贫困地区经济发展的主要控制者；社会因其丰富的社会资源和广阔的社会视角，在扶贫中扮演着管理和服务的主导者角色；农户则主要拥有扶贫政策的知情权、扶贫项目的参与权以及扶贫效果的监督权，可以依靠各种正式及非正式制度积极行使自己的权利。

（六）扶贫净收支

扶贫净收支是指各参与主体在扶贫过程中所付出的成本与收获的利益，这也是对参与者的行为及潜在结果产生激励或者阻碍的关键因素。扶贫过程中政府、市场、社会、农户各参与主体的净收支分析如表 4-2 所示。具体来讲，在扶贫的过程中，政府主要是通过投入扶贫资金以及制定扶贫政策等途径来保障贫困人口的基本权利，市场通过资金、人才、技术等资源的投入提高企业的利润收入和社会影响力，社会利用资金、人才等的投入来换取政府扶贫政策的优惠，农户则主要投入自身的劳动力来增加家庭收入从而实现脱贫。

表 4-2　西南地区扶贫参与者净收支分析

参与者			收益与成本
政府	收益	直接收益	社会效益，保障贫困人口的生活
		间接收益	政府扶贫压力减小，扶贫方式多样化
	成本	直接成本	扶贫资金支出，针对贫困地区的优惠政策
		间接成本	易出现政府内部分配不透明、"搭便车"等现象
市场	收益	直接收益	利润收入，享受优惠政策
		间接收益	企业社会影响力的提升
	成本	直接成本	资金、人才、技术的投入，投资回收期长
		间接成本	需要承担政府回购违约、政策不明确、市场废弃或弃租等风险带来的损失
社会	收益	直接收益	政府扶贫政策的优惠
		间接收益	民间资本的充分利用
	成本	直接成本	资金、人才、技术的投入
		间接成本	易出现"志愿失灵"现象，引发贪污腐败等问题
农户	收益	直接收益	扶贫资金的获取，"两不愁三保障"
		间接收益	自我发展能力的提升
	成本	直接成本	劳动力的投入
		间接成本	发展领域受限

（七）潜在结果

扶贫参与者在行动情境中所采取的一连串的行为将会产生一系列的潜在结果，表 4-3 对西南地区扶贫过程中的规则制定、融资、协同扶贫、监督/制裁等方面涉及的主要行动者和潜在结果做了详细的解释。首先，在规则制定方面，其行动者主要是政府（既包括中央政府也包括各级地方政府），由政府制定扶贫有关的规则制度，为贫困地区提供资金和政策上的支持。其次，在融资方面，政府、市场和社会都是主要行动者，一般通过扶贫项目、债券融资项目、社会捐赠等途径进行融资，为贫困地区提供财政上的支持。再次，在协同扶贫方面，政府、市场、社会和农户均为主要行动者，各类主体在扶贫开发工作中相互扶持、相互协调，以保障扶贫工作的有效落实，实现贫困人口的顺利脱贫。最后，在监督/制裁方面，政府、市场、社会和农户均为主要行动者，各类主体在扶贫过程中相互监督、相互制约，确保扶贫工作精准透明，有效保障扶贫的帮扶效果。

表 4-3　西南地区扶贫主要潜在结果

内容	主要行动者	潜在结果
规则制定	政府	优惠政策、扶贫资金
融资	政府、市场、社会	财政支持、贷款优惠、未来收益
协同扶贫	政府、市场、社会、农户	"两不愁三保障"、贫困户脱贫、保障民生
监督/制裁	政府、市场、社会、农户	扶贫绩效考核、精准问责、信息透明

第四节　西南地区扶贫模式中各主体分工

西南地区扶贫治理模式最显著的特点表现为政府主导的多元主体协同参与。西南地区扶贫的行动者主要包括政府、市场、社会及农户，其中前三类主体为扶贫资源供给方，最后一类主体为扶贫资源需求方。本节中的政府主要是指五类层级的政府和一类非政府组织，分别是中央、省、市、县、乡（镇）政府和一类非政府但在基层行使政府职能的村委会；市场主体主要是指金融机构和非金融机构，金融机构包含证券、保险、银行、信托、农村信用社等机构，非金融机构分为国有非金融企业和民营非金融企业和混合所有制非金融企业等；社会主体主要是指科研机构、学校、医院等事业单位，农村技术协会、农业学会、红十字会、慈善基金会等社会团体和组织；农户主要是指所有参与脱贫攻坚的农民个体。本节在对西南地区扶贫过程进行研究的基础上，提出了西南地区以政府为主导的扶贫治理模式（见图 4-5）。

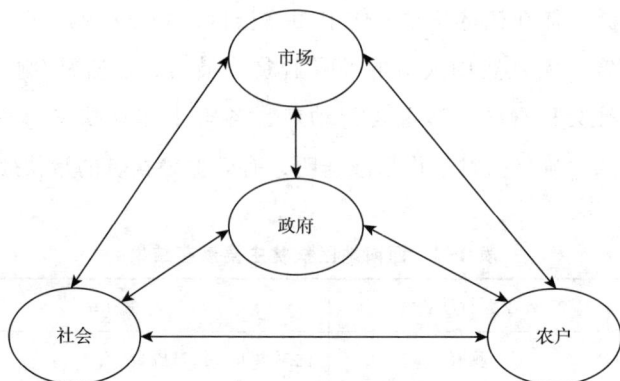

图 4-5　西南地区扶贫治理模式

一　政府主导的西南扶贫治理

以多中心治理理论为指导，在西南地区的扶贫工作中，政府是扶贫工作的首要主体：始终坚持党对扶贫工作的统一领导，坚持实行"党委领导、政府指挥、部门联动、社会参与"的扶贫机制，扶贫开发真正成为党委、政府的"一把手"工程。按照扶贫工作目标，逐级分解任务，层层明确责任，工作落实到人。各级党委、政府基本都成立了由党委书记为第一责任人，政府、人大、政协和有关职能部门领导组成的扶贫工作领导小组，统一负责本区域范围内扶贫工作的领导、组织、指挥、协调、检查、管理、考核和监督工作。

遵循"科学合理、突出特色、尊重农民"的要求，各级地方政府制定辖区内脱贫规划，在规划的指引下，督导村民委员会负责抓落实，确保西南贫困地区在政府的领导下找到适合当地发展的特色扶贫之路；通过基础设施建设，引导居民进行易地扶贫搬迁工程，不断改善贫困人口的居住和生活环境；西南地区各级地方政府以县域经济发展为突破口，推进农村产业结构调整，发展高效农业，培育优势产业；积极做好政策宣传，使西南地区贫困户充分了解中央和各省级政府脱贫攻坚的特惠政策，以政策助推其他主体扶贫工作的展开。此外，通过教育、医疗、文化、保险等民生方面的保障，引导其他主体参与西南地区的扶贫工作，建立健全全社会共同参与的扶贫体系。

二　市场参与的扶贫治理

亚当·斯密认为，在完全自由竞争的环境下，会有一只"看不见的手"推动生产者和消费者做出决策，使社会资源达到最优分配，而这只"看不见的手"可以理解为市场的调控。政府是扶贫工作中"看得见的手"，市场是扶贫工作中"看不见的手"，但二者在扶贫格局中均发挥着重要的作用。市场具有内生性激发扶贫积极性的作用且市场手段机制灵活，但市场以逐利为目标，因此扶贫实践必须在政府的引导和支持下开展。

在西南地区的扶贫实践中，政府通过多种渠道积极引导各类民营企业参与，鼓励其通过创办产业、投资基础设施、参与技能培训、进行技术推广等方式参与西南地区的扶贫工作，激发了西南地区市场的活力。通过搭建"政府主导+市场参与"的扶贫平台，为各类企业参与西南地区的扶贫工作设置了安全阀门，但凡进入的企业都必须经过政府的筛选，淘汰了短视的投机分子。通过利用龙头企业的带动作用，发挥企业优势，采用"公司+基地+农户"的扶贫发展模式，构建了企业与农户利益共同体，使企业的资金、技术、市场等优势与贫困户的土地、劳动力等资源充分结合，优势互补，打造了一个全新的产业链和扶贫组合机制。

三　社会组织参与的扶贫治理

社会组织作为扶贫格局中的重要组成部分在扶贫格局的构建过程中发挥着重要的作用。社会组织的参与有助于构建多元主体参与的扶贫格局，有助于营造互帮互助的扶贫环境，有助于多主体互相监督作用的发挥。同时，社会组织参与扶贫是对政府和市场参与扶贫工作的有效补充。社会组织以不同于政府和市场的力量调节各种扶贫主体之间的关系，为扶贫实践的有效展开发挥了力量。社会组织主要有科研院所、学校、医院等事业单位，它们都事关国家长久可持续发展和长治久安，也是可持续减贫力量进发的新引擎。同时，其他的民间组织是对政府和市场扶贫力量的有益补充，它们的服务能力和水平直接关系扶贫的质量和效果。在西南地区的扶贫工作中，社会力量已被广泛地纳入扶贫体系，并发挥了至关重要的作用。其建立了高效运转的扶贫体系，明确了各部门的扶贫对象、目标和任务，充分发挥各部门在资金、技术、培育等方面的优势，为贫困人口提供个性化的扶贫方案；社会组织通过引进利于贫困地区建设的项目、技术、人才等资源，提升贫困地区的基础条件，帮助贫困地区发展社会事业；社会组织捐款捐物，引导志愿者扶贫公益队伍的组建，创新了公益扶贫的形式；积极争取东部发达城市的对口帮扶，加强贫困地区与帮扶城市在产业合作、人才交流、新农村建设等方面的交流合作。

四　农户参与的扶贫治理

贫困户是扶贫的对象，也是脱贫的主体，只有贫困户自身思想观念发生转变、劳动技能得到提升并稳定就业才能实现从外生性扶贫向内源性扶贫的根本转变。但由于西南贫困地区贫困户文化水平不高、生存环境恶劣等先天条件的制约，离开了外生力量的引导，贫困户很容易陷入贫困的恶性循环。

在西南地区的扶贫工作中，除了积极动员各种社会力量以及市场力量参与外，更重要的是加强贫困人口的主人翁意识，使其明白自己是脱贫攻坚的重要主体。西南地区的扶贫将贫困户作为扶贫开发的核心，使用多种举措激发贫困人口自主脱贫的动力：加强贫困地区的政策宣传，向贫困户普及扶贫政策；合理进行产业规划，为贫困户开拓脱贫致富的新渠道；充分发挥驻村干部的带动作用，调动贫困户自主脱贫的积极性；加强贫困地区的基础设施建设，采取以工代赈的方式增强贫困人口的参与感和获得感；注重扶贫与扶志扶智相结合，提升贫困户的教育水平和文化水平；加强劳动力转移培训，为贫困户开展工作技能培训、创业培训等，帮助贫困户解决就业、创业中的实际问题等。在西南地区的扶贫过程中，农户不仅是扶贫的受益者，更是扶贫的推动者和经济发展的贡献者，这为西南地区贫困问题的解决创造了更加可靠的保障方式。

第五节　西南地区扶贫模式的典型案例

在对西南地区的扶贫实践进行充分调查研究的基础上，研究归纳总结提炼出了具有西南地区特色的多种扶贫治理模式及其典型案例。多种西南地区扶贫治理模式如图 4-6 所示。

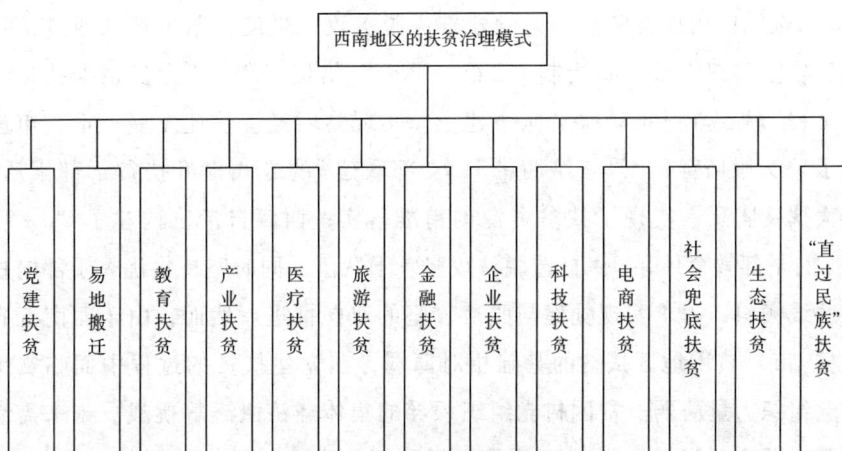

图 4-6　西南地区扶贫模式

一　党建扶贫模式的典型案例

西南地区的党建扶贫秉持全心全意为贫困人口服务的宗旨，通过对各种扶贫资源的整合，充分协调各参与主体的工作，实现了西南地区扶贫工作的高效运行。西南地区实施党建扶贫的主要途径为：充分发挥贫困地区基层党组织的领导作用，发挥党员的带头作用，为贫困户树立良好的脱贫榜样；通过组织、协调，改善贫困地区的基础设施建设，解决好贫困户的用水、用电、住房、出行等问题，创造贫困户脱贫的基础条件；通过引导各扶贫主体的力量，加强贫困地区的产业建设，发展适合当地的具有当地特色的优势产业，带动贫困地区的经济发展；通过"主导+引导"为贫困人口开展技能培训，提升贫困人口的谋生技能；通过引导使贫困户积极参与脱贫工作，充分调动贫困人口脱贫的积极性。党建扶贫是中国特色社会主义制度优势在扶贫领域应用的制度创新成果，是中国共产党领导的先进性的充分体现，它有效发挥了党组织的战斗堡垒作用，充分发挥了党员的积极带头作用，是一种具有中国特色的扶贫方式。

典型案例：云南省积极发挥党员的模范带头作用，设立覆盖各村的扶贫领导党组织，并借助"云岭先锋"App 进行扶贫工作的管理和监督；[①]贵州省注重强化政治引领，建立脱贫攻坚"下抓两级"和"下考两级"机制，[②] 选配优质扶贫队伍，以党建推进脱贫攻坚进度；四川省则通过推行脱贫攻坚"双组长"负责制、"第一书记"培优工程、"党员精准扶贫示范工程"等途径[③]推动扶贫队伍建设，实现县域经济快速发展；重庆市创造了"头雁培育"、"三培两带"、支部联建[④]的方式提升扶贫干部素质、壮大扶贫团队，实现了扶贫资源的精准落实；西藏自治区构建了"1+9+N"的干部教育体系，[⑤] 打造脱贫攻坚骨干队伍，同时坚持将优秀干部向扶贫一线倾斜，力求实现党建与脱贫攻坚的双向推进。然而，由于西南五省（区、市）贫困地区扶贫的基础相对薄弱，在党建扶贫的过程中面临贫困村党组织力量薄弱、贫困村党组织领导的集体经济匮乏等挑战。未来需继续强化西南五省（区、市）的党组织队伍建设，加强党组织的全面领导，以党建促发展，实现党建和区域发展的同步推进。

① 张戈、刘雪璟：《论"党建+扶贫"的实践、理论"三性"》，《学术探索》2021 年第 4期，第 83~90 页。

② 陈成、李正荣、阎晓萌：《抓党建促脱贫攻坚的贵州实践》，《理论与当代》2020 年第 10期，第 13~15 页。

③ 李富强、张莉、刘广为：《党建引领谋发展 脱贫攻坚奔小康——四川开江县"基层党建+精准扶贫"模式》，《人民论坛》2016 年第 34 期，第 104~105 页。

④ 曾媛、董莎莎：《党建"金钥匙"打开脱贫致富"连环锁"——重庆市委组织部扶贫集团驻开州区大进镇工作队抓党建促脱贫纪实》，《当代党员》2020 年第 20 期，第 39~41 页。

⑤ 《阿里地区实施党建与脱贫"双推进"工程：让党旗飘扬在扶贫一线》，"西藏主要新闻"百家号，2020 年 5 月 31 日，https://baijiahao.baidu.com/s? id=1668210675019968798&wfr=spider&for=pc。

二 易地搬迁扶贫模式的典型案例

地处西南的云南、贵州及西藏的贫困地区均分布在高原及地表较为崎岖的山地。四川和重庆虽然地处四川盆地，但该地区的贫困地区主要分布在山地和海拔较高、自然环境较恶劣的区域。课题组在西南地区的扶贫调研过程中发现，部分贫困户的贫困是由自然环境恶劣、缺乏生产生活的基本条件导致的。在国家易地扶贫搬迁政策的指导下，西南地区各级地方政府根据实际情况并结合贫困人口的意愿，为贫困户在适宜居住的地区建造新的住所，由政府统一按照区域发展水平和条件配套相应的基础设施和基本的公共服务，进而改变其生存环境，有效解决由生存环境导致的贫困。

典型案例：云南省兰坪县地处"三江并流"世界自然遗产腹地，95%的土地面积是高山峡谷，绝大多数地区属高寒山区和干热河谷地带，生态脆弱，自然条件差，历史上曾饱受贫困问题困扰。自 2017 年起，兰坪县依托易地扶贫搬迁行动计划，先后建立了 8 个搬迁人口在 800 人以上的安置点，构建了人员较为集中、多民族互嵌的典型社区——永昌社区、永安社区，逐步实现各民族在空间、文化、经济、社会、心理等方面的全方位嵌入，彻底解决环境带来的贫困问题。贵州省柏杨林安置点作为贵州省单体搬迁人数最多的易地扶贫搬迁安置点，共安置易地扶贫搬迁人口 29000 余人，通过七星关经济开发区企业、扶贫车间、恒大配套产业、"10+N 个一批"就业扶贫公益专岗、自主创业等一揽子促就业措施，基本实现安居乐业。四川省凉山州建设了布拖县依撒社区、金阳县东山社区、越西县感恩社区、美姑县北辰社区、昭觉县沐恩邸社区、喜德县彝欣社区 6 个易地扶贫搬迁集中安置新型社区，入住易地扶贫搬迁群众均超过 6000 人，共安置 1 万余户 4.96 万人，并依托"1+3+N"社区治理体制机制，项目化开展集中安置新型社区可持续总体营造，建设高品质美丽和谐宜居社区。重庆市中元村将 78 户高山村民搬迁到安置点，并完善了安置点的水、电、路、健身场所等基础设施，并将高山土地流转到村集体统一规划、统一管理，发展蚕桑、花椒、桃树、草莓等集体经济 2100 亩，带动村民脱贫致富。西藏的三有村是西藏建成的首个易地扶贫搬迁安置点，不仅解决了 3 个乡 10 个村子 184 户 712 名贫困群众的住房问题，还建立了奶牛养殖、藏鸡养殖、药材和饲草种植、商铺经营等产业项目，带动当地人口持续增收。然而，西南五省（区、市）的地貌大多以山地、高原为主，在易地扶贫搬迁的过程中容易出现选址困难、建设规划不合理、配套设施建设不完善等问题，导致搬迁对象时常面临社区融入度低下的困境，为此，西南五省（区、市）仍需扎实推进易地扶贫搬迁的后续帮扶工作，加大易地扶贫搬迁后续的扶持力度，充分利用国家城乡建设用地增减挂钩政策，深化易地扶贫搬迁安置区的社会治理与迁出区土地资源流转的工作，健全防止返贫监测与帮扶机制，并补齐对群众生产生活产生影响的短板，比如基础设施、公共服务、产业就业等，引导搬迁群众积极融入新环境、适应新生活，确保搬迁群众能够稳得住、有就业、逐步致富。

三　教育扶贫模式的典型案例

《中国农村扶贫开发纲要（2001—2010 年）》明确指出"切实加强基础教育，普遍提高贫困人口受教育的程度。实行农科教结合，普通教育、职业教育、成人教育统筹""增强农民掌握先进实用技术的能力"。为此，西南地区积极响应党中央的战略部署，加大教育投入力度，努力做好贫困人口的教育补贴工作，避免农村的孩子因家庭的贫困而丧失受教育的权利；做好贫困人口的思想教育工作，纠正其"读书无用"的错误思想；在贫困山区修建学校，实现贫困人口的就近上学；为山区学校招募老师，壮大贫困地区的师资力量，提升贫困地区的教学质量，保障贫困儿童的受教育权利；开展职业教育培训，培养贫困户的职业技术能力。西南地区实施的一系列教育扶贫举措，不仅保障了贫困儿童的受教育权利，而且有效阻断了贫困的代际传递，为保障西南地区扶贫效果的长期性和可持续性创造了条件。

典型案例： 云南省始终把义务教育阶段控辍保学工作作为教育扶贫工作的重中之重来抓，建立完善联控联保责任体系，通过制度保障、动态监测、摸排劝返、爱心帮扶等举措，立体动态推动控辍保学工作，从根本上阻断了因受教育不足产生的贫困问题。贵州省在全国率先研究制定了《控辍保学劝返复学工作指南二十条》，将失学辍学对象分类并逐一提出劝返安置措施和提供相关法律法规依据，为控辍保学提供了翔实的"行动指南"。四川省针对"年年抓辍学、年年有辍学"的矛盾，压紧压实"六长"和"双线八包"责任制，建立户籍、学籍比对机制，健全"县、乡、村、校"四本适龄儿童少年入学台账。重庆市奉节县将教育扶贫作为脱贫攻坚的治本之策，紧盯目标，强化担当，通过落实教育资助、开展控辍保学、推进教师家访、融入东西协作、探索改革创新等多项举措，有效阻断了贫困代际传递。西藏自治区党委、政府聚焦"义务教育有保障"和"发展教育脱贫一批"目标任务，补短板、强弱项，推动了西藏教育事业快速发展。然而，受地理位置、经济发展、历史传统、语言障碍、民族差异以及文化信仰等多重因素的共同影响，西南五省（区、市）的教育扶贫仍旧存在基础教育发展不均衡、职业教育经验不足、人才培养思维欠缺、优质教育资源匮乏等问题，未来仍需通过多种手段继续提升教育水平，增强人民的自我发展能力。首先，全面贯彻党的教育方针，注重学校的思政教育，将社会主义核心价值观纳入国民教育的全过程，重视青少年的身体素质与心理健康教育；其次，针对学前教育、义务教育、高中阶段教育、职业教育、高等教育、民族教育等各类教育，对区域教育资源进行合理配置，优化教育结构、学科专业结构、人才培养结构，完善教育评价体系，并且针对因少数民族众多产生的语言障碍问题，应完善以国家通用语言文字为主的大中小幼一体化教育教学体系，全面提升全民教育质量，大力实施村干部掌握国家通用语言文字的攻坚行动，重视民族地区的教育发展，加大民族地区的教育投入力度。此外，互联网的快速发展加快了我国在线教育的建设与普及，西南地区应抓住该机遇，加强信息基础设施建设，充分利用在线教育优势，加快构建服务全民终身学习的现代教育体系。

四　产业扶贫模式的典型案例

产业扶贫是指以市场为导向，以经济效益为中心，以产业发展为杠杆的扶贫开发过程，是促进贫困地区发展、增加贫困农户收入的有效途径，是扶贫开发的战略重点和主要措施。产业扶贫是一种内生发展机制，目的在于促进贫困个体与贫困地区协同发展，根植发展基因，激活发展动力，从源头上阻断贫困的发生。西南地区的产业扶贫充分地发挥了西南地区的资源优势，因地制宜地培育了具有当地特色的产业。同时，合理运用政府拨发的扶贫资金，做好适合当地发展的产业规划，并对贫困人口进行相应的技能培训，使其助力于产业的发展，最终实现贫困人口增收的脱贫目标。

典型案例：云南省鹿鸣乡立足乡情，坚持因地制宜，引导和支持所有有劳动能力的群众发展青花椒、柑橘、美国山核桃、生猪养殖等特色种养产业，实现发展产业就地脱贫一批，既优化了鹿鸣乡产业结构，又涵养了水源，保护了山区生态。贵州省绥阳县依托贵州省"大扶贫、大生态、大数据、大健康"战略等产业扶贫政策，通过"公司+基地（合作社）+农户"等模式，以绥阳县小关乡、郑场镇为种植核心区，辐射带动其余13个镇（乡），集聚全县力量推进金银花市场化、规模化、产业化发展，并探索走出"金银花+大生态""金银花+大数据""金银花+大健康""金银花+大扶贫"四大发展路子，为打好打赢绥阳县脱贫攻坚战提供了强劲的产业支撑。四川省锦江区创新打造高原现代农业"飞地"产业园，为88个贫困村建设智能蔬菜大棚，有效解决了自然资源禀赋差的贫困村在村域外发展产业的问题，并示范带动了"飞地"养殖业、"飞地"旅游业及其他产业发展。重庆市火炉镇以农业与扶贫示范基地、乡村旅游、农村电子商务"三大惠民工程"为抓手，突出产业发展，创新"龙头带动、乡村旅游、租赁返聘、抱团发展、培训造血、入股分红、电商扶贫"七种扶贫产业经营模式，带动贫困户参与产业经营；西藏自治区曲水县在脱贫攻坚中坚持"六个精准"、落实"五个一批"，构建起统筹绿色发展、易地扶贫搬迁、志智双扶等"一体双翼"产业扶贫格局，有效推动了产业扶贫的可持续发展。然而，受西南地区经济发展落后、人才流失严重等因素的影响，西南五省（区、市）的产业扶贫仍旧面临资金渠道较为单一、产业结构调整困难、产业发展规模较小等现实问题，未来需通过培育龙头产业、提升劳动者素质、加强农村产业化监管等途径大力发展产业经济，提升西南五省（区、市）的产业化水平，增强西南地区的发展活力。

五　医疗扶贫模式的典型案例

《医疗保障扶贫三年行动实施方案（2018—2020 年）》中明确提到："到 2020 年，农村贫困人口全部纳入基本医保、大病保险、医疗救助范围。"为此，西南地区进一步扩大了基本医保的覆盖范围，充分保障农村贫困人口的生命健康；降低农村贫困人口大病医保的起付线，提高支付比例，减轻贫困人口的治疗负担；医疗救助的范围扩大到整个农村建档立卡户，给予建档立卡户相应的医疗补贴，降低贫困人口因病致贫的概率以及因病返贫的风险。

典型案例： 云南省绿春县始终把改善乡村就医条件、提高医疗水平当作重点工作来抓，以惠民为民为导向，以便民利民为目标，坚持基本医疗有保障的标准和要求，扎实抓好推进健康扶贫工作，全县城乡医疗救治体系建设水平得到进一步提高，医疗基础设施建设明显加强。贵州省剑河县全面完成了健康扶贫"三个三"建设工作任务，实现了乡镇卫生院标准化建设、医院远程医疗、乡镇卫生院执业医师、规范化数字预防接种门诊等全覆盖工作，公共卫生服务体系进一步健全，县、乡、村三级医疗服务网络日益完善。四川省遂宁市结合试点开展"3+1"医疗扶贫新模式（一名医疗专家、一名签约医生和一名乡镇干部健康帮扶一个因病致贫家庭），有针对性地开展签约服务、低价服务、优质服务等"私人定制"服务，切实做到"精准摸底、精准建档、精准宣教、精准干预"。重庆市温泉镇为方便居民就近就医，根据市、区健康扶贫工作的统一安排，对本镇 12 个村卫生室（其中 10 个村卫生室，2 个医疗卫生延伸点）加强标准化建设和一体化管理，并利用一月一次的乡村医生例会对乡村医生进行基本公共卫生服务项目培训，方便群众就近看病的同时让群众更加安心。西藏自治区定日县为切实把改革政策红利转化为惠及民生的福音，紧盯医保经办服务的短板和弱项，提前谋划医保服务"一站式"结算窗口，让定日群众提前实现基本医疗保险、大病保险、医疗救助一个窗口一次性结算，在群众办理业务"最多跑一次"改革中走在全市前列。然而，由于西南五省（区、市）不同地区的具体医疗情况存在较大的差异，医疗监管制度尚不完善，

"一刀切"的帮扶方式容易导致医疗扶贫的基本资源分配不均衡、不到位，未来仍需建立健全医疗扶贫监督机制，加大卫生部门对医疗资源的管理力度，合理分配医疗资源，利用经济、技术、管理、评估等手段建立医疗扶贫长效机制。

六 旅游扶贫模式的典型案例

西南地区因独特的地貌，形成了很多具有参观价值的自然风光。同时，西南地区的少数民族较多，各种不同特色的民风民俗也是旅游参观的一大亮点。为此，西南地区积极开发旅游资源，努力寻找具有当地特色的自然风光或者民风民俗，吸引外地游客，使旅游业成为推动当地发展的一大特色产业。

典型案例：云南省新庄村紧抓"传承红色文化，弘扬长征精神"红色主旋律，努力挖掘红色文化、农耕文化，依托红色文化发展红色旅游，带动贫困群众脱贫致富。贵州省小河湾村建成了映月广场、竹映广场、沿文殊河 1.3 公里木栈道、小河湾后花园、文殊坝、田间步行道（自行车道）、南仙亭、渔翁亭、鱼王廊、鞍马廊、醉翁亭、村史馆、文殊湖、名贵花卉种植区（花海）、五福桥、焦家桥等旅游景点，大力发展旅游业，带动村民全面脱贫奔小康。四川省平昌县坚持把城镇当景区、把新村当景点、把道路当精品旅游走廊，充分融入文化元素，依托农业特色优势产业，走出了一条山区农业大县、旅游经济新县融合发展的新路子。重庆市关坝镇把生态垂钓作为核心产品，把渔村自然风貌和民俗作为重要景观，把创业和微企发展作为项目特色，以市场主体的集群化培育推动生态产业、特色农业和乡村旅游融合发展，创新实践、注重融合，实现了"乡村旅游+"融合发展。西藏自治区波玛村积极走文旅产业带动贫困村脱贫致富的新路子，通过发展"德吉藏家"易地搬迁旅游可持续发展项目，挖掘本地特色文化，创新开发"民俗+民宿"的特色文旅产品，以产业带动就业、就业助力扶贫的模式，有效实现当地村民"居家就业、原地脱贫"的可持续发展。西南五省（区、市）独特的地理位置在孕育自然美景的同时，众多少数民族孕育了丰富的民族文化，然而，受西南地区旅游扶贫开发的影响，少数民族文化旅游逐渐商业化、产业化，甚至出现了民族文化重视程度降低、文化异化的现象。此外，过度的旅游开发也对生态环境造成了严重的负担，严重影响了西南地区旅游扶贫的可持续发展。未来，西南五省（区、市）应合理规划民族旅游资源，保护少数民族传统文化，并通过建设旅游生态环境补偿机制维护西南地区的生态平衡，有效防止生态过度开发，发展积极健康的特色旅游业。

七　金融扶贫模式的典型案例

贫困户发展受到限制最直接的原因就是资金不足，而且贷款利率高、担保难度大，难以找到获取资金的渠道，很难得到创造性发展。西南地区的金融扶贫则主要解决贫困户的贷款问题，主要形式为小额信贷，这是专门为建档立卡贫困户开发的优惠产品。贫困户申请小额信贷，即可获取五万元以下的信用贷款，且三年以内免除担保和抵押，以基准利率进行放贷，政府还会为其进行财政贴息，以降低贫困户的贷款难度，减轻贫困户的还款负担。金融扶贫为贫困户提供了一种成本低且操作简捷的贷款方式，同时为贫困户提供了一个更为安全、更有保障的信贷平台，贫困户可通过小额信贷等方式提前获取发展资金，进行创造性发展，推动贫困地区产业的建立，带动贫困地区整体脱贫。

典型案例：云南省昭通市成立了昭通市金融精准扶贫工作领导小组，构建"央行牵头、政府主导、财政扶持、多方参与"的金融服务机制，形成了全市金融单位心往一处想、劲往一处使的大好局面；贵州省凤冈县践行"特惠贷"资金精准发放，形成了"特色产业+金融推动"的扶贫新格局，切实发挥了信贷资金对精准扶贫的支持作用，加大了普惠金融对扶贫工作的扶持力度；四川省德格县与成都农商银行签订了《金融扶贫开发合作协议书》，根据协议，成都农商银行除了出资 200 万元支援基础设施建设、产业发展、政权建设及"四好村"建设外，还抽调优秀员工担任驻村干部，有效推动了德格县的顺利脱贫；重庆银行铜梁支行主动对接铜梁区委、区政府，成为该区第 5 家扶贫小额信贷经办银行，划片包干西河、平滩、维新等 6 个乡镇的扶贫小额信贷投放任务，引入大数据智能化创新驱动发展战略，加大科技研发投入力度，积极推广成果运用，为经营管理及优质金融服务全面赋能增效；西藏自治区中国人民银行拉萨中心支行积极落实金融扶贫政策，完善金融扶贫机制，出台支持西藏建档立卡贫困户、易地搬迁户、产业项目等方面的专项政策，为西藏自治区脱贫攻坚提供强有力的金融支撑，成效显著。然而，由于西南五省（区、市）的金融体系尚不完善、人民的信贷承受能力较差、金融产业的抗风险能力较差，西南地区的金融扶贫仍旧面临供给效率低、需求意愿低、推广风险大等现实问题。未来，西南地区应充分发挥财政投入的引领作用，强调政府在金融扶贫中的监管作用，大力支持以市场化的方式设立乡村振兴基金，鼓励金融资本、社会力量等积极参与，通过完善金融资源配置机制实现有限资源的效益最大化，打破边际效益递减的"内卷化"困境，促进金融扶贫的高质量发展。

八　企业扶贫模式的典型案例

企业扶贫鼓励各大企业深入贫困地区进行帮扶，或者在贫困地区培育龙头企业以带动贫困地区的经济发展。西南地区进行企业扶贫的主要方式包括：为贫困户提供工作岗位，鼓励贫困户加入企业，提高贫困户的就业率；为贫困户提供相应的技能培训，使其掌握与其工作岗位相匹配的工作技能，提高贫困户的动手能力。由此可见，西南地区的企业扶贫并不是由企业直接提供资金，而是通过提升贫困人口获取资金的能力来实现脱贫的目的。这是一种开发式扶贫手段，在扶贫的同时提高贫困人口的自我发展能力，是一种注重可持续性的扶贫方式。

典型案例：云南能源投资集团于2016～2020年总共为咱利村投入资金2002.25万元，在改善基础设施和壮大村集体经济的基础上，采取一户一策定点帮扶，村民逐步实现循环养殖，为长期增加经济收入奠定了基础。贵州茅台集团基于"公司+基地+合作社+农户"的形式，探索出具有茅台特色的"品牌带产业、企业带基地和合作社带农户"的"三带模式"，完善利益联结机制，保障农民持续受惠。四川五粮液集团承接了对口帮扶省级贫困地区宜宾市兴文县、国家级深度贫困地区甘孜州理塘县、国家级贫困地区宜宾市屏山县的脱贫攻坚任务，立足对口帮扶地区资源禀赋和不同需求，按照"公司投入、专业运营、贫困群众共享"的帮扶思路，着力构建企业扶贫多种模式，特别是资产收益模式、常态化以购代捐模式和电商平台模式，走出了一条企业优势和地方禀赋相结合的精准扶贫新路径。重庆市三峡牧业集团在万州区联结大批养羊农户开启了"小母羊产业化扶贫项目"，有力推动了万州区的扶贫开发事业，成为实践企业扶贫的范例。西藏仁布县达热瓦建设工程有限公司于 2020 年为南木林县卡孜乡孜拉村贫困户 59 户 399 人每人发放 300 斤青稞，并发放价值 529640 元的良种青稞，让农户在春耕来临之际有种可播，在"百企帮百村"精准扶贫行动中取得阶段性的明显成效。然而，由于西南五省（区、市）的经济发展水平低、人才吸引力低、市场竞争力差，西南地区的企业扶贫仍面临参与机制不完善、政策执行力较差、农户参与度低等问题。未来，西南地区应进一步加强政府对民营企业的指导，鼓励企业积极承担社会责任，完善企业参与帮扶的机制，同时加大政府对企业的监管力度，通过政策激励、精神激励、监督管理等方式提升民营企业的帮扶效率。

九　科技扶贫模式的典型案例

西南地区因交通闭塞，与外界的交流较少，科技发展也较为落后。为此，西南地区也把科技扶贫摆在了较为重要的地位。其科技扶贫的主要方式包括：将科学技术与贫困地区的农业、教育等联系起来，将脱贫与脱愚相结合，注重提高贫困人口的科学素养；引进先进的科学技术，在落后地区建立科技网，改进贫困地区的发展模式，提高贫困地区的生产率；利用大数据精准识别贫困地区的市场优势，充分挖掘该地的优势资源，引导贫困地区对其进行合理的开发和利用，争取将其转化为该地的经济优势。科技扶贫项目的实施，不仅推动了西南地区对科学技术的引进和应用，更是带动了西南贫困地区创新力和创造力的持续发展，为西南地区脱贫内生动力的提升提供了源源不断的活力。

典型案例：云南省农业科学院围绕云南省各贫困县产业发展的关键技术需求，开展全产业链科技服务，搭建一批高原特色农产品的市场对接平台，创建科技成果示范基地，良种良法结合年均推广作物品种 130 个，集成推广 120 项实用技术，培养 5500 名产业科技带头人，为云南省的脱贫攻坚做出了重要贡献。贵州省农业科学院园艺研究所以科技破局，率先在贵州提出并开展蔬菜"321"高效种植技术研究与示范，促进种植制度变革，用科技帮助农民增收致富。四川省立足满足贫困地区农业科技需求，在全国率先建设"四川科技扶贫在线"平台，构建了"专家服务、技术供给、产业信息、供销对接"四大功能，依托"互联网+科技+扶贫"创新科技服务模式，活化了科技信息服务体系，逐渐成为科技助力致富奔康的好帮手。重庆市农业科学院针对武隆高山茶区生产实际，积极引进、筛选出适宜当地推广的茶树品种，研究形成适合当地的"高山衰老茶园树势恢复关键技术"，并在生产中应用推广，为武隆高山茶区带来了丰富的经济效益。西藏自治区农牧科学院农业研究所驻村工作队通过投入农机及化肥等农资、引进优化栽培技术、示范青稞油菜等农作物新品种以及开展种植业科技培训等措施开展科技扶贫，实现了拉龙村和夏杂村两个村的农业增效、农民增收，帮助贫困人口顺利脱贫。然而，由于西南五省（区、市）的自然条件比较恶劣，受制于薄弱的基础设施和传统的生产方式，西南地区科技扶贫发展困难。未来，西南地区应以成立专业技术协会的方式，培养贫困人口运用科技的意识与能力，提升科技应用效率，同时利用科技创新培育新农种，大力发展绿色农业，增加科技扶贫的有效供给。

十　电商扶贫模式的典型案例

西南地区位置偏僻、交通不便，农产品或者工艺产品的销售渠道难以打开，而电商的迅猛发展解决了西南地区的这个难题。西南各地区通过农村合作社开网店的方式实现整个村落农产品的统一销售，有效地解决了贫困地区农产品滞销的问题。同时，部分群众转型做主播，利用电商网站宣传具有当地特色的农产品及其他工艺产品，在销售产品增加收入的同时宣传了该地的民族文化，激发外地居民了解当地的欲望，侧面推动了当地旅游事业的发展。

典型案例：云南省大姚县构建"电商+合作社+贫困户"合作机制，并建立了服务站点对贫困户代销、代购机制，实现合作社对全县贫困户的全覆盖，助力贫困户脱贫致富。贵州省立碑村已建立电商培训、产品开发、平台运营、物流配送等电商全产业链发展体系，带动传统产业转型升级，成为立碑村精准扶贫、精准脱贫的重要抓手。四川省青神县通过打造县级"电商+物流"中心、规范乡村"电商+货仓"服务站点、科学开通"乡+村"物流专线等，建立"点线面"三级体系，使农户不出村、新型经营主体不出户，就能享受到高效便捷的物流服务，引领农户实现脱贫致富奔小康。重庆市奉节县与阿里巴巴达成长期战略协议，建成县级电商公共服务中心、公共配送中心和 240 个村级电商服务站，打通农村物流线路 4800 公里，启动"淘宝直播村播计划"，成为全国首批村播计划试点县，让电商直播成为脱贫新手段、产业新业态。西藏自治区林芝市大胆探索，充分发挥电商平台的优势，积极构建电商扶贫格局、培养电商人才队伍、推进电商品牌特色产业发展等，积极推进本地特色产品产销对接，并将加快推动"电商+产业+扶贫"融合发展和加快培育电商扶贫主体工作纳入工作目标管理绩效考评，形成高位推动、上下联动、部门齐动的工作格局。然而，受基础设施不完善、电商人才匮乏、物流发展缓慢等因素的影响，西南地区的电子商务发展较东部发达地区有很大的差距，电商扶贫效率受到一定的制约。未来，西南地区应着力完善基础设施和物流体系，重视电商人才的引进，运用物联网、区块链、云计算、大数据等信息技术，创新农村电商模式，促进农业与信息化深度融合，建立满足电商行业及消费者需求的农产品供给体系，实施电子商务进农村示范项目，支持经营主体积极入驻电商平台，加快培育优质电商服务企业，鼓励各类基层服务网点和农家店大力发展电商服务，同时重视跨境电商的发展，建设省级跨境电商公共服务平台，推进跨境电商园区建设，拓展省内市场、东部市场与国际市场，提高地区农产品的市场占有率，增强农业质量效益和竞争力。

十一　社会兜底扶贫模式的典型案例

社会兜底扶贫主要是针对丧失劳动能力、无法依靠自身脱贫的贫困人口，由国家为其提供可保障基本生活的扶贫资金，这也是社会保障最后、最严谨的一道防线。西南地区重视社会兜底扶贫的落实，由基层政府逐户排查致贫原因，精准识别无劳动能力的贫困人口，为其提供最基本的住房保障、医疗保障等，保障其基本生活，避免贫困人口丧失生活的希望。当然，在此过程中，政府需要做到公平公正，将社会兜底的扶贫资金用于真正有需要的贫困人口，严防出现兜底标准提高或者兜底救助范围扩大的现象。

典型案例：云南省贯彻落实《云南省脱贫攻坚社会救助兜底保障"兜准、兜住、兜牢"行动方案》，农村低保标准提高至每人每年 4500 元，特困人员基本生活标准提高至每人每月 832 元，全省各地农村低保标准均超过了扶贫标准，牢牢兜住脱贫底线。贵州省将民政兜底保障作为重大政治任务和民政系统头等大事，聚焦筑牢脱贫攻坚兜底防线，强化特殊贫困群体兜底保障，引导 880 余家社会组织实施扶贫项目 1540 余个，组织落实项目和捐赠资金共计 200 余亿元，受益贫困人口达 349 余万人。四川省石渠县吸引统筹社会力量支援物资（资金）4000 余万元，金牛支援队还将成都云峰社会工作服务中心的"小善叔叔信箱"工艺项目引入石渠县，对接 4 所中小学的 5500 名青少年，以信件往来的方式为学生解决生活学习中面临的困难，帮助学生系好人生"第一粒扣子"。重庆市渝北区贯彻落实《关于在脱贫攻坚兜底保障中切实做好临时救助工作的通知》，并在全区推行"民政惠民济困保"商业保险，由政府出资购买，全区低保对象、特困人员、孤儿、部分享受国家定期抚恤补助的优抚对象等五类城乡困难群众免费享受，当参保对象发生意外、住院、升学等情况时，给予一定金额的理赔，切实提高了困难群众的风险抵御能力。西藏自治区为确保贫困残疾人同全区人民一起脱贫，始终聚焦脱贫攻坚、托底补短，积极推进包括残疾人康复训练、残疾人助学、无障碍改造、残疾人文化进家庭在内的一系列重点项目，为残疾人免费适配各类辅助器具近万件，在各定点机构、社区康复站为 2.67 万名残疾患者提供康复服务 5.7 万人次，残疾人康复服务覆盖率达 70%。然而，西南五省（区、市）由于发展落后、社会网络松散，社会帮扶力量依旧相对薄弱，社会信任较为匮乏，社会组织参与度不高。未来，西南地区在社会兜底扶贫工作中应充分发动与团结社会力量，坚持和完善社会力量参与帮扶机制，推动社会治理重心下移至基层，完善基层民主协商制度，健全党组织领导的自治、法治与德治相结合的城乡基层治理体系，同时大力培育发展与社会兜底扶贫事务相关的社会组织，充分发挥群团组织和社会组织在社会兜底扶贫中的重要作用，加快推进社会兜底扶贫模式创新，强化源头治理和网格化服务管理，推动形成共建共治共享的社会扶贫新格局以及跨地区、跨部门、跨单位、全社会共同参与的社会扶贫体系。

十二　生态扶贫模式的典型案例

生态扶贫的基本思想就是在扶贫的过程中要注重经济建设与生态保护的结合，保护贫困地区的环境，实现贫困地区的绿色健康可持续发展。西南地区严格履行生态扶贫的标准，将生态保护作为发展的前提，杜绝以牺牲环境换取发展，保障西南地区的良性发展；通过退耕还林、退牧还草的方式保护贫困地区的生态环境，合理规划旅游开发的界限，避免出现过度开发的现象；发展节能环保产业，注重生态与农业、工业、旅游业的结合，以生态发展的红利带动贫困地区脱贫。

典型案例：云南省独龙江乡积极响应退耕还林还草政策，实施退耕还林，全面摒弃"刀耕火种"，依托生态优势和乡情，发展草果、重楼等药材种植和独龙牛、独龙鸡、独龙蜂等绿色产业，走出了一条"不砍树、不烧山"也能脱贫致富的路子。贵州省福泉市瓮福磷矿高举习近平生态文明思想旗帜，始终把矿山地质环境治理恢复工作摆在突出位置，深入开展矿山地质环境治理恢复工作，实现了生态效益、社会效益和经济效益的有机统一。四川省平武县作为国家重点生态功能区和秦巴山集中连片特困地区，持续探索实施自然保护区生态扶贫、生态公益扶贫、"平武中蜂+"生态产业扶贫等生物多样性减贫模式，走出了一条生物多样性保护和经济社会发展"双赢"之路。重庆市城口县在脱贫攻坚过程中践行"两山论"，用好用活用足生态环境优势，走实走宽"产业生态化、生态产业化"的生态脱贫之路，通过"规划到地、要素到地、技术到地、市场到地、基础到地、服务到地"等一系列举措，构建"山底强文旅、山腰强特色、山顶强药材"的山地立体生态产业格局，变绿水青山为真正的"金山银山"。西藏自治区隆子县继承和发扬了"沙棘精神",着力改善自然环境,着浓生态底色,持续夯实巩固生态本底,扩大提升环境容量,提高生态系统服务功能,取得了人与自然、生态与经济和谐发展的巨大成就。然而,由于西南五省(区、市)的生态扶贫法律和政策依据较为欠缺、基础设施不完善、民生问题较为突出,其生态扶贫还存在内部管理碎片化、补偿机制不完善、帮扶对象参与度低等问题。未来,西南地区应完善生态扶贫的法律和政策体系,加强相关部门的协同治理,引入多元化的补偿机制,利用生态工程建设、生态补偿政策、生态公益岗位、生态特色产业等调动帮扶对象的参与动力,促进经济建设与生态建设的有机结合。

十三 "直过民族" 扶贫模式的典型案例

"直过民族"是指新中国成立后,未经民主改革,直接由从原始社会末期或奴隶社会"直接过渡"到社会主义社会的人口较少的民族,[1] 多居住在地理位置偏远、交通不便的山区。"直过民族"脱贫面临的最大难题就是如何跨越社会制度的变迁,在思想观念上与现代生活接轨。[2] 为此,在推动"直过民族"脱贫的帮扶行动中,政府通过完善基础设施建设、利用互联网等信息技术打破沟通障碍,增加"直过民族"与外界交流的机会,推动其转变观念,融入现代社会发展,与全国一道实现全面小康。

典型案例: 由于"直过民族"主要分布在云南省和西藏自治区,其他地区的分布较少,本书仅对云南省与西藏自治区的"直过民族"扶贫展开论述。云南省腾冲市印发《腾冲市"直过民族"脱贫攻坚行动计划实施方案(2016—2020 年)》,从素质能力工程、组织劳务输出、安居房建设、培育扶贫产业、改善基础设施、生态环境保护六大工程对"直过民族"脱贫攻坚进行帮扶,推动"直过民族"地区的经济发展与文化繁荣,促使"直过民族"的民生得到改善和保障。西藏自治区墨脱县合理挖掘、利用

---

① 包路芳:《西藏墨脱"直过民族"与精准扶贫》,《中央民族大学学报》(哲学社会科学版)2018 年第 6 期,第 48~54 页。

② 《"直过民族"过得好吗?》,新华网,2015 年 10 月 18 日,http://www.xinhuanet.com/politics/2015-10/18/c_1116858796.htm。

门巴族和珞巴族的手工业资源，注入现代科技含量，形成产学研协同创新模式，开发县域文化产业，在发展经济的同时融合墨脱本土文化，推动"直过民族"实现精准扶贫与精准脱贫。然而，社会形态的变化也给"直过民族"带来了一定的冲击，云南和西藏分别实施了特殊性分类救助。因族、因村、因户、因人精准施策，根据"直过民族"的贫困程度投入相应的支援资金，并从住房环境、语言交流沟通、公共服务完善、基础设施建设等多方面着手，对"直过民族"地区 20 户以上的部分自然村实施通村公路硬化工程，加强"直过民族"的乡风文明建设，积极开展普通话、创业就业等培训工作，重视"直过民族"的教育问题，同时围绕"直过民族"生存、就业、竞争等问题制订有针对性的脱贫计划，选择合适的脱贫路径，补齐短板弱项，助推"直过民族"实现脱贫致富梦。

第六节　西南地区扶贫政策实施过程特征

在西南地区扶贫的实施过程中，云南、四川、贵州、重庆和西藏在中央扶贫政策的指导下，结合本省（区、市）的实际状况，积极调动多元主体参与反贫困治理，实施过程效果良好，保证了西南地区突破目标的实现。本节将从执行政策、实施主体、实施过程三个方面对西南地区扶贫政策的实施进行评价。

一　全面贯彻执行扶贫政策，确保扶贫政策实施的精准性

不折不扣地执行政策是扶贫实施过程中最为关键的环节，是推动西南地区解决贫困问题的重要保证。西南地区始终贯彻落实党中央的战略部署，在党的领导下集中各种力量服务于西南地区的扶贫事业。西南各省（区、市）在《关于进一步动员社会各方面力量参与扶贫开发的意见》《关于广泛引导和动员社会组织参与脱贫攻坚的通知》等扶贫政策的指导下，制定了一系列适应各省（区、市）的扶贫政策，如云南省的《云南省脱贫攻坚规划（2016—2020 年）》、贵州省的《贵州省大扶贫条例》、四

川省的《四川农村扶贫开发纲要（2011—2020年）》、重庆市的《关于加强城市特殊困难群众救助帮扶工作的意见》、西藏自治区的《西藏自治区"十三五"时期脱贫攻坚规划》等，作为指导各省（区、市）扶贫工作的政策指导和依据，为确保扶贫政策的精准实施奠定了基础。

二　坚持多元主体协同治理，确保扶贫政策实施的高效性

在西南地区的扶贫实施过程中，始终坚持政府、市场、社会及农户等多元主体的系统治理，确保扶贫政策实施的高效性。政府的主要职责是制定并实施西南地区的扶贫政策、发放扶贫资金、协调各种资源等。市场的作用主要是通过产业规划或者龙头企业牵头的方式，在贫困地区投资发展产业，为贫困人口提供就业岗位，并进行相应的技能培训，增加贫困人口的收入。社会帮扶主要是社会组织采取的帮扶措施，作为政府扶贫方式的有益补充，为贫困地区发展注入新的活力。农户则是西南地区扶贫中最为重要的主体，通过调动农户自我脱贫的意愿，进而激发农户内生脱贫动力，使其更积极地参与扶贫实践。西南地区的扶贫工作中，各参与主体目标明确，协调互助，共同构成了西南地区的扶贫体系，有效确保了西南地区扶贫的成效。

三　以结果、过程并重的扶贫实践，确保扶贫实施过程的顺利推进

西南地区受自然环境恶劣、交通不便、科技落后等因素的限制，是我国贫困程度最深的地区之一。扶贫工作开展以来，西南地区响应国家脱贫攻坚的号召，全面贯彻落实中央和西南各省（区、市）的扶贫政策，坚持多元主体协同治理；坚持结果、过程并重的扶贫实践，确保了扶贫政策实施精准性、高效性和政策实施过程的顺利推进。在这样的扶贫实践中，西南地区的贫困发生率逐年下降，减贫效果突出。

（一）扶贫实施过程中西南地区贫困发生率显著降低

截至 2019 年底，云南省的贫困发生率降为 3.52%，[①] 贵州省的贫困发生率降为 0.85%，[②] 四川省的贫困发生率降为 0.3%，[③] 重庆市的贫困发生率降为 0.12%；[④] 2019 年 12 月 23 日，西藏已基本消除绝对贫困，全域实现整体脱贫。[⑤] 2020 年底，西南五省（区、市）全面脱贫，与其他地区一道迈入全面小康社会。本书统计了 2013~2020 年西南五省（区、市）的贫困发生率变化情况。从图 4-7 可以明显看出，云南、贵州、四川、重庆、西藏的贫困发生率呈逐年下降趋势，其中 2013~2017 年下降趋势显著，这与国家将脱贫攻坚作为国家战略，全面向脱贫攻坚发起总攻分不开。截至 2020 年底，西南地区贫困发生率降为 0，贫困县全部摘帽，贫困人口全部脱贫，脱贫攻坚任务全面完成。

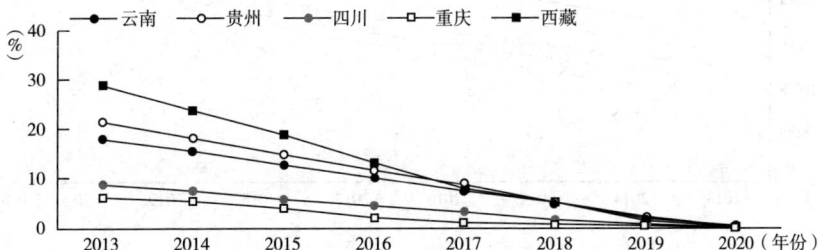

图 4-7 2013~2020 年西南五省（区、市）贫困发生率变化
资料来源：西南五省（区、市）地方政府网站。

① 《云南深度贫困地区贫困发生率降至 3.52% 迪庆州实现整体脱贫》，中国新闻网，2020 年 3 月 19 日，http://www.chinanews.com/cj/2020/03-19/9130903.shtml。
② 《贵州贫困发生率下降到 0.85%》，"新华社"百家号，2020 年 1 月 5 日，https://baijiahao.baidu.com/s?id=1655783915350708902&wfr=spider&for=pc。
③ 《2019 年四川实现 50 万人口减贫，贫困发生率下降至 0.3%》，"古龙凡霜 0hk"百家号，2020 年 1 月 17 日，https://baijiahao.baidu.com/s?id=1655978297593985078&wfr=spider&for=pc。
④ 《聚焦 2020 重庆两会 | 2019 年全市贫困发生率降至 0.12% 11.44 万人脱贫》，华龙网，2020 年 1 月 11 日，http://cq.cqnews.net/html/2020-01/11/content_50772571.html。
⑤ 《西藏实现全域脱贫摘帽》，"中国新闻网"百家号，2019 年 12 月 23 日，https://baijiahao.baidu.com/s?id=1653671040888000316&wfr=spider&for=pc。

（二）扶贫实施过程中居民人均可支配收入显著增加

居民人均可支配收入是反映居民生活水平的一个重要指标，也是衡量脱贫攻坚工作绩效的重要参考。本书统计了西南五省（区、市）的居民人均可支配收入变化情况。从图4-8中可以看出，西南五省（区、市）的居民人均可支配收入呈持续上升趋势，与2013年相比，2019年的数值基本都翻了一番，其中重庆市相比其他四省（区）的居民人均可支配收入高。这些指标的变化说明西南地区的扶贫实践已经取得了显著的成效，地区经济发展和人民生活水平都呈现良好的发展态势。

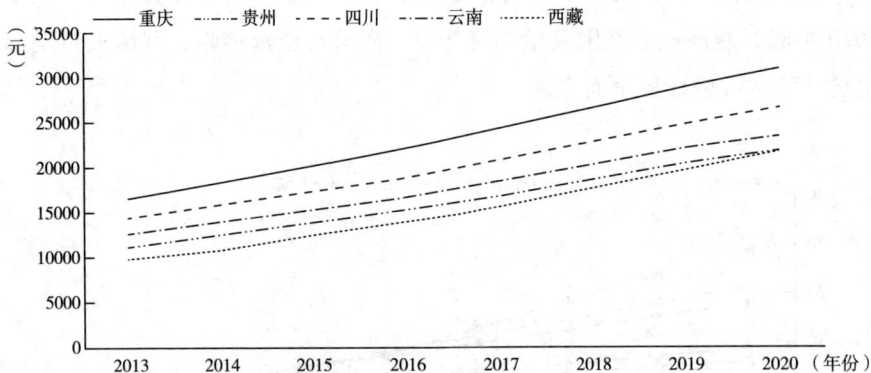

图4-8　2013~2019年西南地区居民人均可支配收入变化图
资料来源：西南五省（市、区）地方政府网站。

（三）扶贫实施过程中政府资金投入力度加大，助推扶贫实践

本书统计了扶贫实施以来西南五省（区、市）的央地对口帮扶资金、东西对口帮扶、养老保险金发放、教育减免支持等数据。从图4-9中可以看出，四川省在教育减免支持、养老保险金发放等方面资金投入力度较大，究其原因主要在于四川省的贫困县数量较多，在我国14个连片特困区中占比较高，尤其是凉山彝族自治州，是我国脱贫攻坚的主战场，为了确保顺利完成扶贫任务，政府扶贫资金投入力度较大。此外，云南和贵州的连片特困地区也是我国脱贫攻坚的主战场，在央地对口帮扶资金、教育减

免支持、养老保险金发放等方面的投入力度也较大。重庆市虽然在教育减免支持和养老保险金发放等方面的投入处于中间水平，但其产业基础较好，对口帮扶效果显著，扶贫实施过程顺利推进。

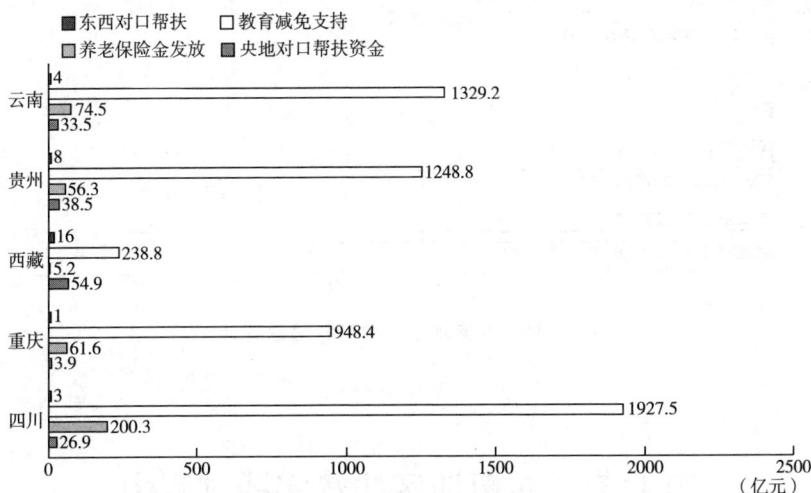

图 4-9　西南地区政府帮扶信息统计

资料来源：西南五省（市、区）地方政府网站。

（四）企业帮扶助力扶贫实施过程推进

企业帮扶是扶贫的重要形式，通过企业帮扶助推扶贫实施过程的推进，进而助力扶贫结果的实现。通过收集西南五省（区、市）的扶贫办、统计局、财政局等网站的数据，统计了西南五省（区、市）各自的企业帮扶项目数、企业投资规模、新增贫困就业人数等信息。由图 4-10 可知，四川省企业投资规模最大，新增贫困户就业人数最多；西藏自治区企业帮扶项目数最多，达到了 707 个，但是其企业投资规模和新增贫困户就业人数在西南地区处均于末位。究其原因，四川省通过引进专家和高技术人才指导企业与基层解决技术攻关、产业培育、人才培养、企业转型发展等方面的突出问题，提升了企业对贫困地区的帮扶能力，带动了贫困地区经济的高质量发展，切实地推动了四川的脱贫攻坚工作；西藏地理位置等外在条件制约导致企业进驻难、进驻慢等，企业帮扶的效果不明显。

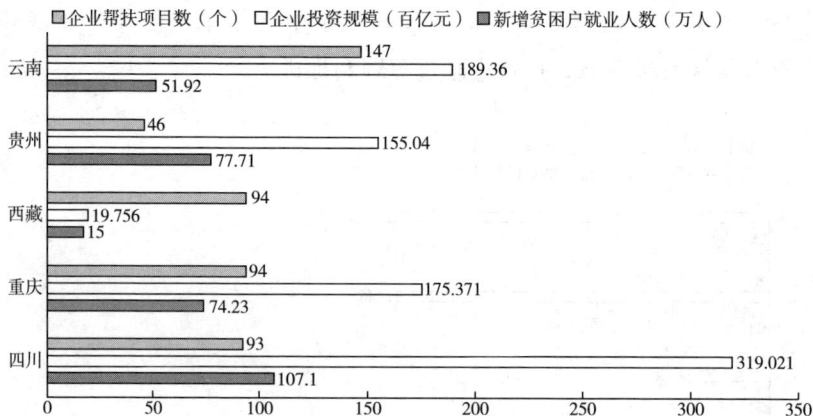

图 4-10　西南地区企业帮扶信息统计

第七节　西南地区扶贫实践过程中
存在的问题

　　基于西南地区扶贫的结构要素、西南地区扶贫的行动舞台、西南地区扶贫各主体的作用、西南地区扶贫模式的典型案例以及西南地区扶贫政策实施过程特征描述，通过归纳总结，梳理了了西南地区扶贫实践过程中存在的问题。

一　扶贫治理主体协同性不足，多元复合效能发挥不畅

　　从治理主体角度，市场、社会、农户虽然在扶贫工作中扮演着不可或缺的角色，但仍对政府有一定的依赖。一方面，政府虽拥有战略规划、政策制定等优势，在扶贫工作中处于主导地位，但仅以政府为扶贫主体的帮扶方式具有扶贫精确度难保障、扶贫压力大等缺陷。另一方面，多元主体组织化程度不高、主体间资源分配不均衡、共享理念淡薄等，显著削弱了扶贫共治合力。尤其是大多数村民态度冷漠、公共意识淡薄，往往认为公

共事务与自身利益无关；而且受文化水平的限制，村民无法精准表达自己的意愿，也影响其参与乡村治理的积极性。因此，加强扶贫治理主体协同，以弥补政府单一帮扶的不足，是扶贫治理亟待解决的首要问题。

二　扶贫治理资源耦合性较低，主体资源利用效率不高

西南地区扶贫治理资源耦合性较低，不利于多方主体对治理资源的高效利用。在西南地区的扶贫过程中，地方政府能较好地掌握中央政府的宏观脱贫政策，准确掌握西南地区的贫困状况，从而做出科学的扶贫战略部署。然而由于信息自下而上的传递链较长，存在政府对微观信息的把握不够精确的客观现象；市场在大扶贫过程中的盈利能力并不显著，因此只对政府优惠政策、贫困地区的产业规划、消费偏好等信息较为敏感；社会则更贴近民生，更加关注贫困户的微观信息，从而为贫困户提供切实可行的帮扶措施；农户对扶贫信息的关注主要局限在政府优惠政策、自我发展能力提升方面。由此可见，各行动主体的信息获取和信息利用等方面还存在一定的缺陷。同时，不同行动主体对扶贫决策的控制力，也基于其拥有的资源的不同而呈现显著差异。因此，应完善大扶贫信息体系、加强多主体对扶贫信息的沟通交流与共享，增强各主体扶贫资源的耦合度，减少信息利用效率耗损，提升信息使用效率。

三　扶贫产业发展趋同性突出，差异性产业收益率受限

西南地区扶贫产业趋同化现象明显，益贫性仍然较低。产业扶贫成功的关键在于推动扶贫产业的壮大发展，而产业的发展离不开市场，必须遵循市场规律。但是，近年来西南地区在推进产业扶贫工作时并没有做好扶贫产业与大市场之间的有效对接，导致产业扶贫出现了局部性、区域性的产业趋同现象。产业趋同最直接的后果是"伤农"，由于政府或市场主体，没有立足自身发展情况认真研究市场规律，在产业扶贫过程中没有挖掘地域特色，贫困户或企业等市场主体往往难以盈利。随着贫困地区生产生活条件的改善，以及社会公共服务水平的提升，扶贫产业整体发展水平将会

不断提升，与此同时，产业市场竞争也会越来越激烈。由于不同地区资源禀赋、贫困状况、基础条件等都不尽相同，只有引导扶贫产业朝特色化和差异化方向发展，产业扶贫才能真正做到可持续，减贫带贫效果才会得到有效提升。

四 "输血式"扶贫政策转变度滞后，可持续减贫内生动力不足

"输血式"扶贫措施仍占据扶贫政策执行的重要地位，不利于扶贫模式的长期巩固与发展。将扶贫资源（如资金、食物、住房、政策等）直接送到贫困户的手中，从而在一定程度上解决贫困人口的贫困问题，在特定的时空具有一定的减贫效果，但这种"输血式""嵌入式"的外援农村发展模式，忽视了农村内生发展机制的构建，没有很好地激发农民建设乡村的积极性、主动性，不仅存在导致乡村丧失经济、文化独立性的风险，长此以往也会使农村的环境和资源陷入危机。西南地区扶贫模式的可持续发展必须诉诸构建内生动力激发机制。即除了需要注重西南地区 GDP 增长之外，更应强调西南地区的福利、教育、环境和文化水平等综合提高，以及村民知识素质和能力的普遍提升。

五 企业扶贫合理性认知模糊，扶贫拓展性及可复制性不足

企业在西南地区扶贫过程中参与度相对不足，政府对企业扶贫合理性的认知有待进一步深化。这进一步加剧了社会对企业扶贫合理性和有效性的担忧，在一定程度上影响了企业未来参与扶贫和乡村振兴的积极性。尽管政府对企业扶贫的倡议和号召力度较大，但企业扶贫更多的是一种"自然涌现"的现象，其可复制性较差，且现有企业在扶贫工作的进一步拓展方面也存在较大的困难。一方面，企业认为扶贫从本质上应该属于政府的责任，以企业为代表的社会主体参与扶贫工作的合理性还有待进一步提升；另一方面，受制于当前整体经济增速放缓的影响，企业普遍面临较为严峻的生存压力，企业用于扶贫的资源投入受到较大的限制，企业进一步加大扶贫投入力度的积极性不高。对此，政府需要增强服务意识，为企业

参与扶贫提供相关支持，这既有利于激发企业参与扶贫的积极性，又有利于企业发挥其专长高效率地开展扶贫工作。

本章小结

作为政策过程中的关键环节，政策的实施过程质量对能否实现政策目标有重要作用。综上所述，西南地区科学精准的减贫政策能够得到有效的贯彻执行，关键在于党的领导制度嵌入政府治理体系所形成的党政治理结构。这种治理结构的优势在于，能够通过党的政治领导和协同联动，有效调动减贫政策执行所需要的多样化治理资源，形成以各级党委和政府为中心，多边主体参与其中的政策执行结构，确保减贫政策在执行过程中实现纵向到底、横向到边以及内外联动。在这种执行结构下，各种资源得以聚拢，各种扶贫力量得以汇聚，激活了基层党组织功能，推进脱贫攻坚的党建扶贫模式、易地扶贫模式、教育扶贫模式、产业扶贫模式、医疗扶贫模式、旅游扶贫模式、金融扶贫模式、企业扶贫模式、科技扶贫模式、电商扶贫模式、社会兜底扶贫模式、生态扶贫模式和"直过民族"扶贫模式，为减贫政策执行提供了基础和运行保障。减贫政策的有效执行有赖于充足的扶贫资源。为了解决资源短缺和人员不足问题，国家充分运用集中力量办大事的制度优势，调动全社会的扶贫积极性，推动减贫政策的扩展和执行，把政府减贫行为变为全社会全员的行为，从主体和资源两个层面扩充了社会扶贫力量，形成了扶贫的合力，涌现出了一批西南地区扶贫的典型案例和特色做法，夯实了西南地区扶贫的基础。而这种扶贫合力的形成，与党密切联系群众的政治优势和中国党政治理结构的组织体系优势密不可分。本章选用公共治理领域的 IAD 作为分析框架，客观呈现了西南地区扶贫的实践过程，总结归纳了西南地区在扶贫实践中的特色做法和取得的成效，为第五章西南地区扶贫实施路径厘析、扶贫影响因素测量等夯实了过程基础。同时，本章的研究也可为第八章执行层扶贫能力提升对策建议的提出提供依据。

基于 fs-QCA 方法的西南地区扶贫实施路径

政策过程理论体系中的不同政策过程环节会不同程度地影响扶贫政策运行过程的整体效果和扶贫水平测量的整体效力。扶贫政策过程中各个环节的有效运行是确保政治和制度优势通过扶贫政策和评价转化为扶贫治理效能的关键。在西南地区扶贫实施路径环节，扶贫模式充分发挥了中国政治制度优势中集中力量办大事的社会动员和资源整合机制，使得中国扶贫实践能够动员一切可以动员的力量，吸纳全社会多方主体主动参与脱贫攻坚，最大限度地扩充扶贫治理的主体数量，提升了资源价值。本章研究力图在精准的扶贫政策、高效的扶贫实施过程和科学的扶贫实施路径之间建立内在逻辑，从政策发力、政策实施、过程评估视角来阐释西南地区扶贫政策实施的完整过程，从而更深入地理解西南地区扶贫的实施路径、实践逻辑和实施效果，为整体扶贫水平测量做出理论和实践贡献。

为什么同属西南地区，有的地区提前脱贫了，有的地区还未脱贫？提前脱贫的这些贫困县是通过什么样的扶贫路径实现了脱贫目标？这些脱贫路径有何特点？西南地区的脱贫路径可否为其他地区及国家脱贫提供经验借鉴？这些都是本章通过研究西南地区扶贫的实施路径想解答的问题。为了精准展示西南地区扶贫实施路径，本章根据研究需要在西南五省（区、市）随机选取 60 个 2017~2020 年顺利脱贫摘帽的贫困县作为扶贫实施路径研究样本，基于 TOE（Technology-Organization-Environment）理论分析框架从组织、技术、环境三个层面来构建西南地区扶贫实施路径研究的理论框架，结合扶贫实施案例中扶贫措施的实践场景，设定扶贫实施路径的条件变量与结果变量，通过 fs-QCA 方法对西南地区贫困县脱贫摘帽的扶贫实施路径进行分析，致力于挖掘各条路径背后的脱贫规律并根据西南地区已脱贫的典型案例理论联系实际对各条路径进行阐释，突出西南地区扶贫的独特性和典型性。同时，本章会深入挖掘扶贫实施过程中存在的问题，为后续西南地区扶贫影响因素的测量做好研究铺垫，为西南地区扶贫效果评价夯实过程基础，为整体扶贫执行层的能力提升提供支撑，为后续巩固拓展脱贫攻坚成果，推进乡村振兴战略提供借鉴。

第一节　西南地区扶贫实施路径研究的分析框架

一　理论基础：三维视域下的 TOE 理论分析框架

TOE 理论分析框架是 Tornatizky 和 Fleischer 于 20 世纪 90 年代首次在《技术创新的流程》一书中提出的一个技术治理框架，该框架从技术、组织和环境三个维度探究影响企业信息技术发展创新的因素。其中，技术维度聚焦技术自身特征对组织的影响，如技术是否与组织结构相匹配、是否会给组织带来收益等。组织维度聚焦组织自身发展情况，如组织特征、组织规模以及资源条件等。环境维度是相较其他两个因素更为新颖的概念，主要聚焦组织所处的市场环境、制度环境及政府管制、客户关系等方面。TOE 理论分析框架作为一种"通用"理论，可放置多种因素，并可根据研究问题和背景自由地改变因素变量，因此具有广泛的适用性。① 随着时间推移，TOE 理论分析框架被广泛运用到电子商务、政务服务以及政府信息系统等领域，影响广泛而深远。谭海波等基于 TOE 理论分析框架，研究政府网站建设绩效差异形成的条件和机制。② 韩啸、吴金鹏参考 TOE 理论，

---

① 韩娜娜：《中国省级政府网上政务服务能力的生成逻辑及模式——基于 31 省数据的模糊集定性比较分析》，《公共行政评论》2019 年第 4 期，第 82~100、191~192 页。
② 谭海波、范梓腾、杜运周：《技术管理能力、注意力分配与地方政府网站建设——一项基于 TOE 框架的组态分析》，《管理世界》2019 年第 9 期，第 81~94 页。

从技术、组织、环境三个维度探究了政府数据开放水平的影响因素。^①
Salma S. Abed 基于技术、组织、环境三个维度的 TOE 理论分析框架，对沙特阿拉伯中小企业进行实证研究，探讨影响中小企业发展的因素。^② 综上所述，本部分研究基于 TOE 理论分析框架构建西南地区扶贫实施路径研究的理论框架，从组织、技术、环境三个维度来分析西南地区的扶贫实践，具有很好的理论和实践价值。

二　分析框架：六大因素协同联动的西南地区扶贫实施路径

TOE 理论分析框架将影响主体因素分为三个维度，即组织维度（基础）、技术维度（动力）和环境维度（保障），该框架重点强调不同影响因素对主体自身发展的分力与合力。^③ 本章基于 TOE 理论分析框架，以典型的西南地区已脱贫摘帽的贫困县为样本，结合扶贫实施案例中扶贫措施的实践场景，构建了中国西南地区贫困县脱贫摘帽的扶贫实施路径分析框架（见图 5-1）。

（一）组织维度

组织维度具体包括基础设施、文化科普两个层次。基础设施是决胜脱贫攻坚，推动农村产业发展、医疗教育发展、经济变革，实施乡村振兴的重要基础支撑。Deichmann 等通过分析墨西哥贫困地区样本，证明路桥、水利水电、民用设施持续配置的经济回报率高，能够显著减缓城乡贫困。^④
易地扶贫搬迁工作可以彻底挖掉贫困户的穷根，是实现贫困县稳定脱贫的

---

① 韩啸、吴金鹏：《政府数据开放水平的驱动因素：基于跨国面板数据研究》，《电子政务》2020 年第 6 期，第 98~106 页。

② Salma S. Abed, "Social Commerce Adoption Using TOE Framework: An Empirical Investigation of Saudi Arabian SMEs," *International Journal of Information Management* 4 (2020): 102-118.

③ 汤志伟、王研：《TOE 框架下政府数据开放平台利用水平的组态分析》，《情报杂志》2020 年第 6 期，第 187~195 页。

④ U. Deichmann et al., "Economic Structure, Productivity, and Infrastructure Quality in Southern Mexico," *The Annals of Regional Science* 3 (2004): 361-385.

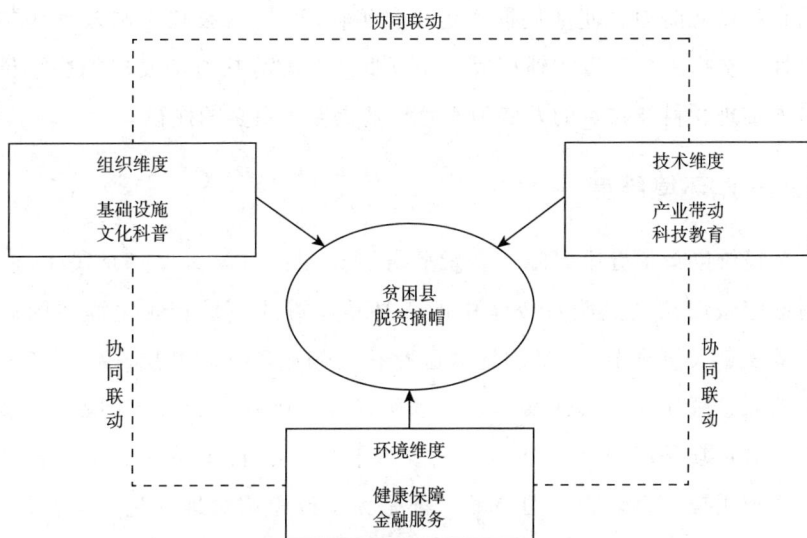

图 5-1 西南地区扶贫实施路径分析框架

有效途径。[①] 近年来中国西南地区的许多扶贫举措是从改善当地基础设施开始的，围绕易地搬迁、铁路建设、国省干线公路建设、高速公路建设、农村公路建设、公路客运货运场站建设、水利水电项目等展开，扶贫效果显著。文化科普是脱贫攻坚的重要一环，贯穿始终，文化扶贫旨在为贫困地区人民提供文化、精神层面的支持，从而推动解决物质贫困问题。[②]

（二）技术维度

技术维度具体包括产业带动、科技教育两个层次。产业带动扶贫是脱贫攻坚治本之策，强调提升贫困群众的"自我造血"功能，通过产业带动不断激发贫困地区群众的内生动力，拔除穷根，增加群众收入。中国西南地区山水秀美、物产丰盛，农村的贫困问题并非物质的贫困，主要是经济的贫困，本质上也是产业贫困。[③] 发展特色产业可以激发贫困地区贫困人

---

① 肖菊、梁恒贵：《贵州易地扶贫搬迁安置点教育保障研究》，《贵州社会科学》2019 年第 7 期，第 102~107 页

② 熊春林等：《贫困地区文化扶贫能力评价与提升对策研究》，《图书馆理论与实践》2019 年第 11 期，第 33~37 页。

③ 陈文胜：《论乡村振兴与产业扶贫》，《农村经济》2019 年第 9 期，第 1~8 页。

员的自我发展能力，使他们彻底走出贫穷困境。① 科技扶贫和教育扶贫是综合性扶贫措施，二者相辅相成、相互促进。教育扶贫的发展加快了科技扶贫的推进；科技扶贫的发展为教育扶贫提供了更多的途径。

（三）环境维度

环境维度包括健康保障、金融服务两个层次。健康保障是民生基础。农村医疗救助扶贫是脱贫攻坚中的一种重要方式，是有效化解"因病致贫"难题的关键环节。② 贫困地区医疗扶贫领域还存在基层医疗人才队伍建设滞后、医疗救助模式落后、城乡医疗设备配置不合理等问题。③ 金融服务是脱贫攻坚措施中的重要一种，农林补贴、农业保险等扶贫补助资金，也属于扶贫金融服务的范畴，都是为了改善困难地区生产生活环境、提升发展能力等。其中农业保险对保障贫困农户的经济收入水平、维持农户经营生产活动的稳定性具有重要作用。④

第二节　西南地区扶贫实施路径研究的方法选择与应用

一　fs-QCA 方法的基本原理

定性比较分析（QCA）作为人文社科领域的一种研究方法，它集定性、定量于一体，破解了人文社科研究领域单案例或多案例研究中论证过程和论证结果的传统缺陷，改变了传统案例论证过程中简单的描述性分析，使论证过程与论证结果更具科学性。QCA 基于布尔代数分析原理，利

---

① 胡守勇：《共享发展视角下产业扶贫的问题及长效机制建设》，《湖南社会科学》2018 年第 2 期，第 127~132 页。
② 童翎、洪业应：《从"碎片化"困境看农村医疗救助扶贫的政策调整》，《山东社会科学》2017 年第 9 期，第 89~94 页。
③ 蒋祎等：《中国医疗领域健康扶贫政策的历史沿革与现状分析》，《中国农村卫生事业管理》2019 年第 2 期，第 88~92 页。
④ 白法璋：《对农业保险助力精准扶贫的思考——以广西桂林资源县为例》，《广西经济》2019 年第 7 期，第 66~68 页。

用条件与结论之间的非对称性关系，解释哪种条件（X）组合形态是结果（Y）发生或不发生的必要条件或充分条件，用表 5-1 中的符号表示条件（自变量）与结果（因变量）之间的关系。

表 5-1　定性比较分析集合关系符号

集合关系	表示符号
和	*
或	+
导致	→
非	~
X 是 Y 的充分条件	X 包含于 Y　$X \subseteq Y$
X 是 Y 的必要条件	X 包含 Y　$X \supseteq Y$

fs-QCA（模糊集定性比较分析）方法是 QCA 的一种，是对 cs-QCA（清晰集定性比较分析法）的改进，该方法改变了变量赋值的方式，不再是绝对的 0 和 1，而是采用"模糊集得分"的方式给变量赋值，表示变量发生的程度，赋值可根据变量标准在 0 和 1 之间取得，可以赋予 0 和 1 之间的任何数值，fs-QCA 方法在定性与定量的基础上加入了模糊数学集合的方法，在研究中对于变量的分类不再限定于二元，在很大程度上拓展了比较分析方法的应用范围和适用性。

fs-QCA 研究的是条件变量或者条件变量组合对结果的影响程度，同时可以分析变量之间的相关性，在分析过程中，需要结合变量的数据明细使用 fs-QCA 分析软件得出相连度（Combined）、原始覆盖率（Raw Coverage）和一致性（Consistency）三项结果，通过以上三项数据结果判断条件变量或者条件变量组合对结果的影响程度。相连度表示单个条件变量与结果之间相互联系的程度，结果越大，说明联系程度越高；原始覆盖率表示符合该变量的案例在案例库中所占的比例，它是一项经验性指标，所得结果越大，则占比越大；一致性是指单个条件变量对于结果发生的必要性程度，一般认为，若一致性大于 0.9，则该条件变量为结果发生的必要条件。

fs-QCA 方法分析主要分为三个步骤：第一步是样本案例的选取及变量的设定，样本案例的选择要有科学的依据，条件变量和结果变量的设定要科学合理；第二步是构建真值表进行数据分析，分析出必要条件和组态路径；第三步是讨论变量间的条件组态和作用机制并做定性总结。需要注意的是，fs-QCA 是一个模糊数学模型，一个条件变量有 2 个以上的变量标准，所以对条件变量赋值时需要采用多值模糊集赋值法，在 0 至 1 之间等分。fs-QCA 方法并没有一个模型标准，在数据分析方面使用分析软件得出结果，选择使用时可以根据需要设置结果与条件变量并对结果进行比较分析。

二 fs-QCA 方法的具体应用

（一）基于 fs-QCA 方法的邻避冲突研究

万筠、王佃利从抗争者角度出发，结合社会运动理论框架，对 40 个邻避冲突案例进行模糊定性比较分析，发现新媒体联动是使邻避冲突结果导向抗争者偏好的必要条件，框架使用虽然有一定的解释力，但只能作为充分条件；条件组合中有十条解释路径，最终得到媒体互激、城市业主偏好策略、意见领袖作用有限论三条结论。[1] 王英伟从政府内部控制与外部压力视角出发，对基层政府的社会治理影响因素进行分析，研究结果表明，上级政府态度和各部门间的联动能力是决定地方政府在政策工具选择中是否具有主动性的关键，外部压力并未跃居主导地位，只作为重要的辅助变量存在；同时，在邻避治理中地方政府政策工具的选择主要取决于其在相应邻避事件中内部控制力的高低和外部压力的强弱，地方政府在与内外部各政策行动者的互动中拓展自己的选择空间并强化治理能力，使其邻避治理工具变为具有最大化自身决策主动性、对内契合上层权威、对外中和矛盾冲突的表现形式。[2]

---

① 万筠、王佃利：《中国邻避冲突结果的影响因素研究——基于 40 个案例的模糊集定性比较分析》，《公共管理学报》2019 年第 1 期，第 66~76、172 页。

② 王英伟：《权威应援、资源整合与外压中和：邻避抗争治理中政策工具的选择逻辑——基于（fsQCA）模糊集定性比较分析》，《公共管理学报》2020 年第 2 期，第 27~39、166 页。

（二） 基于 fs-QCA 方法的企业创新研究

胡元林、李英以 188 家制造业企业为研究样本，运用模糊定性比较分析方法从组态视角探讨市场竞争和绿色产品需求情境下智力资本要素影响生态创新的内在作用机制和条件路径，研究发现人力资本是企业无形资产中最具核心价值的资产，是企业实施生态创新的必要条件，组织资本和关系资本在创新过程中发挥权变作用；企业实施生态创新的外部推力是市场竞争和绿色产品需求，生态创新产生的内在原因是智力资本要素缺失或错配，外在原因是绿色产品需求弱和市场竞争不激烈。① 李国强、孙遇春、胡文安以 15 家国内高科技企业为研究样本，选取企业所处合作网络的网络密度、网络中心、网络稳定性、网络异质性、网络中介性等结构特征作为切入点，运用 fs-QCA 方法分别对影响企业突破式创新和渐进式创新的前因要素构型进行研究，结果显示网络异质性与网络密度是企业实现突破式创新的核心条件，影响渐进式创新的重要增益要素是网络密度、合作网络稳定性和关系质量。②

（三） 基于 fs-QCA 方法的政务服务研究

韩娜娜基于 TOE 理论分析框架，以中国 31 个省级行政区域作为研究对象，运用 fs-QCA 方法解释中国省级政府网上政务服务能力差异的生成逻辑，总结网上政务服务生成路径；研究发现，较高政府组织开放性、较高财政资源能力和较高公众需求压力的组合是发达地区网上政务服务能力生成的最重要路径，而欠发达地区的最重要路径为较高自身重视程度及高政府组织开放性和高中央政府支持的组合。同时，网上政务服务能力生成存在两种模式：模式 1 体现了制度环境的重要性，具体表现为以政府组织开放性作为前提，配之以相关的触发机制如财政资源能力、公众需求压力和中央政府支持等；模式 2 体现了政府内在动力的力量，具体表现为对自身

---

① 胡元林、李英：《智力资本组态效应对企业生态创新的影响——基于 fsQCA 方法的实证分析》，《科技进步与对策》2021 年第 10 期，第 95~104 页。
② 李国强、孙遇春、胡文安：《嵌入式合作网络要素如何影响企业双元创新？——基于 fsQCA 方法的比较研究》，《科学学与科学技术管理》2019 年第 12 期，第 70~83 页。

重视程度的依赖，即在建立财政能力、制度环境和政府组织自身之间良性互动的基础上提升可持续的网上政务服务能力。[1] 谢丽通过 fs-QCA 方法对双边市场环境下互联网平台企业高成长绩效影响因素的组合构型进行研究，探究外部组织模块化、内部组织模块化、跨边网络效应、关系治理、环境动荡性等条件构成的不同组合构型与平台企业高成长绩效之间的关系，检验环境动荡性、组织模块化、跨边网络效应以及关系治理的多种组态如何产生互联网平台企业高增长绩效的结果，对互联网平台企业高成长绩效的核心条件及前因构型条件进行研究。[2]

（四）基于 fs-QCA 方法的政策效应研究

张蕾、袁晓慧利用模糊集定性比较分析方法对生育保护政策进行探究，考察特定生育保护政策，对福利国家整体制度安排和具体福利政策的冲突进行深入剖析，发现中国的生育保护政策属于有限支持型，即与其他福利体制相比，在就业保护、生育假期等方面有明显不足，根据研究结果，提出中国生育保护政策体系内应该增设法定父亲亲职假、增加带薪亲职假以及增加特殊时期的弹性工作安排等建议。[3] 曹颖等从政策感知和意愿驱动两个层面出发，以 22 个大学生创业公司为案例样本，应用组态思维和 PCA-fsQCA 方法对产生大学生创业公司高创业绩效、非高创业绩效差异的多重并发因素和复杂因果机制进行探究，研究发现，产生高创业绩效、非高创业绩效的组态效应之间存在非对称关系，其中缺乏风险承担力是导致大学生创业难以产生高创业绩效的关键因素，这表明高校和地方政府需要从正、反两方面出发对大学生进行教育引导和政策制定，帮助更多大学生创业公司实现长远、可持续发展。[4]

经过长时间的研究与应用，fs-QCA 方法已经相对成熟，在邻避冲突、

---

① 韩娜娜：《中国省级政府网上政务服务能力的生成逻辑及模式——基于 31 省数据的模糊集定性比较分析》，《公共行政评论》2019 年第 4 期，第 82～100、191～192 页。

② 谢丽：《互联网平台企业高成长绩效影响因素的组合构型研究——基于模糊集定性比较分析（fsQCA）方法》，硕士学位论文，华南理工大学，2019。

③ 张蕾、袁晓慧：《基于定性比较分析的生育保护政策国际比较》，《社会保障研究》2019 年第 4 期，第 87～94 页。

④ 曹颖等：《创业政策与创业意愿对大学生创业绩效的组态效应研究——基于 22 个大学生创业公司的 PCA-fsQCA 分析》，《职业技术教育》2020 年第 8 期，第 44～48 页。

企业创新、政务服务、政策效应等众多研究领域的应用越来越广泛。因此，本章研究中采用 fs-QCA 方法来研究西南地区扶贫实施路径科学且可行。具体操作步骤如下：第一步是扶贫研究框架的建立和变量的假设与赋值，主要依据 TOE 理论分析框架和扶贫案例举措构建西南地区扶贫实施路径分析框架，根据分析框架进行变量假设，在六个方面设置条件变量，根据各个条件变量的设置标准，按照四值模糊集的赋值标准进行赋值，四值模糊集对应的赋值分别为 0、0.33、0.67 和 1。第二步是样本案例的选取与操作，扶贫案例都是在西南地区云南省、四川省、贵州省、重庆市以及西藏自治区的案例中选取，以西南地区脱贫摘帽县（区）为基准，各个地区选取一部分典型的已经脱贫的贫困县（区）。第三步是西南地区扶贫案例真值表的构建，即按照赋值标准与选取的案例一一对应，对影响扶贫路径的条件变量和结果变量进行赋值，构建表格导入 fs-QCA3.0 软件中导出真值表。第四步是进行数据分析，研究单一变量以及组合变量对结果的影响，根据研究数据得出结论，结合实际调研对各条路径进行案例验证。

第三节　西南地区扶贫实施路径研究的变量与案例确定

一　西南地区扶贫实施路径研究的变量确定与赋值

（一）西南地区扶贫实施路径变量的确定

本章构建了西南地区扶贫实施路径研究的分析框架，研究从 TOE 理论分析框架的组织、技术、环境三个维度设定了基础设施、文化科普、产业带动、科技教育、健康保障、金融服务六个层次的条件变量，基于已有文献参考和西南地区扶贫案例中的具体扶贫实践场景，每个变量下设定 3 个具体指标，共计 18 个具体指标。结果变量的设定为贫困县是否脱贫摘帽（见表 5-2）。

表 5-2 西南地区扶贫实施路径变量指标分类

变量类别	变量名称	具体指标
结果变量	脱贫摘帽	贫困县是否脱贫摘帽
条件变量	基础设施	危房改造与易地搬迁
		乡村交通公路修缮
		用水用电安全保障
	文化科普	脱贫理论宣讲
		健康知识科普
		精神文化建设
	产业带动	发展当地特色产业
		对贫困户实施技能培训
		解决贫困户就业问题
	科技教育	解决上学难问题
		引进教育及科技人才
		引进高新科学技术
	健康保障	进行医疗救助
		培养当地医疗人才
		引进先进医疗设备
	金融服务	提供小额贷款
		实施农业保险
		金融知识科普

1. 组织维度包括基础设施和文化科普两个条件变量

对于基础设施条件变量，考察以下几个方面：一是考察帮扶主体是否完善帮扶地区贫困群众的住房条件，是否有危房改造与易地搬迁的举措；二是考察帮扶主体是否为帮扶地区改善交通路况和修缮或新建乡村公路，是否完成"路路通""修路到家"的要求，如对城乡公路进行修整，实施某地区乡村公路建设等；三是考察帮扶主体是否帮助帮扶地区解决用水用电问题，保障日常生活对水电的使用，如兴修水利、完善电路系统、免费完成居民电路安装等。其中，如果不需要进行危房改造或者易地搬迁，则说明住房条件得以保障，变量下的第一个标准予以肯定，表示已完成；如若不需要交通改善投入或用水用电设施投入，则说明交通和水电设施得以保证，变量下的第二个和第三个标准予以肯定，表示已完成。

对于文化科普条件变量，考察以下几个方面：一是考察帮扶主体是否在帮扶地区进行脱贫相关理论理念的宣讲，如对易地搬迁实施明细的宣传、产业扶贫的具体规划与实施、精准扶贫对口帮扶的具体举措等；二是考察帮扶主体是否对帮扶地区的人民群众进行知识科普，提升整体综合素质，如环境保护宣讲，发放家用电器安全使用手册、电子平台使用规范，法律法规义务权利宣传讲解等；三是考察帮扶主体是否加强帮扶地区精神文化建设，如普及道德理想教育、思想政治教育、素质教育、文化艺术下乡，建设文化活动广场，实施公共文化服务体系的建设，加快贫困地区文化产业的发展、文化宣传交流和艺术文化人才培养等项目的发展。

2. 技术维度包括产业带动和科技教育两个条件变量

对于产业带动条件变量，考察以下几个方面：一是考察帮扶主体是否帮助帮扶地区发展特色产业，如发展养殖业或种植业，帮助解决产品销售、产业发展当中的问题等；二是考察帮扶主体是否对帮扶地区的贫困群众实施技能培训，提高贫困群众的就业能力，如选派一部分人到厨师学校或者专业技工学校学习、开展公司工厂一对一带领学习等；三是考察帮扶主体是否为解决帮扶地区贫困户就业问题，如提供就业岗位、开展专项招聘或开发公益性岗位、推荐就业等。

对于科技教育条件变量，考察以下几个方面：一是考察帮扶主体是否帮助解决上学难的问题，如对贫困家庭的学生实施定向帮助、引进或培养师资力量、改善落后地区的教育设施建设水平、提供优质丰富的教育教学资源等；二是考察帮扶主体是否为帮扶地区引进教育及科技人才，如聘请或调派优秀的教育工作者、引进优秀的管理者主持工作、邀请经验丰富的人才带领发展等；三是考察帮扶主体是否为帮扶地区引进高新科学技术，改善生活水平，如为贫困家庭配备生活电器、网络宽带安装到户等。

3. 环境维度包括健康保障和金融服务两个条件变量

对于健康保障条件变量，考察以下几个方面：一是考察帮扶主体是否对帮扶地区进行医疗救助，如为老年人和儿童提供免费身体检查与医药救助、专项资金投入加大对贫困群众的医疗减免力度、定期进行义诊等；二是考察帮扶主体是否帮助帮扶地区培养当地医疗人才，加强本地区的医疗保障，如让本地区医院的医护工作者定期到优秀的医院代班学习，邀请优秀的医护工作者到贫困地区医院进行指导和培训等；三是考察帮扶主体是否为帮扶地区的医院引进先进医疗设备，改善医疗救助的设施条件，如为医院更换老旧设备、捐赠先进设备等。

对于金融服务条件变量，考察以下几个方面：一是考察帮扶主体是否为帮扶地区的贫困群众提供小额贷款，如提供产业贷款、农业经营贷款等；二是考察帮扶主体是否在帮扶地区实施农业保险，即农作物种植保险；三是考察帮扶主体是否为帮扶地区进行金融知识科普，如下乡宣传金融知识、开展金融知识科普讲座等。

（二）西南地区扶贫实施路径变量的赋值

对于条件变量的赋值，本章采用四值模糊集赋值法，[①] 即在条件变量的三个标准当中，如果扶贫案例完成 0 个标准，则对变量的赋值为 0；如果扶贫案例完成 1 个标准，则对变量的赋值为 0.33；如果扶贫案例完成 2 个标准，则对变量的赋值为 0.67；如果扶贫案例完成 3 个标准，则对变量的赋值为 1。对结果变量的赋值取决于所选取的贫困县是否已脱贫摘帽，若已经脱贫摘帽，赋值为 1，还未脱贫摘帽，赋值为 0（见表 5-3）。

表 5-3　结果变量与条件变量赋值规则

变量类别	变量名称	衡量标准	赋值规则
结果变量	脱贫摘帽	贫困县脱贫摘帽	已脱贫摘帽赋值为 1，否则为 0

---

① 在四值模糊集赋值法中，模糊集得分可以取 1、0.67、0.33、0。其中，1 表示条件发生，0 表示条件未发生，其他取值介乎两者之间。

续表

变量类别	变量名称	衡量标准	赋值规则
条件变量	基础设施	危房改造与易地搬迁	都不符合为 0；符合其中一个条件为 0.33；符合其中两个为 0.67；三个都符合为 1
		乡村交通公路修缮	
		用水用电安全保障	
	文化科普	脱贫理论宣讲	都不符合为 0；符合其中一个条件为 0.33；符合其中两个为 0.67；三个都符合为 1
		健康知识科普	
		精神文化建设	
	产业带动	发展当地特色产业	都不符合为 0；符合其中一个条件为 0.33；符合其中两个为 0.67；三个都符合为 1
		对贫困户实施技能培训	
		解决贫困户就业问题	
	科技教育	解决上学难问题	都不符合为 0；符合其中一个条件为 0.33；符合其中两个为 0.67；三个都符合为 1
		引进教育及科技人才	
		引进高新科学技术	
	健康保障	进行医疗救助	都不符合为 0；符合其中一个条件为 0.33；符合其中两个为 0.67；三个都符合为 1
		培养当地医疗人才	
		引进先进医疗设备	
	金融服务	提供小额贷款	都不符合为 0；符合其中一个条件为 0.33；符合其中两个为 0.67；三个都符合为 1
		实施农业保险	
		金融知识科普	

二 西南地区扶贫实施案例的选取与统计分析

(一) 西南地区扶贫实施案例选取

本章基于 fs-QCA 方法的需要以及变量设置原则，制定了扶贫实施案例选取的标准，主要包括以下三个方面。第一，扶贫实施案例的地域覆盖要求。本章的研究对象是中国西南地区贫困县，因此，云南、贵州、四川、重庆、西藏五个西南省（区、市）必须要选择一定数量的案例进行研究，其中案例数量分配根据各地区贫困县数量及贫困程度略有不同。第二，扶贫实施案例的精准性要求。案例中帮扶地区需要具体精确到县（区），以便于对案例的判定得到明确的结果。第三，扶贫实施案例的科学合理性要求。案例中贫困县脱贫时间范围为 2017~2020 年，且已脱贫县无大规模返贫情况发生。第四，扶贫实施案例的信息权威性要求。案例源自各政府门户网站、扶贫办、微博、公众号等公开平台，保证了文本的真实性、权威性。选取的西南地区扶贫实施案例具体见表 5-4。

表 5-4　西南地区大扶贫实施案例

序号	帮扶地区	脱贫时间	序号	帮扶地区	脱贫时间
1	云南省永平县	2018 年	31	重庆市奉节县	2018 年
2	云南省牟定县	2017 年	32	重庆市石柱县	2018 年
3	云南省隆阳区	2019 年	33	重庆市酉阳县	2020 年
4	云南省勐腊县	2018 年	34	四川省雷波县	2019 年
5	云南省孟连县	2018 年	35	四川省红原县	2018 年
6	贵州省桐梓县	2017 年	36	四川省兴文县	2018 年
7	贵州省三穗县	2018 年	37	四川省金川县	2018 年
8	贵州省织金县	2019 年	38	四川省苍溪县	2019 年
9	贵州省台江县	2019 年	39	四川省甘孜县	2019 年
10	贵州省平坝区	2017 年	40	四川省旺苍县	2019 年
11	贵州省雷山县	2018 年	41	四川省剑阁县	2019 年
12	贵州省贞丰县	2019 年	42	四川省南江县	2018 年
13	贵州省黎平县	2019 年	43	四川省汶川县	2017 年
14	贵州省丹寨县	2018 年	44	四川省松潘县	2018 年
15	贵州省贵定县	2018 年	45	四川省雅江县	2019 年
16	贵州省水城县	2019 年	46	四川省道孚县	2019 年
17	贵州省黄平县	2019 年	47	四川省盐源县	2019 年
18	贵州省思南县	2019 年	48	四川省泸定县	2017 年
19	贵州省罗甸县	2019 年	49	四川省甘洛县	2019 年
20	贵州省道真县	2018 年	50	四川省昭觉县	2020 年
21	贵州省镇宁县	2018 年	51	四川省金阳县	2020 年
22	贵州省锦屏县	2019 年	52	四川省宣汉县	2019 年
23	贵州省剑河县	2019 年	53	四川省通江县	2019 年
24	贵州省习水县	2017 年	54	四川省平昌县	2019 年
25	贵州省务川县	2018 年	55	四川省叙永县	2019 年
26	贵州省印江县	2018 年	56	四川省古蔺县	2019 年
27	西藏尼木县	2017 年	57	四川省马边县	2019 年
28	西藏申扎县	2019 年	58	四川省屏山县	2019 年
29	西藏类乌齐县	2017 年	59	四川省越西县	2020 年
30	西藏左贡县	2019 年	60	四川省北川县	2017 年

注：根据地方政府、网络媒体等官方网站内容整理而成。

（二）西南地区扶贫实施案例统计分析

fs-QCA 方法可以对设定的条件变量自身以及条件变量间的组合路径进行分析，根据条件变量赋值规则和结果变量赋值规则，结合表 5-4，本章统计了扶贫实施案例中条件变量的发生次数，构建了西南地区扶贫实施案例具体指标统计表（见表5-5）。

表 5-5　西南地区扶贫实施案例具体指标统计

变量类型	变量名称	具体指标选取	"行为发生"累积数	"行为未发生"累积数
条件变量	基础设施	危房改造与易地搬迁	41	19
		乡村交通公路修缮	52	8
		用水用电安全保障	42	18
	文化科普	脱贫理论宣讲	24	36
		健康知识科普	21	39
		精神文化建设	25	35
	产业带动	发展当地特色产业	57	3
		对贫困户实施技能培训	43	17
		解决贫困户就业问题	39	21
	科技教育	解决上学难问题	44	16
		引进教育及科技人才	39	21
		引进高新科学技术	12	48
	健康保障	进行医疗救助	41	19
		培养当地医疗人才	19	41
		引进先进医疗设备	7	53
	金融服务	提供小额贷款	30	30
		实施农业保险	20	40
		金融知识科普	15	45
结果变量	脱贫摘帽	贫困县是否脱贫摘帽	60	0

同时，根据选取的 60 个扶贫实施案例的条件变量和结果变量的赋值结果，构建了西南地区扶贫案例变量真值表（见表 5-6）。

表 5-6　西南地区扶贫案例变量真值表

案例	基础设施	文化科普	产业带动	科技教育	健康保障	金融服务	结果变量
1	0.67	0.33	0.67	0	0.67	0	1
2	1	0.33	0.33	0.67	0.67	0.33	1
3	0.67	1	0.33	1	0.33	0.67	1
4	1	0.67	0.33	0.33	0.33	1	1
5	0.67	0.67	0.67	0.67	0.67	0	1
6	0.67	1	1	0.33	0.33	1	1
7	0.67	1	0.67	0.33	0.33	0	1
8	1	0.67	0.67	0.67	0.33	1	1
9	0.67	0.67	0.67	0.33	0.33	0	1
10	0.67	0.33	0.67	0.33	0.33	0.33	1
11	0.67	0.33	0.33	0	0.33	0.33	1
12	0.67	1	0.33	0.33	0.33	1	1
13	1	0.67	0.33	0	0.33	1	1
14	0.67	0.33	0.67	0	0.33	0.33	1
15	0.67	0.67	0.33	0.33	0	0	1
16	0.67	0.67	0.33	0	0.33	1	1
17	0.67	0.67	0.67	1	0.33	0	1
18	0.67	1	0.67	0	0	0.67	1
19	0.67	0.67	0.67	0.33	0.33	0	1
20	1	0.67	0.33	0	0.33	0.33	1
21	1	1	0.67	0.33	0	0	1
22	1	1	0.33	0	0.33	0	1
23	1	0.67	0.67	0.33	0	0.33	1
24	0.67	1	0.67	0.67	0.33	0	1
25	1	0.67	0.67	1	0.33	0.33	1
26	0.67	0.33	0.67	1	0.33	0.33	1

案例	基础设施	文化科普	产业带动	科技教育	健康保障	金融服务	结果变量
27	1	1	0.67	0.33	1	1	1
28	0.67	1	0	0	0.67	0.33	1
29	0.67	0.67	0.67	0.33	0.33	0.33	1
30	0.67	1	0.33	0.33	0.33	0	1
31	0.33	1	0.33	0.33	0	0.33	1
32	0.67	1	0.33	0	0.33	0.33	1
33	0.67	0.67	0.33	0.33	0.33	0	1
34	0.33	0.67	0.67	0	0.33	0	1
35	0.67	1	0.33	0.67	0.33	0.33	1
36	0	1	0.33	0.67	0.33	1	1
37	0.67	1	0.33	0.33	0.33	0.33	1
38	0.33	0.67	0.67	0.33	1	0.33	1
39	1	0.67	0.67	0.33	0.33	0	1
40	1	1	0.67	0.33	0.67	0	1
41	1	0.67	0.33	0	0	0.33	1
42	0.33	0.67	1	0.33	0.33	0.33	1
43	0.67	1	0.33	0.67	0.33	1	1
44	0.67	0.33	1	0.67	0.33	0	1
45	0.67	1	0	0	0.67	0	1
46	1	1	0.67	0.33	0.67	0	1
47	0.67	0.67	0.67	0	0	0	1
48	0.67	0.33	0.67	0.33	0.67	0.33	1
49	0.67	0.67	0.33	0.67	0.67	0	1
50	0.67	0.67	0.67	0	0.67	0.33	1
51	0.33	1	0.67	0.33	1	0.33	1
52	1	0.33	0	0.33	0.67	0.33	1
53	1	1	1	0.67	0.33	1	1
54	1	1	0.67	0	0	0	1
55	1	1	0.33	0.33	0.67	0.33	1

续表

案例	基础设施	文化科普	产业带动	科技教育	健康保障	金融服务	结果变量
56	1	1	0.67	0.33	0.33	0	1
57	0.67	0.67	0.67	0.33	0.33	0.67	1
58	1	1	0.33	1	0	0	1
59	1	1	0.67	0.33	0.67	0	1
60	0.33	0.67	0.33	0.67	0.33	0.33	1

第四节 基于 fs-QCA 方法的西南地区扶贫实施路径组态分析

一 西南地区扶贫实施路径单变量分析

fs-QCA 方法采用"连续值集"模糊集形式，即"1 为完全隶属，0.5<
X<1 为偏隶属（等于 0.5 为既非隶属也非不隶属），0<X<0.5 为偏不隶属，
0 为完全不隶属"。[①] 一般分析结果呈现为三项指标，即相连度、原始覆盖
率和一致性。相连度表示单个条件变量与结果之间的相互联系的程度，结
果越大，单变量下的影响因素越大。原始覆盖率表示符合该变量的案例在
案例库中所占比例，它是一项经验性的指标，覆盖率大，由该变量推动扶
贫的效果越显著。覆盖率计算公式如下：

$$Coverage(X_i \leqslant Y_i) = \frac{\sum [\min(X_i, Y_i)]}{\sum Y_i}$$

关于一致性，一般情况下，变量一致性如果大于 0.9，那么就说明该
变量是该结果的必要性条件。计算公式如下：

---

① 冯朝睿、李昊泽：《贫困县脱贫摘帽的影响因素及实践路径——基于中国西南地区 60 个
案例的模糊集定性比较分析》，《云南财经大学学报》2020 年第 11 期，第 46~56 页。

$$Consistency\,(X_i \leqslant Y_i) = \frac{\sum \left[\,\min(X_i, Y_i)\,\right]}{\sum X_i}$$

本章所选取的西南地区扶贫实施案例都是有明确结果的案例，即截止到 2020 年 6 月国家公布的已经摘帽的贫困县。本章选取贫困县脱贫摘帽作为结果变量，赋值为"1"（案例选择上未选择未脱贫县，则没有赋值为"0"的可能），所以其一致性都为"1"。故本章的特殊性就在于单变量分析中，虽然一致性都为 1（1>0.9），但并不说明单个条件变量都是结果变量的必要性条件。

从表 5-7 可以看出，相连度指标下，值集在 0.5<X<1 区间的条件变量由高到低分别是产业带动、基础设施、科技教育、金融服务、文化科普、健康保障，说明条件变量与结果变量之间属于偏隶属关系。这些单个条件变量以自身的特定形式在脱贫攻坚中发挥着作用，推动了西南地区贫困县提前脱贫摘帽。其中健康保障和文化科普这两个条件变量分别排倒数第一、第二名，表明它们之间仅存在微弱的因果联系。原始覆盖率指标下，6 个条件变量中有 2 个条件变量的原始覆盖率指标达到 70% 以上，分别是产业带动（77.30%）和基础设施（74.03%），说明这两个条件变量和结果变量之间存在因果联系，联系程度较大，是结果变量的主要影响因素，对西南地区贫困县的脱贫摘帽有较强的解释力。

表 5-7 单变量指标分析统计

变量名称	相连度 （Combined）	一致性 （Consistency）	原始覆盖率 （Raw coverage）
基础设施	0.856113	1.000000	74.03%
文化科普	0.601673	1.000000	36.57%
产业带动	0.874797	1.000000	77.30%
科技教育	0.723108	1.000000	52.82%
健康保障	0.592693	1.000000	35.48%
金融服务	0.642262	1.000000	41.67%

注：本表由课题组根据 fs-QCA 分析软件得出的数据结果汇总制作而成。

二 西南地区扶贫实施路径条件组态分析

考虑到贫困县脱贫摘帽往往由多因素交织推动,单变量分析与验证的缺陷无法准确测量贫困县脱贫摘帽的影响因素。因此,研究进一步采用条件组态分析,探究西南地区贫困县脱贫摘帽的实践路径。第一,利用 fs-QCA 软件运行西南地区扶贫案例真值表,运算分析到三个方案:复杂方案(Complex Solution)、简化方案(Parsimonious Solution)、中间方案(Intermediate Solution)。第二,通过对三种方案的整合,发现简化方案数据已经被简化,无法进行比较。在复杂方案和中间方案中,二者的整体覆盖率(solution coverage)和整体一致性(solution consistency)相同,其中整体覆盖率为 0.632167,整体一致性为 1.000000。第三,中间方案的参数结果是一种在定性比较分析中完全按照变量设置而产生的结果,也是 fs-QCA 分析中的首选方案,在实际应用中,多采用此方案。[①] 故本章在影响路径分析过程中选择了中间方案进行路径分析(见表 5-8)。

表 5-8 西南地区扶贫实施路径统计

	原始覆盖率 (Raw Coverage)	唯一覆盖率 (Unique Coverage)	一致性 (Consistency)
基础设施 * 产业带动 * ~金融服务	0.452667	0.0336667	1
产业带动 * 基础设施 * ~文化科普	0.522667	0.0621667	1
基础设施 * 产业带动 * 科技教育 * ~健康保障	0.376833	0.0196666	1
基础设施 * 科技教育 * ~健康保障 * 文化科普 * ~金融服务	0.193167	0.00849998	1
产业带动 * 科技教育 * 健康保障 * 文化科普 * ~金融服务	0.193167	0.00849998	1
产业带动 * ~科技教育 * 健康保障 * ~文化科普 * 金融服务	0.135333	0.0139999	1

---

① 李健:《基于模糊集定性比较分析的民营企业政治行为有效性研究》,《商业经济与管理》2012 年第 11 期,第 48~55 页。

续表

	原始覆盖率 （Raw Coverage）	唯一覆盖率 （Unique Coverage）	一致性 （Consistency）
solution coverage：0.632167 solution consistency：1.000000			

注：在西南地区脱贫实施路径的中间方案中，"～"表示"非"（Negation）即没有该变量，"＊"表示变量之间是"且"（and）的关系。

资料来源：本表由课题组根据 fs-QCA 软件得出的数据结果整理制作而成。

由表 5-8 可以看出组合路径中一致性都相同且为"1"，表明测量结果对案例的解释程度比较高，甚至完全覆盖，故不再对一致性进行分析。从中间方案的输出结果中可以看到整体覆盖率和整体一致性分别达到 0.632167 和 1.000000，说明这六个条件组合以及所选择的扶贫实施案例对西南地区贫困县脱贫摘帽具有较强的解释力。

扶贫实施路径一：基础设施 ＊ 产业带动 ＊ ～金融服务。表明在西南贫困地区金融服务普及度不高，但基础设施建设较为完善的情况下，通过发展当地特色产业带动经济发展，为贫困户提供就业岗位，能够在促进贫困县脱贫摘帽过程中发挥积极作用，其中条件变量相互交织推动结果变量的充分性为 0.452667，必要性为 0.0336667。

贵州省贞丰县、四川省平昌县和西藏自治区尼木县的扶贫事迹是该条扶贫实施路径的典型案例。贵州省贞丰县通过改善道路交通基础设施，着力建设乡村硬化道路，完善农村客运系统，为贞丰县各种经济产业发展、脱贫攻坚、同步实现全面小康提供了坚实的交通运输保障；与此同时，当地通过招商入驻三家企业，发展清朝贡茶"贵州娘娘茶"，积极拓宽林业就业和增收空间，让退耕还林与精准扶贫有机结合，多渠道增加贫困户涉林收入。四川省平昌县深入开展农村基础提升行动，大力推动交通先行战略，持续深化"四好农村路"建设，全面实施村组联网工程，基本实现村村相连、组组通达的目标。在巩固好基础设施后，当地政府深入实施旅游产业、富民工程，积极策划包装品质高、带动力强的田园综合体、特色产业园区、旅游综合体等项目，吸引投资，引导实施"景区带村""能人带户""公司+农户"
"合作社+农户"等旅游扶贫示范项目；当地政府通过改善旅游基础设
施配套、提升旅游接待服务水平、奠定贫困群众参与旅游产业发展基
础，为精准实施旅游扶贫提供了保障。北京市对口帮扶的西藏自治区
尼木县依托自然资源优势发展尼木藏鸡产业，同时发展现代农业产业
园，主要栽植经航天育种选育的辣椒、西红柿、西葫芦等多个品种，
大力发展传统特色产业藏香，手工藏香生产中心、藏香研发中心、非
物质文化遗产展示中心、藏香产业园相继建成并投入使用，传统与现
代相结合的发展模式使尼木藏香产业焕发出勃勃生机。

扶贫实施路径二：产业带动 * 基础设施 * ~ 文化科普。表明在西南贫
困地区文化科普程度不高，但基础设施建设较为完善的情况下，通过发展
当地特色产业带动经济发展，为贫困户提供就业岗位，能够在促进贫困县
脱贫摘帽过程中发挥积极作用，其中条件变量相互交织推动结果变量的充
分性为 0.522667，必要性为 0.0621667。

　　四川省旺苍县、平昌县、古蔺县的扶贫事迹是该条扶贫实施路径
的典型案例。产业扶贫很多是相辅相成、相互结合的，如种植业依托
电商平台取得更大的销量、旅游业给予种养业更大的知名度等，产业
的发展不仅为贫困地区的人民群众带来了外源脱贫动力，为贫困群众
提供就业、实施技能培训等内容也提升了贫困群众的内源脱贫动力，
为脱贫攻坚提供了巨大的帮助。四川省旺苍县按照"大产业园+小示
范+特色微庭院"大小微联动、长中短结合的产业扶贫思路，紧紧围
绕当地资源优势，发展特色产业，在北部山区形成了特色中药材产业
发展示范带，通过结合传统手工工艺，研发生物高温发酵技术。四川
省巴中市平昌县以旅游业为基础展开消费扶贫，深入实施游客后备厢
计划，新开发具有地方特色的旅游商品、特色小吃，丰富旅游产品种
类，充分吸引游客旅游消费，实现"游平昌、买平昌"。四川古蔺县
依托各大电商平台，大力发展消费扶贫，构建县、乡、村三级电商物
流配送服务体系，全面提高农特产品产销服一体化水平，推广以购代

捐的扶贫模式，组织开展农产品定向直供直销学校、医院、机关食堂和交易市场活动，继续推动"四川扶贫"公益性集体商标申报，动员更多社会企业、爱心人士开展扶贫产品认购。

扶贫实施路径三：基础设施 * 产业带动 * 科技教育 * ~健康保障。表明在西南贫困地区健康保障程度不高，但基础设施建设较为完善的情况下，通过发展当地特色产业带动经济发展，加大教育科技投入力度，为贫困户提供就业岗位，能够在促进贫困县脱贫摘帽过程中发挥积极作用，其中条件变量相互交织推动结果变量的充分性为 0.376833，必要性为 0.0196666。

贵州省三穗县、四川省南江县、四川省雷波县的扶贫事迹是该条扶贫实施路径的典型案例。贵州省三穗县针对贫困家庭子女上不起学的问题，联合企业集团出资，设立教育帮扶资金，定向精准帮扶特殊的贫困家庭学生，学生在校学习期间为其提供资助，切实减轻贫困家庭的学生就学经济压力，帮助学生健康成长。四川省南江县港扶会资助帮扶地区青少年到香港参观交流、开阔眼界，组织香港师生到南江县参观学习、做义工、开展社会调查、加强国情教育等，推动双方深入交流、互学互促，解决上学难的问题，改善了贫困地区教育资源短缺、教育水平偏低的情况，为贫困地区孩子们的学习和发展做出了巨大的贡献。四川省雷波县切实加快教育信息化，加快完善"三通两平台"建设和运用，通过引入教学设备，提高教育水平。2017 年 9 月，教育部科技司、中央电教馆将雷波县作为全国三个试点县之一，开展"利用高通量宽带卫星实现学校（教学点）网络全覆盖试点项目"，通过接入高通量宽带卫星，为试点县学校和教学点建设多媒体网络教学环境，开展基于卫星网络的专递课堂和同步课堂、网络教研、学生自主学习等教学教研实践。

扶贫实施路径四：基础设施 * 科技教育 * ~健康保障 * 文化科普 * ~金融服务。表明在西南贫困地区健康保障程度和金融服务普及度不高，但当地基础设施建设较为完善的情况下，教育人才进驻，提供高科技支持，进行扶贫文化建设，能够在促进贫困县脱贫摘帽过程中发挥积极作用，其中条件变量相互交织推动结果变量的充分性为 0.193167，必要性为 0.00849998。

　　云南省永平县、贵州省黎平县、四川省昭觉县的扶贫事迹是该条扶贫实施路径的典型案例。云南永平县从 2017 年开始，结合脱贫攻坚工作，成立了 7 个农村危房改造专家指导组，抽调 28 名专业技术人员和 63 名乡土人才，吃住在乡（镇）村，发挥专业特长和优势，对各村农户住房开展全覆盖走访，逐户与农户交谈询问、查阅住户信息资料、查看房屋实体、查阅四类重点对象危房改造档案，开展面对面政策宣传、现场技术指导，督促问题整改，如期完成全县消除农村危房和提升居住质量的"排危提质"工作目标。贵州省黎平县开展法治宣传，法律顾问不定期深入村、社区普及与日常生产生活相关的法律知识，召开鼓楼宣讲会、院坝会等法治讲座，针对群众最关心的婚姻家庭、土地权属、社会保障、合同等方面的法律问题进行讲解。四川省昭觉县抓薄弱、补短板，充分发挥帮扶队员优势特长，按照"哪儿薄弱就补哪儿"的原则，紧扣实际情况，积极参与全乡各项事务。在技能培训方面，积极参与新型农民素质提升培训、农民夜校等培训活动，走上讲台，深入田间地头，为广大农户讲解农业林业生产技术，宣讲健康卫生知识，帮助农户提升劳动技能和自身素质；在移风易俗方面，以学生群体为突破口，大力倡导健康文明的卫生行为习惯；在引领示范方面，始终保持良好的工作生活习惯，从生活工作的点点滴滴做起，带动身边的干部群众自觉养成良好的工作、生活和卫生习惯，获得了干部群众的高度认可。

扶贫实施路径五：产业带动＊科技教育＊健康保障＊文化科普＊～金融服务。表明在西南贫困地区健康保障程度和金融服务普及度不高，但当地特色产业带动当地经济发展，为贫困户提供就业岗位的情况下，加大教育科技投入力度，能够在促进贫困县脱贫摘帽过程中发挥积极作用，其中条件变量相互交织推动结果变量的充分性为 0.193167，必要性为 0.00849998。

四川省南江县、贵州省思南县、贵州省务川县的扶贫事迹是该条扶贫实施路径的典型案例。在西南地区扶贫中，香港各界扶贫促进会定点帮扶四川省南江县，设立了医疗扶贫基金，重点用于实施医院结对帮扶、医护人才培养等卫生帮扶项目。同时建立专家工作室，每年邀请 3 名以上香港医学专家到南江县提供专家治疗，帮助指导南江县医院重点专科规范化建设。除此之外，重点实施医护人才培养，每年选派重点专科骨干医护人员免费到香港进修深造，定期邀请香港医学专家到南江县开展带教指导工作。在贵州思南县扶贫过程中，当地政府积极与江苏省常熟市开展东西部医疗协作，实施医疗对口帮扶，极大提高了全县医疗机构诊疗水平，惠及当地群众。贵州省务川县在医疗保障方面投入扶贫资金为全县各个乡镇卫生院、妇幼保健院、中医院等添置医疗设备，改善两级医院医疗硬件设施，提升当地医疗服务水平。与此同时，务川信用联社还为各个乡镇卫生院进行升级改造，整体提升了全县乡镇卫生院的综合服务能力。[1]

扶贫实施路径六：产业带动 * ~科技教育 * 健康保障 * ~文化科普 * 金融服务。表明在西南贫困地区文化科普程度和受教育程度不高，但当地特色产业带动当地经济发展，为贫困户提供就业岗位的情况下，加大健康保障和金融服务的投入力度能够在促进贫困县脱贫摘帽过程中发挥积极作用，其中条件变量相互交织推动结果变量的充分性为 0.135333，必要性为 0.0139999。

重庆市奉节县、四川省苍溪县、四川省马边县的扶贫事迹是该条扶贫实施路径的典型案例。在西南地区扶贫案例中，重庆市奉节县确保产业增收、利益联结到村到户到人，提供贷款贴息、金融信贷、项

---

[1]　千帆：《两载牵手情，真情帮扶路——贵州省农村信用社联合社结对帮扶务川纪实》，《贵州日报》2017 年 6 月 26 日。

目规划、定向奖扶和激励机制等政策支持。四川省苍溪县实施信用救助，针对资金周转难、非主观恶意欠款的贫困户，采取银行增信、无还本续贷、产业基金扶持等方式进行综合救助。当地银行施行"双单"保险策略，按照"订单+保单"思路，通过销售奖励、税收减免等优惠政策鼓励经营主体与贫困户签订保底价收购订单，建立贷款风险基金，支持将特色农产品纳入产业保险。经营者与农户签订产业发展合作协议，实行订单保底收购，对贫困户因家庭成员重病、死亡或丧失劳动能力，因重大自然灾害等不可抗力因素，生产经营活动遭遇毁灭性影响等不同情况造成产业损失的，经营者承担风险，村集体托底，避免农户受损。此外，通过购买农业保险，增强了农民产业发展抵抗自然灾害能力，降低了生产经营风险。四川马边县在金融扶贫的过程中，在县金融办的大力推动下，全县20个乡镇多管齐下，大力宣传免担保免抵押、财政贴息扶贫小额信贷政策，让金融扶贫信贷走进贫困户家中，使符合条件的建档立卡户做到应贷尽贷。

对比这六条组合路径，扶贫实施路径二在六条实施路径中的充分性测量值位居第一，必要性测量值也位居第一；扶贫实施路径一在六条路径中的充分性位居第二，必要性测量值位居第二；其余路径测量值较低。值得注意的是，扶贫实施路径四和扶贫实施路径五的充分性和必要性测量值都较低，但并不代表这些路径中的组合因素在促进西南贫困县脱贫摘帽过程中没有发挥积极作用。基于此，本章对六条扶贫实施路径中条件变量的出现频次进行统计（见表5-9），挖掘西南地区扶贫实施路径变量间的影响。

表5-9　六条扶贫实施路径中各条件变量出现的频次统计

单位：次

条件变量	基础设施	产业带动	科技教育	健康保障	文化科普	金融服务
出现次数	4	5	3	2	2	1

注：本表由课题组根据 fs-QCA 软件自制。

六条扶贫实施路径中各条件变量出现的频次由高到低依次为产业带动（5次）>基础设施（4次）>科技教育（3次）>文化科普（2次）＝健康

保障（2 次）>金融服务（1 次）。对六条扶贫实践路径进行综合分析，发现科技教育、文化科普、健康保障、金融服务这些变量之间的联系较少，间接说明目前我国西南地区科技、教育、文化、健康、金融等扶贫方式对贫困县顺利脱贫摘帽发挥的作用有限。这也折射出中国西南地区的科技、教育、文化、健康、金融等扶贫政策工具的使用及效果有待进一步加强。在这一轮脱贫攻坚战中，西南贫困地区的基础设施建设、特色产业带动区域经济发展，为贫困户提供就业岗位等措施对贫困县脱贫摘帽发挥了重要的作用，说明西南地区的底子薄弱，通过这一轮脱贫攻坚战基础设施条件得到了改善，为后续的巩固拓展脱贫攻坚成果同乡村振兴有效衔接提供了硬件基础，但软件方面还需进一步完善。

第五节　西南地区扶贫实施路径研究的结果分析

西南地区扶贫实施路径厘析精准地还原了西南地区为了摆脱贫困所采取的有效策略，是研究西南地区扶贫成效的重要素材和案例。同时，通过研究西南地区扶贫实施路径，对下一步探寻西南地区扶贫效果的影响因素，精准把脉西南地区贫困的深层次成因，精准开出解决西南地区贫困问题的"药方"具有重要的现实意义。

一　产业、基础设施、金融、科教、健康是非常重要的脱贫路径

西南地区扶贫实施路径不一，带有明显的西南特点。西南地区扶贫条件组合路径中的最强路径由高到低分别为扶贫实施路径二（产业带动 * 基础设施 * ~ 文化科普）、扶贫实施路径一（基础设施 * 产业带动 * ~ 金融服务）与扶贫实施路径三（基础设施 * 产业带动 * 科技教育 * ~ 健康保障），这几条路径是西南地区贫困县顺利脱贫摘帽的主要路径，而其他路径虽有作用，但作用不明显。上述结论表明，西南地区的扶贫实践是有目的、有组织、有计划、国家主导的资源集聚性、均衡发展性、成果共享性的民生

工程。

二　特色产业带动和基础设施建设助推西南脱贫摘帽效能强

在促进西南地区贫困县脱贫摘帽的条件变量中，产业带动和基础设施是推动西南地区贫困县脱贫摘帽的关键要素，是西南地区扶贫取得决定性胜利的决定性力量。这一结果表明我国西南地区扶贫的主导力量来自基础设施领域的投资拉动、产业发展带动区域经济增长及就业带来的贫困人口收入增加。这一论断与我国西南地区的脱贫实施路径吻合。我国西南地区受历史原因、区位特点、发展条件的限制，基础设施建设薄弱，产业发展落后，贫困户收入低。脱贫攻坚战打响以来，在国家脱贫攻坚专项政策、东西部结对帮扶等政策的指导下，西南地区基础设施建设力度空前之大，上马的基础设施建设项目数量和资金在全国名列前茅，该区域基础设施建设发生了翻天覆地的改变，"五通"政策落实到位，特别是通公路、快递服务、水电、网络覆盖已基本实现，促进了该区域经济的外源性发展。同时，大批有实力且积极响应国家号召的企业入驻该区域，挖掘当地特色，本着保护与开发并重的理念发展西南特色产业，带动了贫困人口收入的增加，促进了该区域经济的内生性发展。

三　科技、教育、医疗、文化、金融等要素纾困效能弱

科技、教育、医疗、文化、金融等要素对西南地区贫困县脱贫摘帽起到了一定的助推作用，但效果不显著。研究发现这 6 个条件变量在扶贫战略实施中发挥着各自的功效，不能相互取代，也不能替代其他因素组合中相对边缘的因素发挥作用，只能在各自因素组合中发挥关键作用，并和其他因素相互交织，共同推动扶贫格局的不断完善，促使贫困县顺利脱贫摘帽。科技、教育、医疗、文化、金融等是经济持续发展的基石，其在脱贫攻坚中发挥着重要的作用，同时是未来可持续减贫的重要力量，还是巩固拓展脱贫攻坚成果同乡村振兴转有效衔接的重要抓手。在西南地区脱贫攻坚战中这些要素作用有限，表明这些政策工具在西南地区的应用较弱，是

未来西南地区可持续减贫的重要努力方向，也是未来西南地区经济持续迸发发展活力的新的增长点，还是西南地区经济保持韧性的关键。

本章小结

　　研究发现，西南地区由于历史发展、地理位置、地质地形、自然气候、地缘政治、民族结构、资源禀赋、人口素质、教育普及、科技发展、文化环境等多种因素综合交叉，政治、经济、社会、文化和生态等的发展整体落后于中国东部和中部地区。脱贫攻坚战打响以来，国家通过政策倾斜的方式向西南地区进行资源输入，以期通过国家综合治理的扶贫工程实现西南地区跟全国一道进入全面小康社会的战略目标。因此，国家通过基础设施建设和特色产业带动为西南贫困地区摆脱贫困营造了良好的发展环境，增加了农民收入，进而促进了该地区经济社会的发展。同时，研究也发现，这种"输血式"的贫困治理存在一些天然的弊端，由于基础设施项目的经济拉动效应难以持续，特色产业的培育需要市场机制，后续除了继续加强基础设施建设和特色产业培育为西南地区可持续减贫奠定基础条件，更应该从根本上消除贫困产生的根源，如通过科技、医疗、教育、文化、金融等助力西南地区实现内生性可持续发展，永远摆脱贫困的困扰。本章的研究可为第八章执行层扶贫的能力提升策略的提出提供依据。

第六章

基于 Logistic 回归分析方法的西南地区
扶贫影响因素测量

唯物辩证法指出掌握事物发展的原因和结果的辩证关系原理对于认识其本质和规律,进而提出有效解决问题的方法具有重要意义。随着扶贫实践过程的不断演进和调研的不断深入,扶贫数据中蕴含着丰富的扶贫规律,本章研究致力于从数据中发现扶贫的客观规律和扶贫的本质特征,遵循由因到果的唯物辩证法逻辑,寻找影响扶贫成效的关键因素,为后续对扶贫成效进行客观科学的评价和提出问题解决的根本策略奠定了坚实的基础。基于西南地区扶贫实施路径助推西南地区摆脱贫困的实践经验,本章致力于研究的关键问题如下。哪些因素影响西南地区扶贫格局的推进,政府、市场或者社会?在扶贫格局的构建过程中哪些因素居于主要地位,政府主导、企业参与、市场参与?哪些因素的影响作用较大,政府帮扶、企业帮扶、社会帮扶或者农户自我发展?这些问题的答案将通过调研、问卷及访谈寻找,进而为更好地推进多元主体扶贫格局的完善提供支撑。首先,研究基于多中心治理理论构建了西南地区扶贫影响因素测量的理论框架,在该框架下基于扶贫实施过程厘析和扶贫实施路径探讨的研究构建了扶贫影响因素测量的指标体系,该体系为第七章扶贫效果评价体系的构建奠定了基础;其次,基于实地调研、调查问卷等方式深入西南贫困地区收集数据并运用无序多分类 Logistic 回归分析方法深度剖析扶贫治理过程中的影响因素,量化测度了西南地区扶贫治理影响因素,并对这些影响因素进行了影响力值的排序。最后,根据测度出来的影响因素的影响力值去找寻实现扶贫目标的关键影响因素,为扶贫能力提升研究提供依据。

第一节　西南地区扶贫影响因素测量的理论框架及方法选择

一　西南地区扶贫影响因素测量的理论框架

"多中心"这一概念最早由迈克尔·博兰尼博士（Michael Polanyi）在《自由的逻辑》一书中提出，它强调参与者的互动过程和建立治理规则与形式的能动性，主张多个权力主体或组织体制共存。多中心理论中的"多"指社会治理不是依赖单个主体的作用，而是依靠多个社会治理主体，以此获得更充分、合理、有效利用的资源，实现治理的可持续性。① 随着社会科学的不断发展，"多中心"研究视角受到了越来越多学者的关注。美国学者埃莉诺·奥斯特罗姆（Elinor Ostrom）在综合迈克尔·博兰尼博士的观点，以及对一些发展中国家落后的农村地区进行调研和实证分析的基础上，对"多中心"的概念进行了突破性的创新，最终提出了多中心治理（Poly-centric Governance）理论。自此，以平等、合作、互信为关键要素的多中心治理理论开始兴起，并逐渐成为公共管理研究的新范式。随着研究的深入和发展，多中心治理理论内容不断丰富，结构趋于完善。② 多中心治理理念打破了单一主体治理模式中权力高度集中的局面，拓宽了治理主体参与公共事务的空间，调动了其他社会资源服务脱贫攻坚战略的积极性，提升了非政府主体在国家治理中的参与性。但由于西方的多中心治理理论中的多中心具有天然平等的属性（权利和责任的均等），而本章研究在引用多中心治理理论构建分析框架的时候对该理论中各主体的地位进行了适当的调整和改良，使其更适合中国的国情。因为中国的脱贫攻坚战是国家主导的系统性扶贫工程，虽然多主体参与了这一工程，但国家和政

---

① 张元春：《智能物流生态系统演化发展：基于多中心协同治理视角》，《商业经济研究》2021 年第 6 期，第 96~99 页。

② Michael Polanyi, *The Logic of Liberty: Reflections and Rejoinders*（Indianapolis: Liberty Fund Inc., 1998），pp. 24-36.

府的主导地位是不变的，国家和政府承担的各种责任也是最多的。在西南地区扶贫治理过程中，治理主体主要包括政府、企业、农户、合作社、社会组织等，研究发现西南地区扶贫格局形成了中央政府主导、地方政府动员合作、农户自身愿意脱贫、合作社参与带动扶贫、企业利用市场机制带动脱贫以及社会组织协同参与的扶贫治理体系。因此，本章基于多中心治理理论，从多元主体参与的视角构建了西南地区扶贫影响因素测量的理论框架（见图6-1）。

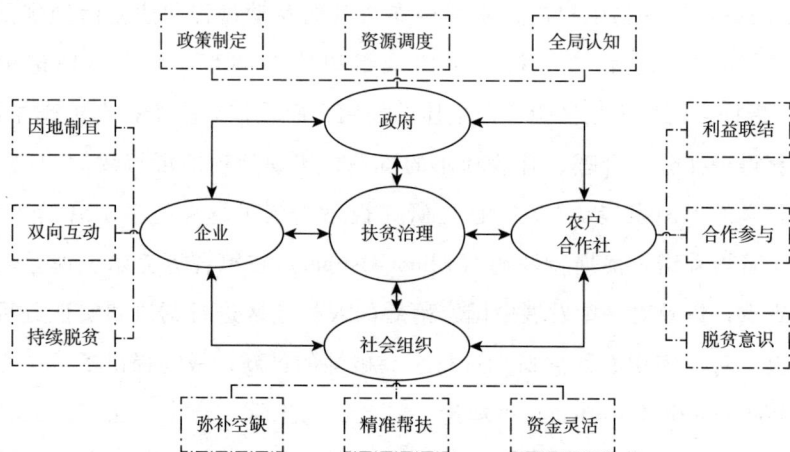

图 6-1 西南地区扶贫影响因素测量理论框架

该理论框架包含了扶贫影响因素测量的四大类重要主体，各主体在西南地区扶贫实施过程中都发挥了不可替代的作用，潜移默化地影响着最终的扶贫效果。

（一）政府的政策制定和资源调度

政府是扶贫开发与实施过程中的核心主体，在扶贫工作中发挥着领导和主导作用。在扶贫具体工作中，政府拥有制定政策和资源调度的权力，能够根据扶贫的实施情况出台相关扶贫政策并合理分配扶贫资源，及时解决扶贫过程中产生的突出问题，从而达到资源效益最大化的目标。同时，政府在整个扶贫过程中拥有大局观，对全局有清晰的认知与定位，能够根据实际的扶贫进度进行资源的再分配。

（二）企业的因地制宜和双向互动

在扶贫实施过程中，企业作为产业、项目的投资者和利益的追求者，拥有犀利的市场眼光与敏锐的市场判断，能够根据区域环境与地域特色制定精细化、个性化的扶贫策略，并利用自身优势维持产业的可持续发展，因地制宜开展帮扶工作。企业帮扶善于引入市场机制，盘活各种资源，注重"投入"与"产出"比，注重投资的效率。同时，企业倡导双向互动的参与式扶贫，通过对贫困群体展开技能培训，增加就业岗位，提升贫困群体的实际工作能力，进而激发贫困群众的内生发展动力，起到内源性的可持续减贫效果。

（三）社会组织的精准帮扶和弥补空缺

社会组织是以提供非营利性的公益活动为目的的非政府组织。社会组织以公益为出发点的特性，使得其自身带有亲民的特点，能够更加贴近群众。社会组织在开展帮扶活动的过程中不同于政府，其扶贫项目的选择通常较为具体，一般都是具体到县、镇或村。由于项目非常聚焦，社会组织能够深入群众，在了解群众真正需求的基础上进行有针对性的帮扶，社会组织扶贫项目在一定程度上弥补了政府服务资源和能力的不足或空缺。此外，社会组织通过筹集社会资金帮扶贫困地区的方式能够促进资源向贫困地区转移再分配，进而推动社会公平。

（四）农户、合作社的利益联结和合作参与

农村合作社是由愿意合作生产经营的劳动农民建立的一种合作组织形式。相较于以利益为导向的企业，合作社在追求经济发展的同时能够兼顾农户的利益和权利，是连接政府与农户关系不可或缺的中间制度载体。[①]首先，合作社通过建立与农户之间的利益联结机制为农户的利益提供保障，扩大农户参与合作社扶贫的范围，通过合作社的经营发展带动农户的

---

① 张梅、王晓、颜华：《农民合作社扶贫的路径选择及对贫困户收入的影响研究》，《农林经济管理学报》2019 年第 4 期，第 530～538 页。

收入增长。其次，合作社通过与政府、企业、农户、银行等主体合作，以合作参与的形式促进专项扶贫或行业扶贫工作的进行，能充分发挥自身的协助作用。最后，合作社作为与农户关系密切的利益联结主体，能够利用农户对合作社的信任感与依赖感充分认清农户的现状与需求，帮助农户转变贫困观念，增强脱贫意愿，从而配合政府的扶贫工作，共同推进脱贫攻坚任务与乡村振兴战略的实施。

二 西南地区扶贫影响因素测量方法的选择

（一）Logistic 回归分析方法的内涵和基本原理

Logistic 回归别称 Logistic 回归分析，是一种概率型非线性回归模型，用于研究二分类观察结果 y 与一些影响因素（x_1，x_2，…，x_n）之间关系的一种多变量分析方法。Logistic 回归分析是在线性回归的基础上发展而来的，通常用来研究某个结果是否会在某些因素的影响下发生。[1] 其基本思想是根据现有数据对分类边界线建立回归公式，以此进行分类。换句话说，Logistic 回归分析并不是对所有的数据点进行拟合，而是对数据之间的分界线进行拟合。

（二）Logistic 回归分析方法的具体应用

1. 基于 Logistic 回归分析方法的风险评估分析

余超等以链条上的核心企业作为研究的切入点，采用因子分析模型和 Logistic 回归模型建立起信用风险评估体系，对煤炭行业在销售阶段应收账款融资模式下的供应链金融信用风险进行定量分析。[2] 刘逸爽、陈艺云采用 Logistic 回归分析方法对上市公司的信用风险进行了深度分析研究。[3] 李

---

① 张庆红、夏咏：《新疆连片特困地区少数民族农户贫困影响因素分析》，《中国农业资源与区划》2019 年第 3 期，第 166~172 页。

② 余超、唐国艳、卢爱珍：《供应链金融应收账款融资信用风险评估的可行性分析——基于煤炭行业的实证研究》，《金融发展评论》2019 年第 3 期，第 132~147 页。

③ 刘逸爽、陈艺云：《管理层语调与上市公司信用风险预警——基于公司年报文本内容分析的研究》，《金融经济学研究》2018 年第 4 期，第 46~54 页。

长山运用 Logistic 回归分析方法对企业财务风险预警构建模型，结果表明为达到有效防范金融风险的效果，上市公司需要建立风险预警模型。[①] 夏江山通过 Logistic 回归模型对我国中小商业银行存款保险风险费率厘定问题进行了深入研究，发现投保机构风险拟合优度处于较高的水平。研究所使用的模型能有效地区分被保险机构的风险水平。[②] 由此可见，Logistic 回归分析方法在风险评估领域中的运用已相当成熟，并且在风险评估领域中的运用十分常见。

2. 基于 Logistic 回归分析方法的公共服务质量评估分析

吴凌霄等学者选取新疆、西藏、宁夏、广西 4 个区的具体地区，通过统计年鉴与问卷调查相结合的方式进行了调查，并应用 Logistic 回归分析方法对西部民族地区"新农保"参保影响因素及效果进行了分析，发现参保率及实施效果与影响因素成正相关关系。[③] 李振杰、韩杰利用 Logistic 回归分析方法，选取我国吉林、山东等部分地区作为样本，建立指标体系对农地流转意愿的影响因素进行了实证分析，得出了家庭非农人口数量、收入、流转途径、是否成立家庭农场、有没有电商销售等因素对土地流转意愿影响较大的分析结果。[④] 郭瑶、方金基于 496 份调查数据，运用多元有序 Logistic 模型和 ISM 模型分析了农村基本公共服务农户满意度的影响因素及各影响因素间的关联关系和层次结构，提出要建立信息披露机制，完善政府投入机制，加大政府监管力度，提升农户对农村基本公共服务的满意度。[⑤]

① 李长山：《基于 Logistic 回归法的企业财务风险预警模型构建》，《统计与决策》2018 年第 6 期，第 185~188 页。
② 夏江山：《我国中小商业银行存款保险风险费率厘定问题研究——基于面板有序 Logistic 回归模型》，《现代财经》2018 年第 1 期，第 26~36 页。
③ 吴凌霄、龚新蜀、岳会：《西部民族地区"新农保"参保影响因素及效果评价——基于农户调查数据的 Logistic 回归分析》，《西藏大学学报》（社会科学版）2018 年第 3 期，第 176~180 页。
④ 李振杰、韩杰：《基于 Logistic 回归模型的农户土地流转意愿实证分析》，《统计与决策》2019 年第 13 期，第 110~114 页。
⑤ 郭瑶、方金：《农村基本公共服务农户满意度影响因素研究——基于 Logistic-ISM 模型》，《科技和产业》2019 年第 7 期，第 100~107 页。

3. 基于 Logistic 回归分析方法的数据挖掘以及经济预测分析

张利利等学者介绍了数据挖掘技术中常用的三种模型：逻辑回归模型、BP 神经网络模型和决策树模型。同时构造了一种新模型——逻辑回归与 BP 神经网络混合的模型，然后分别采用这四种模型对可能影响银行客户是否认购定期存款的影响因素进行了数据挖掘分析。研究结果表明，逻辑回归与 BP 神经网络混合的新模型的预测效果更好，可以大大缩小银行推送认购定期存款的客户范围，有效挖掘潜在的银行客户，大大提高银行的效率。[①]

4. 基于 Logistic 回归分析方法的产业融资、融合发展分析

田帅辉等学者通过构建交通运输业与邮政业融合发展的 Logistic 模型，分析了研究模型的稳定点与共生状态下的推动力，辨别了重庆市两大产业间的共生模式并创新性地计算了两大产业间的推动力。[②] 李森等学者基于 Logistic 回归与神经网络模型对股权众筹项目融资成功率进行了比较分析，首先通过非参数检验及二元 Logistic 回归等分析方法对影响股权众筹项目融资的关键指标进行了筛选，其次进一步构建了神经网络模型，比较分析了回归模型与神经网络模型的判别能力，最后对股权众筹项目融资成功率进行了预测。[③]

5. 基于 Logistic 回归分析方法的精准扶贫分析

苏会、赵敏基于山西省 838 家农户的调研资料，采用二元 Logistic 回归模型对农户获得低保的影响因素进行实证分析，结果表明低保识别已由收入的单维测度转变为多维测度，但仍能够较为准确地覆盖低收入人群。[④] 蔡高成等将湛江市 10 个扶贫村作为研究对象，将精准扶贫成效的满意度作为因变量，将医疗设备与医疗保障的认可度、相关部门对精准扶贫工作的

---

① 张利利等：《基于数据挖掘技术的银行客户定期存款认购模型研究》，《数学的实践与认识》2019 年第 21 期，第 95~102 页。

② 田帅辉、徐瞳、王旭：《基于 Logistic 模型的交通运输业与邮政业融合发展研究——以重庆市为例》，《重庆大学学报》（社会科学版）2019 年第 6 期，第 14~23 页。

③ 李森、赵轩维、夏恩君：《股权众筹项目融资成功率判别——Logistic 回归与神经网络模型的比较分析》，《技术经济》2018 年第 9 期，第 80~91 页。

④ 苏会、赵敏：《脱贫攻坚视角下农村低保对象认定的影响因素分析——基于山西省 838 家农户的调研数据》，《中南林业科技大学学报》（社会科学版）2019 年第 2 期，第 80~85 页。

重视程度及就业帮扶的认可程度等因素作为自变量，建构了 Logistic 回归模型。[①] 陈弘、周贤君、胡扬名致力于农村精准扶贫综合绩效提升，采用三阶段 DEA 模型对政府精准扶贫投入产出效率进行测算，进而采用 CSI-Logistic 模型进行双层综合分析，结果显示：多数地方的精准扶贫具有强投入性特征，而相对产出较低，故客观绩效不高，农村精准扶贫绩效的地区差异大，影响因素多，农村精准扶贫绩效评价必须注重宏观效率与微观效率、客观绩效与主观绩效的协调性分析。[②]

综上所述，Logistic 回归分析方法是在自变量与因变量关系的基础上建立变量之间的回归方程，并以回归方程作为预测模型，根据自变量的程度或数量变化来预测自变量与因变量之间的关系。Logistic 回归分析方法是一种研究中广泛使用的算法，因为它比较高效，不需要太大的计算量，又不需要缩放输入特征，很容易调整，并且能输出校准好的预测概率。贫困治理主体从一元走向多元是精准扶贫工作的鲜明特质，也是构建大扶贫格局的基本要求。[③] 多中心协同治理的扶贫模式所处的大环境较为复杂，其中涉及政府、企业、市场、第三部门、农户等多元主体的协同参与，其中每两个主体甚至单独每个主体之间都有复杂的多层合作联系，且影响因素多，整个分析过程非常复杂，而 Logistic 回归分析能够量化复杂数据，建立模型开展实证分析，其结果精确客观，对测量西南地区大扶贫影响因素具有显著优势。同时，考虑到西南地区扶贫实施的过程中参与主体多元、实施策略复杂、量化效果评价难度大这三大特点，本章研究选用 Logistic 回归分析方法，测量西南地区扶贫影响因素，并根据分析得到的显著性结果对评价指标进行筛选，为后续扶贫效果评价夯实基础。

---

① 蔡高成、赵海清、李光辉：《基于 Logistic 回归的扶贫满意度评价模型》，《凯里学院学报》2019 年第 6 期，第 10～13 页。

② 陈弘、周贤君、胡扬名：《后精准扶贫阶段农村精准扶贫综合绩效提升研究——基于 4 省 38 市数据的实证分析》，《中国行政管理》2019 年第 11 期，第 12～18 页。

③ 李广文、王志刚：《大扶贫体制下多元主体贫困治理功能探析》，《中共南京市委党校学报》2017 年第 6 期，第 64～69 页。

第二节　西南地区扶贫影响因素测量的指标体系构建

一　西南地区扶贫影响因素测量的指标选取办法

Logistic 回归分析方法是通过 Logit 变换将结果变量与条件变量的非线性结果转化为线性关系，以此来分析结果变量和条件变量之间的关系。本章研究采用 Logistic 回归分析方法通过以下步骤选取研究指标。

（一）　确定西南地区扶贫影响因素测量的目标层

西南地区扶贫影响因素测量的目标层即一级指标，所谓一级指标是指大类研究或考核指标。从扶贫研究主题出发，确定研究目的与评价的对象。

（二）　确定西南地区扶贫影响因素测量的准则层

西南地区扶贫影响因素测量的准则层即二级指标，二级指标是指在一级指标之下能更加具体地表示研究主题的指标。一般在确定好目标层之后，根据目标层下的各个维度确定具体的二级指标。

（三）　确定西南地区扶贫影响因素测量的候选指标群

西南地区扶贫影响因素测量的候选指标群即根据确定的二级指标找出与二级指标相符合的候选指标，组成相应的候选指标群。此候选指标群中的所有指标都与扶贫研究主题、一级指标及二级指标有密切联系，且这些指标均可以具体指代二级指标。

（四）　确定西南地区扶贫影响因素测量的具体指标

确定西南地区扶贫影响因素测量具体指标的方法如下：一是从候选指标群中，逐个剔除与其他指标相关程度低的指标；二是从单个指标开始，逐个引入与其他指标相关程度高的指标。

二 西南地区扶贫影响因素测量的指标体系构建

本章基于西南地区扶贫影响因素测量理论框架，并结合西南地区实际扶贫情况，从政府间帮扶合作，企业参与扶贫合作，合作社、农户参与扶贫合作，社会组织参与扶贫合作，扶贫治理主体共同参与合作，县级政府组织动员合作等 6 个方面筛选出 26 个扶贫影响因素，构建了西南地区扶贫影响因素测量的指标体系（见表 6-1）。

表 6-1 西南地区扶贫影响因素测量的指标体系

一级指标	二级指标	三级指标
扶贫格局（中央政府，地方政府，企业，合作社、农户以及社会组织等）	政府间帮扶合作	东西间对口帮扶
		中央财政专项扶贫资金
		地方财政一般公共服务支出
		帮扶结对
		定点帮扶规模
	企业参与扶贫合作	企业帮扶
		产业投资
		贫困户技能培训
		全社会固定投资
	合作社、农户参与扶贫合作	贫困人口素质
		农户脱贫意愿
		合作社参与态度
		农村居民人均可支配收入增长比例
	社会组织参与扶贫合作	社会组织参与效果
		社会组织类型
		社会组织参与形式
		社会组织投入的重点区域

续表

一级指标	二级指标	三级指标
扶贫格局（中央政府，地方政府，企业，合作社、农户以及社会组织等）	扶贫主体共同参与合作	基础设施建设
		农村危房改造
		医疗保障兜底
		教育经费支持
		养老保险金发放
	县级政府组织动员合作	县乡政府扶贫领导小组
		扶贫办信息公开情况
		村干部对贫困户的登记与识别
		扶、帮、包驻村干部

三 西南地区扶贫影响因素测量的指标赋值与说明

为更好测量西南地区扶贫影响因素这一核心目标，本章研究对二级指标及三级指标进行具体赋值与说明（见表6-2）。

表6-2 西南地区扶贫影响因素指标赋值

维度	变量/指标	具体选项
政府间帮扶合作	中央政府是否对当地政府进行了财政转移支付帮扶结对	是=1；否=0
	政府间定点帮扶形式	东西间政府帮扶=3；央地间政府帮扶=2；其他=1
企业参与扶贫合作	企业扶贫资金投入规模	100万元及以上=4；50万~100万元=3；10万~50万元=2；10万元以下=1
	企业投资类型	资金投资=4；资源投资=3；人力投资=2；其他=1
	企业参与扶贫意愿	非常愿意=4；较为愿意=3；不愿意=2；非常不愿意=1
	企业的主要帮扶措施	单纯的资金投入=6；对农户进行技能培训=5；吸引贫困户有效劳动力到企业就业=4；帮助建立贫困地区特色产业=3；统一收购贫困地区的产品=2；其他=1

续表

维度	变量/指标	具体选项
合作社、农户参与扶贫合作	农民对当前政府扶贫政策了解程度	非常了解 = 4；了解 = 3；一般 = 2；不了解 = 1
	现行扶贫政策对农民优惠感知	是 = 1；否 = 2
	农民对当前各扶贫参与部门对农村扶贫的重视程度评价	非常重视 = 5；较为重视 = 4；一般 = 3；不重视 = 2；很不重视 = 1
	本人学历	大专及以上 = 5；高中或中专 = 4；初中 = 3；小学 = 2；没读过书 = 1
	家庭人均月收入	1500 元及以上 = 4；1000 ~ 1500 元 = 3；500 ~ 1000 元 = 2；500 元以下 = 1
社会组织参与扶贫合作	社会组织扶贫发挥作用	提供专业价值观念 = 6；提供专业理论 = 5；提供专业视角 = 4，提供专业方法 = 3；提供专业平台 = 2；其他 = 1
	社会组织参与扶贫类型	民办组织 = 5；社会团体 = 4；基金会 = 3；慈善机构 = 2；其他 = 1
	社会组织扶贫意愿	非常愿意 = 4；较为愿意 = 3；不愿意 = 2；非常不愿意 = 1
	社会组织扶贫效果	效果非常好 = 4；效果一般 = 3；效果不好 = 2；效果非常不好 = 1
	社会组织参与扶贫主要形式	直接的资金援助 = 5；宣传国家扶贫政策 = 4；协助政府定点扶贫 = 3；社会资源投入 = 2；其他 = 1
扶贫主体共同参与合作	地方政府扶贫主要覆盖领域	教育 = 7；养老保险金发放 = 6；医疗 = 5；财政转移支付 = 4；基础设施 = 3；住房 = 2；其他 = 1
	政府是否帮助农户进行危房改造	是 = 1；否 = 2
	政府教育助减免支持的形式	奖学金、助学金 = 4；助学贷款 = 3；生活费补助 = 2；其他 = 1

续表

维度	变量/指标	具体选项
县级政府组织动员合作	县级政府关于扶贫发文量	50篇及以上=4；30~50篇=3；10~30篇=2；10篇以下=1
	是否在贫困乡设有扶贫办公室	几乎都有=4；大部分有=3；小部分有=2；基本没有=1
	是否成立县乡政府扶贫领导小组	是=1；否=0
	扶贫的贫困户确定途径方式	村民民主评议=4；村干部确定=3；其他=2；不知道=1

政府间帮扶合作是指各级地方政府之间通过创新帮扶机制、协同合作交流的方式来协助贫困地区的困难群众摆脱贫困，具体指标有东西间对口帮扶、中央财政专项扶贫资金、地方财政一般公共服务支出、帮扶结对和定点帮扶规模。

企业参与扶贫合作是指企业通过对贫困对象的技能培训以及对贫困地区相关产业的投资等带动当地的经济发展从而协助脱贫，具体指标有：企业帮扶、产业投资、贫困户技能培训与全社会固定投资。

合作社、农户参与扶贫合作是指农户自身或在合作社的帮助下共同参与扶贫工作，具体指标有贫困人口素质、农户脱贫意愿、合作社参与态度、农村居民人均可支配收入增长比例。

社会组织参与扶贫合作是指社会组织通过实施生活关怀、医疗救助、助老助残、物资捐赠、公益慈善、就业培训、创业扶持等方面的项目帮助困难群众改善贫困现状、增加收入，具体指标有社会组织参与效果、社会组织类型、社会组织参与形式与社会组织投入的重点区域。

扶贫主体共同参与合作是指政府、企业、社会和贫困户共同参与脱贫工作，具体指标有基础设施建设、农村危房改造、医疗保障兜底、教育经费支持与养老保险金发放。

县级政府组织动员合作是指在政府带领下基层扶贫干部的扶贫工作进行情况，具体指标有县乡政府扶贫领导小组，扶贫办信息公开情况，村干部对贫困户的登记与识别，扶、帮、包驻村干部。

第三节　西南地区扶贫影响因素的测量过程

一　西南地区扶贫影响因素测量模型的建立

本章运用 Logistic 回归分析方法对西南地区扶贫影响因素进行测量具有特别显著的优势，扶贫主体从一元走向多元是扶贫治理工作的鲜明特质，也是构建扶贫治理体制的基本要求。本章扶贫影响因素测量的定量分析方法使用的是无序的多分类 Logistic 回归模型，无序多分类 Logistic 回归模型的基本表达式为：

$$Logit(p(y = j)) = \ln\left(\frac{p(y = j)}{p(y = i)}\right) = \alpha_i + \beta_{1j} + L + \beta_{pj}x_j (j \neq i)$$

在该模型中，优势比（OR）是某一个影响因素（X）的两个不同优势水平的比值，也称为比值比或者是机会比。[①]

$$OR = \frac{p(y = j/x_l = x_{l2})/p(y = i/x_l = x_{l2})}{p(y = j/x_l = x)/p(y = i/x_l = x_{l1})} = e^{\beta_{l2}(x_{l2} - x_{l1})} (j \neq i)$$

其中 x_{l1}、x_{l2} 表示第 l 个自变量的两个不同的取值；OR 是指当 x_l 从 x_{l1} 变为 x_{l2} 时，因变量 j 的发生概率与控制其他变量时参考水平的发生概率之比。[②] 本章中的因变量是扶贫治理效果，自变量是扶贫影响因素指标，分析的是扶贫影响因素对扶贫治理效果的影响。

二　西南地区扶贫影响因素测量的样本来源

调查数据来自 2018 年 9 月至 2022 年 2 月先后对云南、贵州、四川、重庆、西藏五省（区、市）的重点贫困地区展开的实地调查，西南地区扶贫影响因素测量的调查方式主要为问卷调查及非结构式访谈。调查问卷主

---

① 李辉：《基于 Logistic 模型的深度贫困地区贫困人口致贫因素分析》，《西北民族研究》2018 年第 4 期，第 51~58 页。

② 童光荣、何耀编著《计量经济学实验教程》，武汉大学出版社，2008，第 59~67 页。

要分发给四类人群，故设计了四份问卷。第一份问卷调查的对象是农户，内容为农户基本信息和自身发展情况，主要考察农户的性别、年龄、职业、文化程度、收入和收入来源、对扶贫政策的了解情况、脱贫的意愿、农户参与扶贫的影响因素及西南地区开展的扶贫的效果评价等。第二份问卷调查的对象是政府工作人员，内容为政府帮扶情况，主要考察地方政府帮扶的主要形式、覆盖的帮扶领域、政府在扶贫实施过程中主导作用的发挥、政府参与扶贫的影响因素及对扶贫效果的评价。第三份问卷调查的对象是企业人员，内容为企业参与扶贫情况，主要考察企业帮扶的意愿、措施、主要投资类型，企业参与扶贫的影响因素和对扶贫效果的评价等。第四份问卷调查的对象是社会组织人员，内容为社会组织参与扶贫情况，主要考察社会组织扶贫方式、意愿，社会组织参与扶贫的影响因素及对扶贫效果的评价等。

根据西南地区五省（区、市）的贫困人口数量、调研的计划以及问卷的题目数量，研究总共发出问卷 2500 份，总共收回调查问卷 2423 份，其中有效问卷 2387 份，有效率达到 95.48%。

三　西南地区扶贫影响因素测量结果

（一）研究模型检验

对研究模型进行拟合度检验。由表 6-3 可知，经过加入各项扶贫影响因素指标的数据之后，模型拟合标准-2 倍对数似然值从 756.256 降低到 125.369，而且 P 值小于 0.05，说明该模型的拟合程度较好。

表 6-3　研究模型拟合信息

	模型拟合标准	似然比检验		
	-2 倍对数似然值	卡方	DF	显著水平
仅截距	756.256			
最终	125.369	502.296	66	0.000

同时对扶贫影响因素自变量进行似然比检验，从表 6-4 中可知，各指

标的显著水平都小于 0.05，说明各指标对评价目标层都具有显著的影响。

表 6-4　扶贫影响因素指标似然比检验

二级指标	效应	模型拟合标准 简化后的模型−2倍对数似然值	似然比检验 卡方	DF	显著水平
	截距	84.674	0.000	0	
政府间帮扶合作	东西间对口帮扶	134.834	50.160	16	0.000
	中央财政专项扶贫资金	210.975	78.132	15	0.000
	地方财政一般公共服务支出	189.728	24.573	2	0.000
	帮扶结对	208.824	35.759	2	0.000
	定点帮扶规模	200.765	27.700	2	0.000
企业参与扶贫合作	企业帮扶	193.343	20.279	3	0.000
	产业投资	173.222	18.926	2	0.000
	贫困户技能培训	209.734	28.558	4	0.000
	全社会固定投资	200.473	25.688	4	0.000
合作社、农户参与扶贫合作	贫困人口素质	193.962	22.124	2	0.000
	农户脱贫意愿	179.799	33.923	4	0.000
	合作社参与态度	189.832	23.976	4	0.000
	农村居民人均可支配收入增长比例	191.960	21.891	2	0.000
社会组织参与扶贫合作	社会组织参与效果	193.455	22.386	2	0.000
	社会组织类型	287.154	26.468	4	0.000
	社会组织参与形式	174.959	18.928	4	0.000
	社会组织投入的重点区域	233.506	20.916	4	0.000
扶贫主体共同参与合作	基础设施建设	188.617	24.292	4	0.000
	农村危房改造	296.556	27.604	10	0.000
	医疗保障兜底	239.708	25.552	4	0.000
	教育经费支持	218.109	29.541	4	0.000
	养老保险金发放	290.161	24.075	4	0.000

续表

二级指标	效应	模型拟合标准	似然比检验		
		简化后的模型-2倍对数似然值	卡方	DF	显著水平
	截距	84.674	0.000	0	
县级政府组织动员合作	县乡政府扶贫领导小组	281.429	35.291	2	0.000
	扶贫办信息公开情况	256.764	37.406	6	0.000
	村干部对贫困户的登记与识别	241.469	38.378	4	0.000
	扶、帮、包驻村干部	280.349	29.487	4	0.000

（二）西南地区扶贫影响因素指标回归结果

表6-5是西南地区扶贫影响因素指标的回归结果，其中各个评价指标的 P 值都小于 0.05，代表变量指标的回归系数是有意义的，且回归系数越大，说明各个指标对于因变量（即扶贫治理效果）的影响越大。标准误差大小代表样本均值和总体均值的差距，标准误差越小，样本均值和总体均值的差距越小。从回归结果来看，各指标的 P 值都小于 0.05，说明各指标对西南地区扶贫治理效果都具有显著的影响。且各指标之间的回归系数均为正数，说明各指标对扶贫治理效果都为正相关的影响。其中，贫困人口素质的回归系数为 1.878，在所有指标中最大，说明贫困人口素质在扶贫治理过程中具有非常关键的作用，对整体的实施效果会产生巨大的影响，是影响扶贫治理的根本因素。

表6-5　西南地区扶贫影响因素指标结果分析

变量	回归系数	P 值	标准误差	OR 值
东西间对口帮扶	1.491	0.004	0.145	1.524
中央财政专项扶贫资金	0.396	0.000	0.067	0.448
地方财政一般公共服务支出	0.377	0.002	0.137	0.512
帮扶结对	0.686	0.005	0.106	1.107
定点帮扶规模	0.071	0.004	1.226	0.571

续表

变量	回归系数	P 值	标准误差	OR 值
企业帮扶	1.447	0.002	0.475	1.633
产业投资	1.092	0.021	0.732	0.711
贫困户技能培训	0.765	0.000	1.327	1.326
全社会固定投资	0.967	0.004	1.703	1.224
贫困人口素质	1.878	0.012	1.044	1.513
农户脱贫意愿	1.086	0.000	1.085	1.521
合作社参与态度	1.576	0.001	0.592	1.031
农村居民人均可支配收入增长比例	0.059	0.001	0.935	0.771
社会组织参与效果	1.362	0.004	1.226	0.921
社会组织类型	0.603	0.005	0.574	0.582
社会组织参与形式	0.938	0.041	0.612	0.737
社会组织投入的重点区域	0.611	0.016	1.842	0.302
基础设施建设	1.364	0.021	0.972	0.538
农村危房改造	0.654	0.046	0.842	0.392
医疗保障兜底	1.732	0.037	0.782	0.601
教育经费支持	1.662	0.041	0.392	0.592
养老保险金发放	0.834	0.011	0.378	0.451
县乡政府扶贫领导小组	1.564	0.021	0.643	0.529
扶贫办信息公开情况	0.464	0.028	0.315	0.732
村干部对贫困户的登记与识别	0.911	0.014	0.784	0.856
扶、帮、包驻村干部	1.634	0.032	0.521	0.478

从政府间帮扶合作来看，各指标的回归系数都为正数，即各指标与扶贫治理效果是正相关关系。其中，东西间对口帮扶的回归系数为 1.491，在政府间帮扶合作指标中最大，其对扶贫治理效果的影响也是最大的；定点帮扶规模回归系数为 0.071，是政府间帮扶合作指标中影响效果最小的，其标准误差也达到了 1.226，说明样本均值和总体均值之间的差距较大。

从企业参与帮扶合作来看，企业帮扶回归系数为 1.447，相应的 P 值为 0.002。产业投资回归系数为 1.092，相应的 P 值为 0.021。贫困户技能培训回归系数为 0.765，相应的 P 值为 0.000。这说明企业帮扶和产业投资对扶贫治理效果的影响比贫困户技能培训对扶贫治理效果的影响更为显著。

从合作社、农户参与扶贫合作来看，贫困人口素质、农户脱贫意愿以及合作社参与态度的回归系数分别为 1.878、1.086 以及 1.576，相应的 P 值分别为 0.012、0.000 以及 0.001。这说明贫困人口素质、农户脱贫意愿以及合作社参与态度对扶贫治理效果都具有显著的影响，影响程度差别不大。

从社会组织参与扶贫合作来看，各指标的 P 值都不大于 0.05，即各指标的回归系数都是有意义的。社会组织参与效果和社会组织参与形式的回归系数分别为 1.362 和 0.938，其 P 值分别为 0.004 和 0.041，说明社会组织参与效果和社会组织参与形式相较于其他两个指标来说对扶贫治理效果的影响更加显著。但是，其他两个指标社会组织类型和社会组织投入的重点区域对扶贫治理效果也有一定的影响。

从扶贫主体共同参与合作来看，基础设施建设、医疗保障兜底以及教育经费支持的回归系数分别为 1.364、1.732 以及 1.662，相应的 P 值都小于 0.05。其中，医疗保障兜底相较于其他两个指标的影响更为显著。

从县级政府组织动员合作来看，县乡政府扶贫领导小组，扶、帮、包驻村干部以及村干部对贫困户的登记与识别的回归系数分别为 1.564、1.634 和 0.911，相应的 P 值分别为 0.021、0.032 以及 0.014。说明这三个指标对扶贫治理效果都是有影响的，并且影响较为显著，而其中县乡政府扶贫领导小组和扶、帮、包驻村干部的影响相较于村干部对贫困户的登记与识别的影响更加显著。

第四节　西南地区扶贫影响因素
测量结果分析

研究基于多中心治理理论构建了西南地区扶贫影响因素测量理论框架，在该框架指导下基于 Logistic 回归分析方法构建了扶贫影响因素测量指标体系和测量模型，量化分析了西南地区扶贫影响因素，结论如下。

一　扶贫格局的进一步完善对扶贫效果呈正相关作用

政府、社会、市场力量的充分发挥，大力推动了西南地区扶贫治理格局的进一步完善，促进了西南贫困地区的经济发展，改善了贫困户的生活质量，提升了西南地区的扶贫水平与能力。同时，西南地区政府、社会、市场三者通力合作的扶贫模式有效地调动了各方资源，汇聚了各方力量，形成了各方共识，达成了各方利益，实现了各方目标，完成了脱贫攻坚任务，这对于脱贫攻坚目标与全面小康社会的实现以及精准扶贫与乡村振兴战略的有效衔接具有关键的正向作用。

二　六大因素不同程度地影响扶贫效果

从政府间帮扶合作来看，东西间对口帮扶、帮扶结对对西南地区扶贫治理有显著影响；从企业参与扶贫合作来看，企业帮扶和产业投资对西南地区扶贫治理效果的影响比贫困户技能培训对西南地区扶贫治理效果的影响更为显著；从合作社、农户参与扶贫合作来看，贫困人口素质、农户脱贫意愿以及合作社参与态度对西南地区扶贫治理效果具有显著的影响，其中，贫困人口素质的回归系数为 1.878，在所有指标中最大，在扶贫治理过程中起到至关重要的作用，是影响扶贫治理效果的根本因素；从社会组织参与扶贫合作来看，社会组织参与效果和社会组织参与形式对西南地区扶贫治理效果的影响更加显著；从扶贫主体共同参与合作来看，基础设施建设（村村通组组通建设）、医疗保障兜底和教育经费支持对西南地区扶贫治理效果的影响较为显著；从县级政府组织动员合作来看，县乡政府扶贫领导小组，扶、帮、包驻村干部以及村干部对贫困户的登记与识别对西南地区扶贫治理效果有影响。

三 政府、市场、社会、农户四大主体均是影响扶贫成效的关键因素

中央政府的权威强制与地方政府动员参与合作，是扶贫实施过程中的主要影响因素，其促使扶贫工作更加顺利和精确；企业帮扶和市场机制助力扶贫治理，是扶贫实施过程中的有效影响因素，带动了贫困地区经济发展；社会组织协同参与扶贫，是扶贫治理过程中的重要影响因素，提高了扶贫治理工作的精准性和有效性；农户自身脱贫意愿以及合作社参与带动扶贫，是扶贫治理过程中的关键影响因素，不仅提高了扶贫的扶智扶志水平，还给予了农民更多发展机会。

本章小结

综上所述，本章主要从西南地区扶贫影响因素出发，基于多中心治理理论构建了西南地区扶贫影响因素测量的理论框架，在该框架下基于扶贫实施过程厘析和扶贫实施路径探讨的研究构建了包含 6 个层次 26 个指标的扶贫影响因素测量的指标体系，这 6 个层次 26 个指标是第七章构建西南地区扶贫效果评价指标体系的基础。同时，本章研究采用 Logistic 回归分析方法对西南地区扶贫影响因素进行了精准测量，精准识别了西南地区扶贫实施过程中的各类影响因素及其影响程度，为第七章扶贫效果评价提供了评价指标构建的依据，也将为第八章效果层西南地区扶贫能力提升提供参考意见。随着中国步入后扶贫时代，巩固西南地区扶贫治理成果，建立健全防止返贫、可持续脱贫长效机制显得尤为重要。这些影响因素也将会是未来巩固脱贫攻坚成果、防止大规模返贫研究的重要借鉴。

基于 AHP-模糊综合评价法的
西南地区扶贫效果评价

"十三五"时期，我国脱贫攻坚成果世界瞩目，5575 万农村贫困人口实现脱贫，人民生活水平显著提高。截至 2020 年 11 月 14 日，全国 19 个省（区、市）贫困县已经全部脱贫摘帽，整个西南地区 334 个贫困县脱贫摘帽，1593.77 万贫困人口脱贫。其中云南 88 个贫困县脱贫摘帽，471 万贫困人口脱贫；四川 88 个贫困县脱贫摘帽，380.3 万贫困人口脱贫；重庆 18 个贫困县脱贫摘帽，190.6 万贫困人口脱贫；贵州 66 个贫困县脱贫摘帽，493 万贫困人口脱贫；西藏 74 个贫困县脱贫摘帽，58.87 万贫困人口脱贫。西南贫困地区已与全国一起实现了全面建成小康社会的目标。脱贫和暂时摘帽不是目的，西南地区的扶贫效果究竟处于什么水平，扶贫质量与扶贫效果是否可持续，脱贫后的可持续减贫能力如何提升等，这一系列问题的解决都亟待构建一套完整与科学的扶贫效果评价体系予以理论回应与实践指引。本章研究借鉴公共政策过程理论，将西南地区的扶贫视作一个完整的政策过程，遵循政策的制定—政策的执行—政策的评估—能力的提升这一逻辑框架，在"以人民为中心"的发展思想指引下，明确脱贫群体的需求导向与可持续发展导向，从评价体系上保障评价指标的科学合理与全面。前述章节已从政策制定与政策执行的视角进行了扶贫政策过程的相关研究，本章将从扶贫效果评价切入，研究政策实施的效果，旨在审视政策的有效性，进而优化政策资源配置，提高政策的科学性。

综上所述，本章在第六章研究得到的扶贫影响因素的基础上，基于挖掘出的显著影响因素的指标体系，在多中心治理理论和协同治理理论的指导下，展开西南地区扶贫效果评价指标体系的构建和指标权重的赋权，选用 AHP 方法与模糊综合评价法相结合的方法对西南地区扶贫效果进行评价，评价结果不仅可以以科学合理的方法对西南地区扶贫成果进行检验，同时，评价结果可以为西南地区扶贫能力的提升提供直接的经验与借鉴。

第一节　评价方法的选择

一　评价方法的选择

伴随着学科的多元化发展与社会的不断进步，学者提出了多种多样的扶贫绩效评价方法，总体上包括定性评价与定量评价两种方式。然而单纯的定性或定量研究在绩效评价过程中会显得比较片面和局限，无法满足扶贫绩效评价过程中包含定性与定量两类因素的情况。在 20 世纪 70 年代初期，萨蒂（T. L. Saaty）教授作为美国著名的运筹学家，提出了一种适用于定量与定性分析的多指标综合评价方法，即层次分析法（简称"AHP 方法"）。该方法能够对西南地区扶贫效果的评价目标进行层次分解，使由宏观评价带来的误差尽可能小，从而确保评价模型的科学合理性。

此外，在对扶贫效果进行评价的过程中，大多数学者和专家会采用相对定性的词来表示，比如优秀、良好、一般等。这一类型的评价属于定性评价，较难对其进行量化处理，归属于模糊问题的范畴。而模糊综合评价法正是一种在模糊数学理论基础上能够将模糊信息进行科学合理量化的评价方法，适用于解决模糊、难以量化的问题，符合西南地区扶贫效果评价中部分指标偏定性化的实际情况。因此，本章将采用 AHP 方法和模糊综合评价法相结合的方式，取两者之优势对西南地区扶贫效果进行定性与定量相结合的综合评价。

二　评价方法的原理与特征

AHP 方法的基本原理是将一个需要考量多因素的决策问题作为一个系

统整体，对决策问题所包含的元素及其相互关系进行分析，根据目标的要求和相互关系将元素划分为不同的层次，构建一个多层次的递阶结构模型。该模型的基本层次一般有目标层、准则层和方案层。① 在层次结构模型中，结合对客观事实的判断，对每个层次中元素的相对重要性进行确定，基于此构建各层次元素的判断矩阵。根据判断矩阵对各元素的优先级权重与决策问题总体优先级的组合权重进行计算。根据权重排序得出各指标因素对决策问题的相关重要性比较。

模糊综合评价方法的基本原理是基于层次分析法得到的各元素权重，在评价过程中首先确定评定等级，并根据等级的不同赋予其不同的分值，比如"优秀"对应 10 分，"良好"对应 8 分等。根据指标评定等级的不同构建模糊综合评价矩阵，基于所构建的矩阵获得单因素的评价结果，由指标权重向量与单因素的评价结果矩阵得到最终的模糊综合评价结果。该方法的本质就是根据模糊数学的隶属度理论，将定性的问题进行定量化处理，从而为不确定性问题提出了一种定量化的解决路径。②

AHP 方法与模糊综合评价法具有的共同特征如下。第一，系统性。将决策问题看成一个系统，基于研究系统各组成部分的相互关系与研究系统所处的环境进行决策。对于复杂的决策问题，系统化的思维方式大大简化了问题的分析过程。第二，主观性。虽然 AHP 方法综合了评价过程中的各类定量与定性信息，但在权重确定过程中依旧会存在专家的主观臆断性与对各指标认识的模糊性，导致打分结果随机性较强，从而使结果的可信度下降，而模糊综合评价法在等级评定过程中同样存在个人主观性较强的问题。因此，在实际的操作过程中，可选择多位相关专业内权威和较客观的专家进行独立评价，尽可能降低由主观因素带来的不确定影响，使评价更加科学。

AHP 方法与模糊综合评价法具有的不同特征如下。AHP 方法在权重确定过程中能够将定量因素与定性因素相结合，考虑到双方的影响，使得评

① 虞晓芬、傅玳:《多指标综合评价方法综述》,《统计与决策》2004 年第 11 期, 第 119~
121 页。

② 杜莉、郑立:《中国绿色金融政策质量评价研究》,《武汉大学学报》(哲学社会科学版)
2020 年第 3 期, 第 115~129 页。

价过程的影响因素具有全面性。而模糊综合评价法在评价过程中利用模糊数学的理念，将定性的评价转化为定量的评价，采用定量化的方式去评判某个事物或对象。

三　评价方法的应用

AHP 方法和模糊综合评价法自 20 世纪提出以来，在旅游、生产制造、环境、食品、服务、扶贫等多个领域都有所应用，且取得了较好的成果。

（一）在旅游资源开发领域的应用

魏佳敏、李悦铮运用 AHP 方法和德尔菲法对内蒙古敖汉旗的旅游资源进行了评价，根据评价结果为其发展提出了科学的建议。[①] 陈赖嘉措等将AHP 模型应用于少数民族地区旅游资源开发评价研究，通过构建民族旅游资源指标体系与建立层次结构模型，为云南民族村的旅游资源开发以及少数民族旅游产业的开发模式提供了优化对策，从而带动当地旅游经济发展，促进旅游扶贫。[②] 汪朝飞在对楚雄州乡村景观分布特征及质量评价过程中采用 AHP 法计算指标权重，基于综合评价结果提出要发挥楚雄州的特色，充分发挥民俗文化型乡村景观的旅游扶贫带动力量。[③] 党红艳等运用模糊综合评价法，从多维贫困的视角，以山西省四个贫困县为样本对旅游扶贫绩效进行了评价。[④] 贺肖飞等从乡村自然资源、乡村社会文化资源、乡村旅游经济、乡村旅游管理与发展以及乡村旅游资源保护等五大层面构建了符合内蒙古自身特点的乡村旅游资源评价指标体系，用 AHP 法确定了

---

① 魏佳敏、李悦铮：《基于 AHP 的旅游资源评价与开发研究——以内蒙古敖汉旗为例》，《国土与自然资源研究》2017 年第 3 期，第 79~81 页。
② 陈赖嘉措、覃建雄、陈露：《基于 AHP 模型的少数民族地区旅游资源开发评价研究——以云南省民族村为例》，《青海社会科学》2019 年第 2 期，第 98~104 页。
③ 汪朝飞：《基于旅游扶贫的楚雄州乡村景观分布特征及质量评价》，《中国农业资源与区划》2019 年第 9 期，第 218~224 页。
④ 党红艳、冯亮、金媛媛：《两种旅游扶贫绩效定量评价方法比较研究》，《经济论坛》2019 年第 11 期，第 117~124 页。

各指标权重，用模糊综合评价法计算了综合评价结果。[①] 综上，将 AHP 方法与模糊综合评价法应用于旅游资源开发领域，对于精确掌握旅游资源开发程度、客观评价旅游资源发展现状与充分利用现有旅游资源具有重大意义。

（二）在可持续生产与制造领域的应用

曾寿金等从废旧机电产品再制造的环境、资源、能源、经济和技术等五个方面进行分析，通过定性和定量相结合的模糊层次分析评价方法对再制造度进行评价并验证该方法的可行性和实用性。[②] 高婧、于军琪将问卷调查与 AHP 法相结合构建了大型公共建筑可持续性评价体系，在确定各指标权重的基础上采用模糊综合评价法进一步分析评价并验证了该综合评价方法的可行性。[③] 庄倩以江苏省为研究区域，在多指标决策框架下，基于层次分析法构建了关于高标准农田综合生产能力持续提升的评价指标体系，并构建了定量评价模型，提出了江苏省高标准农田建设中存在的问题并从各要素协调发展的角度提出了一系列的对策建议。[④] 白萍等将 AHP 模型应用于棉花节本增效技术体系综合效益评价，通过构建模型从多个角度评价棉花节本增效技术体系的使用效果，为棉花种植提供合理的建议。[⑤] 综上，将 AHP 方法与模糊综合评价法应用于可持续生产与制造领域，能够从多个方面有效评价产品的综合效益，从而有针对性地采取措施增加产量与收益。

（三）在环境质量评价领域的应用

郑健采用 AHP 法对乌鲁木齐市 2001~2011 年大气环境质量进行综合评价，从而为提高乌鲁木齐市大气环境质量提出合理的建议，实现生态环

① 贺肖飞、张秀卿、张晓民：《基于 AHP-FCE 方法的内蒙古乡村旅游资源评价》，《干旱区资源与环境》2020 年第 10 期，第 187~193 页。

② 曾寿金、刘志峰、江吉彬：《基于模糊 AHP 的机电产品绿色再制造综合评价方法及应用》，《现代制造工程》2012 年第 7 期，第 1~6 页。

③ 高婧、于军琪：《基于 AHP-Fuzzy 的大型公共建筑可持续性评价研究》，《计算机工程与应用》2014 年第 13 期，第 252~256 页。

④ 庄倩：《基于 AHP 的江苏省高标准农田综合生产能力评价》，《江苏农业科学》2016 年第 6 期，第 511~515 页。

⑤ 白萍等：《基于 AHP 层次分析模型的棉花节本增效技术体系综合效益评价》，《新疆农业科学》2019 年第 7 期，第 1361~1370 页。

境和社会经济的协调发展。① 陈佳勃等采用模糊综合评价法对不同水期清河流域水环境状态进行评价，从而得到不同水期的污染样点比例与状态。② 赵玉灵将 AHP 方法应用于矿山环境评价方法研究，利用 AHP 方法分析评价海南岛的矿山环境，估测 15 个评价因子的相对重要程度，从而构建矿山地质环境质量评价指标体系，并根据计算得到的等级综合阈值，建立矿山地质环境综合评定等级，同时根据野外实地检查结果验证了 AHP 方法确定权重的合理性。③ 王慧杰等建立了基于层次分析（AHP）-模糊综合评价法的政策评价模型以及生态补偿政策绩效评估指标体系，并以新安江流域为研究对象进行了实证评估，提出了流域治理和生态保护的对策建议。④ 综上，将 AHP 方法和模糊综合评价法应用于环境质量评价领域，能够在合理、量化的评价结果的基础上较客观地反映研究区域环境的综合实际情况，从而为相关职能部门在环境保护与生态协调方面的政策制定提供科学依据。

（四）在食品风险与效益评估领域的应用

熊志昂等运用层次分析法，进行食品供应链风险评估方面的模型构建，通过定量的方式对各风险因素对整个食品供应链的影响力权重进行评估，从而辨识影响力最强的关键风险因素，为食品供应链的安全保障提供借鉴。⑤ 古翼瑞根据成都平原以水稻为核心的种植模式的特点，运用 AHP-综合效益指数评价法构建了包括社会效益、经济效益、生态效益 3 大类 10 小项在内的综合效益评价指标体系，为当地综合效益较高的种植技术的推广提供参考和借鉴。⑥ 张景祥针对当前食品安全领域风险量化方法不足的问题，建立了基

---

① 郑健：《基于 AHP 模型的乌鲁木齐市大气环境质量评价研究》，《干旱区资源与环境》2013 年第 11 期，第 148～153 页。

② 陈佳勃等：《基于大型底栖动物群落生物指数的清河水环境模糊综合评价》，《农业环境科学学报》2018 年第 12 期，第 2837～2845 页。

③ 赵玉灵：《基于层次分析法的矿山环境评价方法研究——以海南岛为例》，《国土资源遥感》2020 年第 1 期，第 148～153 页。

④ 王慧杰、毕粉粉、董战峰：《基于 AHP-模糊综合评价法的新安江流域生态补偿政策绩效评估》，《生态学报》2020 年第 20 期，第 7493～7506 页。

⑤ 熊志昂、赵渤、常飞：《基于 AHP 的食品供应链风险评估研究》，《食品工业》2014 年第 9 期，第 199～202 页。

⑥ 古翼瑞：《成都平原以水稻为核心的种植模式综合效益分析与评价》，硕士学位论文，四川农业大学，2016。

于熵权模糊层次分析法的食品安全风险评估模型并进行了实证分析。① 王江民等采用 AHP 方法,对鲜食玉米品质指标的优先等级进行确定,根据综合得分结果对鲜食玉米的市场进行了充分挖掘。② 综上,将 AHP 方法和模糊综合评价法应用于食品风险与效益评估领域,对食品的安全与稳定、投产结构的优化、种植模式综合效益的提升等方面都具有有效的促进作用。

(五) 在服务质量评价领域的应用

赵春燕采用层次分析法,构建了移动图书馆服务质量的层次结构评价模型,确定影响服务质量的各因素的权重,建立一套移动图书馆服务质量综合评价指标体系,从而为移动图书馆服务质量的提升提供依据。③ 夏前龙、施国洪构建了图书馆移动信息服务质量的多层次影响因素体系,采用层次分析法确定了各级影响因素的相对权重,以南大图书馆移动信息服务为实例进行了分层次的模糊综合评判,全面评估了该校图书馆移动信息服务质量的绩效水平。④ 翟小可、吴祈宗根据农村电商物流服务的特点和影响因素,建立农村电商物流服务质量评价体系,采用 AHP 方法确定了各评价指标的权重,选用模糊综合评价法建立了农村电商物流服务质量的评价模型,并对珠海市农村电商物流服务质量进行实证分析。⑤ 杨帆等采用 AHP 方法和德尔菲法对我国老年长期护理服务质量评价指标进行权重修正,结合指标得分和重要性提出提升服务质量的对策建议。⑥ 综上,将 AHP 方法和模糊综合评价法应用于服务质量评价领域,为各行各业服务质

---

① 张景祥:《基于熵权 Fuzzy-AHP 法的食品安全风险评估》,《科技创新导报》2018 年第 31 期,第 127~131、133 页。

② 王江民等:《应用层次分析法确定鲜食玉米品质指标的优先等级》,《西南农业学报》2019 年第 9 期,第 2192~2196 页。

③ 赵春燕:《基于 AHP 的移动图书馆服务质量评价研究》,《图书情报工作》2014 年第 A2 期,第 146~148 页。

④ 夏前龙、施国洪:《基于 AHP-模糊综合评判方法的图书馆移动信息服务质量影响因素探析》,《情报学报》2014 年第 8 期,第 860~871 页。

⑤ 翟小可、吴祈宗:《基于 AHP-模糊综合评价的农村电商物流服务质量评价研究》,《数学的实践与认识》2019 年第 5 期,第 121~127 页。

⑥ 杨帆、曹艳春、刘玲:《我国老年长期护理服务质量评价指标体系构建与评估——基于 AHP 方法对顾客感知服务质量模型的修正》,《社会保障研究》2019 年第 4 期,第 78~86 页。

量的综合评价与提升提供了合理的参考依据。

（六）在扶贫领域的应用

AHP 方法和模糊综合评价法在旅游扶贫、产业扶贫、行业扶贫等领域都存在应用的先例。比如，包军军、严江平以甘肃省白银市龙湾村为研究区域，选用 AHP 方法和模糊综合评价法对其综合扶贫效果进行了评价，并基于评价分析的结果提出了相对应的政策建议。[①] 陈爱雪、刘艳结合精准扶贫实施的前提与核心，选用层次分析法建立了精准扶贫绩效评价体系并逐层分析，根据分析结果提出了相关的对策建议。[②] 梁陞在多维贫困理论的指导下，结合 M 乡特色扶贫产业发展的特点，构建了 M 乡特色扶贫产业减贫效应的评价指标体系，并选用 AHP-熵权法对其减贫效应进行了实证分析，从而为 M 乡特色扶贫产业政策与发展规划的制定提供参考建议。[③] 柳志、王善平基于精准识别、精准帮扶、精准扶贫效率、精准扶贫效果、可持续发展这五个视角，构建了精准扶贫绩效评价的指标体系，并采用模糊综合评价法对湘西土家族苗族自治州进行了扶贫绩效的评价。[④]

综上所述，AHP 方法与模糊综合评价法都是在评价领域被广泛使用且十分高效的方法。目前学者在旅游资源开发、可持续生产与制造、环境质量评价、食品风险与效益评估、服务质量评价、扶贫等领域开展了相关研究。从评价对象来看，AHP 方法特别适用于解决多指标的评价与决策问题，模糊综合评价法特别适用于对不易量化的对象进行评价。考虑到西南地区在扶贫实践过程中存在的参与主体多元、措施手段复杂、效果评价不易量化这三大特点，本章选用 AHP 方法与模糊综合评价法相结合的方式对西南地区扶贫效果进行评价。

---

① 包军军、严江平：《基于村民感知的旅游扶贫效应研究——以龙湾村为例》，《中国农学通报》2015 年第 6 期，第 278~283 页。
② 陈爱雪、刘艳：《层次分析法的我国精准扶贫实施绩效评价研究》，《华侨大学学报》（哲学社会科学版）2017 年第 1 期，第 116~129 页。
③ 梁陞：《基于 AHP—熵权的三穗县 M 乡特色扶贫产业减贫效应评价》，《黔南民族师范学院学报》2018 年第 1 期，第 87~93 页。
④ 柳志、王善平：《精准视角下扶贫绩效模糊综合评价——以湘西土家族苗族自治州为例》，《云南财经大学学报》2020 年第 5 期，第 104~112 页。

第二节　西南地区扶贫效果
评价指标体系构建

一　西南地区扶贫效果评价指标体系的构建原则

本章在构建西南地区扶贫效果评价指标体系时坚持以下几个原则。

(一) 全面性和重要性原则

对西南地区扶贫效果进行全面分析和综合评价是扶贫布局调整和决策优化的基础。分析评价的正确程度会直接影响扶贫布局调整和决策优化的合理性与可行性。若选取的研究指标过于单一，如只侧重某一方面而遗漏了其他重要方面，则得出的结果可能准确性较差，具有一定的片面性，导致建立在此研究结果基础上的决策也会有失偏颇。为全面真实地反映与评价西南地区扶贫的实际实施效果，必须在分析经济发展、医疗卫生、居住环境等多个重要维度的基础上进行综合评价，以便为后续的扶贫决策提供科学依据。

(二) 定性与定量相结合原则

在指标体系的构建过程中，若只选用定性的研究方法，则评价成果可能会受到个人主观因素的影响；但若只选用定量的研究方法，则可能会降低评价结果的指导意义。因此，在设置指标时，本章注重将定量与定性的研究方法相结合，使最终得到的结论更加准确和客观。

(三) 可行性原则

指标体系的设置需要考虑到该体系应用于实践的可操作性，否则再完美的指标体系也不过是纸上谈兵。因此，首先，要保证评价指标数据的可获取性，即能够从数据中心、文献资料或其他相关渠道获得，若无法获得有效数据，也就无法利用该指标进行实证分析，失去了它本来的意义。其次，评价指标的选取应该清晰明了，容易理解，便于后续的统计与研究。

（四）综合性原则

西南地区扶贫效果是最终评价目标，也是评价指标体系建立的根本依据。因此，在构建评价指标体系时应站在政府、企业、农户、社会组织等多方主体的角度上，从多维度综合考虑影响西南地区扶贫效果的因素，从而保证指标体系的完整性与评价结果的科学性。

二 西南地区扶贫效果评价指标的确定

在多中心治理理论与协同治理理论的指导下，基于上一章节通过回归分析得到的评价指标的显著性结果，结合文献与西南多个贫困地区的实地调研情况，本章主要从政府、企业、合作社、农户、社会组织以及多主体共同参与扶贫的角度着手对西南地区扶贫效果进行评价，具体从政府间的帮扶合作，企业参与扶贫合作，合作社，农户参与扶贫合作，社会组织参与扶贫合作，扶贫主体共同参与合作，县级政府组织动员合作这 6 个方面出发。将这 6 个方面作为指标体系的准则层，并遵循上述指标体系的构建原则，从多个角度设立每个准则层下的子指标，创建西南地区扶贫实施效果评价指标体系（评价指标体系见表 7-1，指标具体说明见表 7-2）。

表 7-1　西南地区扶贫效果评价指标体系

目标层	准则层	指标层
西南地区扶贫效果 A	政府间帮扶合作 B_1	东西间对口帮扶 C_1 中央财政专项扶贫资金 C_2 地方财政一般公共服务支出 C_3 帮扶结对 C_4

续表

目标层	准则层	指标层
西南地区扶贫效果 A	企业参与扶贫合作 B_2	企业帮扶 C_5 产业投资 C_6 贫困户技能培训 C_7 全社会固定投资 C_8
	合作社、农户参与扶贫合作 B_3	贫困人口素质 C_9 农户脱贫意愿 C_{10} 合作社参与态度 C_{11} 农村居民人均可支配收入增长比例 C_{12}
	社会组织参与扶贫合作 B_4	社会组织参与效果 C_{13} 社会组织类型 C_{14} 社会组织参与形式 C_{15}
	扶贫主体共同参与合作 B_5	基础设施（村村通组组通建设）C_{16} 教育经费支持 C_{17} 城乡居民社会养老保险基金支出 C_{18}
	县级政府组织动员合作 B_6	县乡政府扶贫领导小组 C_{19} 扶贫办信息公开情况 C_{20} 村干部对贫困户的登记与识别 C_{21} 扶、帮、包驻村干部 C_{22}

表 7-2　西南地区扶贫效果评价指标体系指标具体说明

指标	指标具体说明
政府间帮扶合作	各政府通过相互交流合作为贫困地区及贫困群众提供帮扶
企业参与扶贫合作	企业通过就业扶贫、产业扶贫等方式参与扶贫工作，协助贫困地区及贫困群众脱离贫困
合作社、农户参与扶贫合作	农户自身或在合作社的帮助下共同参与扶贫工作
社会组织参与扶贫合作	社会组织通过助老助残、物资捐赠、生活关怀、公益慈善等为贫困地区及贫困群众提供帮扶

续表

指标	指标具体说明
扶贫主体共同参与合作	政府、企业、社会和贫困户共同参与扶贫工作
县级政府组织动员合作	在政府带领下基层扶贫干部为贫困群众提供帮扶
东西间对口帮扶	东部地区利用经济、产业等优势为西部地区提供帮扶
中央财政专项扶贫资金	中国国家财政预算安排用于支持各省（区、市）农村贫困地区促进经济与社会发展，提高贫困群体的基本生活条件与自身脱贫能力，降低贫困程度的专项扶贫资金
地方财政一般公共服务支出	地方政府提供一般公共服务的支出
帮扶结对	具有经济、产业等优势的对象定点帮扶某贫困对象的情况
企业帮扶	企业为贫困地区及贫困群众实施帮助与扶持的情况
产业投资	根据地区优势，有选择地进行投资的情况
贫困户技能培训	企业对贫困群众实施工作必需技能的培训
全社会固定投资	国有企业、集体企业、股份制企业等开展投资的情况
贫困人口素质	贫困群众接受教育的情况，后续研究中选用平均受教育年限进行量化
农户脱贫意愿	农户自身愿意参与脱贫，配合扶贫干部工作的情况
合作社参与态度	合作社愿意协助扶贫干部的脱贫工作，与农户进行深入沟通，从而加快农户脱离贫困的情况
农村居民人均可支配收入增长比例	与上年相比，农村居民可自由支配的收入的增长情况
社会组织参与效果	在社会组织帮扶之下贫困地区及贫困群众的贫困改善情况
社会组织类型	参与扶贫工作的社会组织种类数
社会组织参与形式	参与社会扶贫的组织形式
基础设施（村村通组组通建设）	贫困地区在交通建设方面的情况
教育经费支持	中央和地方财政部门的财政预算中实际用于教育的费用，主要包括教育事业费（即各级各类的学校的人员经费和公用经费）和教育基本建设投资（建筑校舍和购置大型教学设备的费用）等
城乡居民社会养老保险基金支出	城乡居民养老保险基金的支出情况，主要包括养老保险待遇支出、转移支出、补助下级支出、上解上级支出和其他支出

指标	指标具体说明
县乡政府扶贫领导小组	在县、乡级开展扶贫工作的领导小组
扶贫办信息公开情况	各地区扶贫办对扶贫相关政策、资金、补助措施等信息的公开情况
村干部对贫困户的登记与识别	村干部通过对贫困群众的深入考察,记录贫困户的基本信息、家庭情况、可能存在的致贫原因等
扶、帮、包驻村干部	按省(区、市)的统一安排部署,被调动到指定贫困地区,协助当地扶贫干部共同开展扶贫工作的干部

三 西南地区扶贫效果评价指标权重的确定

在多目标综合评价过程中,权重是一个十分重要的因素,指标权重的大小将会对最终的评价结果产生直接的影响。因此,在对西南地区扶贫效果的影响因素进行评分时,应根据指标的重要程度赋予其合理的权重,即对占有重要地位的指标赋予相对大的权重,对影响较小的指标赋予相对小的权重。本章采用 AHP 方法确定各指标权重,通过层次结构模型与判断矩阵的构建以及一致性检验来保证指标权重的合理性和评价结果的有效性。

(一) 指标权重确定的过程

1. 建立递阶层次结构模型

递阶层次结构模型由目标层、准则层和指标层构成。其中,目标层为西南地区扶贫效果,准则层为 6 个二级指标,指标层为 22 个三级指标(见图 7-1)。

2. 构造判断矩阵

本章运用专家打分法来构建两两比较判断矩阵。根据递阶层次结构模型,设计西南地区扶贫效果评价指标权重评分表,用以判断评价指标的相对重要程度。评分表以准则层及准则层对应的指标层为单元,以各层次对应的评价指标作为标题行和标题列进行设计,西南地区扶贫效果评价指标体系准则层指标权重评分见表 7-3。

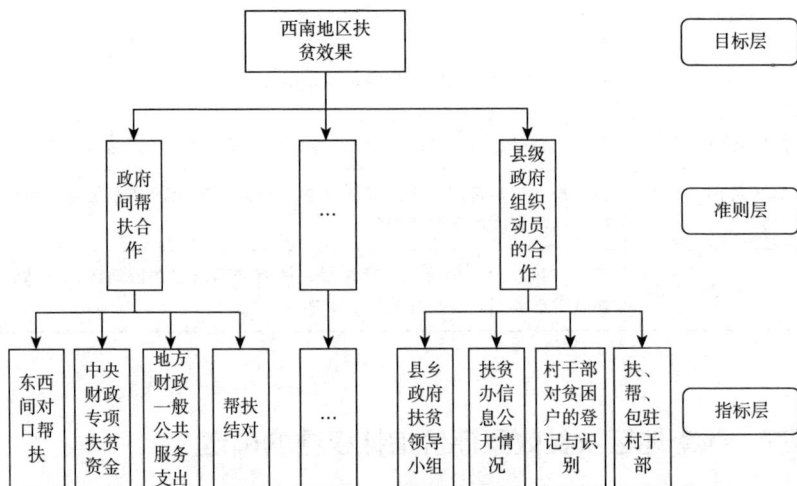

图7-1 递阶层次结构模型

表7-3 西南地区扶贫效果评价指标体系准则层指标权重评分表

	政府间帮扶合作	企业参与扶贫合作	合作社、农户参与扶贫合作	社会组织参与扶贫合作	扶贫主体共同参与合作	县级政府组织动员合作
政府间帮扶合作	1					
企业参与扶贫合作		1				
合作社、农户参与扶贫合作			1			
社会组织参与扶贫合作				1		
扶贫主体共同参与合作					1	
县级政府组织动员合作						1

　　为减少人为主观因素带来的评价差异，本章根据专业程度、深入了解程度及参与程度共邀请50位专家进行指标评分。邀请的专家包括基层扶贫工作人员、扶贫部门工作人员、扶贫方面的专家学者等。指标评分过程中要求专家采用两两重要度比较的方式独立地把每个层次对应指标之间的相

对重要性用数值的方式表达出来，从而构建两两比较判断矩阵。指标间的相对重要程度衡量采用萨蒂的"1~9 标度法"（见表 7-4）。

表 7-4　指标相对重要程度衡量表

判断尺度	定义
1	表示两种元素同等重要
3	表示前者元素比后者元素稍重要
5	表示前者元素比后者元素明显重要
7	表示前者元素比后者元素强烈重要
9	表示前者元素比后者元素极端重要
2，4，6，8	表示上述重要程度判断的中间值
倒数	若元素 i 与元素 j 的重要性之比为 m，则元素 j 与元素 i 的重要性之比为 $1/m$

3. 层次单排序权重的计算

根据上述得到的两两比较判断矩阵，对其进行层次单排序权重计算。假设组中的指标个数为 n。

第一，计算矩阵中各行元素的乘积：

$$M_i = \prod_{j=1}^{n} a_{ij}, i = 1,2,\cdots,n$$

第二，计算 M_i 的 n 次方根：

$$\overline{W_i} = \sqrt[n]{M_i}, i = 1,2,\cdots,n$$

第三，对向量 $\overline{W} = (\overline{W_1}, \overline{W_2}, \cdots, \overline{W_n})^T$ 进行归一化处理：

$$W_i = \frac{\overline{W_i}}{\sum_{i=1}^{n} \overline{W_i}}$$

得到最终指标权重结果为：$W = (W_1, W_2, \cdots, W_n)$。

第四，根据求得的权向量，得出对应的最大特征值 λ_{max}：

$$C \cdot W = \lambda_{max} \cdot W$$

其中，C 是原始判断矩阵，W 是权向量。

4. 一致性指标计算与检验

为了避免扶贫效果评价指标本身的多样性和人们不同的主观意识造成判断矩阵呈现不一致的情况，本章通过一致性比率指标检验的方法对评分得到的判断矩阵进行一致性检验。一致性检验的步骤具体如下。

首先，对一致性指标 CI 进行计算：

$$CI = \frac{\lambda_{max} - m}{m - 1}$$

其中，m 为对应判断矩阵的阶数。

一般情况下，CI 越大，表明判断矩阵的一致性越好，但同时需要考虑到在一致性情况显示良好的情况下可能会出现判断矩阵随机偏离的情况。

其次，根据判断矩阵的阶数，找到相对应的随机一致性指标 RI 的标准值（见表 7-5）。平均随机一致性指标 RI 大小与判断矩阵的阶数有关，阶数越大，则 RI 值越大，表明出现随机偏离的可能性越大。

表 7-5　平均随机一致性指标 RI 标准值

矩阵阶数	1	2	3	4	5	6	7	8	9	10
RI	0	0	0.58	0.90	1.12	1.24	1.32	1.41	1.45	1.49

最后，对一致性检验指标 CR 进行计算：

$$CR = \frac{CI}{RI}$$

CR 作为一致性检验指标，用于检验判断矩阵是否通过一致性检验。若 $CR<0.1$，则表明判断矩阵通过了一致性检验，反之，则表明判断矩阵未通过一致性检验。

（二）　指标权重确定结果

为明确西南地区扶贫效果评价指标体系的准则层和指标层的具体权重，首先按照上述的方法进行建模，根据专家的评分结果构建准则层和指标层相应的判断矩阵，计算各指标权重，并对判断矩阵进行一致性检验。指标具体权重的计算如下。

根据专家结论，得出准则层判断矩阵为：

$$\begin{pmatrix} 1 & 1/3 & 1/5 & 3 & 1/3 & 3 \\ 3 & 1 & 1/3 & 7 & 3 & 5 \\ 5 & 3 & 1 & 7 & 5 & 3 \\ 1/3 & 1/7 & 1/7 & 1 & 1/3 & 1/3 \\ 3 & 1/3 & 1/5 & 3 & 1 & 3 \\ 1/3 & 1/5 & 1/3 & 3 & 1/3 & 1 \end{pmatrix}$$

计算得到的权重向量为：

$$(0.0928, 0.2514, 0.4196, 0.0348, 0.1348, 0.0666)$$

一致性检验的结果为：

$$\lambda_{max} = 6.5669, CI = 0.1134, CR = 0.0914 < 0.1$$

政府间帮扶合作的判断矩阵及权重计算。通过专家评分，得到判断矩阵为：

$$\begin{pmatrix} 1 & 1/5 & 1/3 & 1 \\ 5 & 1 & 3 & 3 \\ 3 & 1/3 & 1 & 5 \\ 1 & 1/3 & 1/5 & 1 \end{pmatrix}$$

计算得到的权重向量为：

$$(0.0932, 0.5119, 0.2948, 0.1001)$$

一致性检验的结果为：

$$\lambda_{max} = 4.2253, CI = 0.0751, CR = 0.0834 < 0.1$$

企业参与扶贫合作的判断矩阵及权重计算。通过专家评分，得到判断矩阵为：

$$\begin{pmatrix} 1 & 1/3 & 1/7 & 1/5 \\ 3 & 1 & 1/5 & 1/3 \\ 7 & 5 & 1 & 3 \\ 5 & 3 & 1/3 & 1 \end{pmatrix}$$

计算得到的权重向量为：

$$(0.0553, 0.1175, 0.5650, 0.2622)$$

一致性检验的结果为：

$$\lambda_{max} = 4.117, CI = 0.039, CR = 0.0433 < 0.1$$

合作社、农户参与扶贫合作的判断矩阵及权重计算。通过专家评分，得到判断矩阵为：

$$\begin{pmatrix} 1 & 1/5 & 1/5 & 1/7 \\ 5 & 1 & 3 & 1/3 \\ 5 & 1/3 & 1 & 1/3 \\ 7 & 3 & 3 & 1 \end{pmatrix}$$

计算得到的权重向量为：

$$(0.0498, 0.2777, 0.1588, 0.5137)$$

一致性检验的结果为：

$$\lambda_{max} = 4.2281, CI = 0.076, CR = 0.0845 < 0.1$$

社会组织参与扶贫合作的判断矩阵及权重计算。通过专家评分，得到判断矩阵为：

$$\begin{pmatrix} 1 & 7 & 5 \\ 1/7 & 1 & 1/3 \\ 1/5 & 3 & 1 \end{pmatrix}$$

计算得到的权重向量为：

$$(0.7306, 0.0810, 0.1884)$$

一致性检验的结果为：

$$\lambda_{max} = 4.2281, CI = 0.076, CR = 0.0845 < 0.1$$

扶贫主体共同参与合作的判断矩阵及权重计算。通过专家评分，得到判断矩阵为：

$$\begin{pmatrix} 1 & 1/3 & 5 \\ 3 & 1 & 7 \\ 1/5 & 1/7 & 1 \end{pmatrix}$$

计算得到的权重向量为：

$$(0.2790, 0.6491, 0.0719)$$

一致性检验的结果为：

$$\lambda_{max} = 3.0649, CI = 0.0324, CR = 0.0559 < 0.1$$

县级政府组织动员合作的判断矩阵及权重计算。通过专家评分，得到判断矩阵为：

$$\begin{pmatrix} 1 & 7 & 1/5 & 1/3 \\ 1/7 & 1 & 1/9 & 1/7 \\ 5 & 9 & 1 & 3 \\ 3 & 7 & 1/3 & 1 \end{pmatrix}$$

计算得到的权重向量为：

$$(0.1400, 0.0367, 0.5588, 0.2645)$$

一致性检验的结果为：

$$\lambda_{max} = 4.2642, CI = 0.0881, CR = 0.0978 < 0.1$$

综上，通过 Matlab 软件计算得到的西南地区扶贫效果各评价指标的权重（见表 7-6）。

表 7-6 西南地区扶贫效果评价指标权重

目标层	准则层	准则层权重	指标层	指标层权重	相对权重	权重排序
西南地区扶贫效果 A	政府间帮扶合作 B_1	0.0928	东西间对口帮扶 C_1	0.0932	0.00865	20
			中央财政专项扶贫资金 C_2	0.5119	0.04750	7
			地方财政一般公共服务支出 C_3	0.2948	0.02736	11
			帮扶结对 C_4	0.1001	0.00929	19
	企业参与扶贫合作 B_2	0.2514	企业帮扶 C_5	0.0553	0.01390	15
			产业投资 C_6	0.1175	0.02954	10
			贫困户技能培训 C_7	0.5650	0.14204	2
			全社会固定投资 C_8	0.2622	0.06592	6
	合作社、农户参与扶贫合作 B_3	0.4196	贫困人口素质 C_9	0.0498	0.02090	13
			农户脱贫意愿 C_{10}	0.2777	0.11652	3
			合作社参与态度 C_{11}	0.1588	0.06663	5
			农村居民人均可支配收入增长比例 C_{12}	0.5137	0.21555	1
	社会组织参与扶贫合作 B_4	0.0348	社会组织参与效果 C_{13}	0.2790	0.00971	16
			社会组织类型 C_{14}	0.6491	0.02259	12
			社会组织参与形式 C_{15}	0.0719	0.00250	21
	扶贫主体共同参与合作 B_5	0.1348	基础设施（村村通组组通建设）C_{16}	0.2790	0.03761	8
			教育经费支持 C_{17}	0.6491	0.08750	4
			城乡居民社会养老保险基金支出 C_{18}	0.0719	0.00969	17
	县级政府组织动员合作 B_6	0.0666	县乡政府扶贫领导小组 C_{19}	0.1400	0.00932	18
			扶贫办信息公开情况 C_{20}	0.0367	0.00244	22
			村干部对贫困户的登记与识别 C_{21}	0.5588	0.03722	9
			扶、帮、包驻村干部 C_{22}	0.2645	0.01762	14

根据准则层指标权重结果，准则层指标的重要度排序（从大到小）依次为合作社、农户参与扶贫合作，企业参与扶贫合作，扶贫主体共同参与合作，政府间帮扶合作，县级政府组织动员合作，社会组织参与扶贫合作。其中，合作社、农户参与扶贫合作权重高达 0.4196，几乎接近一半，说明合作社、农户参与扶贫合作是检验西南地区扶贫效果必不可缺的重要指标，会对扶贫效果带来举足轻重的影响。从农户与合作社的属性出发，

农户作为扶贫工作的重点帮扶对象，而合作社作为最贴近农户的扶贫对象，农户自身的脱贫意愿与合作社的参与态度在很大程度上决定了西南地区整体脱贫的进程与扶贫的效果。企业参与扶贫合作权重为 0.2514，虽然相较前一项指标权重较低，但从整体来看依旧占据了很大的权重，说明企业参与扶贫合作同样在扶贫效果的评价中占据了重要的地位，会对扶贫效果产生关键的影响。从企业的属性出发，企业作为扶贫工作的重点推动者，能够通过带动贫困地区就业、经济、产业等多方面发展的方式，增强贫困群众自力更生、可持续脱贫的能力。其余四项指标的权重均低于 0.20，虽然不高，但同样是扶贫工作中必不可缺的一部分，对西南地区扶贫效果会产生直接或间接的影响。

根据指标层指标权重结果，指标层指标的重要度排序（从大到小）依次为农村居民人均可支配收入增长比例，贫困户技能培训，农户脱贫意愿，教育经费支持，合作社参与态度，全社会固定投资，中央财政专项扶贫资金，基础设施（村村通组组通建设），村干部对贫困户的登记与识别，产业投资，地方财政一般公共服务支出，社会组织类型，贫困人口素质，扶、帮、包驻村干部，企业帮扶，社会组织参与效果，城乡居民社会养老保险基金支出，县乡政府扶贫领导小组，帮扶结对，东西间对口帮扶，社会组织参与形式，扶贫办信息公开情况。其中，农村居民人均可支配收入增长比例权重为 0.21555，超过了总体权重的1/5，说明农村居民人均可支配收入增长情况是西南地区扶贫效果的首要考核指标，也是最直接的考核指标。贫困户技能培训与农户脱贫意愿权重分别为 0.14204 与 0.11652，均大于 0.1，在所有指标中处于上层水平，表明贫困户技能培训与农户脱贫意愿都是西南地区扶贫效果评价中非常重要的考核因素。排在第 4~6 位的指标分别是教育经费支持、合作社参与态度与全社会固定投资，权重分别为 0.08750、0.06663 和 0.06592，在所有指标中处于中间水平。从这三项指标的属性来看，教育经费支持是提高贫困群众文化素质的根本举措；合作社帮扶能够通过强化政府与农户之间的双向沟通，在协调一致的基础上开展易地扶贫搬迁、危房改造等工作；全社会固定投资能够通过增加贫困地区的就业岗位，带动地区的经济与产业发展。因此，这三项指标都是评价西南地区扶贫效果必不可少的关键要素。剩余 16 个指标的权重均在 0.05 以下，虽然不高，但在扶贫效果评价中也是不可或缺的要素，如中央财政专项扶贫资金的多少、道路基础设施的建设程度、基层干部的政策执行程度都会在一定程度上影响扶贫工作的落地，从而影响扶贫效果。

第三节　西南地区扶贫效果
模糊综合评价过程

本节运用模糊综合评价法对西南地区扶贫效果进行定量与定性相结合的评价，在整体上共分为两步：第一，对西南地区扶贫效果评价体系中的准则层因素进行评价，获得单个因素的评价结果；第二，基于计算得到的权重集以及单个因素的评价结果，得到包含所有因素的综合评价结果。西南地区扶贫效果模糊综合评价的具体步骤如下。

一　确定西南地区扶贫效果的评价因素权重集

根据层次分析法计算得到的指标权重结果，得到西南地区扶贫效果的评价因素权重集 W：

$W = \{w_1, w_2, w_3, \cdots, w_{22}\} = \{0.00865, 0.04750, 0.02736, 0.00929, 0.01390, 0.02954,$
$0.14204, 0.06592, 0.02090, 0.11652, 0.06663, 0.21555, 0.00971, 0.02259, 0.00250,$
$0.03761, 0.08750, 0.00969, 0.00932, 0.00244, 0.03722, 0.01762\}$

二　确定评定等级

评定等级是评价者对被评价对象所有可能出现的结果的综合。根据西南地区扶贫效果的评价指标设计模糊综合评价问卷，共设置很好、较好、一般、较差、很差这五个等级，分别代表 10、8、6、4、2 这五个分值。

因此，得到等级矩阵 V：

$$V = \{v_1, v_2, v_3, v_4, v_5\} = \{很好, 较好, 一般, 较差, 很差\}$$

得到分值矩阵 X：

$$X = \begin{pmatrix} 10 \\ 8 \\ 6 \\ 4 \\ 2 \end{pmatrix}$$

三　建立单因素评价集

根据很好、较好、一般、较差、很差这五个等级，设计西南地区扶贫效果的模糊综合评价调查表。邀请与扶贫相关的政府工作人员、社会组织人员、参与扶贫的企业人员、扶贫领域的专家学者等共 50 名填写该调查表并收集数据。根据调查反馈的结果，将各指标中每一等级选择的人数在总人数中的占比作为该指标的评价值（见表 7-7）。

表 7-7　西南地区扶贫效果评价指标体系隶属度

目标层	准则层	指标层	很好	较好	一般	较差	很差
A	B₁	C_1	0.72	0.2	0.08	0	0
		C_2	0.84	0.12	0.04	0	0
		C_3	0.62	0.28	0.1	0	0
		C_4	0.68	0.3	0.02	0	0
	B₂	C_5	0.58	0.42	0	0	0
		C_6	0.44	0.48	0.08	0	0
		C_7	0.72	0.26	0.02	0	0
		C_8	0.42	0.58	0	0	0

目标层	准则层	指标层	很好	较好	一般	较差	很差
A	B_3	C_9	0.2	0.42	0.38	0	0
		C_{10}	0.42	0.36	0.22	0	0
		C_{11}	0.42	0.48	0.1	0	0
		C_{12}	0.78	0.22	0	0	0
	B_4	C_{13}	0.48	0.42	0.1	0	0
		C_{14}	0.38	0.52	0.1	0	0
		C_{15}	0.38	0.34	0.28	0	0
	B_5	C_{16}	0.88	0.1	0.02	0	0
		C_{17}	0.42	0.28	0.3	0	0
		C_{18}	0.52	0.38	0.1	0	0
	B_6	C_{19}	0.54	0.28	0.18	0	0
		C_{20}	0.4	0.32	0.28	0	0
		C_{21}	0.34	0.44	0.22	0	0
		C_{22}	0.42	0.38	0.2	0	0

四 单项扶贫指标评价结果计算

根据模糊综合评价法，指标层 C 的因素对应准则层 B 的第 i 个指标所包含的所有因素的模糊综合评价结果的计算公式为：

$$B_i = W_i R_i = (w_{i1}, w_{i2}, \cdots, w_{in}) \begin{pmatrix} r_{i11} & \cdots & r_{i1m} \\ \vdots & \ddots & \vdots \\ r_{in1} & \cdots & r_{inm} \end{pmatrix} (i = 1, 2, \cdots, 6)$$

其中 W_i 为权重向量，R_i 是评价矩阵。

根据分值矩阵 X，以 10 为满分，各准则层指标的模糊综合评分计算公式为：

$$S_i = B_i X (i = 1, 2, \cdots, 6)$$

根据上述计算公式，得到各准则层指标的模糊综合评价结果如下。

政府间帮扶合作 B_1 准则层的模糊综合评价结果为：

$$B_1 = W_1 R_1 = (0.0932 \quad 0.5119 \quad 0.2948 \quad 0.1001) \begin{pmatrix} 0.72 & 0.2 & 0.08 & 0 & 0 \\ 0.84 & 0.12 & 0.04 & 0 & 0 \\ 0.62 & 0.28 & 0.1 & 0 & 0 \\ 0.68 & 0.3 & 0.02 & 0 & 0 \end{pmatrix}$$

$$= (0.7479 \quad 0.1926 \quad 0.0594 \quad 0 \quad 0)$$

$$S_1 = B_1 X = (0.7479 \quad 0.1926 \quad 0.0594 \quad 0 \quad 0) \begin{pmatrix} 10 \\ 8 \\ 6 \\ 4 \\ 2 \end{pmatrix} = 9.38$$

企业参与扶贫合作 B_2 准则层的模糊综合评价结果为：

$$B_2 = W_2 R_2 = (0.0553 \quad 0.1175 \quad 0.565 \quad 0.2622) \begin{pmatrix} 0.58 & 0.42 & 0 & 0 & 0 \\ 0.44 & 0.48 & 0.08 & 0 & 0 \\ 0.72 & 0.26 & 0.02 & 0 & 0 \\ 0.42 & 0.58 & 0 & 0 & 0 \end{pmatrix}$$

$$= (0.6007 \quad 0.3786 \quad 0.0207 \quad 0 \quad 0)$$

$$S_2 = B_2 X = (0.6007 \quad 0.3786 \quad 0.0207 \quad 0 \quad 0) \begin{pmatrix} 10 \\ 8 \\ 6 \\ 4 \\ 2 \end{pmatrix} = 9.16$$

合作社、农户参与扶贫合作 B_3 准则层的模糊综合评价结果为：

$$B_3 = W_3 R_3 = (0.0498 \quad 0.2777 \quad 0.1588 \quad 0.5137) \begin{pmatrix} 0.2 & 0.42 & 0.38 & 0 & 0 \\ 0.42 & 0.36 & 0.22 & 0 & 0 \\ 0.42 & 0.48 & 0.1 & 0 & 0 \\ 0.78 & 0.22 & 0 & 0 & 0 \end{pmatrix}$$

$$= (0.5940 \quad 0.3101 \quad 0.0959 \quad 0 \quad 0)$$

$$S_3 = B_3 X = (0.5940 \quad 0.3101 \quad 0.0959 \quad 0 \quad 0) \begin{pmatrix} 10 \\ 8 \\ 6 \\ 4 \\ 2 \end{pmatrix} = 9.00$$

社会组织参与扶贫合作 B_4 准则层的模糊综合评价结果为:

$$B_4 = W_4 R_4 = (0.279 \quad 0.6491 \quad 0.0719) \begin{pmatrix} 0.48 & 0.42 & 0.1 & 0 & 0 \\ 0.38 & 0.52 & 0.1 & 0 & 0 \\ 0.38 & 0.34 & 0.28 & 0 & 0 \end{pmatrix}$$

$$= (0.4079 \quad 0.4792 \quad 0.1129 \quad 0 \quad 0)$$

$$S_4 = B_4 X = (0.4079 \quad 0.4792 \quad 0.1129 \quad 0 \quad 0) \begin{pmatrix} 10 \\ 8 \\ 6 \\ 4 \\ 2 \end{pmatrix} = 8.59$$

扶贫主体共同参与合作 B_5 准则层的模糊综合评价结果为:

$$B_5 = W_5 R_5 = (0.279 \quad 0.6491 \quad 0.0719) \begin{pmatrix} 0.88 & 0.1 & 0.02 & 0 & 0 \\ 0.42 & 0.28 & 0.3 & 0 & 0 \\ 0.52 & 0.38 & 0.1 & 0 & 0 \end{pmatrix}$$

$$= (0.5555 \quad 0.2370 \quad 0.2075 \quad 0 \quad 0)$$

$$S_5 = B_5 X = (0.5555 \quad 0.2370 \quad 0.2075 \quad 0 \quad 0) \begin{pmatrix} 10 \\ 8 \\ 6 \\ 4 \\ 2 \end{pmatrix} = 8.70$$

县级政府组织动员合作 B_6 准则层的模糊综合评价结果为:

$$B_6 = W_6 R_6 = (0.14 \quad 0.0367 \quad 0.5588 \quad 0.2645) \begin{pmatrix} 0.54 & 0.28 & 0.18 & 0 & 0 \\ 0.4 & 0.32 & 0.28 & 0 & 0 \\ 0.34 & 0.44 & 0.22 & 0 & 0 \\ 0.42 & 0.38 & 0.2 & 0 & 0 \end{pmatrix}$$

$$= (0.3914 \quad 0.3973 \quad 0.2117 \quad 0 \quad 0)$$

$$S_6 = B_6 X = (0.3914 \quad 0.3973 \quad 0.2117 \quad 0 \quad 0) \begin{pmatrix} 10 \\ 8 \\ 6 \\ 4 \\ 2 \end{pmatrix} = 8.36$$

五　综合评价结果计算

采用以上计算模糊评价矩阵的方法，进一步计算 B 层因素对应 A 层第 i 个指标所包含的所有因素的模糊综合评价，得到西南地区扶贫效果的模糊综合评价结果：

$$A = WR = (0.0928 \quad 0.2514 \quad 0.4196 \quad 0.0348 \quad 0.1348 \quad 0.0666)$$

$$\begin{pmatrix} 0.7479 & 0.1926 & 0.0594 & 0 & 0 \\ 0.6007 & 0.3786 & 0.0207 & 0 & 0 \\ 0.5940 & 0.3101 & 0.0959 & 0 & 0 \\ 0.4097 & 0.4792 & 0.1129 & 0 & 0 \\ 0.5555 & 0.2370 & 0.2075 & 0 & 0 \\ 0.3914 & 0.3973 & 0.2113 & 0 & 0 \end{pmatrix} = (0.5848 \quad 0.3183 \quad 0.0969 \quad 0 \quad 0)$$

根据分值矩阵 X，以 10 为满分，对西南地区扶贫效果的模糊综合评分 S 进行计算：

$$S = AX = (0.5848 \quad 0.3183 \quad 0.0969 \quad 0 \quad 0) \begin{pmatrix} 10 \\ 8 \\ 6 \\ 4 \\ 2 \end{pmatrix} = 8.98$$

综合上述各准则层及目标层指标的评分，得到西南地区扶贫效果的综合评价结果。

由表 7-8 可知，在以 10 为满分的前提下，西南地区扶贫效果的综合评分为 8.98，说明西南地区扶贫效果在整体上已经取得了十分优异的成绩。政府间帮扶合作，企业参与扶贫合作及合作社、农户参与扶贫合作这三项指标的综合评分分别为 9.38、9.16、9.00，均高于西南地区扶贫效果的综合评分，说明政府、企业、合作社及农户在扶贫过程中采取的举措是科学合理的，对于提升整体的扶贫效果产生了有益的促进作用。而社会组织参与扶贫合作、扶贫主体共同参与合作、县级政府组织动员合作这三项指标的综合评分分别为 8.59、8.70、8.36，均低于西南地区扶贫效果的综合评分，说明社会组织参与扶贫合作及多主体协同扶贫的模式在可持续减贫过程中还需进一步完善。

表 7-8　西南地区扶贫效果综合评分

指标	综合评分	排名
政府间帮扶合作	9.38	1
企业参与扶贫合作	9.16	2
合作社、农户参与扶贫合作	9.00	3
社会组织参与扶贫合作	8.59	5
扶贫主体共同参与合作	8.70	4
县级政府组织动员合作	8.36	6
西南地区扶贫效果	8.98	

第四节　西南地区扶贫效果评价结果

一　西南地区扶贫效果综合评价结果

西南地区扶贫效果综合评价结果为：

$$(0.5848 \quad 0.3183 \quad 0.0969 \quad 0 \quad 0)$$

评价结果显示，西南地区扶贫效果评价等级为很好的占比为 58.48%，评价等级为较好的占比为 31.83%，评价等级为一般的占比为 9.69%，评价等级为较差和很差的占比均为 0。基于最大隶属度原则，五个等级评价中的最大值为 0.5848，对应的等级为很好，说明西南地区在整体的扶贫实践过程中已经取得了十分显著的成效，效果很好。但评价等级为较好与一般的占比共达到 41.52%，说明西南地区在扶贫实践过程中依旧存在诸多亟待完善的问题。从西南地区的扶贫状况来看，在定点帮扶层面，云南、西藏、贵州、重庆、四川都拥有各自对口的帮扶地区，通过赋予贫困地区和人群产业、资金、人才、技术等多方面的资源，带动贫困群众增强内生动力，加快贫困地区经济发展。比如，2019 年，贵州围绕脱贫攻坚编制项目共 2537 个，引进项目共 1211 个，直接或间接带动就业 15 万人，实现了贫困地区的可持续脱贫。[①] 为巩固并保持西南地区取得的脱贫成果，做好巩固拓展脱贫攻坚成果同乡村振兴有效衔接，西南地区亟须关注与重视在过去扶贫实践过程中存在的优势、短板与教训，以"补短板，强弱项，固优势"的行动为乡村振兴打下坚实的基础。

二 西南地区扶贫效果单项指标评价结果

(一) 政府间帮扶合作指标评价结果

政府间帮扶合作指标评价结果为：

$$(0.7479 \quad 0.1926 \quad 0.0594 \quad 0 \quad 0)$$

评价结果显示，政府间帮扶合作指标评价等级为很好的占比为 74.79%，评价等级为较好的占比为 19.26%，评价等级为一般的占比为 5.94%，评价等级为较差和很差的占比均为 0。基于最大隶属度原则，五个等级评价中的最大值为 0.7479，对应的评价等级为很好。因此，西南地区政府间帮扶合作从整体上来说效果是十分显著的。对该准则层指标下的可量化指标进行数据分析。

由图 7-2 可知，在地方财政一般公共服务支出方面，四川省遥遥领先，说明四川省的公共服务与地方治理能力相对其他 4 个地区具有明显的

---

① 《贵州产业大招商点燃脱贫"新引擎"》，"中国新闻网"百家号，2020 年 3 月 29 日，https://baijiahao.baidu.com/s? id=1661579285887004075&wfr=spider&for=pc。

优势。在脱贫攻坚战中，四川省通过邀请专家与高层次人才帮助与指导各县（市、区）的企业与基层解决技术攻关、产业培育、人才培养、企业转型发展等方面的突出问题，带动各地经济高质量发展，推动本省的脱贫攻坚工作。西藏处于五个省（区、市）的末位，说明西藏在政府间帮扶合作与共享机制方面存在提升的空间，未来需要加强与其他政府间的合作，提升公共服务与地方治理的能力，借助外来资源和力量尽力摆脱由地理位置、历史原因等外在条件带来的发展制约。

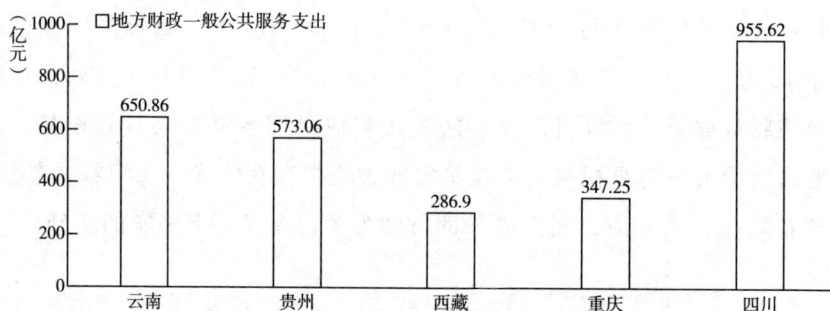

图 7-2　2019 年西南地区政府间帮扶合作有关指标统计
资料来源：根据国家统计局以及网站信息整理而得。

（二）企业参与扶贫合作指标评价结果

企业参与扶贫合作指标评价结果为：

$$(0.6007 \quad 0.3786 \quad 0.0207 \quad 0 \quad 0)$$

评价结果显示，企业参与扶贫合作指标评价等级为很好的占比为60.07%，评价等级为较好的占比为37.86%，评价等级为一般的占比为2.07%，评价等级为较差和很差的占比均为 0。基于最大隶属度原则，五个等级评价中的最大值为 0.6007，对应的评价等级为很好。因此，西南地区企业参与扶贫合作从整体上来说效果是比较显著的。将该准则层指标下的可量化指标进行数据分析。

由图 7-3 可知，在新增就业人数方面，贵州省占据较大优势，说明该省的可持续脱贫工作取得了良好的成效，贫困群众的内生动力得到了极大的提高。在就业扶贫中，贵州省通过对产业投资与贫困户技能培训方面的大量投入，增加就业岗位与就业人数，从而带动贫困地区经济发展与贫困群众脱贫致富。而西藏自治区在该方面处于末位，说明西藏在就业扶贫方面的工作还比较薄弱。西藏应充分利用当地优势建设特色产业链，吸引企业投资，增加就业岗位，加强对具有劳动能力的贫困群众的就业技能培训，从而带动贫困群众可持续脱贫。

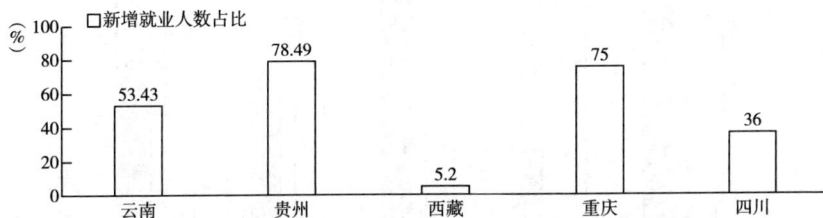

图 7-3　2019 年西南地区企业参与扶贫合作有关指标统计
资料来源：国家统计局。

（三）合作社、农户参与扶贫合作指标评价结果

合作社、农户参与扶贫合作指标评价结果为：

$$(0.5940 \quad 0.3101 \quad 0.0959 \quad 0 \quad 0)$$

评价结果显示，合作社、农户参与扶贫合作评价为很好的占比为59.40%，评价为较好的占比为31.01%，评价为一般的占比为9.59%，评价为较差和很差的占比均为0。基于最大隶属度原则，五个等级评价中的最大值为0.5940，对应的评价等级为很好。因此，西南地区合作社、农户参与扶贫合作从整体上来说效果是比较显著的。将该准则层指标下的可量化指标进行数据分析。

由图7-4可知，在平均受教育年限方面，重庆处于领先水平，说明重庆的人口素质普遍较高，会给脱贫攻坚与乡村振兴工作的开展带来正向的效应。而在该方面表现最为薄弱的是西藏，说明西藏亟须加强教育方面的工作与投入，通过贫困地区教育事业的发展转变贫困群体的思想观念与行为方式，提高贫困地区人口的知识水平与创造能力，从而增强贫困地区内生动力，从根本上解决贫困问题。在农村居民人均可支配收入增长比例方面，五省（区、市）的差异不大，说明如何更好提升农村居民人均可支配收入是各地区普遍需要面对与解决的问题。

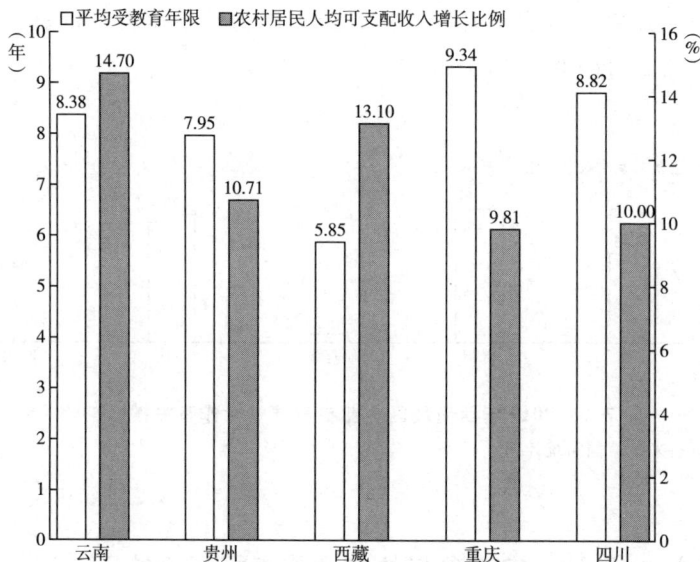

图7-4　2019年西南地区合作社、农户参与扶贫合作有关指标统计

资料来源：国家统计局。

（四）社会组织参与扶贫合作指标评价结果

社会组织参与扶贫合作指标评价结果为：

$$(0.4079 \quad 0.4792 \quad 0.1129 \quad 0 \quad 0)$$

评价结果显示，社会组织参与扶贫合作评价为很好的占比为40.79%，评价为较好的占比为47.92%，评价为一般的占比为11.29%，评价为较差和很差的占比均为0。基于最大隶属度原则，五个等级评价中的最大值为0.4792，对应的评价等级为较好。因此，西南地区社会组织参与扶贫合作从整体上来说效果是较好的。将该准则层指标下的可量化指标进行数据分析。

由表7-9可知，在社会组织单位数、社会团体单位数、基金会单位数与民办非企业单位数方面，四川省遥遥领先，说明四川省在组织与动员社会组织参与扶贫方面取得了很大的成效，社会组织的参与度与积极度很高。而西藏相关统计数最小，说明西藏需要充分重视对社会组织参与扶贫的宣传与动员，充分发挥社会组织在促进社会公平、反映民众诉求、整合社会力量、化解社会矛盾等方面的重要作用，助推可持续减贫。

表 7-9 西南地区 2019 年社会组织参与扶贫合作指标统计

单位：个

指标	云南	贵州	西藏	重庆	四川
社会组织单位数	23640	13753	536	17553	44932
社会团体单位数	14333	7164	478	7833	20705
基金会单位数	117	66	22	82	179
民办非企业单位数	9190	6523	36	9638	24048

资料来源：国家统计局。

（五）扶贫主体共同参与合作指标评价结果

扶贫主体共同参与合作指标评价结果为：

$$(0.5555 \quad 0.2370 \quad 0.2075 \quad 0 \quad 0)$$

评价结果显示，扶贫主体共同参与合作评价为很好的占比为 55.55%，评价为较好的占比为 23.70%，评价为一般的占比为 20.75%，评价为较差和很差的占比均为 0。基于最大隶属度原则，五个等级评价中的最大值为 0.5555，对应的评价等级为很好。因此，西南地区扶贫主体共同参与合作从整体上来说效果是很好的。将该准则层指标下的可量化指标进行数据分析。

由表 7-10 可知，在道路长度、一般公共预算教育经费、城乡居民社会养老保险基金支出方面，四川省处于领先水平，说明四川省在基础设施与教育、养老工作方面的支持力度较大。而西藏在这些方面均处于较低水平，在五个地区中排末位，说明西藏在基础设施与教育、养老工作方面的支持力度较小。虽然西藏已宣布贫困县全部脱贫，但为了防止后续返贫现象的产生，西藏必须重视基础设施的建设工作，加大对养老、教育方面的投入与支持力度，助力可持续脱贫。

表 7-10　西南地区 2019 年扶贫主体共同参与扶贫合作指标统计

单位：万公里，亿元

指标	云南	贵州	西藏	重庆	四川
道路长度	0.78	0.53	0.08	1.01	2.04
一般公共预算教育经费	1067.31	1061.57	261.58	730.28	1594.00
城乡居民社会养老保险基金支出	75.90	59.70	5.80	62.00	204.00

资料来源：国家统计局。

（六）县级政府组织动员合作指标评价结果

县级政府组织动员合作指标评价结果为：

$$(0.3914 \quad 0.3973 \quad 0.2113 \quad 0 \quad 0)$$

评价结果显示，县级政府组织动员合作评价为很好的占比为 39.14%，评价为较好的占比为 39.73%，评价为一般的占比为 21.13%，评价为较差和很差的占比均为 0。基于最大隶属度原则，五个等级评价中的最大值为 0.3973，对应的评价等级为较好。因此，西南地区县级政府组织动员合作从整体上来说效果是较好的。将该准则层指标下的可量化指标进行数据分析。

由图 7-5 可知，在扶贫办信息公开方面，四川省遥遥领先，远高于西南其他 4 个地区，说明四川省在保证群众知情权方面的工作十分到位。而西藏自治区在五省（区、市）中的信息公开程度最低，说明西藏亟须完善信息网络方面的基础设施建设，破除由信息条件带来的局限，并动员县乡扶贫领导小组、各地方扶贫办、村干部、驻村干部等积极宣传扶贫政策，及时公开扶贫信息，保证信息传递的即时有效。

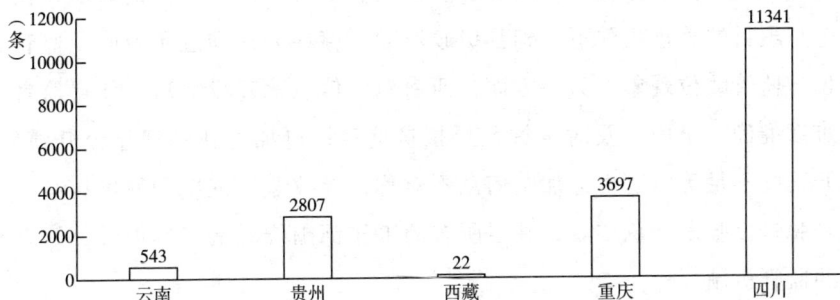

图 7-5　2019 年西南地区扶贫办信息公开情况

资料来源：各省（区、市）扶贫办。

第五节　西南地区扶贫效果评价启示

根据扶贫效果评价的综合结果和单项指标评价结果可知，西南地区的扶贫实践脱贫成果显著。在国家推进的脱贫攻坚战中，脱贫目标明确、时间路线确定、脱贫标准清晰，为了完成既定脱贫目标，西南各省（区、市）在国家的统一领导下，围绕脱贫目标展开了规模宏大的西南扶贫叙事。从脱贫数据和扶贫格局的数据来看，西南扶贫效果显著。众所周知，大规模的国家干预的扶贫政策遍地推开后，以行政命令开展的扶贫在集聚政府、社会、市场、贫困户所有资源的基础上体现了中国特色社会主义集中力量办大事的政治优势，但从长远来看，这样的模式存在一些不可持续的问题。西南地区扶贫实践从国家顶层设计的角度矫正国家发展过程中的不公平、不平等现象，其民生工程属性远大于经济成本考量。抛开民族情怀和人性关怀，从评价过程、评价机制、可持续减贫能力等视角进行分析，发现西南地区在扶贫效果评价机制、扶贫效能、可持续减贫能力方面均存在改进空间。

一　扶贫监管机制亟待完善，监管准度效度层层式微

研究发现，当前西南地区扶贫监管机制不健全，扶贫项目、资金运行

风险犹存。一方面,受监督效度层层减弱、层层式微等因素的影响,扶贫资金与项目的管理权限下放到县级政府后,存在处理问题不及时、监管不到位、监管缺位现象。另一方面,西南地区信息化建设滞后,使得监督部门难以准确、全面、及时掌握基层扶贫信息;再加上扶贫信息公开滞后、公开程度不足等问题也会加剧信息不对称,导致监管准度和效度锐减。特别是脱贫攻坚发起总攻后,基层所有的工作都围绕脱贫目标展开,缺乏有效的监管机制。

二　扶贫评价机制构建滞后,规模性返贫风险犹存

西南地区已全部完成脱贫目标,考核以国务院扶贫办的脱贫考核表为准,西南五省(区、市)尚未构建完善高效的脱贫评价机制与返贫监测机制,不利于扶贫治理的动态性、持续性改善。绝对贫困问题的解决绝非一劳永逸。对于某些生计脆弱性较强的贫困人口或生态脆弱性较强的地区,其发生返贫的风险仍需要加以重视与防控;西南民族集居地区受自然禀赋、历史因素和经济基础的影响,整体返贫风险仍然较高;在大规模解决区域性整体贫困问题的同时,非贫困地区的贫困问题逐渐显现;部分贫困户政策性收入占比过高,产业发展仍处于孵化期,脱贫攻坚政策与乡村振兴如何衔接问题仍待回答。因此,精准识别深度困难群体的主要致贫因素,优化脱贫评价机制与返贫监测机制,对于切实防止西南地区深度困难群体脱贫后返贫具有重要的现实意义。

三　扶贫减贫机制稳定性不足,可持续减贫动力薄弱

西南地区扶贫在新阶段仍旧受到脱贫不稳定、次生性贫困新增以及城乡融合发展不足等多重问题的困扰。西南地区扶贫各类减贫政策工具使用频率差异性较大,在促进西南地区可持续减贫方面仍需进一步强化。西南地区的可持续减贫需要科技、教育、医疗等多重因素发挥深层次联动效用,多措并举激发乡村内生动力,而不能仅仅依赖单一的产业发展。习近平关于扶贫工作的重要论述之一就是要强调扶贫同扶志、扶智相结

合，把贫困群众的积极性和主动性充分调动起来。只有通过加大教育、健康扶贫力度，以教育扶贫阻断贫困代际转移，以健康扶贫降低贫困脆弱性和因病致贫的风险性，把握好激发内生动力这一扶贫脱贫的根本目标，才能有效促进西南地区可持续减贫。

本章小结

　　西南地区的扶贫实践通过建立和完善政府、市场、社会与贫困户共同发力的有效机制，促进了政府与市场的优势互补，使其在脱贫攻坚过程中充分发挥协同效应。该模式克服了以政府作为唯一治理主体力量的扶贫弊端，打破了中国传统扶贫模式中政府与社会，政府与市场，社会与市场，政府、市场、社会与贫困户之间的隔阂，集中扶贫资源干好脱贫攻坚这件举国大事，实现了利用效率最大化，是西南地区在打赢脱贫攻坚战中形成的宝贵实践经验。研究基于扶贫影响因素测量指标体系以及扶贫多元参与主体的基本要求与实际情况，构建了包括 6 个准则层指标与 22 个指标层指标的西南地区扶贫效果评价指标体系，从综合层面与单项层面对西南地区扶贫效果进行了量化的评价分析。虽然西南地区扶贫效果综合评价很好，单项指标评价也较好，但指标反映的只是综合性的总体评价，西南地区已经取得了较为显著的脱贫成效，但致贫因素复杂、可持续减贫能力较弱、规模性返贫风险犹存、监管机制不健全等是西南地区未来减贫需要重点关注的问题。因此，迫切需要探索提升西南地区扶贫能力的策略，为深入推进西南地区巩固拓展脱贫攻坚成果、构建系统化的全面致富与精准防贫并重的治理机制，为推进西南地区可持续减贫与乡村振兴提供借鉴。

第八章

政策过程视域下的西南地区扶贫
能力提升策略

效果评价作为政策过程理论体系中的关键环节，在政策过程理论体系中占据着重要地位，发挥着关键效用，是衡量一个政策过程完整与否，效果好坏的重要标准，也是呼应政策过程理论体系其他过程的重要环节。众所周知，中国的扶贫治理是一个由国家主导的系统性扶贫工程，是一个涵盖扶贫政策制定、扶贫政策实施、扶贫效果评价、扶贫能力提升的内涵丰富、外延广阔的大课题。2020年我国绝对贫困问题的历史性解决，彰显了中国特色社会主义制度的优越性。但绝对贫困的消除并不意味着贫困的终结。全面建成小康社会后，相对贫困问题仍将长期存在，并将伴随社会主义现代化建设的整个过程。进一步解决相对贫困问题，实现全体人民共同富裕的目标，中国仍面临巨大的压力。西南地区作为集革命老区、边疆山区、民族聚居区、生态脆弱区、连片贫困区于一体的特殊地区，在党和西南地区各级地方政府的切实领导下，扶贫工作成绩斐然。但必须认识到，"胜非其难也，持之者其难也"。西南地区巩固脱贫攻坚成果与可持续减贫能力提升依然压力巨大。进一步提升西南地区扶贫能力，关系西南地区后续乡村振兴建设的稳步推进，关系全国相对贫困问题的有效应对，关系全体人民共同富裕目标的高效完成，关系中华民族伟大复兴征程的中国梦的顺利实现。对此，研究根据政策过程理论的逻辑框架，遵循"政策能力评价—实施能力评价—实施效果评价—扶贫能力提升"的分析思路，基于前七章的研究结果，立足实际，定点西南，辐射中国，形成涵盖扶贫关键环节的三个层面的对策建议：从政策层面提升西南地区扶贫政策制定能力；

从执行层面提升西南地区扶贫政策执行能力；从效果层面提升西南地区扶贫效果。期冀西南地区扶贫能力提升策略研究能为西南地区可持续减贫及欠发达地区相对贫困问题的解决提供宝贵的经验借鉴，也希望能为世界减贫理论、减贫事业尤其是广大发展中国家摆脱贫困贡献中国智慧、中国方案与中国经验。

第一节　西南地区扶贫能力提升策略框架

一　西南地区扶贫能力提升策略框架构建的原则

（一）全面性原则

西南地区扶贫能力提升策略框架的构建需要全面考虑扶贫的所有参与主体以及影响因素，要求治理体系能够体现多方扶贫主体之间的参与关系，尽可能地涵盖经济发展、社会进程、人民生活等所有与脱贫相关的重要指标，以便能精准全面地为巩固拓展脱贫攻坚成果同乡村振兴有效衔接提供支撑。

（二）多样性原则

扶贫战略的实施涉及的范围十分广泛，因此，在扶贫治理体系的构建过程中应考虑扶贫主体、扶贫方式、扶贫手段等的多样化，在重要度权衡的基础上有选择地将它们纳入扶贫能力提升策略框架的构建。

（三）典型性原则

西南地区扶贫能力提升策略框架的构建过程中所提出的减贫策略须具备代表性，要尽可能地为西南地区的整体扶贫与中国巩固拓展脱贫攻坚成果提供借鉴经验。

二 西南地区扶贫能力提升策略框架构建的意义

中国的贫困治理不是一个单一维度的减贫政策，而是以消除绝对贫困为目标的国家主导的系统性减贫治理工程。中国的贫困治理在汲取众多国际减贫理论思想和中国传统优秀减贫理念的基础上，通过实践创新形成了具有鲜明本国特色的减贫经验。这既是一个从普遍性到特殊性的知识生产过程，也是新的普遍性知识孕育的过程。现有研究中鲜有从政策过程的视角、涵盖政策过程各个关键环节的整体性综合性研究。本书研究在总结多领域反贫困研究成果及西南地区精准扶贫、多元主体扶贫实践经验的基础上，以政策过程理论为指导，抓住政策过程理论当中的"政策制定—政策执行—政策评价"三个关键环节，尝试建立了一个扶贫能力提升策略框架，以系统阐释中国扶贫治理的特征和西南地区扶贫治理的个体差异。该策略框架发轫于中国的减贫经验，通过政策层、执行层、效果层的联动、协同和演进三重机制的共同影响，推动西南地区经济从不平衡增长过渡到均衡增长。这个框架既有鲜明的西南特色，也反映了经济欠发达地区反贫困治理的普遍逻辑。该框架有助于夯实协同联动的区域扶贫格局，实现我国广大脱贫地区的可持续发展，为进一步解决"三农"问题奠定了坚实的理论及实践基础。

扶贫的西南实践是一个涉及政策制定、政策执行、效果评价、能力提升的多链条政策过程，西南地区扶贫能力提升策略框架符合中国西南地区扶贫模式的实践现实和国际减贫研究前沿的发展潮流。同时，本书研究采用定性与定量相结合的研究方法与研究工具，从多学科融入的角度阐释了新时代中国西南地区扶贫实践的复杂性和多维性；从整体性的视角对中国西南地区的扶贫政策文本、扶贫政策效力、扶贫政策实践以及扶贫效果进行了综合性、整体性、全面性量化研究，改变了中国减贫研究以定性研究为主的现状，为管理学、政治学、社会学以及经济学方面的中国扶贫研究带来新的研究视角，为中国科学的减贫经验汇入世界知识之海奠定了基础。

三　西南地区扶贫能力提升策略框架

拉卡托斯的科学研究纲领理论指出，科学研究纲领是一组具有严密的内在结构的科学理论体系，而科学理论体系是一个有机联系的整体，会随着事物的动态变化产生进化或退化两种状态。权衡该状态的客观标准则是经验事实。[①] 理论来源于实践，更指导实践。扶贫领域也不例外，有效的扶贫理论能正确指导扶贫实践工作，助力国家贫困的消除与减贫发展。西南地区作为中国脱贫攻坚的重点难点地区，在扶贫治理方面取得了丰硕的成果，同时探索与总结了一套西南地区扶贫样板。

研究基于政策过程理论当中的"政策制定—政策执行—政策评价"三个关键环节，尝试建立了扶贫能力提升策略框架，以系统阐释中国扶贫治理的特征和西南地区扶贫治理的个体差异。研究从扶贫政策制定水平与能力提升、政策执行水平与能力提升、政策效果水平与能力提升三方面对西南地区扶贫水平进行了测量并构建了西南地区扶贫能力提升策略框架（见图 8-1）。其中，政策层策略是基于第二章、第三章的研究结果，以在"中央统筹、省负总责、市县抓落实"的管理体制下进行的扶贫政策文本分析，致力于进一步提升西南地区扶贫政策制定能力；执行层策略基于第四章、第五章的研究结果，在解读中央政策的基础上，结合西南地区出台的地方扶贫政策，致力于提升西南地区扶贫政策执行能力；效果层策略是基于第六章、第七章的研究结果，致力于通过增强扶贫政策反馈与改进能力，提升西南地区扶贫效果。该框架综合了西南地区在扶贫治理过程中存在的共性化的经验，同时囊括了西南地区个性化的扶贫治理方案，从整体上总结了西南地区扶贫的政策机理、实施路径及实施经验，也充分反思了西南地区扶贫的不足，期冀为未来西南地区巩固拓展脱贫攻坚成果同乡村振兴有效衔接及可持续减贫提供经验借鉴，为总结西南及中国扶贫工作经验、讲述中国脱贫攻坚故事提供素材。

---

① 郭本禹：《拉卡托斯的科学研究纲领理论与心理学史的方法论》，《南京师大学报》（社会科学版）1997 年第 3 期，第 87~90 页。

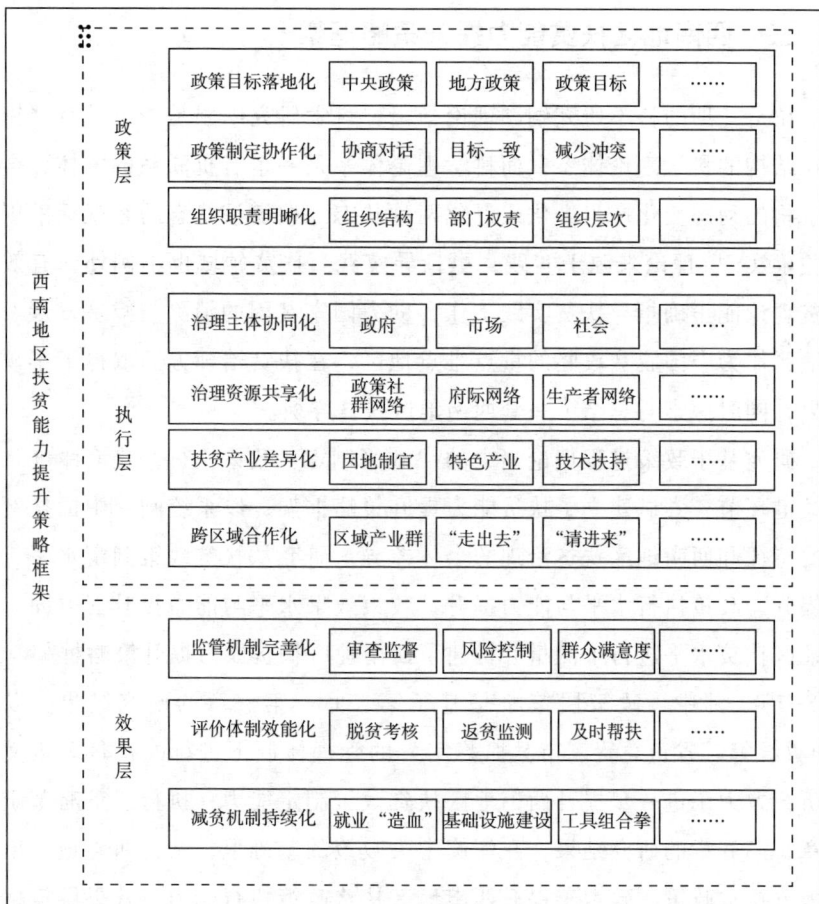

图 8-1 西南地区扶贫能力提升策略框架

第二节 政策层：西南地区扶贫政策 制定能力提升策略

不同的扶贫政策通过不同的作用机制，自上而下、由内到外地全方位释放了西南减贫治理体系中的潜能与活力，汇聚起了磅礴的脱贫攻坚合力。在各项扶贫政策的交互作用和协调推进下，西南地区逐步形成了具有中国特色的扶贫开发政策体系，展现出扶贫政策的特定效能。政策层基于第三章的研究结果，致力于通过优化各种政策工具的使用频率和偏好，提升扶贫的政策效力，进而提升西南地区扶贫政策制定能力。

一　优化扶贫政策工具使用结构，提升扶贫资源有效供给能力

扶贫政策是国家应对贫困问题的核心手段。在扶贫格局的政策部署中，应充分考虑政策工具与扶贫目标、扶贫对象的服从度和匹配度，优化政策工具的整体使用结构。以满足不同区域贫困群体实际需求为目的，注重扶贫政策工具的合理搭配与运用，充分发挥供给型政策工具的推动作用、环境型政策工具的引导作用、需求型政策工具的拉动作用，优化三者之间的应用结构，实现不同政策工具之间的协同效应和扶贫资源的有效供给。我国扶贫的目标不仅是解决贫困人口的基本温饱问题，还致力于为贫困群体提供有效的社会保障，开发贫困个体的自我发展能力，构建和完善返贫风险的防控机制，减少贫困人口的返贫风险。在扶贫战略的制定中，应充分考虑不同地区贫困群体的实际诉求，合理配置政策工具，注重利用市场化机制，灵活使用金融优惠、税收支持、政府购买等创新政策工具，加强对扶贫资源的统筹与整合。

针对不同阶段的现实情况，政府对各类政策工具的使用也应有所侧重。在扶贫工作推进的起步阶段，扶贫政策的文本量不大，整体效力值较低，政府对各类政策工具没有明显的使用差异。进入扶贫工作的快速发展阶段后，各级地方政府对供给型、环境型政策工具的使用明显多于需求型政策工具，倾向于在财政扶贫资金投入、金融扶持、基础设施建设等方面加大支持力度，快速夯实贫困人口的物质基础，以求在短期内使西南地区的经济有一个较大的改观。当扶贫格局逐步完善后，政府资金扶助的边际效应逐渐减弱，则适当减少供给型政策工具的使用，注重法制监管、金融服务、税收优惠、策略措施等环境型政策工具的使用，激励当地产业项目的培育与发展，出台区域经济振兴的优惠政策并加强贫困地区的法规环境建设以及扶贫资源的执行监督，积极挖掘西南地区新的经济增长点。随着我国进入全面建成小康社会的决胜期，扶贫格局发展趋于成熟，扶贫体系

相对完善，政府进一步加强 PPP 模式、政府购买、贸易管制等需求型政策工具的创新应用，充分发挥企业扶贫中市场导向的优势，最大限度地利用扶贫市场人才资源和物质资源，更好地适应国内外市场经济的发展。因此，在扶贫政策的制定中，只有结合扶贫对象的实际需求，顺应时代发展的潮流，合理配置不同类型的政策工具，才能最大限度地利用好国家及社会提供的扶贫资源，保证扶贫策略的高效落实。

（一）合理控制供给型政策工具使用力度，强化政策落实有效性

供给型政策工具在西南地区扶贫过程中一直发挥着重要作用，西南地区的扶贫实践长期依赖国家政策的供给与投入，尤其是直接的财政资金投入和项目供给。政府主导、国家投入财政资金的供给式扶贫政策在西南地区的贫困治理中成效显著，为解决贫困问题提供了直接的动力支持。西南地区供给型政策工具在扶贫政策中占主导地位的扶贫模式与西南地区的发展历史、地缘政治及区域发展战略密不可分。这种政策手段虽可将先进的观念、技术、物质直接输入贫困地区使其快速发展，但是长期的直接扶贫供给是不利于发挥贫困人口的发展积极性的，更是无法长远地解决贫困地区的本质问题。未来在西南地区扶贫政策制定中，应该适当控制供给型政策工具的使用力度，规范供给型政策工具的使用方式，强化供给型政策工具的使用效力。对此，一方面要进一步提升政策工具供给的针对性，如在进行项目供给时，要因地制宜，结合西南地区实际情况选择合适的发展项目，避免项目的盲目供给和雷同建设，切实发挥项目的扶贫效益；另一方面要加强对供给型政策的评估与考核，目前在供给型政策的投入过程中往往只关注产出的多少，而未将投入和产出进行比较，缺乏对投入资金的考核。因此，应该将资金和项目成效投入产出计算引入政绩考核体系，以更好地提升资金的使用效率，进而促进地方经济的快速良性发展。

（二）提高需求型政策工具使用频率，发挥市场化机制优势

西南贫困地区的扶贫长期以来采用政府主导的模式，这种模式可以在较短的时间内通过利用中国特色社会主义制度强大的资源动员能力使西南地区扶贫工作进展迅速且成果显著。但随着扶贫工作的不断深入，这种政

府主导的扶贫模式呈现投入资源使用效率不断下降的趋势。西南地区实施的精准扶贫政策，虽然强调政府主导，但通过动员市场、社会、贫困户等多元主体广泛参与，相比政府单一主体主导的扶贫模式更具精准性、效率性和及时性，因此可以更好地适应西南地区脱贫攻坚的要求。但从扶贫政策工具的使用情况来看，西南地区扶贫政策工具仍然以供给型政策工具为主，市场力量在扶贫过程中的利用度显著不足。一些政府部门对企业、社会组织等其他扶贫力量所提供产品的认可度不足直接阻碍了政策对扶贫事业的拉动效应，不利于政策工具整体效力的合理发挥。需求型政策工具作为一种稳定市场预期的重要手段，能有效降低企业、个人等非政府组织参与扶贫的不稳定性。未来西南地区的扶贫政策应该在坚持政府宏观引导的基础之上，建立完善的市场参与机制，充分发挥市场高效配置资源的能力，同时引导贫困人群发挥自身的主动性和能动性，利用市场机遇，大力发展西南地区的经济。在这一过程中，政府应充分挖掘需求型政策工具的应用场景，有效调整政府、企业以及行业机构在扶贫过程中的合作关系，促进 PPP 模式的应用和外包性政策的落实，利用多方扶贫力量激发贫困地区的发展动力，提高相对贫困人口可持续发展的能力。考虑到市场机制参与扶贫可能导致的资源向有资源群体集聚的马太效应往往使农户在市场化过程中处于劣势地位，政府应适当采取措施对弱势群体予以帮助，并对资本参与扶贫的市场行为进行约束和监督，最终在实现发展目标的同时，培育西南地区良好的市场环境，促进西南地区社会经济的高效健康发展。

（三）加大环境型政策工具实施力度，优化西南扶贫政策结构

环境型政策工具通过对扶贫事业更精细化的制度规划和目标设计，优化扶贫的策略性政策环境，从而间接推动扶贫事业的长效发展。西南地区扶贫过程中环境型政策工具的使用结构不平衡，故需西南地区优化政策工具结构，特别是加大环境型政策工具使用力度，进而提升政策效力。如何加大环境型政策工具使用力度？可通过加强法制监管，注重对贫困地区提供金融服务、税收优惠支持，采取增加投资项目的贷款额度或放宽其他融资条件等有利于企业和社会组织积极参与扶贫的激励措施，促进区域经济发展。使用环境型政策是一种"授人以渔"而非"授人以鱼"的帮扶形

式。环境型政策工具虽不像供给型政策工具一样可以通过直接提供资金、技术等对扶贫工作的开展起到"输血式"帮扶的效果，但其通过税收优惠、减免等措施可为参与帮扶的社会组织提供支持，助推社会组织更好地发展，起到内生性和可持续性减贫的效果。未来西南地区在可持续减贫及乡村振兴过程中应更加重视环境型政策工具的使用，推动政策效力的更好发挥。

二　创新扶贫政策工具联动方式，充分发挥扶贫政策工具组合效力

因地制宜创新扶贫政策工具的联动方式可起到事半功倍的效果。科学合理使用教育、医疗、文化、金融等扶贫政策工具，充分利用各种政策工具的优势和互补作用，激发社会和市场的扶贫潜力，打好扶贫政策工具组合拳，对发挥扶贫政策工具的合力效能至关重要。针对西南地区地处边疆民族地区、环境恶劣、发展底子薄、欠发达等地域特点，创新性地将"教育+科技+医疗+文化+金融"等政策工具进行因地制宜的组合，发挥"扶贫政策组合拳精锐出击"的效用，可为可持续减贫、有效衔接乡村振兴战略以及区域经济可持续发展提供良好的宏观环境和政策基础。例如，西南各省级政府可通过加强政府间扶贫合作，不断深化西南五省（区、市）之间多领域、多渠道的交流沟通，推动县（市、区）间、乡镇（街道）间、村（社区）间的结对帮扶，实现省、市、县、乡、村五级联动，促进地区之间观念互通、思路互动、技术互学、作风互鉴。可通过联产业增后劲、联人才增内力、联企业促增收、联农户解困难等政策联动方式，发挥多重政策工具的组合乘数效应，持续深化产业扶贫、企业扶贫、消费扶贫、就业扶贫以及民生领域的扶贫成效。同时，地方政府可拓展对口扶贫的协作空间，促进党政机关、国有企业、科研院校、社会组织等在调研对接、访学交流、联合培训等多方面的合作，充分调动各方力量积极参与教育、医疗、卫生等领域的减贫工作。可开展"百所学校一帮一"等扶贫公益活动，建立社会帮扶激励机制，定期对帮扶工作中表现优秀的组织或个人进行表彰、奖励。西南地区各级地方政府也可根据自身人文特色，与文旅企业合作开展文旅项目，共同打造特色文旅精品，形成文旅产业政企联动发

展的良好局面。

三　动态制定扶贫减贫配套政策，推动扶贫政策效力稳步提升

研究发现扶贫政策效力逐年累计增长的内因，一方面是扶贫政策文本量的不断增加，另一方面是政策目标的量化和政策力度的稳步加大。政策力度的强化是扶贫政策宣传和实施的根本保证，政策目标的量化与精准化是扶贫政策执行的有效标杆。扶贫政策效力的整体提升不仅要依靠国家和政府向扶贫事业供给足够的资金、项目和注意力，还要注重对扶贫政策力度与目标的设计规划。特别是在复杂多变的政策实施环境下，政策制定与责任分配的侧重点也会随之转变。西南地区应汲取不同时期扶贫政策的宝贵经验，针对当前西南地区的发展特点与实际问题，从省域战略层面加强对扶贫政策的制定与出台，充分利用政策听证、政策规划、政策试点等政策手段，不断更新西南地区减贫的配套政策，稳定推动西南地区社会经济的繁荣发展。长期以来，我国遵循"政府主导""自上而下"的政策推广模式，在这种模式下政府倾向于使用外部供给型政策工具对贫困群体提供直接的物质输送，以实现贫困现象的快速缓解。但对于扶贫事业的长远发展而言，供给型政策工具无法从根本上激活贫困群体的内生性发展动力。需求型政策工具是我国起步较晚但潜力巨大的扶贫政策工具，鼓励在扶贫工作中更多地运用市场化机制，从而对扶贫事业产生强大拉力。后扶贫时代下应坚持政府对扶贫事业的宏观指导，同时加强以市场塑造为主的需求型政策工具的效力释放，注重创新型政策工具的应用，使贫困群体能够发挥自身主动性和能动性，引导并规范社会多元主体参与巩固扶贫格局与推动减贫进程的事业。

四　明确扶贫政策制定的组织权责，优化减贫政策设计

西南地区扶贫治理不仅是政府内部各个部门互相配合、互相合作共同减贫的过程，也是在政府主导下吸引各行各业的社会力量参与、各尽所能的减贫过程。其政策制定不仅需要多部门间的沟通协商，更需要明确多部

门间的权力与责任关系，明晰组织权责和优化系统设计的"两步走"策略，织密权力监督的制度笼子，优化西南地区扶贫治理的顶层设计。

首先，明晰西南地区扶贫治理组织间的权责关系是优化政策设计的基础。西南地区扶贫组织由政府，社会，市场，合作社、农户等多元主体共同构成（见图8-2）。具体而言，政府层面涉及中央政府与地方政府两个层级，两者均属于扶贫政策措施的设计者与制定者。其中，中央政府主要负责确定扶贫的宏观发展方向，并提出对扶贫治理工作的总体要求与任务；而地方政府负责结合本地区的实际，将宏观政策要求具体化与细致化；市场，社会，合作社、农户都属于政策措施的协同落实者。因此，在西南地区扶贫政策制定过程中，必须明确责任主体，建立主体间的平衡机制，在政策文本内容中清晰表述有关职权与责任，避免内容表达含糊不清、易于混淆等问题对政策设计造成直接性冲击。其次，优化系统性政策设计是明晰组织权责的保障。充分挖掘在不同类型的政策制定与协同过程中不同主体间的权责关系规律，在遵守灵活性、有序性原则的基础上，反复研究与探讨扶贫政策设计过程中出现的常态化问题和非常态化问题，高度关注各政策主体间的协调合作与政策设计的深层次关联，推动各主体与要素间的协调耦合，实现西南地区扶贫政策设计行动网络系统的结构性升级，打造更加广泛的政策公共利益共同体。

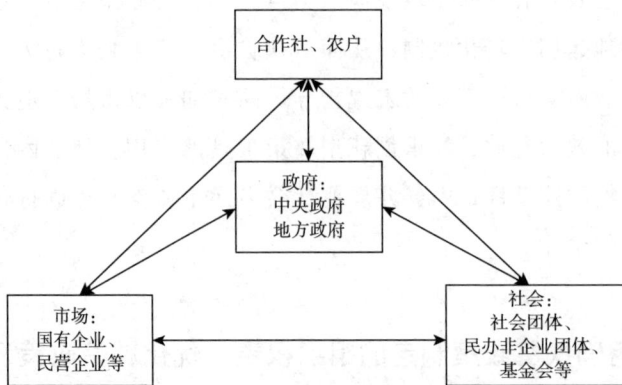

图 8-2　西南地区扶贫组织结构

第三节　执行层：西南地区扶贫政策
执行能力提升策略

古德诺的政治与行政二分法指出，政治是民意的表现，亦是政策的决定，行政是民意的执行，亦是政策的执行。作为国家意志的表达，即政策的决定，历年中央一号文件做出了乡村发展的顶层设计，成为西南地区扶贫政策框架体系的政策基石。然而政府目标的实现与决策方案的落实，关键在于政策执行。执行层策略基于第四章、第五章的研究结果，在精准解读中央和西南地区扶贫政策的基础上，从政策指导实践的理念出发，挖掘西南地区扶贫政策实施的不足，致力于从治理主体协同化、治理资源共享化、扶贫产业差异化、扶贫模式长效化与企业扶贫规范化五个方面提升西南地区扶贫政策执行能力。

一　加强西南扶贫治理主体协同化，凝聚多边扶贫价值

考究中国扶贫治理的路径，不难发现，中国扶贫治理的演变既是为了满足人民群众生活的多元化需求，又是国家致力于探索最优扶贫模式的结果；既是国家在新时代战略规划的必然要求，也是社会主义发展的本质要求。西南地区的反贫困斗争取得了举世瞩目的成就，靠的是中国共产党无比坚强的领导力、组织力、执行力，靠的是政府，企业，社会组织，合作社、农户等多元主体"上下同心、尽锐出战、精准务实、开拓创新、攻坚克难、不负人民"的脱贫攻坚精神。[①] 在第四章针对西南地区扶贫行动情境的解析中，市场，社会，合作社、农户虽然在西南地区扶贫工作中均扮演着不可或缺的角色，但仍对政府有一定程度的依赖，因此，在未来的西南地区巩固拓展脱贫攻坚成果过程中，各政策主体必须始终团结一心，进一步完善在西南地区扶贫体系中的角色定位、政策支持、组织架构等，协同肩负起巩

---

① 张芳娟、张乾元：《我国农村反贫困的制度创新及其治理效能》，《江西社会科学》2021年第 4 期，第 236~244 页。

固拓展脱贫攻坚成果与乡村振兴的职责使命，凝聚多边扶贫价值，通过提升西南地区扶贫政策执行能力，助力政策执行措施效率最大化与效果最优化目标的实现。

（一）提高中央政府与西南地区各省级政府的扶贫协同性

中央政府在扶贫政策的制定和实施过程中起着主导作用，中央政府是整体扶贫工作实施的指挥官，同时是影响扶贫治理的关键因素。而地方政府起着扶贫政策具体实施的作用。在扶贫政策实施过程中，地方政府和基层政府的政策实施方式都会直接影响扶贫的效果。因此，加强中央政府与西南地区各省级政府的扶贫协同，对于促使西南地区扶贫治理工作顺利进行、提升西南地区扶贫工作的精确性与有效性具有重要的作用。在扶贫治理工作中，中央政府需要合理有效地利用中央政府的权威精准地指挥各个地方落实中央的实施方案及决定，积极引导地方政府、企业、社会组织及农户按照中央战略部署参与扶贫治理，精准提升扶贫政策实施的效率。同时西南地区各省级政府应积极实施国家制定的各项扶贫政策，精准定位，把握省（区、市）情，积极发挥省级政府政策传达、细化、落实的功能，精准地实施中央的政策，确保中央制定的政策在基层得到有效实施。

（二）提高西南地区各省级政府内与省级政府间的扶贫协同性

自 1989 年世界银行首次提出"治理"一词，治理便被广泛地应用到各个领域，国家治理已从传统的统治逐渐向治理转变。治理主体已不再是统治背景下以政府为核心的单一主体，而是向治理背景下的多元主体转变，更加强调多元主体间的互动和合作共享。虽然政府在扶贫实施过程中扮演主导者的角色，但已逐渐从"全能型政府"转变为"服务型政府"，即从统揽一切，承包生产者、监督者和控制者角色的大家长式政府逐渐转向保障每个人享有较高质量和水平的基本公共服务的高质量服务型政府转变。因此，加强政府内与政府间的扶贫协同对于充分发挥政府职能，助力西南地区扶贫政策执行能力的提升具有关键的作用。

多元主体扶贫模式下，首先，政府内各部门应根据部门具有的独特扶贫优势进行任务分工，明晰部门具体责任，在西南贫困地区形成"战略协同、政策协调、资金协同、宣传协同、人员协同"的"多层次、宽领域、全方位"扶贫力量。其次，在保持西南地区扶贫目标一致的基础上，加强政府间的协同合作，特别是中央政府与西南地区各级地方政府间的协同。中央政府与各级地方政府的扶贫是一种集体行动，在共同目标驱动和互信互惠的基础上，各级地方政府应综合运用权威、法律、道德以及知识协商等方式共定行为规则，以实现扶贫系统中各要素资源的有机组合和政府间的有效合作，最终促使扶贫方案精准有效执行。

（三）提高省级政府、企业、社会组织、农户及合作社的扶贫协同性

我国是社会主义国家，党和政府具有强大的政治优势和资源动员能力，这是我国扶贫取得成功的关键。① 改革开放以来，在党的领导下，我国社会经济发展取得瞩目成就，社会参与意识与民主化程度也得到显著提高。然而，制度转型、资源匮乏、环境污染和既得利益固化等问题也成为摆在政府面前的难题，诸多新兴公共事务的治理仅依靠政府这个传统的单一治理主体已显得不足，中国传统的单方面权威式政府管理模式已难以承受当前高度复杂的风险社会带来的一系列新问题和新挑战，无法满足当前推进国家治理体系和治理能力现代化的要求，调动企业、社会组织、农户及合作社协同参与扶贫治理已成必然趋势。政府必须摒弃传统治理模式下单一主体的治理理念，正确定位，调动各种社会及市场力量在群众生活所涉及的各个领域进行精准帮扶，积极合理引导企业，社会组织，农户、合作社等参与扶贫实施行动，共同处理复杂多变的贫困问题，建立扶贫协同场景下各展所能、各尽其长的多元主体参与机制，形成多元主体协同的扶贫治理体系。首先，积极引导企业通过发展式扶贫、参与式扶贫等多元方式参与扶贫。其次，充分发挥社会组织的亲民特性，有效汇聚人力、物力及技术等资源，在资源筹集、物资对接、资源共享等方面进行平台搭建，科学建构社会资源、公益团体和救助对象之间的良性互动格局，提高扶贫的准确性和有效性。最后，发挥合作社优势，引导农户以合作社的形式发

---

① 文建龙：《改革开放以来中国共产党的扶贫实践》，《大庆师范学院学报》2016年第1期，第26～31页。

展农村产业，提高收入，达到致富的目标。

（四）搭建基于多元主体参与的西南地区扶贫治理统一技术平台

完善的扶贫技术平台是实施精准扶贫技术治理的重要基础，随着互联网技术的普及应用，国家有目标地加大了对扶贫技术平台项目的支持力度，推动扶贫实现更优的治理绩效。西南地区的扶贫治理具有地域性、复杂性及综合性等特点，这也使得西南各贫困地区的扶贫治理统一技术平台的构建呈现零散化和碎片化的特征，制约多元主体的信息共享与扶贫治理工作效能的发挥。因此，如何搭建多元主体参与的西南地区扶贫治理统一技术平台成为摆在西南各省级政府面前的难题。随着大数据时代的到来，物联网、区块链等新兴技术应用领域的逐渐扩大为该平台的搭建与完善提供了新的契机。基于此，西南地区应充分利用当前大数据的战略和技术优势，建立线上、线下联通互动的西南地区扶贫治理统一技术平台。在共建共享的资源环境下，搭建公开、透明的扶贫线上参与平台，通过该平台定期公布贫困治理讯息，开展大范围的招商引资、资本筹集和人才引进等活动，充分发挥社会或个人进行横向监督的优越性，确保扶贫治理在阳光下进行。同时，充分利用区块链技术独有的可追溯性、不可篡改性等优势特征，大力促进区块链技术在平台建设中的应用，为西南地区扶贫治理统一技术平台提供技术支撑。

二　加强西南地区扶贫网络化治理资源共享化，增强资源耦合效力

西方学者罗茨（Rhodes）从资源依赖性的角度出发，根据参与成员、资源整合程度等相关因素，将政策网络划分成五种类型（见表 8-1）。[1] 对应罗茨的政策网络分类，结合西南地区扶贫工作的实际情况，研究认为西南地区扶贫治理资源主要包括：政策社群网络（包括国家、省级政府）、

---

[1] 时少华、梁佳蕊：《政策网络视角下历史文化街区保护的参与网络治理研究——以北京国子监历史文化街区为例》，《北京联合大学学报》（人文社会科学版）2018 年第 2 期，第 47~53 页。

府际网络（包括地级市、县、乡、镇一级政府和村一级组织）、专业网络（高等院校、科研院所等）、生产者网络（规模养殖场、果蔬种植园等）、议题网络（志愿者、居民委员会、媒体等）。耦合性是指系统内部各要素之间产生的协调、同步的非线性关系，反映了要素在系统运行与发展进程中协调与合作的性质。① 西南地区扶贫实践过程主要涉及政府、企业、社会组织、农户等主体，多方主体之间存在相互促进、相互制约的双重关系，共同开展西南地区扶贫网络化治理工作。基于第四章的研究发现，在西南地区扶贫的行动情境中，政府、企业、社会组织以及农户作为不同的行动主体，在信息获取和信息利用等方面还存在一定的缺陷；同时，不同行动主体对于扶贫决策的控制力，也基于其拥有的资源水平与特征的不同而呈现显著差异。基于此，进一步加强西南地区扶贫的资源耦合与信息共享，能够保障扶贫行动主体的决策正确性、控制力及有效性。

表 8-1 政策网络分类及网络特征

网络类型	网络特征
政策社群网络	稳定、高度有限的成员，垂直的相互依赖性，有限的平行意见
府际网络	有限的成员、有限的垂直相互依赖性、广泛的平行意见
专业网络	稳定、高度有限的成员，垂直的相互依赖性，有限的平行意见，服务专业的利益
生产者网络	流动的成员、有限的垂直相互依赖性、服务制造者的利益
议题网络	不太稳定、行动者人数很多、有限的垂直相互依赖性

（一）完善西南地区扶贫治理资源共享结构，扩大扶贫治理资源共享

西南地区扶贫治理资源共享结构（见图 8-3）涵盖了各政策网络间的参与方式及相互影响关系。在西南地区扶贫实践过程中，应完善西南地区扶贫治理资源共享结构，充分发挥各政策网络的价值属性，有效利用其交互关系，提升资源共享度，为稳定脱贫提供良好的资源基础。第一，充分发挥政策社群网络在整体的资源共享结构中具有的主导性作用。政策社群

---

① 黄栋：《国家治理现代化中的政策协同创新》，《求索》2021 年第 5 期，第 160~169 页。

网络主要由国家及各地方政府组成，掌握制定政策和分配调度公共资源的权力，对其他四种类型的网络具有垂直的指导与支配作用。第二，充分发挥府际网络的协助性作用。府际网络是基于政策社群网络参与实施、发挥作用的一种网络，具有落实扶贫政策与协助上级完成脱贫目标的关键作用，拥有一定的行政权力与资源，能够有限地垂直管理议题网络和生产者网络，并且聆听与接受生产者网络、专业网络与议题网络对相关处理方式或事务的想法与意见。第三，充分发挥专业网络的专业性作用。专业网络一般由高等院校、科研院所的相关学者、科技创新领域的相关研究者等组成，其能够在强制性的政策条件下为府际网络和生产者网络提供科学建议和帮助，比如在生产者网络遇到技术难题时，专业网络依靠其专业水平与知识为生产者网络提供服务，对于西南地区扶贫措施的落地实施具有催化的作用。第四，提升生产者网络的有效执行力。生产者网络是扶贫的主要实施对象，通过落实政府扶贫政策、因地制宜发展特色产业、对贫困户进行技能培训等措施来开展扶贫。第五，充分发挥议题网络的公益亲民特性。议题网络的成员主要包括居民委员会等社会组织、媒体、志愿者等，通过组织开展扶贫公益活动、向贫困群众深入宣传扶贫脱贫政策与知识、监督扶贫举措的执行等手段参与扶贫。

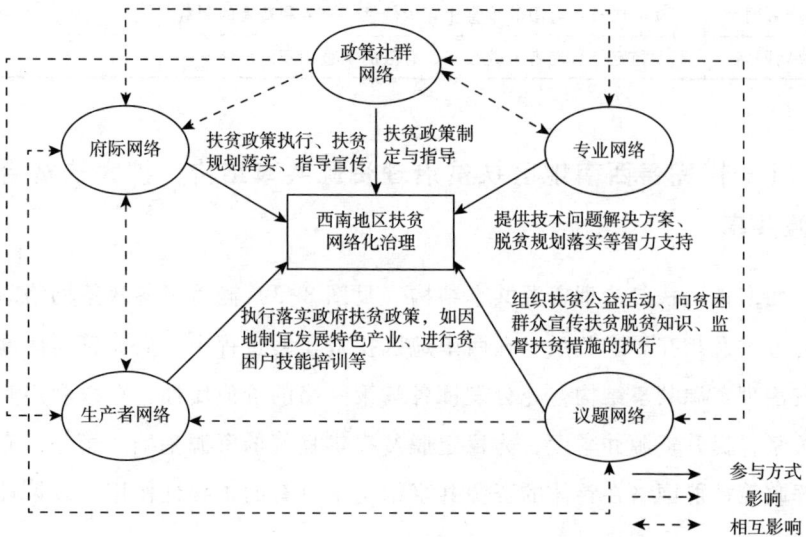

图 8-3　西南地区扶贫治理资源共享结构

（二）集聚西南地区各政策网络资源，提高扶贫治理资源协同

西南地区对政策网络资源的重视与共享在扶贫实践过程中发挥了至关重要的作用。在资源与利益互相依赖的基础上，各种政策网络共同参与扶贫并维持着较稳定的相互关系，其中政策社群网络在整个网络结构中起主导作用，其他四种类型的网络资源在政策社群网络的支配下呈有限的垂直性相互依赖关系，协助扶贫开展。在资源协同领域重视耦合性，需要认识到不同类型政策网络资源间存在的内在的、有规律的非线性联系。对西南地区扶贫治理资源共享结构的持续优化，不仅有助于推动各类型治理资源的组合运用，从而使其符合西南地区扶贫政策目标的实际需要，而且可以循序渐进地加深对这种耦合联系的理解和把控。因此，优化西南地区扶贫治理资源共享结构，要有重点、"因策制宜"地推动各类型政策网络资源的协同运用，充分发挥资源结构调整带来的功能效益。一方面，西南地区应从资源所属主体、资源应用主体、资源受益主体等多方面处理好各类型政策网络资源间的相互关系，增强相互之间的耦合作用，提升其集聚效应能力，强化资源间的协同，使治理资源保持一种共享化的有益关系。另一方面，西南地区应从资源要素禀赋入手，注重科技教育、健康保障、文化科普、金融服务等与脱贫群众生活密切相关的多要素间的资源协同，实现有限资源的最优分配，助力脱贫群众生活质量与生活水平的提升，以及西南地区可持续减贫与乡村振兴工作的有序开展。

三 推进西南扶贫产业差异化策略，突出西南产业特色优势

第四章在 IAD 框架的西南地区扶贫实践过程的分析中，在对西南地区的扶贫实践过程进行充分研究的基础上，总结出包括党建扶贫、易地搬迁、教育扶贫、产业扶贫等 13 种扶贫治理模式。其中，产业扶贫是以市场为导向，以经济效益为中心，以产业发展为杠杆的扶贫开发过程，也是促进贫困地区发展、增加贫困农户收入的有效途径，更是扶贫开发的战略重点和主要措施。此外，在第五章基于 fs-QCA 方法对西南地区扶贫实施路径进行研究后也发现，特色产业带动是推动西南地区贫困县脱贫摘帽的关键

要素。产业扶贫作为一种内生发展机制，能够促进贫困个体与贫困地区协同发展，根植发展基因，激活发展动力，从源头上阻断贫困的发生。因此，研究提出了立足于西南产业特色优势，以西南扶贫产业差异化策略，实现西南地区扶贫政策执行能力持续提升的策略。

（一）明晰西南地区竞争优势，创新差异化产业发展战略

1980 年，迈克尔·波特首次在经济学的企业战略管理部分引入"差异化"的概念，并系统性地构建了差异化竞争理论，至此，实行差异化产业发展战略成为企业在激烈的市场竞争中获得核心竞争力的重要方式。研究从经济学的视角对差异化的产业发展路径进行解析，明晰西南地区差异化产业发展的要素，以寻求西南地区产业发展差异化战略的最佳切入点，建立起西南地区的产业竞争优势，使特色产业成为带动西南地区经济的主要动力。专业化、特色化也是产业扶贫的基本特点，产业扶贫必须建立在当地资源禀赋和实际发展情况基础之上。对于西南地区而言，实施差异化的产业发展战略需地方政府根据区域优势和本地资源禀赋，挖掘和捕捉其他产业园区没有意识到或很少被发掘的商业机会，摆脱同质化的竞争环境，形成自身的发展特色和独特的竞争优势，进而成为带动贫困地区发展的特色产业。走出一条人无我有、人有我优、人有我特的产业发展之路是西南地区发挥后发优势、实现跨越式发展的关键。

（二）挖掘西南区域特色，实施差异化产业发展路径

由于西南地区资源禀赋、贫困状况、基础条件等不尽相同，只有引导扶贫产业朝特色化和差异化方向发展，产业扶贫才能真正做到可持续，减贫带贫效果才会得到有效提升。值得注意的是，追求特色化与差异化不能盲目和短视，应立足地区现状、集中多方合力，以产业的差异化推进产业的特色化，持续扶持培育地方特色产业，形成品牌优势，促进贫困人口增收。立足西南区域优势和本地资源禀赋，提出着力打造彰显西南区域特色的工业、农业、旅游业、信息技术产业，走新时代新型区域经济发展之路。

在特色工业方面，西南地区五省（区、市）均属于工业落后省份，工

业基础相对薄弱，产业链条不健全，产业规模较小。但西南地区生态环境资源、矿产资源、水利资源丰富。基于此，在新一轮科技革命的带动下，西南地区应该抓住机会，以绿色产业发展为指引，实施绿色能源发展战略，大力发展绿色硅、绿色水电、绿色铝材、新能源等新型产业，走绿色可持续发展之路。同时，立足西南地区矿产资源丰富的实际，大力发展绿色冶金产业，并围绕产业链形成产业体系；立足西南民族特色，大力发展特色民族工业；立足西南地区中医药原料丰富的实际，大力发展医药产业、生物科技产业和大健康产业。

在特色农业方面，西南地区的农业产业资源丰富，各具特色。云南有咖啡、茶叶、鲜花、糖、水果等各种各样的优质原材料，西藏拥有纯天然的高原农产品，重庆拥有青橙、腊肉、脆枣、青花椒等特色农产品，四川是中国西南的大粮仓，贵州的酒和少数民族特色食品众多。基于此，西南地区可依托农产品基地和农产品加工骨干企业，借助互联网等数字化销售平台，推进特色食品业的发展，并加强品牌宣传和管理，形成西南特色名片。

在特色旅游业方面，应充分发挥西南旅游资源优势，密切结合多民族文化特色和原汁原味的乡村资源，因地制宜，培育具有丰富人文内涵的民族村落游、乡村游、休闲游、生态游以及保健养身游等系列业态产品，打造具有区域特色、民族特点、文化突出的旅游产业园区，并促进旅游业附带的其他服务类产业的发展，使旅游产业园区成为扶贫主载体。例如，贵州十八洞村的少数民族旅游脱贫故事享誉中外；云南开发与打造的大滇西环"8字形"旅游线路正在将云南旅游推向新高度；西藏已出台的全域旅游方案助推西藏旅游升级；四川以旅游供给侧改革为基础，充分挖掘区域发展潜力，实施全域旅游和旅游发展与区域产业相结合的发展思路，助力四川旅游腾飞；重庆全面提升旅游吸引能力和服务能力，从数量和质量上打造具有世界吸引力和竞争力的国际知名旅游目的地。

在特色信息产业方面，依据"互联网+"模式，西南地区可开拓"大数据+高原特色农业+生态旅游业""大数据+现代服务业""大数据+现代物流业""大数据+现代劳务输出""大数据+特色茶业+观光游"融合发展的特色信息产业，以信息化作为新引擎带动西南地区实现经济的新飞跃。

例如，贵州省成立大数据管理局，大力发展大数据信息产业，多家信息产业公司落户贵州，已成为贵州经济增长的新引擎。云南与腾讯、阿里等企业联合打造智慧城市，以信息和数据为云南发展助力。成都提出了建设集"芯—屏—端—软—智—网"于一体的电子信息现代产业体系，形成了集成电路、新型显示、智能终端、高端软件、人工智能、信息网络等重点发展方向，抢占新一代通信网络创新高地，打造软硬融合、体系完整、特色突出的通信产业集群。重庆市人民政府与中国电子签署战略合作协议，双方将聚焦数字经济和现代数字城市建设，加速技术、资本、人才、信息等资源对接，在建设西南信息技术应用创新产业示范中心、软件产业园、现代数字城市西南研发中心、数据中心等方面开展深度合作。这将助力重庆实现"芯屏器核网"全产业链聚集和"云联数算用"要素聚集，为重庆"智造重镇""智慧名城"建设助力。

四　建立内生动力激发机制，巩固产业模式长效化与常态化

研究发现，西南地区基于区域特色和资源禀赋因地制宜形成的扶贫模式，是助推西南地区脱贫攻坚目标顺利实现的重要因素。但无论是构建产业扶贫长效机制、创新科技扶贫服务模式，还是推广电商扶贫合作手段、促进生态扶贫良性发展，文化水平低、无一技之长是阻挡相对贫困农户增收，阻碍多重大扶贫模式持续有效的关键因素。因此，要巩固西南地区扶贫模式长效化和常态化必须创新人才培养方式，建立内生动力及提升群众自我发展能力，适应新形势对有一技之长的人才的需求。首先，加强扶贫与扶志、扶智相结合，结合特定扶贫模式的作用路径，有针对性地开展技能培训，解决相对贫困农户"缺技能"难题，提升相对贫困农户的自我发展能力与自我价值实现的能力；扶持一批乡村工匠，培养新型职业农民，引导大学生回乡创业，推行乡村振兴指导员制度，抓实科技特派员活动，助力乡村人才资源的盘活与人力资本效能的发挥；同时结合区域、行业和乡村发展实际，加快农业领域学科教育和专业化人才的培养，通过设置更多符合乡村发展需求的专业，不断提升联合办学机制，真正提高新农民的能力，从而打造一支能够持续有效巩固扶贫模式的"三农"人才队伍，推

进扶贫建设与人才培养的有效衔接。其次，有效开展健康扶贫，落实健康
中国战略。通过大力培育乡村医生，提高医疗服务的可及性，综合提升西
南地区脱贫户健康素养。具体而言，政府可从制度供给方面优化健康扶贫
路径，从加大公共卫生保险福利和保费补贴投入的角度大大降低因健康返
贫的发生率；在工资待遇、养老、继续教育、晋升晋级、权益保护等方面
向乡村医生倾斜，真正保证农村医疗队伍的数量和质量；在健康中国战略
背景下，进一步实现医保制度的有效覆盖，确保无力参保的贫困人群无须
承担缴费义务，将特困供养、低保、建档立卡贫困人口等人群纳入医疗救
助制度的资助范围，使其可获得基本医保、补充保险和医疗救助等多重保
障。再次，营造良好的扶贫氛围。通过树立一批产业脱贫典型，评选一批
"扶贫团队""扶贫先锋""脱贫之星""扶贫典型示范村"，大力营造扶弱
济困、共同富裕的浓厚氛围。通过加强贫困地区的政策宣传，充分发挥驻
村干部的带动作用，调动贫困户自主脱贫的积极性，采取以工代赈的方式
增强贫困人口的参与感和获得感等，强化贫困人口的主人翁意识，多措并
举激发贫困人口自主脱贫的内生动力。最后，社会保障兜底扶贫作为社会
保障最后、最严谨的一道防线，能够保证贫困人口基本生活，有效平衡收
入分配。现阶段西南地区社会保障兜底扶贫工作已取得显著效果，但仍需
进一步完善社会保障兜底扶贫的制度，持续提升社会保障兜底扶贫效能。
如扩大贫困人口的参保面，构建金融、民政、社会保障、卫生等部门联动
工作机制，加强社会保障筹资与社会保险的融合，充分发挥兜底帮扶的
功能。

五 强化企业扶贫工作重点，完善农村产业服务体系

企业作为西南地区扶贫模式的重要参与者之一，在西南地区的农村产
业发展中扮演着独特的角色，为贫困民众增加收入、获取资金、转变观念
和获取市场优势等发挥了巨大作用。针对后续西南地区扶贫模式的持续巩
固工作，企业既要发挥在经济活动中带头人的角色，为贫困民众树立脱贫
致富的信心，又要充分认识扶贫工作的可持续性和长远性，补足政府在基
础教育投入之外的教育投入不足和精准性不足，支持职业教育发展，创造

和扩散市场知识，真正帮助贫困民众融入现代市场经济体系。与此同时，政府应进一步增强公共服务意识，为企业参与扶贫提供政策支持。一方面，通过完善农村产业服务体系，降低农村产业经营的"制度门槛"：在深化商事制度改革的大背景下，进一步简化农村企业注册、变更等相关手续，定期为农村企业提供相关的服务。另一方面，着力创新农村资本供给，降低西南贫困地区农村发展的"资本门槛"：如创新农村发展融资方式，鼓励西南地区大企业牵头中小微企业、外部投资方等组建农村投资主体，以不断壮大的民间资本供给补充农村发展资金。最后，各级地方政府应始终以开放包容的心态认识和支持企业参与扶贫工作，对于企业在扶贫工作中的一些探索性行为予以包容，杜绝为实现扶贫目标而向企业"摊派"扶贫任务的行为。通过推动企业的资金、技术、市场等优势与贫困户的土地、劳动力等资源充分结合，充分发挥"看得见的手"与"看不见的手"的协同效用，打造灵活高效的"政府主导+市场参与"的西南地区扶贫产业发展模式。

第四节　效果层：西南地区扶贫效果提升策略

政策过程理论是指通过政策主体、政策客体及政策环境间的相互作用、相互联系，使政策呈现连贯的动态过程。政策科学的创始人拉斯维尔将政策过程分为收集信息、提出方案、制定政策、政策执行、政策评估等。政策实施效果的确认离不开政策的评估与改进。针对扶贫政策实施绩效的科学评估、有效监督与持续改进，能够保证后续政策的科学性和政策调整的及时性，有助于实现西南地区的可持续减贫与乡村振兴建设的稳步推进。效果层策略主要基于第六章、第七章的研究结果，致力于通过增强扶贫政策反馈与改进能力，提升西南地区扶贫效果。具体包括监管机制完善化、评价机制效能化与减贫机制持续化三部分。

一 完善西南地区扶贫监管机制，巩固提升监督反馈效能

西南地区扶贫监管工作主要是为督促完成西南地区扶贫治理工作目标、避免扶贫治理风险、保障扶贫治理成效而开展的一系列工作。从第七章的研究结果可知，当前无论是综合层面或单项层面，西南地区扶贫的实施效果评价等级均为较好或很好，脱贫成效较为显著。但与此同时，无论是综合评价还是单项评价结果都表明，西南地区扶贫能力还有提升的空间。因此，为巩固西南地区扶贫效果，应完善扶贫监管机制，形成融合自评与他评的严格的"质检仪"，打造扶贫全过程良好的监督效应，强化全过程的监管反馈效能，助推西南地区扶贫效果的提升，并最终将制度能力转换为制度成效（见图8-4）。

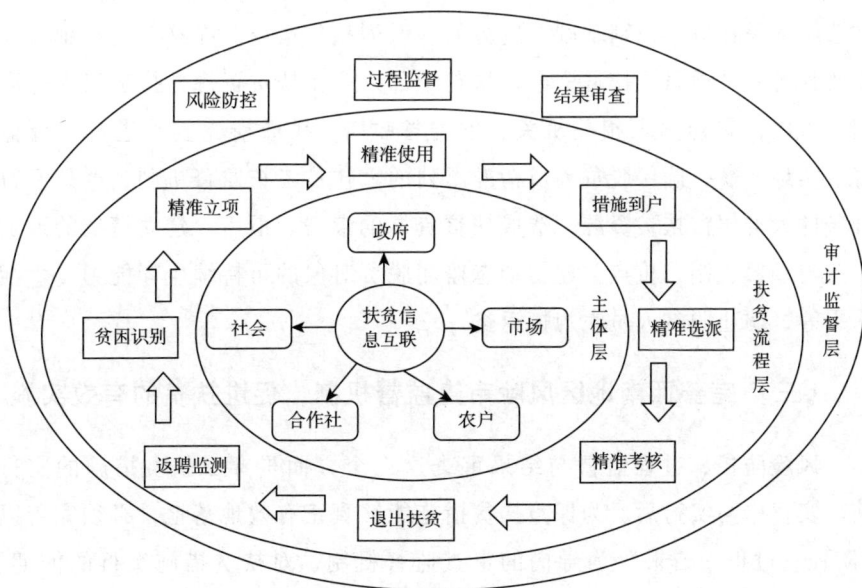

图 8-4 西南地区扶贫监管机制

（一）完善多主体扶贫协同监督机制，促进扶贫的信息互联

扶贫信息互联是政府、社会、市场、合作社、农户等主体实施有效监

管的信息基础。在多元主体参与的扶贫模式下，这些扶贫主体作为西南地区扶贫治理工作实施的共同监管者，可通过扶贫信息互联，掌握一手扶贫数据及扶贫现状，并依托不同主体间的利益差异化特征相互监督、相互协作，共同营造健康有效的西南地区扶贫治理监管环境，通过主体间的协同监督提升西南地区扶贫效果。

（二）完善扶贫全流程防控监督机制，促进扶贫的闭环管控

扶贫全流程防控涉及贫困识别、精准立项、精准使用、措施到户、精准选派、精准考核、返贫监测这一不断循环的闭环过程。应对每一环节进行严格审查监督，保障西南地区扶贫工作顺利有效开展。因此，必须完善以扶贫全流程为对象的防控监督机制。首先，围绕国家的新贫困标准，检查贫困户、贫困个人筛查工作的具体实施情况，保证每个低于国家贫困标准的人都能得到相应的扶持。其次，精准立项、精准使用、措施到户、精准选派都是在贫困识别基础上进行的一系列扶贫措施。在这个过程中，重点监管各扶贫项目、扶贫资金、扶贫干部，防止扶贫资源、扶贫权力等滥用。再次，完善国家相关机关、省委省政府、市政府党委等进行审计监督、实地考察，确保脱贫人员精准出列的大扶贫考核监督机制，严禁不符合条件人群侵占扶贫资源，造成扶贫资源的浪费。最后，建立精准的返贫监测与预警机制，重点关注与动态监测脱贫对象的可持续生存能力、生活水平等，防止脱贫人员大规模返贫。

（三）完善西南地区风险审查监督机制，促进扶贫的有效实施

风险防控、过程监督与结果审查这三个方面贯穿于扶贫措施的实行前、实行中与实行后。为保障扶贫措施能够真正有效地落地，必须完善以"防控—过程—结果"为导向的审查监督机制，对扶贫措施实行的前期、中期与后期进行全方位把关。首先，在扶贫措施实行前，风险的预测与防控是必不可缺的重要环节。现代社会是风险社会。在现代社会治理背景下，扶贫风险类型更加复杂多样，影响扶贫实施效果。[①] 而扶贫流程中的

---

① 王维、向德平：《风险社会视域下产业扶贫的风险防控研究》，《陕西师范大学学报》（哲学社会科学版）2019 年第 5 期，第 50~61 页。

每项扶贫措施从制定到实施的整个过程都会存在一系列风险，如市场风险、政策风险、技术风险、金融风险等。为化解各类风险，必须对风险进行主动识别并采取科学合理的风险防控举措，从而保障扶贫作用得以发挥。其次，在扶贫措施实行过程中，需对扶贫措施的实行主体、实行方式、实行进程、项目资金等进行审计监督，实施全流程监管。最后，在扶贫措施实行后，需对实行的结果进行考核审查，以保证扶贫措施真实有效，对贫困群众的脱贫发挥实质性作用。

二　优化西南地区扶贫评价机制，巩固提升扶贫减贫效能

反贫困治理是一个动态、持续的过程，特别是针对某些生计脆弱性较高的贫困人口或生态脆弱性较强的地区，其发生返贫的风险更需要加以重视与防控。第七章在第六章的基础上构建了包括 6 个准则层指标与 22 个指标层指标的西南地区扶贫效果评价指标体系，从综合层面与单项层面对西南地区扶贫效果进行了量化评价分析。在此基础上，针对西南地区后续的可持续减贫，强调构建客观有效的脱贫评价机制与返贫监测机制，依据脱贫信息的高效科学传递，构建稳固脱贫动态回溯机制，保持西南地区脱贫的稳定性，巩固提升扶贫减贫效能。

（一）构建以效能为导向的稳定脱贫考核评价机制

效能是体现事务解决和服务供给产出结果的一个综合性指标，不仅能反映真实产出结果与预期目标的接近程度，而且能反映受益对象的真实获得、实际感受和客观评价。在对西南地区的实地调研过程中，发现部分地区在扶贫措施的实施中过于重视扶贫目标与要求的落实情况，加上上级领导部门对其扶贫路线与时间表的限制要求，会出现只追求目标数字而未能从根本上解决贫困问题的情况。因此，构建以效能为导向的稳定脱贫考核评价机制迫在眉睫。首先，完善扶贫效果的考核要素指标。扶贫效果考核评价机制不仅包括对现有扶贫效果的评价要素，还应囊括对贫困户脱贫后增收的可持续性、可行能力的稳定性以及抗风险能力等一系列关系持续脱贫的评价要素。其次，客观评价扶贫效果。政府投入的大量扶贫资源与贫

困户个体的获得感之间依旧具有较大的差距，需将部分扶贫措施可能产生的负面后果，尤其是"一分了之"与"一兜了之"带来的负面效应纳入考评机制，从整体性和系统性的视角将整个扶贫系统中的各项子系统加以科学合理地衔接与协调，最大限度地防止扶贫脱贫效能相抵或衰减的情况。

（二）构建以预防返贫风险为导向的监测与帮扶机制

西南地区致贫因素复杂，虽目前已消除绝对贫困，但依旧存在许多生态脆弱性较强的地区或生计脆弱性较高的贫困人口，返贫风险较大。生计脆弱性主要取决于外部风险冲击的强度、风险抵御能力这两个方面。降低脱贫群众的生计脆弱性，增强其风险抵御能力是保持西南地区脱贫稳定性的必要条件。一方面，尊重减贫客观规律，正视返贫现象的发生，构建有效的返贫监测机制，及时掌握第一手的返贫信息，多举措防止返贫问题的发生。稳定脱贫的对立面就是返贫，实现零返贫需要采取多种非常规举措。在此过程中，可通过科学研究，测算出一个因病因灾等非主观因素而产生的返贫允许率，解除地方政府对返贫情况进行漏报、瞒报甚至不报的后顾之忧。另一方面，在正视返贫问题的同时，制定针对返贫个人或家庭的事后帮扶举措，针对返贫原因精准帮扶，帮助返贫户提升自我恢复能力，增强其应对风险冲击的"抗逆力"。

三　完善西南地区可持续减贫机制，巩固增强可持续发展动力

通过对西南地区扶贫实施路径的深入探讨及扶贫效果的评价，可发现基础设施建设在扶贫治理过程中起到了决定性作用，是西南地区可持续减贫的硬性基础；同时，西南地区扶贫影响因素测量的研究结论显示，贫困人口素质的回归系数在所有指标中最大，在扶贫治理过程中起到至关重要的作用，是西南地区可持续减贫的软性基础；此外，西南地区扶贫实施路径的结果显示，科技、金融要素与其他要素（如产业、医疗、文化等）在扶贫战略实施过程中无法相互替代，是未来西南地区可持续减贫的重要发力点，也是未来西南地区经济持续迸发发展活力的新的增长点。因此，西南地区要想实现可持续减贫，有效衔接巩固拓展脱贫攻坚成果同乡村振

兴，必须从贫困根基问题着手，进一步完善贫困地区基础设施建设，以教育扶贫持续提升贫困人口素质，"软硬"兼顾，双管齐下，巩固增强贫困地区内生发展动力。同时，强化金融扶贫在创业、增收和改善收入分配中的作用，以科技扶贫带动西南贫困地区创新力和创造力的持续发展。

（一）持续完善基础设施，巩固西南地区困难群众脱贫之基

基础设施建设是区域经济社会发展的基础。中国西南地区受区位及地缘政治影响，基础设施薄弱，投入不足是西南地区贫困的主要成因之一。在巩固脱贫攻坚成果、全面推进乡村振兴期间，西南地区应在完成农村危房改造、易地搬迁等解决绝对贫困问题的基础上，加快交通、水利、电力、通信、铁路网、航空等项目的规划和建设，尤其是川藏铁路、昆渝高铁等重大工程，同时以国家的"新基建"战略布局为基，立足西南地区区位优势，大力建设 5G、大数据、人工智能、智能物联网、智能电网等，强化基础设施统筹规划能力，和全国一道实现基础设施更加智能化、绿色化、均等化的发展，为后续产业、教育、医疗、金融等的发展创造条件。同时，抢抓西部大开发的战略机遇期，立足西南，面向全国，辐射南亚、东南亚国家，积极布局国际国内两个市场，积极拓展国内国际双循环经济圈建设，为巩固脱贫攻坚成效及经济可持续发展创造新的增长引擎。

（二）强化人力资本投资，纾解西南地区教育贫困之源

新阶段的乡村教育振兴是对脱贫阶段的成果巩固与战略升级。城乡融合也为平衡城乡教育资源、实现资源的共建共享创造了良好契机，为乡村教育发展注入了新动能。无论是促进教育公平和城乡教育一体化，还是补齐乡村教育的发展短板，都要消除城乡教育资源供给制度存在的路径依赖，科学配置乡村教育资源，提升农村学校优质教育资源的供给水平，以解决城乡教育资源不平衡的问题，为巩固脱贫攻坚成果及乡村振兴提供人才支撑。作为影响乡村文化建设的重要因子，教师是乡村教育的重要人力资源，是乡村教育活动有序推进和促进城乡教育公平的重要保障。针对乡村师资队伍的生成逻辑，要建立和完善乡村教师薪酬补偿机制，全面提高乡村教师的薪酬待遇和福利水平，彰显职业吸引力，使乡村教师能够深深

扎根于乡村教育。此外，还需瞄准西南地区乡村经济发展和文化传承的独特优势，彰显乡土性，厚植人力资本，更好地服务于西南地区乡村振兴和推进农村社会现代化。

由于脱贫时间紧且任务艰巨，许多政策通过客观的数字指标来衡量和评价政策实施效果，例如要求义务教育控辍保学工作"清零"等。虽然这些硬性指标在一定程度上提升了政策实施动力，有利于政策实施效果的直观呈现和监督考察，但同时导致乡村教育考核的刻板化，影响了基层乡村教育工作者的积极性和热情。[①] 因此，为推动西南地区乡村教育振兴，纾解西南地区教育贫困之结，必须对单纯的数字、指标性考核等政策评价机制进行更新和完善，通过量化和质性相结合的政策评价指标帮助实现政策的平稳过渡。一方面，以乡村教育实际发展需要为落脚点，科学设计量化指标，在恰当的领域和合适的时机合理应用量化指标，有效发挥量化指标的作用，保证西南地区乡村教育事业的发展。另一方面，以乡村教育事业参与者和乡村教育对象的感受、乡村教育领域专家学者的同行评议等作为评价参考，考虑西南地区乡村教育发展的现实局限和困难，以质性指标化解政策体系过渡期的冲突与矛盾，通过丰富政策评估手段，调动新发展阶段中所有乡村教育主体、对象参与乡村教育建设、提升乡村教育质量的积极性。

（三）推进普惠金融服务，优化西南地区资源配置之术

西南地区扶贫模式显著改善了贫困者健康水平与居住条件，义务教育、就业培训、公共医疗、道路交通、电力通信与环境改造等投入也明显缓和了贫困者的权利贫困和能力贫困，使得普惠金融有条件以相对贫困为着眼点，依托金融科技创新产品与服务促进贫困者全面发展，提高其金融能力，稳固脱贫成效。为进一步发挥普惠金融在经济发展中的作用，首先应重视构建稳定的政策目标系统。普惠金融需要政府与市场的双重引导，完善制度条件，既要避免市场主导可能导致的使命目标漂移，也要防止政府过度干预引致的资源配置效率低下等问题。其次，推进普惠金融的差异

---

① 刘复兴、曹宇新：《新发展阶段的乡村教育振兴：经验基础、现实挑战与政策建议》，《西北师大学报》（社会科学版）2022年第1期，第41～49页。

化政策配比，加强正规机构对西南地区"三农"、中小企业等弱势群体金融服务的配比以及贷款坏账率的考核，纠正现有金融体系只注重金融密度而忽视由金融密度结构地区差异引起的资源配置扭曲机制。再次，加强西南地区金融软环境建设，普及乡村金融教育，加强农村居民的金融知识学习和信用意识，有效发挥金融跨期消费和风险规避的功能，延伸金融服务边界，从而促进金融需求的有效释放。最后，大力推进乡村信息化普惠金融体系建设。政府应当加强对互联网平台的监管，推动社会信用体系建设，强化企业风险内控以及金融消费者教育，发展信息化普惠金融，充分发挥其在促进城乡收入合理分配，进而推进贫困减缓方面的积极作用。

（四）完善农业科技服务，驱动西南地区长效脱贫之技

先进科学技术的引进和应用是西南贫困地区创新力和创造力持续发展的重要引擎，能够为西南地区脱贫内生动力的提升提供源源不断的活力。不断完善农业科技服务体系能够推动西南地区扶贫模式健康可持续发展，有助于西南地区乡村振兴的有序推进。对此，首先，政府应将农业科技作为驱动西南地区推进产业振兴的关键举措。通过科技特派员基层科技服务、科技示范工程、农业科技园区建设等渠道，为产业振兴建立多元化、社会化的科技服务体系，同时加强扶贫资源统筹，促进科技扶贫、智力扶贫及精神扶贫的有机链接，实现扶贫与扶智扶志协同推进。其次，推进西南地区网络覆盖，加快研发农业科技服务的移动终端和手机应用，为西南地区消除产业发展"信息鸿沟"，享受优质扶贫科技资源提供信息技术支撑。此外，借助合作社、企业等新型农业经营主体的资源优势，布局一批区域特色农业科技示范基地，利用"新型农业经营主体+小农户"的组织化带动模式，实现贫困家庭农技水平及脱贫资本的提升。最后，完善小农户融入特色产业受益机制，增强科技对其内生发展能力的驱动力。农业科技扶贫政策应更加聚焦小规模农户的生计特征，在政策设计、技术指导、资金配置和项目安排等方面体现亲贫性和包容性，提高小农户的科技素质、产业技能及经营能力。同时，加强农业科技培训和农村科学技术普及，形成农村懂科技、用科技的良好氛围，为农业科技市场培育奠定基础。建立农业科技需求收集反馈机制以及新型农业经营主体联农带农等机

制，努力满足小农户的农业科技需求。

本章小结

西南地区扶贫水平测量与能力提升研究破解了当前我国扶贫实践中棘手的一个大问题，其在反贫困治理的道路上取得的辉煌成就是中国脱贫攻坚战取得胜利的关键，是中国扶贫模式的重要组成部分，是中国扶贫经验的重要试验田。研究在借鉴公共政策过程研究理论模型的基础上，基于我国西南地区扶贫格局实施的特点和实践经验，试图揭示一种基于实践前沿的精准扶贫工作机制和运行过程，努力建立一种可检验和可推广的扶贫模式，为地方政府巩固拓展脱贫攻坚成果同乡村振兴有效衔接提供突破路径。本章内容立足于前面七章的研究，从政策层——政策制定能力提升（包括政策工具多样化、政策工具协同化、政策效力扩大化与组织权责明晰化四部分内容）、执行层——政策实施能力提升（包括治理主体协同化、治理资源共享化、扶贫产业差异化、扶贫动力内生化四部分内容）、效果层——政策效果能力提升（包括监管机制完善化、评价机制效能化、减贫机制持续化三部分内容）三个层次提出了西南地区扶贫能力提升的精准策略。他山之石，可以攻玉。期冀本章的研究能够为西南地区及中国巩固拓展脱贫攻坚成果注入能量与活力。

中国离不开世界，世界更离不开中国，各国的发展都是各有特色而又紧密联系的。反贫困治理是一个人类发展的共同话题，也是人类命运共同体建设的重要议题。《2021 年全球多维贫困指数》报告显示，在 109 个国家中，共有 13 亿人处于多维贫困状态，其中，近一半是 18 岁以下的未成年人，近 85% 的人生活在撒哈拉以南的非洲或南亚地区。中国是世界上最大的发展中国家，西南地区是中国脱贫攻坚的成功典范，本书关于西南地区扶贫实践的研究将为广大发展中国家的减贫脱贫提供经验参考。从先秦诸子百家倡导"大同""仁爱""民本""小康"的传统理念，到中国共产党领导人民从救济式扶贫转向精准式扶贫的伟大实践，中华民族在脱贫攻坚的道路上始终坚定不移地前行。相信在以习近平同志为核心的党中央领导下、在脱贫攻坚及乡村振兴战略的指导下，西南地区定会在反贫困治理和人类发展的道路上不断求索，不断与中国和世界各族人民一起奔向更发达更文明的未来。也诚挚地期望世界各国给予中国及西南地区发展更多的机会和支持，用赞赏和鼓励的态度支持中国西部地区改善民生、谋求人权事业的发展，为建设一个更美、更文明、更有能力和责任感的中国而不断努力。

第九章

结　语

在打赢脱贫攻坚战，全面建设社会主义现代化国家的新征程上，在扎实推进共同富裕成为国家发展核心议题背景下，公平正义作为国家和社会的核心价值理念，全面融入扶贫制度安排和政策实践，以促进社会公平正义、增进人民福祉为目标的制度追求创新了人类制度文明的新形态。扶贫作为政治属性强、路线图和时间表明确、任务和事项要求具体的政府主导的集体性系统性国家治理工程，在中国特色社会主义制度优势的加持下，为贫困地区注入了优质的外源性资源，在实现基本的社会公平正义的价值追求下，提升了贫困地区社会治理能力，加速推进了贫困地区现代化进程，以及在助推贫困地区经济社会发展和贫困户自身发展等方面发挥了关键性和决定性作用。在全面打赢脱贫攻坚战的关键时刻，从政策过程视角对中国及西南地区扶贫实践进行全观性审视，总结、提炼和发掘其中蕴含的中国经验和中国智慧，为国家扶贫治理实践提供启示，成为学术界的一项重要任务。

西南地区扶贫实践研究在借鉴公共政策过程理论的基础上，基于我国西南地区扶贫实践实施的特点和实践经验，试图从政策过程视角分析中国制度优势是如何经由中国及西南地区的扶贫政策、政策实施和政策评估转化为减贫效能的，为揭示中国解决绝对贫困问题的内在动力和制度逻辑提供理论解释。同时，研究基于政策过程视角，将扶贫视作一个完整的政策过程，分别从政策文本、政策执行、政策效果三个层面对西南地区扶贫实践提出了整体性的提升策略。该策略发轫于中国西南地区扶贫的实践经验，通过政策层、执行层、效果层的联动、协同和演进三重机制的共同影响，推动西南地区经济从不平衡增长过渡到均衡增长，既有鲜明的西南扶贫特色，也反映出经济发展落后地区反贫困治理的普遍逻辑。

第一节 研究结论

贫困问题是阻碍和抑制全人类可持续发展的难题。反贫困治理始终是人类社会发展变迁过程中的永恒话题，也是联合国 2030 年可持续发展议程的首要目标。纵观历史变迁，任何时代、任何国家，政府和公民都必须重视贫困带来的生存和发展威胁，从而致力于对贫困的消除。本书以推进社会公平正义实现共同富裕为研究的支点，在中国特色社会主义政治体系框架内，在扶贫政策、扶贫实践、扶贫路径、扶贫影响因素及扶贫效果之间建立起内在制度优势转化为扶贫效能的联系，从政策过程视角来解释中国扶贫政策定位、演进、实施、评估的完整过程，旨在阐明中国政治和制度优势是如何通过扶贫政策全过程进而转化为贫困治理效能的。中国的扶贫治理不是一个单维度的减贫政策，而是一个以消除绝对贫困为目标的国家主导的系统性扶贫治理工程。多元主体扶贫作为精准扶贫理念的实践拓展和具体策略，是中国共产党和中国政府在新时代结合国情、社情、农情的基础上提出的新型贫困治理模式。该模式成功开辟了一条具有中国特色的减贫道路，经历了减贫从感性认识到理性实践的升华，创造了从 2012 年的 9899 万农村贫困人口到 2020 年底贫困人口全部脱贫的世界减贫奇迹。对西南地区扶贫实践进行研究，是解读中国减贫奇迹，挖掘中国减贫实践，探寻中国全面脱贫奇迹的密钥。因此，本书立足中国减贫政策的演进历程，聚焦国内外学者的研究热点，以多中心治理理论、IAD 框架、协同治理理论、政策网络理论及政策过程理论为理论分析基石，采取经济学、政治学、管理学、社会学、人类学等多学科研究方法融入的策略对西南地区扶贫实践展开了跨学科交叉研究，系统梳理了打赢脱贫攻坚战目标下西南地区扶贫的理论内涵、政策效力、实践经验，在此基础上阐释了社会主义制度下西南地区扶贫的实施路径、影响因素、效果及治理特色。本书研究构建了西南地区扶贫能力提升策略框架并据此提出了提升策略。本书研究是基于中国西南贫困地区扶贫实践与中国新时期扶贫政策二者弥合后形成的中国扶贫实践的经验在理论上的体系化表述，是马克思主义反贫困理论中国化的有力成果。

第一，科学合理的扶贫政策为西南地区扶贫的有效实施奠定了坚实的制度基础。在扶贫政策制定层面，社会主义制度从本质上要求摆脱贫困，这决定了贫困治理能够长期被纳入国家治理的优先议程。根据社会主义制度属性，执政党确立了以人民为中心的执政理念，要求中国减贫政策覆盖全部贫困人口，实现全面脱贫。本书首先在梳理我国扶贫政策变迁历程及借鉴国内知名学者研究的基础上，将我国改革开放以来的扶贫开发划分为救济式扶贫、开发式扶贫、精准式扶贫三个阶段，并基于历史制度主义的视角从宏观背景、中观制度、微观主体三个层面揭示了多元主体扶贫和实施的科学性。作为改善传统参与式扶贫的重要途径，多元主体扶贫的治理思路在"救济式扶贫—开发式扶贫—精准式扶贫"这一扶贫政策变迁过程中逐步得到确立和实施，并逐渐成为推动持续减贫的重要手段。其次，通过对 2013~2020 年中央及西南地区发布的 1942 份扶贫政策文本进行实证分析发现，扶贫政策文本兼具广泛性、权威性、渐进性、增长性、价值理性和科学性六重特征，在整体上兼顾了供给型、环境型、需求型三种政策工具的使用，但与供给型和环境型政策工具相比，需求型政策工具的影响力仍稍显不足，政策工具协同效应的有效发挥还存在提升空间；扶贫政策各执行主体之间的合作关系存在较大差异，央地合作与政社合作的占比领先于官民合作、府际合作和政企合作，在扶贫治理的五大价值类型中占主导地位；在政策效力角度，扶贫政策的整体效力值呈现积极的增长趋势，但年均效力波动较小且整体偏低，且政策目标量化和政策力度均处于较低水平。整体而言，中国扶贫政策的不断变迁以及多重扶贫政策工具的有效运用，既有赖于中国独特的国家治理体系与治理能力，以及由此塑造的中国独特的发展道路，更归因于由我国工业化、城市化和全球化所推动的经济增长。经济基础决定上层建筑，经济发展是有效脱贫、持续减贫的核心动力。未来在西南地区乃至全国的乡村振兴推进过程中，仍需利用好"集中力量办大事"政治制度的显著优势，在明确经济高质量发展核心任务的基础上，从政策角度推动政府、社会、市场的有效联结与整合，强化"横向到边，纵向到底"的组织网络，构建后扶贫时代识别精准、城乡统一的常态化、综合性的扶贫政策体系。

第二，多样化的扶贫政策执行方式对西南地区扶贫取得巨大成绩具有关键的助推作用。科学精准的扶贫政策能够在西南地区及中国得到有效贯彻执行的关键在于中国共产党的领导制度嵌入中国政府治理体系所形成的具有鲜明中国特色的党政治理结构。这种治理结构的优势在于，能够通过党的政治领导和协同联动，有效调动减贫政策执行所需要的多样化的反贫困治理资源，形成以各级党委和政府为中心，多边主体参与的政策执行结构，确保减贫政策在执行过程中实现横向到边、纵向到底以及内外协同联动。在这种执行结构的统领下，西南地区还形成了激活基层党组织功能、以党建助推扶贫实施的动力机制以及在扶贫实践过程中涌现的多种具有典型西南地区特色的扶贫治理模式。首先，基于 IAD 框架，从西南地区扶贫的结构要素、行动舞台、作用模式及实践特征出发，发现西南地区扶贫最显著的特点是形成了多主体共同参与的多中心协同反贫困治理模式。从政策执行的价值关系角度来看，中央及西南地区的合作方式呈现多样化的态势，既包括上下联动的央地合作，又包括协同并进的府际合作、包容并蓄的政社合作等形式，为我国的扶贫事业营造了良好的协作氛围；在外生变量与行动舞台的作用下，西南地区的扶贫治理模式涵盖了包括党建扶贫、易地搬迁扶贫、教育扶贫等在内的 13 种扶贫治理模式并且每种扶贫模式都结合西南地区的典型案例进行说明。其次，本书以 2017~2021 年西南地区已脱贫的 60 个贫困县为案例研究西南地区的脱贫路径，发现特色产业带动和基础设施建设两大因素是推动西南地区贫困县脱贫摘帽的关键性要素，科技教育、健康保障、文化科普以及金融服务起到了有限的助推作用，折射出我国对科技、教育、文化、健康、金融等扶贫政策工具的使用及效果有待进一步提升。整体上，我国的扶贫主体与扶贫方式均呈现从一元向多元的发展趋势。矛盾的特殊性原理要求我们分析事物时要具体问题具体分析，城乡发展不平衡、区域发展不平衡、农村发展不充分同时决定了在扶贫过程中，没有任何一个治理主体拥有完备的知识和资源来独自解决所有问题，也没有任何一种扶贫模式能够完美适配全国所有贫困地区的实践情境。因此，动员全社会力量推动多主体多举措帮扶，是与我国贫困现实相契合的必然之选。未来，应进一步创新多种扶贫模式优势互补的扶贫体制机制，在关注资源分配公平性的同时放大扶贫资源利用价值，化解多源性贫困问题，提升综合扶贫效率，促进贫困地区可持续发展以及相对贫困问题的有序消解。

第三，精准全面的西南地区扶贫效果评价为后续西南地区减贫提供了现实依据与经验参考。本书研究发现，政府间帮扶合作，企业参与扶贫合作，合作社、农户参与扶贫合作，社会组织参与扶贫合作，扶贫主体共同参与合作、县级政府组织动员合作这六项指标均为西南地区扶贫实施的显著影响因素，说明政府、社会、市场均对西南地区扶贫实践产生了不可替代的关键作用。中央政府的权威强制与地方政府的动员参与合作，是扶贫治理过程中的主要影响因素，促使扶贫治理工作更加顺利和精确。另外，本书研究采用 AHP 与模糊综合评价法，通过构建包括政府间帮扶合作，企业参与扶贫合作，合作社、农户参与扶贫合作，社会组织参与扶贫合作，扶贫主体共同参与合作，县级政府组织动员合作这六大准则层的西南地区扶贫效果评价指标，测量得到西南地区扶贫效果的综合评价等级为"很好"，显示西南地区扶贫效果显著。西南地区扶贫不仅实现了贫困县全部脱贫摘帽、贫困人口全部清零的目标，而且对于提高农村居民人均可支配收入、生活质量，增强人民幸福感起到了显著的促进作用，贫困户内生动力也得到极大提升。根据政策生命周期理论，政策评估通过"评估—反馈—完善"的循环机制，能够对政策的动态调整提供现实依据，是提升政策执行质量、研判未来政策走势的必要步骤之一。在未来的减贫成效评估方面，可进一步综合采用省际交叉考核、第三方评估、媒体暗访、资金绩效考核等一系列考核评估机制，从关注减贫进度向关注减贫质量转变，从关注政策执行绩效向关注政策执行效率转变，从关注事后政策评估向关注全过程政策评估转变。通过构建多维度、多主体、多视角的扶贫政策评价机制，推动各级党委、政府对持续减贫成效及问题精准把脉，决定议题优先级，为巩固拓展脱贫攻坚成果同乡村振兴有效衔接积极作为，增强农村居民获得感、幸福感和安全感。

第四，基于实践的扶贫能力提升策略框架构建有助于进一步提升西南地区乃至全国的可持续减贫能力。正如联合国《2015 年千年发展目标报告》所指出的那样："只要具备有针对性的干预措施、合理的战略、充足的资源和政治意愿，即使最贫穷的国家也能取得前所未有的进步。"中国的贫困治理在汲取众多国内外减贫理论的基础上，通过实践创新形成了一条具有鲜明中国特色的减贫道路。这既是一个从普遍性到特殊性的知识生产过程，也是新的普遍性知识孕育的过程。西南地区作为打赢脱贫攻坚战的主战场，在减贫治理中采取了一系列具有独创性、独特性的重大举措，积累了许多可复制、能推广的减贫经验，但如何对其进行提炼总结，进一步提升其减贫能力，使其服务于持续巩固脱贫攻坚成果、有效衔接乡村振兴、实现可持续减贫、迈向共同富裕依旧是后续减贫亟须关注的重点。立足扶贫政策内容及效力分析—扶贫政策执行过程分析—扶贫效果评价，本书研究从宏观层面（政策层）、中观层面（执行层）、微观层面（效果层）构建了西南地区扶贫能力提升策略框架。其中，政策层致力于提升西南地区扶贫政策能力，具体包括政策目标落地化、政策制定协作化与组织权责明晰化；执行层致力于提升西南地区扶贫政策执行能力，具体包括治理主体协同化、治理资源共享化、扶贫产业差异化与跨区域合作化；效果层致力于通过增强扶贫政策反馈能力，提升西南地区扶贫效果，具体包括监管机制完善化、评价机制效能化与减贫机制持续化。总结西南地区在扶贫治理过程中取得的经验成果以及反思西南地区在脱贫攻坚过程中显现出来的问题与困局，能够为西南地区后续可持续减贫及巩固拓展脱贫攻坚成果同乡村振兴有效衔接提供政策建议，也为中国巩固脱拓展贫攻坚成果，向第二个百年奋斗目标迈进打下坚实的基础，更为世界减贫提供中国方案。

第二节　未来展望

多元主体扶贫模式是中国在千百年来的反贫困治理实践经验的基础上摸索总结出来的适合中国政情、国情、社情、民情、农情，立足中国现阶段经济社会发展实践，具有中国特色和良好实施成效的反贫困治理模式。消除绝对贫困问题不是中国反贫困治理的终结，而是中国贫困治理的新探索新实践新开始。但随着中国脱贫攻坚战的结束，中国的贫困治理进入新的阶段。中国 2020 年后的贫困治理与之前的扶贫实践并不割裂，而是一种承载和延续的关系，多元主体扶贫所形成的贫困治理经验同样可为 2020 年以后后扶贫时代的新型贫困问题治理提供研究案例和经验借鉴。但同时 2020 年后的贫困治理的确不同于 2020 年之前，进入后扶贫时代的中国的可持续减贫问题依然严峻，依然是政府工作的重要内容。因此，后扶贫时代的减贫问题更应该重视，更应从整体性、系统性、全局性的大国治理的视角出发将贫困治理始终置于国家政治制度建设、国家治理、经济治理、社会治理、生态治理和文化治理的"包容性共建治理结构"中予以考量。且应该根据国家政治制度建设的核心使命和国家治理任务的阶段性变化调适反贫困治理体系，致力于构造包容性发展关系与贫困治理的关联途径以及推动贫困治理与社会治理的互动融合关系仍是 2020 年以后后扶贫时代贫困治理转型研究的重要议题。未来，将继续围绕反贫困治理开展如下研究。

第一，西南地区持续巩固拓展脱贫攻坚成果问题。后脱贫时代，我国贫困治理的重心由绝对贫困转向巩固脱贫成果、缓解相对贫困。以"三区三州"为主要地域空间的西南地区长期以来是脱贫攻坚的"主战场"和"硬骨头"，在绝对贫困全面消除之后，西南地区的贫困也发生质态转轨，即由绝对贫困向相对贫困、生存性贫困向发展性贫困、物质性贫困向精神性贫困、单一收入贫困向多维贫困的转变。① 贫困治理的目标提档升级，从"满足温饱、实现小康"转向"美好生活、实现共富"。西南地区地理环境恶劣、致贫原因复杂、产业基础薄弱、政策性收入占比高、基础设施和公共服务缺口大、返贫致贫风险高，将是相对贫困治理的重要场域。防止规模性返贫及相对贫困治理依旧是实现第二个百年奋斗目标进程中西南地区亟待解决的焦点问题。在未来 5 年的过渡期内，西南地区在国家政策的指导下应继续严格落实"四个不摘"要求，坚持多元主体扶贫，持续重视政府、市场和社会的多方联动发展，以钉钉子的精神巩固拓展脱贫攻坚成果，严防规模性返贫的发生。在政府层面，针对西南地区的脱贫成果巩固工作，应发展"常态化"的制度式治理模式，将巩固脱贫成果与相对贫

----

① 张永丽、徐腊梅：《中国农村贫困性质的转变及 2020 年后反贫困政策方向》，《西北师大学报》（社会科学版）2019 年第 5 期，第 129~136 页。

困治理纳入乡村振兴统筹推进，以实现长效可持续脱贫；在市场层面，应持续发展壮大西南特色扶贫产业，加大对脱贫人口的职业技能培训力度，激活脱贫人口的内生动力；最后，在社会层面，应充分发挥社会组织在减贫中的独特优势，以社会力量弥补政府与市场力量"失灵"时的扶贫窘境，助力贫困治理的科学化、常态化、有序化、健康化发展。

第二，西南地区全面推进乡村振兴问题。中国特色社会主义的本质要求是消除贫困和追求更加美好的生活。① 自全面消除绝对贫困问题以来，西南地区如何振兴与建设乡村、缓解相对贫困，成为"十四五"时期扎实推动共同富裕的重要关切。实施乡村振兴战略是西南地区提升发展能力的关键性出路，要不断实现"产业扶贫"向"产业振兴"转变、"生态扶贫"向"生态振兴""生态宜居"转变、"文化扶贫"向"文化振兴"转变、"扶贫队伍"向"组织振兴"转变。② 在理念方面，将西南地区政府、市场、社会等多主体协同的扶贫模式与"以人民为中心"的发展理念相结合，使之在乡村振兴的推进工作中得到进一步的实践熔炼与理论拓展，促进扶贫理论的与时俱进与动态延伸，在与时代相契合的理论指引下助力乡村全面振兴与城乡共同富裕。在实践方面，应重视城乡的融合共进，协调推进乡村振兴与新型城镇化建设，着力探讨城乡融合发展与乡村振兴的互馈机制与区域模式，实现城市与乡村建设的相对均衡，以城乡融合发展助推乡村振兴，为实现第二个百年奋斗目标及中华民族的伟大复兴不懈努力。

第三，西南地区推进农业农村现代化问题。农业农村现代化既是新时期"三农"工作的新任务，也是乡村振兴战略的总目标，同时是全面建设社会主义现代化国家的基础组成部分与基础支撑。实现农业农村现代化是全面建成社会主义现代化强国的必由之路。农业农村现代化并不是农业现代化与农村现代化内容的简单叠加，而是由二者有机耦合而成的互有联系、彼此促进、相互交融的有机整体。农业现代化奠定了农村发展的经济

---

① 杨灿明：《中国战胜农村贫困的百年实践探索与理论创新》，《管理世界》2021年第11期，第1~15页。

② 王国敏、何莉琼：《巩固拓展脱贫攻坚成果与乡村振兴有效衔接——基于"主体—内容—工具"三维整体框架》，《理论与改革》2021年第3期，第56~66、155页。

基础，农村现代化筑就了农业发展的上层建筑。农业现代化的本质是通过不断变革农业生产方式，并将其发展为更加适应现代社会经济环境和人民生活需要的现代农业，进一步实现农业生产效率和农民经济收益的同步提升；农村现代化的真实内涵是保持和维续乡村的主体性，推动乡村社会不断调整和改变生产生活方式，实现传统乡村和现代社会协同发展。因此，建设具有中国特色的农业强国只有立足我国基本国情和农情，按照乡村振兴战略的"五大要求"统筹推进农业现代化和农村现代化，才能实现农村政治、经济、文化、社会和生态文明的全面提升，并逐步将传统落后的农村改造为具有世界先进水平的现代农村。

本章小结

当前，世界经济脆弱，国际形势异常严峻，面临内忧外患的形势，我国经济社会发展各项任务繁重艰巨。稳住农业基本盘、做好"三农"工作，全面推进乡村振兴，是我国建设社会主义现代化强国，跨越"中等收入陷阱"，迈向共同富裕的必然路径，也是稳定中国经济发展基本面的"压舱石"。在这一过程中，必须始终坚持中国特色社会主义制度，始终坚持中国共产党的领导，走具有中国特色的扶贫道路，坚持"自上而下"和"自下而上"的垂直治理和多元主体扶贫治理结构，坚持从相对论的视角看待共同富裕命题，有效发挥国家在经济、政治、文化、社会、生态等领域的综合治理优势与体制优势，将巩固拓展脱贫成果纳入乡村振兴范畴统筹推进，实现二者有效衔接，确保农业稳产增产、农民稳步增收、农村稳定安宁。中国西南地区的扶贫实践在精准扶贫理念的指导下取得了全面胜利，创造了世界反贫困治理的中国样本，是国家主导的扶贫系统工程优越性和国家政治制度优势的集中体现。事实再次证明，贫困治理没有标准的配方和预设条件，而是一个在"干中学"的动态治理过程。本书聚焦中国西南地区扶贫实践的经验总结，以及在此基础上进行的普遍性减贫知识的孕育与生产，既赋予了社会主义市场经济更为鲜活的理论血液，又有助于揭示发展中国家反贫困治理的一般性逻辑，同时强调了扶贫政策因地制宜的重要性，对于推进世界减贫事业进程和构建人类命运共同体均具有现实意义。"胜非其难也，持之者其难也。"脱贫摘帽不是终点，而是新生活、新奋斗的起点。在新阶段、新理念和新格局的新时代宏观政治话语体系下，需要把握好巩固拓展脱贫攻坚成果与乡村振兴战略的政策叠加期、交换期和转轨期的重要特点，并将中国西南地区的丰富减贫知识进一步落实于巩固拓展脱贫攻坚成果同乡村振兴有效衔接这一系统集成的国家战略工程中。以产业、人才、文化、生态、组织五大振兴耦合协调为基准，通过探索联动、包容、可持续的"脱贫—振兴"协同推进路径，充分彰显国家主导的"党—政府—社会—市场—农民"系统性扶贫治理工程的独特优势，凝聚因地制宜、因人施策、多措并举的宏观扶贫政策与微观扶贫实践的衔接合力，解决新发展阶段下农村相对贫困问题，为实现第二个百年奋斗目标以及全体人民共同富裕奠定制度与物质基础，为实现中华民族伟大复兴的中国梦奠定理论与实践基础。

附录 1

中央和西南地区大扶贫政策文本编码表（158 份）

发文时间	政策文件名称	发文机关	编码
2013-12-18	《关于创新机制扎实推进农村扶贫开发工作的意见》	中共中央办公厅、国务院办公厅	001
2014-05-07	《西藏自治区人民政府办公厅转发教育厅等部门关于西藏自治区教育扶贫工程实施方案的通知》	西藏自治区人民政府办公厅	002
2014-07-25	《四川省人民政府办公厅转发人行成都分行等部门关于深入推进金融支持扶贫惠农工程全面做好四川省扶贫开发金融服务工作实施意见的通知》	四川省人民政府办公厅	003
2014-08-12	《四川省人民政府办公厅关于建立扶贫项目审批权下放到县实行责任、权力、资金、任务"四到县"制度的意见》	四川省人民政府办公厅	004
2014-11-19	《国务院办公厅关于进一步动员社会各方面力量参与扶贫开发的意见》	国务院办公厅	005
2015-01-27	《关于改革创新财政专项扶贫资金管理机制的意见》	重庆市扶贫开发办公室综合处	006
2015-04-20	《贵州省创新发展扶贫小额信贷实施意见》	贵州省人民政府办公厅	007
2015-04-10	《重庆市扶贫开发办公室关于实施到村到户精准扶贫的意见》	重庆市扶贫开发办公室	008
2015-05-14	《西藏自治区人民政府办公厅关于进一步动员社会各方面力量参与扶贫开发的实施意见》	西藏自治区人民政府办公厅	009
2015-06-15	《四川省人民政府办公厅关于深入动员社会力量参与扶贫开发的实施意见》	四川省人民政府办公厅	010
2015-07-08	《中共四川省委关于集中力量打赢扶贫开发攻坚战 确保同步全面建成小康社会的决定》	中共四川省委	011
2015-07-20	《中共云南省委 云南省人民政府关于举全省之力打赢扶贫开发攻坚战的意见》	中共省委办公厅、云南省人民政府	012

续表

发文时间	政策文件名称	发文机关	编码
2015-09-14	《重庆市扶贫开发办公室关于扎实推进产业精准扶贫工作的意见》	重庆市扶贫开发办公室	013
2015-09-18	《云南省技能扶贫专项行动方案》	云南省扶贫开发领导小组	014
2015-11-29	《中共中央 国务院关于打赢脱贫攻坚战的决定》	中共中央、国务院	015
2016-01-28	《关于共青团助力脱贫攻坚战的实施意见》	共青团中央	016
2016-02-01	《关于加大脱贫攻坚力度支持革命老区开发建设的指导意见》	中共中央办公厅、国务院办公厅	017
2016-02-09	《省级党委和政府扶贫开发工作成效考核办法》	中共中央办公厅、国务院办公厅	018
2016-03-21	《重庆市扶贫开发办公室关于2016年全市贫困地区人力资源开发工作的意见》	重庆市扶贫开发办公室	019
2016-04-08	《贵州省扶贫办关于全面做好金融服务推进精准扶贫的实施意见》	贵州省扶贫办	020
2016-04-20	《中共中央组织部 人力资源社会保障部等九部门关于实施第三轮高校毕业生"三支一扶"计划的通知》	中共中央组织部等	021
2016-04-23	《关于建立贫困退出机制的意见》	中共中央办公厅、国务院办公厅	022
2016-05-05	《云南省农村劳动力转移就业扶贫行动计划（2016—2020年）》	云南省扶贫办	023
2016-06-15	《贵州省扶贫对象精准识别和脱贫退出程序管理暂行办法》	中共贵州省委办公厅、贵州省人民政府办公厅	024
2016-06-17	《云南省贫困退出机制实施方案》	中共云南省委办公厅、云南省人民政府办公厅	025
2016-07-21	《西藏自治区2016年产业脱贫攻坚实施方案》	西藏自治区农牧厅、西藏自治区扶贫开发办公室	026
2016-08-08	《云南省人民政府关于进一步健全特困人员救助供养制度的实施意见》	云南省人民政府	027
2016-09-30	《国务院办公厅关于印发贫困地区水电矿产资源开发资产收益扶贫改革试点方案的通知》	国务院办公厅	028
2016-10-11	《脱贫攻坚责任制实施办法》	中共中央办公厅、国务院办公厅	029

续表

发文时间	政策文件名称	发文机关	编码
2016-10	《网络扶贫行动计划》	中共中央网络安全和信息化领导小组办公室等	030
2016-11-08	《关于建立区县扶贫济困医疗基金的指导意见》	重庆市财政局、重庆市民政局、重庆市扶贫开发办公室	031
2016-11-10	《重庆市人民政府办公厅关于健康扶贫工程的实施意见》	重庆市人民政府办公厅	032
2016-11-18	《关于开展技能脱贫千校行动的实施方案》	云南省人力资源和社会保障厅、云南省扶贫办	033
2016-11-22	《云南省人民政府办公厅转发省民政厅等部门关于做好农村最低生活保障制度与扶贫开发政策有效衔接实施意见的通知》	云南省人民政府办公厅	034
2016-11-23	《国务院关于印发"十三五"脱贫攻坚规划的通知》	国务院	035
2016-12-07	《关于进一步加强东西部扶贫协作工作的指导意见》	中共中央办公厅、国务院办公厅	036
2016-12-19	《贵州省人民政府办公厅关于转发省民政厅等单位贵州省农村最低生活保障制度与扶贫开发政策有效衔接实施方案》	贵州省人民政府办公厅	037
2016-12-29	《四川省人民政府关于印发四川省"十三五"脱贫攻坚规划的通知》	四川省人民政府	038
2016-12-31	《云南省人民政府办公厅关于加快乡村旅游扶贫开发的意见》	云南省人民政府办公厅	039
2017-01-26	《四川省人民政府办公厅转发民政厅关于做好农村最低生活保障制度与扶贫开发政策有效衔接的实施方案的通知》	四川省人民政府办公厅	040
2017-03-14	《重庆市人民政府办公厅转发市扶贫办等部门关于做好农村最低生活保障制度和扶贫开发政策有效衔接工作实施意见的通知》	重庆市人民政府办公厅	041
2017-05-08	《四川省贫困村产业扶持基金使用管理办法》	四川省财政厅、四川省农业厅、四川省扶贫和移民工作局	042
2017-05-09	《四川省卫生扶贫救助基金使用管理办法》	四川川省财政厅 四川省卫生计生委 四川省人力资源和社会保障厅 四川省民政厅	043

续表

发文时间	政策文件名称	发文机关	编码
2017-05-10	《关于进一步推进扶贫小额信贷工作的实施意见》	重庆市扶贫开发办公室等	044
2017-05-12	《云南省人民政府关于印发云南省激发重点群体活力推动城乡居民持续增收实施方案的通知》	云南省人民政府办公厅	045
2017-05-31	《财政部 农业部 国务院扶贫办关于做好财政支农资金支持资产收益扶贫工作的通知》	财政部、农业部、国务院扶贫办	046
2017-06-06	《关于做好 2017 年贫困县涉农资金整合试点工作的通知》	财政部、国务院扶贫办	047
2017-06-21	《云南省扶贫办 2017 年政务公开工作实施方案》	云南省扶贫办	048
2017-06-27	《民政部 财政部 国务院扶贫办关于支持社会工作专业力量参与脱贫攻坚的指导意见》	民政部、财政部、国务院扶贫开发领导小组	049
2017-07-03	《关于印发云南省医疗保险健康扶贫工作方案的通知》	云南省人力资源和社会保障厅等	050
2017-07-11	《云南省贫困对象动态管理工作方案》	云南省扶贫开发领导小组	051
2017-07-12	《关于印发中央和省级财政专项扶贫资金管理办法的通知》	四川省财政厅等	052
2017-07-26	《云南省人民政府关于印发云南省脱贫攻坚规划（2016—2020 年）的通知》	云南省人民政府办公厅	053
2017-08-01	《人力资源社会保障部 财政部 国务院扶贫办关于切实做好社会保险扶贫工作的意见》	人力资源和社会保障部、财政部、国务院扶贫办	054
2017-08-08	《四川省科技扶贫产业示范基地建设实施意见》	四川省科技厅	055
2017-08-09	《省人民政府关于发挥多层次资本市场作用助力脱贫攻坚的意见》	贵州省人民政府	056
2017-08-19	《贵州省精准推进贫困劳动力全员培训促进就业脱贫工作方案》	贵州省人民政府办公厅	057
2017-08-21	《"十三五"易地扶贫搬迁建卡贫困户农房整宗地收益权收储实施方案》	重庆市发展和改革委	058
2017-08-30	《贵州省教育脱贫攻坚"十三五"规划实施方案》	贵州省教育厅等	059

续表

发文时间	政策文件名称	发文机关	编码
2017-09-02	省人民政府办公厅关于印发贵州省发展"一县一业"助推脱贫攻坚三年行动方案（2017—2019年）的通知	贵州省人民政府办公厅	060
2017-09-12	《四川教育脱贫攻坚（2017—2020年）实施方案》	四川省教育厅等	061
2017-09-25	《贵州省财政专项扶贫资金管理办法》	贵州省财政厅等	062
2017-09-27	《云南省人民政府办公厅关于印发云南省健康扶贫30条措施的通知》	云南省人民政府办公厅	063
2017-10-19	《贵州省金融支持深度贫困地区脱贫攻坚行动方案》	贵州省人民政府金融工作办公室等	064
2017-11-03	《国土资源部关于支持深度贫困地区脱贫攻坚的意见》	国土资源部	065
2017-11-09	《关于建立健全产业精准扶贫机制的意见》	中共贵州省委办公厅、贵州省人民政府办公厅	066
2017-11-09	《重庆市深化实施电子商务扶贫行动方案》	重庆市人民政府办公	067
2017-11-30	《关于进一步加强控辍保学提高义务教育巩固水平的通知》	云南省人民政府办公厅	068
2017-12	《关于加强贫困村驻村工作队选派管理工作的指导意见》	中共中央办公厅、国务院办公厅	069
2017-12-30	《关于加快推进产业扶贫的指导意见》	云南省人民政府办公厅	070
2018-01-14	《贵州省生态扶贫实施方案（2017—2020年）》	贵州省人民政府办公厅	071
2018-02-6	《关于加快推进"四好农村路"建设的实施意见》	云南省人民政府	072
2018-02-12	《关于扶持发展脱贫攻坚造林专业合作社的意见》	四川省人民政府办公厅	073
2018-02-24	《关于认真做好贫困群众扶志扶智工作的意见》	重庆市扶贫开发领导小组办公室	074
2018-03-08	《重庆市推进普惠金融发展工作方案》	重庆市人民政府	075
2018-03-30	《西藏自治区脱贫攻坚指挥部政策保障组关于下达2018年度统筹整合财政涉农资金计划的通知》	西藏自治区脱贫攻坚指挥部政策保障组	076
2018-04-03	《西藏自治区财政"三管齐下"强化扶贫领域资金管理和风险防控》	西藏自治区财政厅	077

续表

发文时间	政策文件名称	发文机关	编码
2018-04-09	《贵州省 2018 年东西部扶贫协作工作要点》	贵州省扶贫办	078
2018-04-28	《贵州省关于完善县级脱贫攻坚项目库建设的实施意见》	贵州省扶贫开发领导小组	079
2018-05-02	《云南省林业生态脱贫攻坚实施方案（2018—2020 年）》	云南省扶贫开发领导小组办公室	080
2018-05-14	《国务院办公厅关于转发财政部、国务院扶贫办、国家发展改革委扶贫项目资金绩效管理办法的通知》	国务院办公厅	081
2018-05-21	《云南省扶贫开发领导小组关于开展"转作风、大调研、抓精准、促落实"专项行动的通知》	云南省人民政府扶贫开发办公室综合室	082
2018-06-13	《2018 年网络扶贫工作要点》	中国网信网等	083
2018-06-15	《关于打赢脱贫攻坚战三年行动的指导意见》	中共中央、国务院	084
2018-06-16	《关于注重扶贫同扶志、扶智相结合大力开展精神扶贫的实施意见》	贵州省扶贫开发领导小组	085
2018-07-04	《四川省深度贫困地区教育脱贫攻坚实施方案（2018—2020 年）》	四川省教育厅、四川省扶贫和移民工作局	086
2018-07-10	《关于完善扶贫资金项目公告公示制度的实施意见》	贵州省扶贫办贵州省财政厅	087
2018-07-11	《关于扩大构树扶贫试点工作的指导意见》	国务院扶贫办	088
2018-07-19	《关于深入推进深度贫困地区和特殊贫困群体民政兜底脱贫工作的实施意见》	贵州省民政厅	089
2018-07-24	《四川省村级光伏扶贫电站收益分配管理实施办法》	四川省扶贫和移民工作局 四川省能源局	090
2018-08-08	《关于进一步加大就业扶贫政策支持力度着力提高劳务组织化程度的通知》	贵州省人力资源和社会保障厅	091
2018-08-25	《关于打赢精准脱贫攻坚战三年行动的实施意见》	中共云南省委、云南省人民政府	092
2018-08-31	《关于打赢脱贫攻坚战三年行动的实施意见》	中共四川省委、四川省人民政府	093
2018-09	《关于支持社会工作专业力量参与脱贫攻坚的实施意见》	贵州省民政厅、省财政厅、省扶贫办	094
2018-10-13	《关于加强扶贫项目资金绩效管理工作的通知》	云南省人民政府办公厅	095
2018-10-29	《深度贫困地区扶贫保险试点工作的实施方案》	贵州省扶贫办等	096
2018-10-29	《关于开展扶贫扶志行动的意见》	国务院扶贫办等	097

发文时间	政策文件名称	发文机关	编码
2018-10-29	《重庆市人力资源和社会保障局 重庆市财政局关于使用失业保险基金支持脱贫攻坚的通知》	重庆市人力资源和社会保障局、重庆市财政局	098
2018-11-05	《四川省人民政府办公厅关于转发财政厅、省扶贫移民局、省发展改革委四川省扶贫项目资金绩效管理实施细则的通知》	四川省人民政府办公厅	099
2018-11-12	《关于加强城市特殊困难群众救助帮扶工作的意见》	重庆市人民政府办公厅	100
2018-11-12	《关于进一步加大就业扶贫政策支持力度和落实力度的通知》	重庆市人力资源和社会保障局 重庆市财政局	101
2018-11-23	《西藏自治区"十三五"时期脱贫攻坚规划》	西藏自治区发展改革委	102
2018-11-23	《西藏自治区"十三五"时期脱贫攻坚若干政策》	西藏自治区人民政府	103
2018-12-10	《关于开展脱贫成效跟踪监测及定点观测调研工作的通知》	重庆市扶贫开发办公室	104
2018-12-11	《西藏自治区脱贫攻坚指挥部政策保障组关于下达2019年度统筹整合使用财政涉农资金计划的通知》	西藏自治区脱贫攻坚指挥部政策保障组	105
2018-12-14	《云南省东西部扶贫协作投资项目优惠政策措施的实施方案》	云南省扶贫开发领导小组	106
2018-12-21	《鲁渝扶贫协作山东省财政援助资金及援建项目管理暂行办法》	重庆市财政局等	107
2018-12-24	《贵州省巩固提升脱贫成果的指导意见》	贵州省扶贫开发领导小组	108
2018-12-30	《关于深入开展消费扶贫助力打赢脱贫攻坚战的指导意见》	国务院办公厅	109
2019-01-03	《中共中央 国务院关于坚持农业农村优先发展做好"三农"工作的若干意见》	中共中央、国务院	110
2019-01-18	《西藏自治区健康扶贫惠民政策》	西藏自治区人民政府	111
2019-01-21	《关于调查核实贫困户"两不愁三保障"及饮水安全基本情况的通知》	重庆市扶贫开发领导小组办公室	112
2019-01-24	《贵州省2019年脱贫攻坚工作要点》	贵州省扶贫开发领导小组	113
2019-02-03	《西藏自治区财政厅脱贫攻坚领导小组关于加强脱贫攻坚资金使用管理的通知》	西藏自治区财政厅、脱贫攻坚领导小组	114
2019-02-19	《全力推进残疾人就业扶贫资金转股分红工作实施方案》	贵州省残疾人联合会	115

续表

发文时间	政策文件名称	发文机关	编码
2019-02-27	《关于贯彻落实贵州省 2019 年政府工作报告和脱贫攻坚春季攻势涉及东西部扶贫协作和社会扶贫重点工作内容推进方案》	贵州省扶贫开发领导小组办公室	116
2019-03-22	《贵州省关于深入推进技能脱贫千校行动的实施方案》	贵州省人力资源和社会保障厅等	117
2019-04-23	《国家能源局关于印发 2019 年脱贫攻坚工作要点的通知》	国家能源局	118
2019-04-24	《关于印发贵州省深入开展消费扶贫助力打赢脱贫攻坚战的实施意见》	贵州省人民政府办公厅	119
2019-04-26	《关于全面加强我省残疾人康复扶贫工作的实施意见》	贵州省残疾人联合办公室、贵州省卫生健康委	120
2019-04-29	《关于加强农村危房改造资金使用管理助力全面完成脱贫攻坚任务的通知》	财政部 住房城乡建设部	121
2019-05-18	《贵州省 2018 年东西部扶贫协作考核整改方案》	贵州省扶贫办	122
2019-05-23	《人力资源社会保障部 国家发展改革委 财政部 国务院扶贫办关于做好易地扶贫搬迁就业帮扶工作的通知》	人力资源社会保障部、国家发展改革委、财政部、国务院扶贫办	123
2019-05-28	《省扶贫办关于印发贵州省医疗保障扶贫行动实施方案的通知》	贵州省医疗保障局等	124
2019-06-04	《关于深入开展消费扶贫助力打赢脱贫攻坚战的实施意见》	重庆市人民政府办公厅	125
2019-06-13	《关于印发云南省开展消费扶贫助力打赢脱贫攻坚战实施方案的通知》	云南省人民政府办公厅	126
2019-06-23	《关于解决"两不愁三保障"突出问题的指导意见》	国务院扶贫开发领导小组	127
2019-06-20	《云南省扶贫开发领导小组关于开展扶贫扶志行动的实施意见》	云南省扶贫开发领导小组	128
2019-07-29	《关于决战决胜脱贫攻坚 进一步做好农村危房改造工作的通知》	住房和城乡建设部、财政部、国务院扶贫办	129
2019-09-06	《重庆市解决贫困人口基本医疗有保障突出问题工作实施方案》	重庆市卫生健康委员会	130
2019-09-19	《关于在脱贫攻坚兜底保障中充分发挥临时救助作用的意见》	民政部、财政部、国务院扶贫办	131
2019-09-30	《关于印发学锋副书记、明清副市长在全市深入推进脱贫攻坚整改工作电视电话会议上的讲话》	重庆市扶贫开发领导小组办公室	132

发文时间	政策文件名称	发文机关	编码
2019-10-21	《关于健全完善扶贫产业发展与贫困户利益联结机制的意见》	重庆市扶贫开发领导小组办公室、重庆市农业农村委员会	133
2019-12-08	《关于加强贫困村创业致富带头人培训工作的通知》	云南省人民政府扶贫开发办公室、云南省人力资源和社会保障厅	134
2020-01-02	《中共中央 国务院关于抓好"三农"领域重点工作确保如期实现全面小康的意见》	中共中央、国务院	135
2020-01-08	《关于印发社会组织参与消费扶贫助力脱贫攻坚工作方案的通知》	重庆市民政局	136
2020-01-30	《关于推进"三农"工作补短板强弱项 确保如期实现全面小康的意见》	中共四川省委、四川省人民政府	137
2020-02-01	《关于做好新型冠状病毒感染肺炎疫情防控和脱贫攻坚有关工作的通知》	重庆市扶贫开发领导小组办公室	138
2020-03-12	《关于在脱贫攻坚兜底保障中充分发挥临时救助作用的实施意见》	贵州省民政厅、贵州省财政厅、贵州省扶贫办	139
2020-02-14	《关于开展消费扶贫行动的通知》	国务院扶贫办、中央网信办、教育部、农业农村部、商务部、国务院国资委、全国工商联	140
2020-02-17	《关于积极应对新冠肺炎疫情影响加强财政专项扶贫资金项目管理工作确保全面如期完成脱贫攻坚目标任务的通知》	国务院扶贫办、财政部	141
2020-02-19	《关于做好2020年产业扶贫工作的意见》	农业农村部办公厅、国务院扶贫办综合司	142
2020-02-26	《关于积极应对新冠肺炎疫情影响加强财政专项扶贫资金项目管理工作确保全面如期完成脱贫攻坚目标任务的通知》	四川省扶贫开发局、四川省财政厅	143
2020-03-10	《关于认真学习贯彻习近平总书记在决战决胜脱贫攻坚座谈会上重要讲话精神的意见》	贵州省人民政府、中共贵州省委	144
2020-03-12	《关于在脱贫攻坚兜底保障中充分发挥临时救助作用的实施意见》	贵州省民政厅、贵州省财政厅、贵州省扶贫办	145
2020-03-26	《关于做好2020年财政专项扶贫资金管理、贫困县涉农资金整合试点及资产收益扶贫等工作的通知》	贵州省财政厅、贵州省扶贫办	146

续表

发文时间	政策文件名称	发文机关	编码
2020-03-27	《关于印发〈贵州省社会救助兜底脱贫行动方案〉的通知》	贵州省民政厅、贵州省扶贫开发办公室	147
2020-03-27	《关于进一步做好农业产业扶贫技术帮扶工作的通知》	四川省农业农村厅	148
2020-04-02	《关于贫困村创业致富带头人有关情况的通报》	重庆市扶贫开发办公室	149
2020-04-29	《关于进一步加强易地扶贫搬迁群众就业增收工作的指导意见》	贵州省人民政府办公厅	150
2020-05-08	《关于全面提高农村基层干部群众综合素质增强农村发展动力和发展能力的意见》	中共云南省委办公厅、云南省人民政府办公厅	151
2020-05-20	《关于进一步加强劳务就业扶贫工作的实施意见》	中共贵州省委办公厅、贵州省人民政府办公厅	152
2020-06-05	《关于印发云南省推进农村电子商务提质增效促进农产品上行三年行动方案（2020—2022年）的通知》	云南省人民政府办公厅	153
2020-06-10	《关于推进"四好农村路"发展的实施意见》	西藏自治区人民政府办公厅	154
2020-06-17	《人力资源社会保障部 财政部 国务院扶贫办关于进一步做好就业扶贫工作的通知》	人力资源社会保障部、财政部、国务院扶贫办	155
2020-06-24	《关于印发保险助推全省按时高质量打赢脱贫攻坚战行动方案的通知》	贵州省人民政府办公厅	156
2020-08-29	《国务院扶贫办 财政部关于用好财政扶贫资金项目支持克服洪涝地质灾害影响的通知》	国务院扶贫办、财政部	157
2020-12-16	《中共中央 国务院关于实现巩固拓展脱贫攻坚成果同乡村振兴有效衔接的意见》	中共中央、国务院	158

附录2

西南地区大扶贫案例汇总（60个）

序号	大扶贫案例名称	帮扶地区
1	云南永平：农村危房改造"改出"幸福安居新生活	云南省永平县
2	"挂包帮"动真情"转走访"解难题	云南省牟定县
3	保山隆阳区：创新养猪模式 助力群众脱贫	云南省隆阳县
4	小云助贫：河边村贫困综合治理实验报告	云南省勐腊县
5	云南省扶贫基金会有序参与精准扶贫，助力发展乡村振兴	云南省孟连县
6	上海市普陀区对口帮扶桐梓县	贵州省桐梓县
7	杭州江干区与三穗县"三级结对"——结对帮扶全覆盖携手共建成效显	贵州省三穗县
8	2018年贵州工会为重点帮扶4个村协调资金1.28亿元	贵州省织金县
9	跨越山海结情谊洒向苗疆皆大爱——杭州市余杭区对口帮扶贵州省台江县成效显著	贵州省台江县
10	贵州平坝：金融机构瞄准特色产业助力脱贫	贵州省平坝区
11	雷山县三年欲投1.5亿元 中国三星发布扶贫新战略	贵州省雷山县
12	贵州黔西南州贞丰县脱贫纪：山乡巨变奔富路	贵州省贞丰县
13	黎平：下"双创十有"妙棋 打脱贫攻坚硬仗	贵州省黎平县
14	长中短结合 产业教育基金并举 万达集团15亿元帮扶丹寨"幸福花开"	贵州省丹寨县
15	贵定县打造农村产业革命示范田	贵州省贵定县
16	勠力同心！水城县军地携手打赢打好脱贫攻坚战	贵州省水城县
17	黄平县重安镇五福村："蚂蚱"产业助脱贫	贵州省黄平县
18	"从毕节看贵州决战脱贫攻坚"网络主题活动思南县塘头镇：易地搬迁挪穷窝 搬出幸福新生活	贵州省思南县
19	花溪区对口帮扶罗甸县沫阳镇 脱贫攻坚专场招聘会召开	贵州省罗甸县
20	茅台人说：精准扶贫 乡村振兴我们必须尽责	贵州省道真县

续表

序号	大扶贫案例名称	帮扶地区
21	镇宁自治县革帮村：搬迁断穷根 产业惠农家	贵州省镇宁县
22	锦屏县启蒙镇"尖刀班"示范种植引领脱贫致富路	贵州省锦屏县
23	结对帮 对口扶 主动脱——剑河县脱贫攻坚"春风行动"综述	贵州省剑河县
24	上海干部对口帮扶习水 精准对接拔穷根	贵州省习水县
25	务川县两载牵手情 真情帮扶路	贵州省务川县
26	印江："民心党建+"助力脱贫攻坚	贵州省印江县
27	京藏牵手硕果累累"文香故里"生机勃发——北京市对口支援尼木县纪实	西藏尼木县
28	西藏金融助力精准扶贫	西藏申扎县
29	类乌齐县"七式工作法"全力助推精准扶贫	西藏类乌齐县
30	中国电信西藏公司搭建网络精准扶贫平台小记	西藏左贡县
31	重庆奉节：产业扶贫实现"造血功能""提质增效"并重	重庆市奉节县
32	重庆：中核集团帮扶石柱县成效明显	重庆市石柱县
33	重庆市国土资源和房地产学会 探索农村土地房屋制度改革 助推乡村振兴和脱贫攻坚	重庆市西阳县
34	雷波县创新教育扶贫助推脱贫攻坚	四川省雷波县
35	龙头带动八方联动产业扶贫	四川省红原县
36	五粮液集团荣膺"精准扶贫能力建设模式推荐案例"	四川省兴文县
37	四川金川县探索"扶贫车间+托管"扶贫新模式	四川省金川县
38	苍溪：强产业发展助脱贫奔康	四川省苍溪县
39	四川甘孜县高质量打好精准脱贫攻坚战	四川省甘孜县
40	旺苍县脱贫攻坚"四大项目"建设全面完成	四川省旺苍县
41	剑阁县：电力扶贫"点亮"群众致富路	四川省剑阁县
42	巴中市南江县着力提升乡村文化生活品质	四川省南江县
43	汶川县 扶贫专场招聘会切实缓解"就业难"	四川省汶川县
44	大邑县对口帮扶松潘县到位资金 822 万余元	四川省松潘县
45	《焦点访谈》聚焦甘孜雅江县：铺好路 助力好生活	四川省雅江县
46	道孚县"三力"向 2019 年"县摘帽"发起总攻	四川省道孚县
47	帮盐源县培养一支"带不走的医疗队"	四川省盐源县
48	蒲江对口帮扶泸定 村村结对交流"致富经"	四川省泸定县
49	凉山州甘洛县：贫困山区迎来新的"春天"	四川省甘洛县
50	昭觉县易地扶贫搬新房 村民喜迎新生活	四川省昭觉县

序号	大扶贫案例名称	帮扶地区
51	金阳县创新扶贫新模式做好农业产业扶贫新文章	四川省金阳县
52	宣汉县观山乡决战决胜脱贫攻坚	四川省宣汉县
53	巴中市通江县发展职业教育开通扶贫"直通车"	四川省通江县
54	巴中市平昌县精准施策致力贫困户稳定增收	四川省平昌县
55	叙永县要进一步巩固提升脱贫攻坚成果	四川省叙永县
56	古蔺县:高质量完成脱贫"摘帽"走出"蔺州特色"发展之路	四川省古蔺县
57	马边县扶贫开发局多措并举抓实"不忘初心、牢记使命"主题教育	四川省马边县
58	屏山县:决战脱贫攻坚 纪检监察护航	四川省屏山县
59	越西县"五个到位"助推"学前学普"全覆盖	四川省越西县
60	《焦点访谈》关注北川南华村 脱贫之后不脱责任	四川省北川县

附录 3

西南地区扶贫实践研究调查问卷（农户）

尊敬的先生/女士：

您好！我们是昆明理工大学"西南地区扶贫实践研究"课题组的调查员，目前课题组正在开展调研活动，目的在于调查西南地区扶贫政策的实施状态、实施过程及实施效果的实际情况。课题组通过抽样方法，选中了您作为调查对象，您的配合将对我们了解扶贫政策、实施、效果及存在的问题具有十分重要的意义和关键的作用。

问卷中问题的答案，没有对错之分，您只要如实回答就行。访问大约需要半个小时。对于您的回答，我们将按照《统计法》的规定，严格保密，并且只用于课题研究，请您不要有任何顾虑。希望您协助我们完成这次调查，谢谢您的合作。

1. 您的性别是？

A. 男　　　　　　B. 女

2. 您的年龄是？

A. 20 岁及以下　　B. 21~40 岁　　　C. 41~60 岁　　　D. 61 岁及以上

3. 您的文化程度是？

A. 小学及以下　　B. 初中　　　C. 高中

D. 大学专科　　　E. 大学本科　　F. 研究生及以上

4. 您的家庭人口数量是？

A. 1～3 人　　　　　B. 4～7 人　　　　　C. 8～10 人　　　　　D. 11 人及以上

5. 您对当前政府扶贫政策是否了解？

A. 非常了解　　　B. 了解　　　C. 一般

D. 不太了解　　　E. 不了解

6. 导致您的家庭贫困的主要原因是？（可多选）

A. 收入来源少　　　　　　　　B. 家庭成员患重病或残疾

C. 子女上学增加经济支出　　　D. 赡养老人负担重

E. 其他

7. 您家的主要收入来源是？（可多选）

A. 种植业　　　B. 养殖业　　　C. 经商

D. 外出务工　　　E. 政府提供的保障资金和扶贫资金

F. 子女或亲戚援助　　　　　　G. 其他

8. 您认为现行的扶贫政策是否使您享受到了实惠？

A. 是　　　　　B. 否

9. 您认为当前各级地方政府对农村扶贫的重视程度如何？

A. 非常重视　　　　　　　　　B. 较为重视

C. 不重视　　　　　　　　　　D. 很不重视

10. 您所在的乡镇/村有没有通过讲解或组织学习的方式让大家了解国家扶贫的政策？

1. 好像有　　　B. 有　　　C. 偶尔有

4. 好像没有　　　E. 没有

11. 当地政府的扶贫措施主要有哪些？

A. 给钱/给物

B. 引导农户发展产业——办民宿，办餐厅，组织外出打工，组织养殖，种经济作物，办工厂

C. 引导农户做文化产业——办演出，做手工工艺品，教徒弟老祖宗留下的文化，直播、拍视频等

D. 引导农户保护环境——少施肥，少喷农药，少加添加剂

E. 其他

12. 有没有外地企业来本地扶贫?

A. 有　　　　　B. 没有　　　　　C. 不清楚

13. 外地企业扶贫的措施主要有哪些?

A. 给钱/给物

B. 投资实体产业——办民宿,办餐厅,招聘工人,组织养殖,种经济作物,办工厂,建房子

C. 做文化产业——办演出,做手工工艺品,教徒弟老祖宗留下的文化,直播、拍视频等

D. 种植高水平农作物——少施肥,少喷农药,少加添加剂,建大棚,建仓库,建物流中心等

13. 有没有一些公益组织的人来村里扶贫?

A. 有　　　　　B. 没有　　　　　C. 不清楚

14. 公益组织扶贫的措施主要有哪些?

A. 搞文艺活动　　B. 发物资　　　C. 搞教育技能培训

D. 教大家健康知识　　　　　　E. 给大家体检

15. 有没有一些技术专家来村里扶贫?

A. 有　　　　　B. 没有　　　　　C. 不清楚

16. 技术专家来村里扶贫的主要方法有哪些?

A. 教种植知识和技能　　　　　B. 教养殖知识和技能

C. 教打工的知识和技能

17. 您认为脱贫的主要力量是?(可多选)

A. 农户个人　　　　　　　　　B. 政府帮扶

C. 企业帮扶　　　　　　　　　D. 社会组织帮扶

E. 都重要

18. 您认为现在政府主导的扶贫效果好吗?

A. 很好　　　　　B. 较好　　　　　C. 一般　　　　　D. 不好

附录4

西南地区扶贫实践研究调查问卷（政府）

尊敬的先生/女士：

您好！我们是昆明理工大学"西南地区扶贫实践研究"课题组的调查员，目前课题组正在开展调研活动，目的在于调查西南地区扶贫政策的实施状态、实施过程及实施效果的实际情况。课题组通过抽样方法，选中了您作为调查对象，您的配合将对我们了解大扶贫政策、实施、效果及存在的问题具有十分重要的意义和关键的作用。

问卷中问题的答案，没有对错之分，您只要如实回答就行。访问大约需要半个小时。对于您的回答，我们将按照《统计法》的规定，严格保密，并且只用于课题研究，请您不要有任何顾虑。希望您协助我们完成这次调查，谢谢您的合作。

1. 中央政府是否对当地进行了专项财政转移支付扶贫？

A. 是   B. 否

2. 本地是否和其他地方政府建立了结对帮扶关系？

1. 是   B. 否

3. 政府间进行定点帮扶的形式是？

1. 东西间政府帮扶   B. 央地间政府帮扶

C. 各省（区、市）政府内部协作帮扶   D. 其他形式帮扶

4. 省（或市县乡镇）政府发布的关于扶贫方面的文件、规章、制度、通知等的数量有多少？

A. 10 篇及以下　　　B. 10~50 篇　　　　C. 50~100 篇

D. 100~200 篇　　　E. 200 篇以上

5. 贫困户的识别、上报、补助金下发及民主监督是否按照中央及省市要求严格执行？

A. 是　　　　　　　B. 否

6. 基层政府是否设有专门的扶贫办公室和扶贫专门人员？

A. 几乎都有　　　B. 大部分有　　　C. 小部分有　　　D. 基本没有

7. 是否成立了各级地方政府一把手抓扶贫的扶贫领导小组？

A. 是　　　　　　　B. 否

8. 地方政府扶贫主要覆盖领域有（可多选）？

A. 教育　　　　　　　　　　B. 养老保险金发放

C. 医疗　　　　　　　　　　D. 吃穿

E. 基础设施　　　F. 住房　　　　G. 其他

9. 该地区是否已形成了政府主导、多元主体参与的扶贫格局？

A. 是　　　　　　B. 正在建设中　　　C. 没有

10. 当地政府主导的扶贫多元主体是通过什么途径参与进来的？

A. 政府主动联系

B. 通过政府新闻发布会或其他宣传途径

C. 其他主体自发联系

D. 其他

11. 政府主导的扶贫是否按照既定的目标在开展实施？

A. 完全是　　　　B. 基本是　　　C. 基本不是　　　D. 完全不是

12. 政府在联合其他力量进行扶贫时的服务意识如何？

A. 好　　　　　　B. 一般　　　C. 不太好　　　D. 不好

13. 在基础设施建设部分，政府的投入占比是多少？

A. 90%~100%　　B. 60%~90%　　C. 40%~60%

D. 10%~40%　　　E. 10% 及以下

14. 政府在扶贫的过程中对自己的定位是？（可多选）

A. 主导地位   B. 领导地位

C. 核心地位   D. 和其他主体一样

15. 您认为脱贫的主要力量是？（可多选）

A. 农户个人   B. 政府   C. 企业   D. 社会

E. 都是

16. 您认为现在政府主导的扶贫的效果好吗？

A. 很好   B. 较好   C. 一般   D. 不好

附录 5

西南地区扶贫实践研究调查问卷（企业）

尊敬的先生/女士：

　　您好！我们是昆明理工大学"西南地区扶贫实践研究"课题组的调查员，目前课题组正在开展调研活动，目的在于调查西南地区扶贫政策的实施状态、实施过程及实施效果的实际情况。课题组通过抽样方法，选中了您作为调查对象，您的配合将对我们了解扶贫政策、实施、效果及存在的问题具有十分重要的意义和关键的作用。

　　问卷中问题的答案，没有对错之分，您只要如实回答就行。访问大约需要半个小时。对于您的回答，我们将按照《统计法》的规定，严格保密，并且只用于课题研究，请您不要有任何顾虑。希望您协助我们完成这次调查，谢谢您的合作。

　　1. 企业了解十八大以来的扶贫政策吗？

　　A. 了解一些　　　　　　　　　　B. 了解

　　C. 不太了解　　　　　　　　　　D. 完全不了解

　　2. 企业响应国家号召开展扶贫工作是自愿的吗？

　　A. 是　　　　　B. 不是　　　　C. 说不清楚

　　3. 贵企业的经营规模属于哪一类？

　　A. 小微企业　　　　　　　　　　B. 中型企业

C. 大型企业

D. 超大型企业

4. 企业的企业性质属于下面哪一类？

A. 国有企业

B. 国有混合制企业

C. 民营企业

D. 外资企业

5. 企业参与扶贫的意愿如何？

A. 非常愿意

B. 较为愿意

C. 不愿意

D. 非常不愿意

6. 企业参与扶贫的资金投入规模如何？

A. 10 万元及以下

B. 10 万~50 万元

C. 50 万~100 万元

D. 100 万元及以上

7. 企业的主要帮扶措施有哪些？（可多选）

A. 单纯的资金投入

B. 对农户进行技能培训

C. 吸引贫困户有效劳动力到企业就业

D. 帮助建立贫困地区特色产业

E. 统一收购贫困地区的产品

F. 其他

8. 企业在什么情况下愿意去大力扶贫？

A. 政府支持

B. 政府补贴

C. 政府减税

D. 以上都是

9. 贵企业与哪个部门共同合作参与扶贫较多？（可多选）

A. 地方政府

B. 社会组织

C. 企业

D. 不合作

10. 企业在帮扶过程中的投资类型有哪些？

A. 资金投资

B. 资源投资

C. 人力投资

D. 固定资产投资

E. 技术投资

F. 其他

11. 企业通过哪些形式进行扶贫帮扶？

A. 企业+政府+合作社+贫困户

B. 企业+合作社+贫困户

C. 企业+合作社+基地+贫困户

D. 企业+政府+合作社+银行+贫困户

12. 您认为贵企业开展帮扶的力度大吗？

A. 大的　　　　　B. 一般　　　　　C. 不大　　　　　D. 不太大

13. 贵企业是否愿意继续开展帮扶活动？

A. 愿意　　　　　B. 一般　　　　　C. 不愿意　　　　D. 不太愿意

14. 贵企业在扶贫过程中的角色定位为？

A. 主导地位　　　　　　　　　B. 协同地位

C. 核心地位　　　　　　　　　D. 和其他主体一样

15. 您认为脱贫的主要力量是？（可多选）

A. 农户个人　　　　　　　　　B. 政府

C. 企业　　　　　　　　　　　D. 社会组织

E. 都重要

16. 您认为现阶段企业助力扶贫效果如何？

A. 效果很好，有明显的改善　　　B. 效果一般，略有改善

C. 效果略差，还需改善　　　　　D. 效果不好

附录6

西南地区扶贫实践研究调查问卷
（社会组织）

尊敬的先生/女士：

您好！我们是昆明理工大学"西南地区扶贫实践研究"课题组的调查员，目前课题组正在开展调研活动，目的在于调查西南地区扶贫政策的实施状态、实施过程及实施效果的实际情况。课题组通过抽样方法，选中了您作为调查对象，您的配合将对我们了解扶贫政策、实施、效果及存在的问题具有十分重要的意义和关键的作用。

问卷中问题的答案，没有对错之分，您只要如实回答就行。访问大约需要半个小时。对于您的回答，我们将按照《统计法》的规定，严格保密，并且只用于课题研究，请您不要有任何顾虑。希望您协助我们完成这次调查，谢谢您的合作。

1. 您对社会组织参与扶贫的态度是？

A. 不支持　　　　B. 无所谓　　　　C. 赞同　　　　D. 非常支持

2. 贵组织成立的时间有多久？

A.0~2 年　　　　B.3~5 年　　　　C.6~9 年　　　　D.10 年及以上

3. 贵组织参与扶贫的时间有多久？

A.0~2 年　　　　B.3~5 年　　　　C.6~9 年　　　　D.10 年及以上

4. 您了解关于社会组织参与扶贫的最新政策信息吗？

A. 不知道   B. 听说过

C. 知道但不了解   D. 非常了解

5. 社会组织参与扶贫的主要形式有哪些？（可多选）

A. 直接的资金援助   B. 宣传国家扶贫政策

C. 协助政府定点扶贫   D. 社会资源投入

5. 其他

6. 贵组织的组织性质属于以下哪类？（可多选）

A. 民间社会组织   B. 官方社会组织

C. 半官方的社会组织   D. 其他

7. 社会组织在扶贫工作中能够发挥哪些作用？（可多选）

A. 提供专业技术   B. 提供专业理论

C. 提供资金   D. 提供专业方法

E. 提供专业平台   F. 其他

8. 社会组织与哪些主体协同扶贫较多？（可多选）

A. 政府   B. 企业

C. 社会组织   D. 农户、合作社

9. 社会组织参与扶贫的意愿如何？

A. 非常愿意   B. 较为愿意

C. 不愿意   D. 非常不愿意

10. 社会组织参与扶贫的资金来源有哪些？

A. 组织捐献   B. 个人捐赠   C. 其他团体捐赠   D. 其他收益

11. 贵组织的扶贫过程中有无国外资金的帮扶？

A. 无   B. 没有

12. 社会组织参与扶贫的效果如何？

A. 效果非常好   B. 效果一般

C. 效果不好   D. 效果非常不好

13. 社会组织在扶贫过程中所处的地位为？

A. 主导地位   B. 领导地位

C. 核心地位   D. 和其他主体一样

14. 您认为脱贫的主要力量是？（可多选）

A. 农户个人　　　B. 政府　　　　　C. 企业

D. 社会组织　　　E. 都是

15. 社会组织在扶贫开展过程中遇到的哪方面的困难最多？（可多选）

A. 协调方面　　　B. 组织方面　　　C. 沟通方面

D. 项目方面　　　E. 资金方面　　　F. 其他

16. 您认为现阶段社会组织助力扶贫效果如何？

A. 效果很好，有明显的改善　　　　B. 效果一般，略有改善

C. 效果略差，还需改善　　　　　　D. 效果不好

附录 7

西南地区扶贫效果模糊综合评价
调查问卷（专家）

各位专家：

我们是昆明理工大学"西南地区扶贫实践研究"课题组的调查员，目前课题组正在开展调研活动，目的在于调查西南地区扶贫效果。课题组通过抽样方法，选中了您作为调查对象，调查问卷共有22道题目，请认真填写。对于您的回答，我们将严格保密，且只用于课题研究。望您协助我们完成调研，谢谢您的合作。

西南地区扶贫效果模糊综合评价表

	很好	较好	一般	较差	很差
东西间对口帮扶	○	○	○	○	○
中央财政专项扶贫资金	○	○	○	○	○
地方财政一般公共服务支出	○	○	○	○	○
帮扶结对	○	○	○	○	○
企业帮扶	○	○	○	○	○
产业投资	○	○	○	○	○
贫困户技能培训	○	○	○	○	○

续表

	很好	较好	一般	较差	很差
全社会固定投资	○	○	○	○	○
贫困人口素质	○	○	○	○	○
农户脱贫意愿	○	○	○	○	○
合作社参与态度	○	○	○	○	○
农村居民人均可支配收入增长比例	○	○	○	○	○
社会组织参与效果	○	○	○	○	○
社会组织类型	○	○	○	○	○
社会组织参与形式	○	○	○	○	○
基础设施（村村通组组通建设）	○	○	○	○	○
教育经费支持	○	○	○	○	○
城乡居民社会养老保险基金支出	○	○	○	○	○
县乡政府扶贫领导小组	○	○	○	○	○
扶贫办信息公开情况	○	○	○	○	○
村干部对贫困户的登记与识别	○	○	○	○	○
扶、帮、包驻村干部	○	○	○	○	○

附录 8

西南地区扶贫实践研究访谈提纲（农户）

1. 您家里有几口人啊？几男几女？多大年纪？

2. 目前家里主要的收入来源有哪些？家里种了几亩田？种植了多少其他经济作物？家里有人外出打工吗？月收入是多少？

3. 家里的钱主要是用在哪些地方呢？

4. 您觉得您家的条件和村里其他人相比怎么样？

5. 您是否了解贫困户的脱贫标准？

6. 您觉得现在实行的扶贫政策或者扶贫项目有没有给您带来实惠？您有没有参与具体的扶贫项目呢？如果有，参与了哪些项目？

7. 现在国家的扶贫政策或者扶贫项目有没有提高您家的收入呢？

8. 您家目前享受过哪些惠农补贴？您觉得这些补贴对您家的生活改善程度如何？

9. 您家参与过由企业或社会组织负责的扶贫项目吗？如果有，具体参与方式是怎样的？效果如何？您有哪些意见或建议？

10. 您认为国家对农村扶贫的重视程度如何？您觉得哪些方面国家关注比较多？哪些方面关注还不够充分？

11. 您有去参与企业或社会组织组织的扶贫活动吗？

12. 您对目前所在乡（村）的脱贫攻坚总体评价如何？您认为还有哪些需要改进的地方呢？

13. 您希望政府或其他组织为您或您家提供哪些方面的帮助呢？（如种植、养殖类教育培训，帮助发展乡村旅游，医疗、养老保险等补助，解决交通问题、通信问题，提供小额贴息贷款服务等）

14. 您认为在脱贫攻坚过程中，最主要的脱贫原因是什么？是政府帮扶，企业帮扶，社会组织帮扶，还是贫困户自己的努力？

15. 您觉得现在国家以政府为主导动员社会多元力量参与扶贫的扶贫格局怎么样？在脱贫攻坚过程中发挥的作用如何？

附录 9

西南地区扶贫实践研究访谈提纲
（政府部门）

1. 请您介绍一下国家在贵领域的扶贫政策和您所在部门承担的主要扶贫工作任务。

2. 您认为您所在的省、市、县、乡及村主要的致贫原因，经济社会发展面临的主要制约因素和突出困难等。

3. 请您介绍一下贵省/市/县/乡/村十八大以来脱贫攻坚取得的成效，包括贫困人口和贫困村退出数量、基础设施建设、产业发展等方面的情况。

4. 贵省/市/县/乡/村对于有明显返贫风险和致贫风险的群体是如何摸查和预防返贫的？

5. 贵省/市/县/乡/村近两年实施了哪些重点扶贫项目？资金是如何筹集、安排和使用的？项目和资金是如何公示的？群众是怎么参与的？

6. 贵省/市/乡/村第一书记和驻村工作队有哪些创新性做法？效果怎么样？如何改进？

7. 贵省/市/县/乡/村（或部分村）摘帽后的帮扶工作相对摘帽之前有何变化？

8. 您认为扶贫工作开展以来，以政府为主导、社会各界力量共同参与的扶贫格局有没有形成？

9. 您认为多元主体扶贫工作格局的优势是什么？

10. 您认为多元主体扶贫模式是一种中国原创的扶贫模式吗？有哪些值得推广的经验？

11. 您认为贵省扶贫政策在执行过程中存在哪些问题？如何去解决？

12. 您觉得贵省及当地市/县/乡/村能否在扶贫政策下如期完成脱贫攻坚的目标任务？

13. 您觉得全市/县/乡/村如期实现脱贫攻坚目标还要解决哪些问题？主要困难是什么？有什么解决问题的举措？您觉得还需要哪些方面的支持？

14. 下一步在全市/县/乡/村巩固脱贫攻坚战成果、助力乡村振兴和产业发展方面政府有何设想和安排？

15. 您认为在扶贫工作中，政府扮演着什么样的角色？政府和其他参与者的角色有何不同？

附录 10

西南地区扶贫实践研究访谈提纲（企业）

1. 贵企业是什么性质？成立于哪一年？成立地在哪？

2. 贵企业的规模有多大？年营收是多少？现有员工多少人？

3. 企业是脱贫攻坚的重要组成部分和重要力量，贵企业对参与脱贫攻坚工作是如何理解和定位的？

4. 请您简要介绍一下这两年贵企业开展扶贫工作的基本情况。

5. 在参与扶贫工作中，贵企业建立了什么样的帮扶机制？

6. 贵企业在帮扶过程中遇到过哪些比较典型的问题？采取了哪些对策？结果如何？

7. 您认为企业在帮扶过程中，最需要关注的是什么？为什么？

8. 贵企业在扶贫工作中，是如何把履行企业社会责任和提升帮扶实效结合起来的？

9. 您认为在扶贫工作中，企业应该如何处理与当地政府的关系？贵企业具体是怎样做的呢？

10. 贵企业对国家以及西南地区的脱贫攻坚总体评价如何？您认为还有哪些需要改进的呢？

11. 您如何看待脱贫攻坚过程中各参与主体的角色定位和职责分工？

12. 您觉得政府、企业、社会组织和农户等参与形成的多元主体扶贫格局对于脱贫攻坚目标的完成有何帮助？

13. 您如何评价贵企业所开展的脱贫工作？

14. 您觉得企业与政府、社会组织和个人等一起进行扶贫，与传统扶贫模式有何不同？

15. 下一步贵企业在巩固脱贫攻坚战成果、助力乡村振兴和产业发展方面有何设想和安排？

附录 11

西南地区扶贫实践研究访谈提纲
（社会组织）

1. 贵组织成立于哪一年？在哪里成立的？

2. 贵组织成立的初衷是什么？现在贵组织有多少员工？

3. 贵组织的经费来源主要有哪些？

4. 贵组织主要从事扶贫事业的那个板块？

5. 贵组织对中国脱贫攻坚了解吗？了解多少？

6. 贵组织是通过什么渠道参与脱贫攻坚的？

7. 贵组织对中国及中国西南地区的脱贫攻坚总体评价如何？

8. 社会组织是脱贫攻坚的重要组成部分和重要力量，贵组织对参与脱贫攻坚是如何理解和定位的？

9. 请您简要介绍一下这两年贵组织开展扶贫工作的基本情况。

10. 贵组织在扶贫过程中遇到过哪些比较典型的问题？采取了哪些对策？结果如何？

11. 在扶贫过程中，您觉得贵组织最需要关注的是什么？为什么？

12. 您认为在扶贫工作中，社会组织和当地政府及其他主体应维持怎样的关系？贵组织具体是怎样做的呢？

13. 贵组织作为社会组织参与脱贫攻坚在选择扶贫对象的时候有何具体考虑？

14. 您觉得动员一切可以动员的力量的扶贫模式怎么样？是否具有可持续性？

15. 下一步贵组织在巩固脱贫攻坚战成果、助力乡村振兴和产业发展方面有何设想和安排？

参考文献

白法璋：《对农业保险助力精准扶贫的思考——以广西桂林资源县为例》，《农家参谋》2020年第3期。

白萍、邓路、张鹏忠、帕尔哈提·买买提：《基于AHP层次分析模型的棉花节本增效技术体系综合效益评价》，《新疆农业科学》2019年第7期。

包军军、严江平：《基于村民感知的旅游扶贫效应研究——以龙湾村为例》，《中国农学通报》2015年第6期。

包路芳：《西藏墨脱"直过民族"与精准扶贫》，《中央民族大学学报》（哲学社会科学版）2018年第6期。

彼得·豪尔、罗斯玛丽·泰勒：《政治科学与三个新制度主义》，何俊智译，《经济社会体制比较》2003年第5期。

蔡高成、赵海清、李光辉：《基于Logistic回归的扶贫满意度评价模型》，《凯里学院学报》2019年第6期。

蔡科云：《论政府与社会组织的合作扶贫及法律治理》，《国家行政学院学报》2013年第2期。

曹立、王声啸：《精准扶贫与乡村振兴衔接的理论逻辑与实践逻辑》，《南京农业大学学报》（社会科学版）2020年第4期。

曹颖、孙钰涵、逯志刚、高静：《创业政策与创业意愿对大学生创业绩效的组态效应研究——基于22个大学生创业公司的PCA-fsQCA分析》，《职业技术教育》2020年第8期。

常艳霜：《面向大扶贫格局的社会扶贫机制构建研究》，《中国市场》2018年第18期。

陈爱雪、刘艳：《层次分析法的我国精准扶贫实施绩效评价研究》，

《华侨大学学报》（哲学社会科学版）2017 年第 1 期。

陈成、李正荣、阎晓萌：《抓党建促脱贫攻坚的贵州实践》，《理论与当代》2020 年第 10 期。

陈飞、尹炳、沈强、胡青青、邹宏光、张世文：《基于 CiteSpace 的矿业废弃地复垦与生态修复研究热点和趋势分析》，《西南农业学报》2020 年第 8 期。

陈桂生、张跃蠙：《精准扶贫跨域协同研究：城镇化与乡村振兴的融合》，《中国行政管理》2019 年第 4 期。

陈弘、周贤君、胡扬名：《后精准扶贫阶段农村精准扶贫综合绩效提升研究——基于 4 省 38 市数据的实证分析》，《中国行政管理》2019 年第 11 期。

陈佳勃、赵瑞辰、王艳杰、李法云：《基于大型底栖动物群落生物指数的清河水环境模糊综合评价》，《农业环境科学学报》2018 年第 12 期。

陈健：《习近平新时代精准扶贫思想形成的现实逻辑与实践路径》，《财经科学》2018 年第 7 期。

陈赖嘉措、覃建雄、陈露：《基于 AHP 模型的少数民族地区旅游资源开发评价研究——以云南省民族村为例》，《青海社会科学》2019 年第 2 期。

陈升、潘虹、陆静：《精准扶贫绩效及其影响因素：基于东中西部的案例研究》，《中国行政管理》2016 年第 9 期。

陈文胜：《论乡村振兴与产业扶贫》，《农村经济》2019 年第 9 期。

陈新明、萧鸣政、张睿超：《城市"抢人大战"的政策特征、效力测度及优化建议》，《中国人力资源开发》2020 年第 5 期。

崔论之：《大扶贫格局下企业扶贫的理论和实践研究》，硕士学位论文，四川省社会科学院，2015。

《党的十九届四中全会公报关键词解读》，《政策》2019 年第 12 期。

党红艳、冯亮、金媛媛：《两种旅游扶贫绩效定量评价方法比较研究》，《经济论坛》2019 年第 11 期。

丁建彪：《整体性治理视角下中国农村扶贫脱贫实践过程研究》，《政治学研究》2020年第3期。

东梅、王满旺、马荣、杨国涛：《陕青宁六盘山集中连片特困地区精准扶贫绩效评价及其影响因素研究——基于三阶段DEA和TOBIT模型》，《软科学》2020年第9期。

董藩、郑雪峰：《小产权房现实与政策要求的背离——基于制度分析与发展（ID）框架的商榷意见》，《学术界》2017年第10期。

杜莉、郑立：《中国绿色金融政策质量评价研究》，《武汉大学学报》（哲学社会科学版）2020年第3期。

敦帅、陈强：《中国企业可持续发展研究：态势演进与主题演化》，《科学管理研究》2020年第1期。

范子娜：《大扶贫视角下我国农村扶贫开发问题与对策研究》，《济源职业技术学院学报》2015年第1期。

方堃、吴旦魁：《习近平对马克思主义反贫困理论的创新》，《中南民族大学学报》（人文社会科学版）2019年第3期。

冯朝睿、李昊泽：《贫困县脱贫摘帽的影响因素及实践路径——基于中国西南地区60个案例的模糊集定性比较分析》，《云南财经大学学报》2020年第11期。

冯朝睿、王上铭：《主动协商型扶贫：基于IAD框架的精准扶贫新模式分析》，《学术探索》2018年第5期。

冯朝睿：《迈向多中心协同反贫困治理的中国扶贫模式变迁研究》，《学术探索》2019年第12期。

冯朝睿：《内容分析法视域下的大扶贫政策文本量化研究》，《昆明理工大学学报》（社会科学版）2020年第4期。

高婧、于军琪：《基于AHP-Fuzzy的大型公共建筑可持续性评价研究》，《计算机工程与应用》2014年第13期。

高军波、杨瑞东：《大扶贫格局背景下地学院校发展应重点关注的问题——以贵州大学为例》，《教育文化论坛》2018年第4期。

葛笑如、刘祖云：《工作队驻村帮扶引发的扶贫场域解构及再结构化研究——以苏北G县为例》，《理论与改革》2018年第6期。

官留记：《政府主导下市场化扶贫机制的构建与创新模式研究——基于精准扶贫视角》，《中国软科学》2016 年第 5 期。

龚冰：《中国新阶段农村扶贫开发的主要策略与效果评价》，《学术论坛》2007 年第 11 期。

龚毓烨：《新时代下大扶贫格局的构建》，《党政干部学刊》2018 年第 9 期。

古翼瑞：《成都平原以水稻为核心的种植模式综合效益分析与评价》，硕士学位论文，四川农业大学，2016。

郭本禹：《拉卡托斯的科学研究纲领理论与心理学史的方法论》，《南京师大学报》（社会科学版）1997 年第 3 期。

郭宁宁、钱力：《集中连片特困地区精准扶贫效率影响因素分析》，《盐城工学院学报》（社会科学版）2019 年第 2 期。

郭瑶、方金：《农村基本公共服务农户满意度影响因素研究——基于 Logistic-ISM 模型》，《科技和产业》2019 年第 7 期。

郭远智、周扬、刘彦随：《贫困地区的精准扶贫与乡村振兴：内在逻辑与实现机制》，《地理研究》2019 年第 12 期。

韩俊魁：《透过政府与非营利组织共治而减贫：大扶贫视野下云南多案例比较研究》，《经济社会体制比较》2016 年第 2 期。

韩娜娜：《中国省级政府网上政务服务能力的生成逻辑及模式——基于 31 省数据的模糊集定性比较分析》，《公共行政评论》2019 年第 4 期。

韩啸、吴金鹏：《政府数据开放水平的驱动因素：基于跨国面板数据研究》，《电子政务》2020 年第 6 期。

韩旭东、郑风田：《精准扶贫经验分析与价值总结——基于举国体制制度优势》，《当代经济管理》2021 年第 9 期。

何强、陈菲、王映红、严云鹰：《基于政策工具视角的我国老年健康服务业政策分析》，《医学与社会》2020 年第 6 期。

何文盛、杜晓林、任鹏丽：《新世纪我国农村扶贫政策的演进特征与价值取向——基于甘肃省的政策文本分析》，《北京行政学院学报》2018 年第 6 期。

贺东航、孔繁斌：《公共政策执行的中国经验》，《中国社会科学》2011年第5期。

贺肖飞、张秀卿、张晓民：《基于AHP-FCE方法的内蒙古乡村旅游资源评价》，《干旱区资源与环境》2020年第10期。

胡守勇：《共享发展视角下产业扶贫的问题及长效机制建设》，《湖南社会科学》2018年第2期。

胡元林、李英：《智力资本组态效应对企业生态创新的影响——基于fsQCA方法的实证分析》，《科技进步与对策》2020年第16期。

胡振光、原珂：《模式与经验：新中国特色扶贫的脉络传承》，《党政研究》2018年第3期。

黄承伟：《中国扶贫开发道路研究：评述与展望》，《中国农业大学学报》（社会科学版）2016年第5期。

黄栋：《国家治理现代化中的政策协同创新》，《求索》2021年第5期。

黄启翠：《扶智与扶志：西南民族地区教育扶贫长效机制探析》，《西昌学院学报》（社会科学版）2021年第2期。

黄现民、樊平、闵建美、刘倩、张淑娟、于富昌：《国际土壤农药污染研究进展与前沿——基于CiteSpace分析土壤》，《土壤》2020年第10期。

黄晓野、高一兰：《精准扶贫地区人口贫困状态及影响因素研究——基于海南省扶贫调查数据的实证分析》，《南方人口》2018年第4期。

姜雪青、马勇军：《近20年我国教育研究范式的运用现状与发展趋势——基于国内五本教育核心期刊的内容分析》，《上海教育科研》2019年第12期。

蒋祎、田尧、蒲漪然、廖俊怡、袁君、洪富露、高申：《中国医疗领域健康扶贫政策的历史沿革与现状分析》，《中国农村卫生事业管理》2019年第2期。

金潮：《基于IAD分析框架的宅基地退出农户权益问题探究》，《南方农业》2020年第12期。

李本乾：《描述传播内容特征　检验传播研究假设——内容分析法简

介（上）》，《当代传播》1999 年第 6 期。

李长山：《基于 Logistic 回归法的企业财务风险预警模型构建》，《统计与决策》2018 年第 6 期。

李富强、张莉、刘广为：《党建引领谋发展 脱贫攻坚奔小康——四川开江县"基层党建+精准扶贫"模式》，《人民论坛》2016 年第 34 期。

李广文、王志刚：《大扶贫体制下多元主体贫困治理功能探析》，《中共南京市委党校学报》2017 年第 6 期。

李国安、郭庆玲：《民间组织参与扶贫的意义、障碍与实践路径》，《人民论坛》2014 年第 17 期。

李国强、孙遇春、胡文安：《嵌入式合作网络要素如何影响企业双元创新？——基于 fsQCA 方法的比较研究》，《科学学与科学技术管理》2019 年第 12 期。

李华、马小璇、王继平、崔云琴：《信息化助力深度贫困地区"教育精准扶贫"路径与对策研究》，《电化教育研究》2021 年第 1 期。

李辉：《基于 Logistic 模型的深度贫困地区贫困人口致贫因素分析》，《西北民族研究》2018 年第 4 期。

李健：《基于模糊集定性比较分析的民营企业政治行为有效性研究》，《商业经济与管理》2012 年第 11 期。

李娜：《深入理解"三位一体"大扶贫格局的内涵》，《现代经济信息》2019 年第 12 期。

李萍、田世野：《习近平精准扶贫脱贫重要论述的内在逻辑与实现机制》，《教学与研究》2019 年第 2 期。

李森、赵轩维、夏恩君：《股权众筹项目融资成功率判别——Logistic回归与神经网络模型的比较分析》，《技术经济》2018 年第 9 期。

李天、韩广富：《新时代脱贫攻坚实践价值的三维解读》，《人民论坛》2021 年第 4 期。

李文钊：《多中心的政治经济学——埃莉诺·奥斯特罗姆的探索》，《北京航空航天大学学报》（社会科学版）2011 年第 6 期。

李文钊：《制度分析与发展框架：传统、演进与展望》，《甘肃行政学院学报》2016 年第 12 期。

李小云、陈邦炼、唐丽霞：《精准扶贫：中国扶贫的新实践》，《中共中央党校（国家行政学院）学报》2019 年第 5 期。

李小云、吴一凡、武晋：《精准脱贫：中国治国理政的新实践》，《华中农业大学学报》（社会科学版）2019 年第 5 期。

李小云、于乐荣、唐丽霞：《新中国成立后 70 年的反贫困历程及减贫机制》，《中国农村经济》2019 年第 10 期。

李小云：《贫困的终结》，中信出版社，2021。

李小云：《我国农村扶贫战略实施的治理问题》，《贵州社会科学》2013 年第 7 期。

李晓冬、马元驹、南星恒、普天星：《精准扶贫政策落实跟踪审计：理论基础、实践困境与路径优化——基于审计结果公告文本分析的证据》，《理论月刊》2020 年第 8 期。

李晓冬：《公共政策落实跟踪审计三维评价标准构建研究：以精准扶贫政策落实跟踪审计为例》，《会计与经济研究》2020 年第 2 期。

李玉刚、吴朋、叶凯月、方修园：《制度情境差异对企业成长的影响研究热点与趋势——基于 CiteSpace 的可视化分析》，《科技进步与对策》2020 年第 10 期。

李振杰、韩杰：《基于 Logistic 回归模型的农户土地流转意愿实证分析》，《统计与决策》2019 年第 13 期。

李卓、金菁、左停：《精准扶贫的现实困境与优化路径——基于豫西 L 县的实地调查》，《长白学刊》2019 年第 6 期。

梁陞：《基于 AHP—熵权的三穗县 M 乡特色扶贫产业减贫效应评价》，《黔南民族师范学院学报》2018 年第 1 期。

廖富洲：《习近平精准扶贫思想研究》，《学习论坛》2018 年第 8 期。

廖卫东、肖钦：《基于 IAD 框架的农村污水治理问题研究》，《世界农业》2018 年第 3 期。

林闽钢、陶鹏：《中国贫困治理三十年回顾与前瞻》，《甘肃行政学院学报》2008 年第 6 期。

刘春腊、黄嘉钦、龚娟、谢炳庚:《中国精准扶贫的省域差异及影响因素》,《地理科学》2018年第7期。

刘复兴、曹宇新:《新发展阶段的乡村教育振兴:经验基础、现实挑战与政策建议》,《西北师大学报》(社会科学版)2022年第1期。

刘建生、陈鑫、曹佳慧:《产业精准扶贫作用机制研究》,《中国人口·资源与环境》2017年第6期。

刘强强、莫兰:《政策工具视角下贵州省扶贫政策的文本量化研究》,《福建行政学院学报》2016年第5期。

刘逸爽、陈艺云:《管理层语调与上市公司信用风险预警——基于公司年报文本内容分析的研究》,《金融经济学研究》2018年第4期。

刘裕、王璇:《贫困地区贫困人口对精准扶贫满意度及影响因素实证研究》,《经济问题》2018年第8期。

刘铮、浦仕勋:《精准扶贫思想的科学内涵及难点突破》,《经济纵横》2018年第2期。

柳家富、张杰:《公共治理视角下我国地方政府机构改革分析》,《中国集体经济》2012年第7期。

柳青:《浅析公共政策的价值取向》,《科技创业月刊》2005年第3期。

柳志、王善平:《精准视角下扶贫绩效模糊综合评价——以湘西土家族苗族自治州为例》,《云南财经大学学报》2020年第5期。

陆舒婷、张雪芳:《内容分析法在高血压病穴位贴敷文献研究中的应用》,《中国中医基础医学杂志》2018年第12期。

陆益龙:《精准衔接:乡村振兴的有效实现机制》,《江苏社会科学》2021年第4期。

吕普生:《制度优势转化为减贫效能——中国解决绝对贫困问题的制度逻辑》,《政治学研究》2021年第3期。

罗尔斯:《正义论》,何怀宏等译,中国社会科学出版社,1988。

骆凯:《大力发展民营经济 助推大扶贫格局》,《贵州社会主义学院学报》2017年第4期。

马志雄、王娟、丁士军、张银银：《精准扶贫中建档立卡贫困户脱贫认同的影响因素分析》，《农业技术经济》2018 年第 12 期。

毛新伟：《政策价值观的历史考察与我国政策价值取向的选择》，《襄樊学院学报》2009 年第 7 期。

苗爱民：《精准扶贫战略的内涵逻辑及实现路径分析》，《中共福建省委党校学报》2019 年第 6 期。

莫光辉：《精准扶贫：中国扶贫开发模式的内生变革与治理突破》，《中国特色社会主义研究》2016 年第 2 期。

潘慧、滕明兰、赵嵘：《习近平新时代中国特色社会主义精准扶贫思想研究》，《上海经济研究》2018 年第 4 期。

彭纪生、仲为国、孙文祥：《政策测量、政策协同演变与经济绩效：基于创新政策的实证研究》，《管理世界》2008 年第 9 期。

千帆：《两载牵手情，真情帮扶路——贵州省农村信用社联合社结对帮扶务川纪实》，《贵州日报》2017 年 6 月 26 日。

仇晓璐、陈绍志、赵荣：《精准扶贫研究综述》，《林业经济》2017 年第 10 期。

萨缪尔森·诺德豪斯：《经济学》，高鸿业等译，中国发展出版社，1992。

申浩：《大扶贫视域下新型城镇化建设策略的思考——以贵州省安顺市"一分三向"模式为例》，《安顺学院学报》2018 年第 1 期。

沈伶佳、岳一博、李德智、李启明：《村镇基础设施项目建设的监督绩效内涵研究——基于 IAD 框架分析》，《工程经济》2020 年第 9 期。

盛佳：《论自主治理理论在我国农村治理中的适用性》，《商业经济研究》2015 年第 3 期。

时少华、梁佳蕊：《政策网络视角下历史文化街区保护的参与网络治理研究——以北京国子监历史文化街区为例》，《北京联合大学学报》（人文社会科学版）2018 年第 2 期。

史云贵、薛喆：《县乡领导干部容错纠错机制的功能廓析与路径创新——一种基于 IAD 的分析框架》，《思想战线》2020 年第 3 期。

斯丽娟、尹苗、杨富强：《以大扶贫格局打破双重扶贫悖论——改革开放 40 年扶贫政策创新》，《兰州大学学报》（社会科学版）2018 年第 5 期。

苏会、赵敏：《脱贫攻坚视角下农村低保对象认定的影响因素分析——基于山西省 838 家农户的调研数据》，《中南林业科技大学学报》（社会科学版）2019 年第 2 期。

孙小梅：《"互联网+精准扶贫"模式下乡村生态旅游发展研究》，《核农学报》2021 年第 12 期。

谭海波、范梓腾、杜运周：《技术管理能力、注意力分配与地方政府网站建设——一项基于 TOE 框架的组态分析》，《管理世界》2019 年第 9 期。

谭江华：《预算改革的制度逻辑——基于 IAD 框架的分析》，《湖南社会科学》2016 年第 2 期。

檀学文、李静：《习近平精准扶贫思想的实践深化研究》，《中国农村经济》2017 年第 9 期。

汤志伟、王研：《TOE 框架下政府数据开放平台利用水平的组态分析》，《情报杂志》2020 年第 6 期。

唐任伍：《习近平精准扶贫思想研究》，《人民论坛·学术前沿》2017 年第 23 期。

滕雨芯、王淑梅：《农民创收过程中农村精准扶贫工作现状及对策》，《现代农业》2019 年第 1 期。

田帅辉、徐瞳、王旭：《基于 Logistic 模型的交通运输业与邮政业融合发展研究——以重庆市为例》，《重庆大学学报》（社会科学版）2019 年第 6 期。

童光荣、何耀主编《计量经济学实验教程》，武汉大学出版社，2008。

童翎、洪业应：《从"碎片化"困境看农村医疗救助扶贫的政策调整》，《山东社会科学》2017 年第 9 期。

万筠、王佃利：《中国邻避冲突结果的影响因素研究——基于 40 个案例的模糊集定性比较分析》，《公共管理学报》2019 年第 1 期。

汪朝飞：《基于旅游扶贫的楚雄州乡村景观分布特征及质量评价》，《中国农业资源与区划》2019 年第 9 期。

汪三贵：《中国 40 年大规模减贫：推动力量与制度基础》，《中国人民大学学报》2018 年第 6 期。

王帮俊、朱荣：《产学研协同创新政策效力与政策效果评估——基于中国 2006—2016 年政策文本的量化分析》，《软科学》2019 年第 3 期。

王芳、孙庆刚、白增博：《以绿色发展引领乡村振兴——来自日本的经验借鉴》，《世界农业》2018 年第 12 期。

王国敏、何莉琼：《巩固拓展脱贫攻坚成果与乡村振兴有效衔接——基于"主体—内容—工具"三维整体框架》，《理论与改革》2021 年第 3 期。

王恒尚：《IAD 框架下村务监督委员会抑制村庄腐败的制度运行现状研究》，硕士学位论文，兰州大学，2019。

王慧杰、毕粉粉、董战峰：《基于 AHP-模糊综合评价法的新安江流域生态补偿政策绩效评估》，《生态学报》2020 年第 20 期。

王江民、钱均祥、许宗亮、曾彪等：《应用层次分析法确定鲜食玉米品质指标的优先等级》，《西南农业学报》2019 年第 9 期。

王丽巍、安佳、唐任伍：《基于 CiteSpace 对扶贫研究阶段性热点和前沿的动态追踪与分析》，《兰州学刊》2020 年第 10 期。

王灵桂、侯波：《新中国成立 70 年贫困治理的历史演进、经验总结和世界意义》《开发性金融研究》2020 年第 1 期。

王秋梅、石俊华：《基于 CiteSpace V 软件的高职学生职业道德教育研究聚类分析》，《学校党建与思想教育》2020 年第 14 期。

王维、向德平：《风险社会视域下产业扶贫的风险防控研究》，《陕西师范大学学报》（哲学社会科学版）2019 年第 5 期。

王英伟：《权威应援、资源整合与外压中和：邻避抗争治理中政策工具的选择逻辑——基于（fsQCA）模糊集定性比较分析》，《公共管理学报》2020 年第 2 期。

王友云、向芳青：《连片民族特困地区区域发展与协同扶贫合约制治理模式探讨——以武陵山片区为例》，《重庆师范大学学报》（社会科学版）2018 年第 5 期。

王雨磊、苏杨：《中国的脱贫奇迹何以造就？——中国扶贫的精准行政模式及其国家治理体制基础》，《管理世界》2020 年第 4 期。

王雨蓉、陈利根、陈歆、龙开胜：《制度分析与发展框架下流域生态补偿的应用规则：基于新安江的实践》，《中国人口·资源与环境》2020 年第 1 期。

危浪、桂学文、喻红艳：《我国农村职业教育研究的前沿热点与演进态势——基于 CNKI（1992—2019 年）文献的知识图谱分析》，《成人教育》2020 年第 3 期。

魏佳敏、李悦铮：《基于 AHP 的旅游资源评价与开发研究——以内蒙古敖汉旗为例》，《国土与自然资源研究》2017 年第 3 期。

魏有兴、杨佳惠：《后扶贫时期教育扶贫的目标转向与实践进路》，《南京农业大学学报》（社会科学版）2020 年第 6 期。

文建龙：《改革开放以来中国共产党的扶贫实践》，《大庆师范学院学报》2016 年第 1 期。

吴凌霄、龚新蜀、岳会：《西部民族地区"新农保"参保影响因素及效果评价——基于农户调查数据的 Logistic 回归分析》，《西藏大学学报》（社会科学版）2018 年第 3 期。

吴映雪：《精准扶贫的多元协同治理：现状、困境与出路——基层治理现代化视角下的考察》，《青海社会科学》2018 年第 3 期。

夏江山：《我国中小商业银行存款保险风险费率厘定问题研究——基于面板有序 Logistic 回归模型》，《现代财经（天津财经大学学报）》2018 年第 1 期。

夏前龙、施国洪：《基于 AHP-模糊综合评判方法的图书馆移动信息服务质量影响因素探析》，《情报学报》2014 年第 8 期。

向德平、华汛子：《改革开放四十年中国贫困治理的历程、经验与前瞻》，《新疆师范大学学报》（哲学社会科学版）2019 年第 2 期。

肖江：《大扶贫格局下西部农业保险精准扶贫实施现状及改进对策》，

《中国市场》2018 年第 7 期。

肖菊、梁恒贵：《贵州易地扶贫搬迁安置点教育保障研究》，《贵州社会科学》2019 年第 7 期。

谢丽：《互联网平台企业高成长绩效影响因素的组合构型研究》，硕士学位论文，华南理工大学，2019。

谢玉梅、臧丹：《多元共治贫困：基于江苏省泗阳县的个案研究》，《农业经济与管理》2018 年第 5 期。

谢岳：《中国贫困治理的政治逻辑——兼论对西方福利国家理论的超越》，《中国社会科学》2020 年第 10 期。

邢伯伦、龚贤、闫紫月：《深度贫困民族地区精准扶贫满意度评价及影响因素——基于对凉山彝族自治州乡村的调查》，《财经科学》2019 年第 5 期。

熊春林、尹慧慧、张颖慧、李杏：《贫困地区文化扶贫能力评价与提升对策研究》，《图书馆理论与实践》2019 年第 11 期。

熊志昂、赵渤、常飞：《基于 AHP 的食品供应链风险评估研究》，《食品工业》2014 年第 9 期。

徐顽强、李敏：《公益组织嵌入精准扶贫行动的生态网络构建》，《西北农林科技大学学报》（社会科学版）2019 年第 3 期。

徐嫣、宋世明：《协同治理理论在中国的具体适用研究》，《天津社会科学》2016 年第 2 期。

许光建、卢允子：《论"五水共治"的治理经验与未来——基于协同治理理论的视角》，《行政管理改革》2019 年第 2 期。

燕继荣：《反贫困与国家治理——中国"脱贫攻坚"的创新意义》，《管理世界》2020 年第 4 期。

杨灿明：《中国战胜农村贫困的百年实践探索与理论创新》，《管理世界》2021 年第 11 期。

杨达、康宁：《大扶贫、大数据、大生态："一带一路"绿色治理的中国经验》，《江西社会科学》2020 年第 9 期。

杨帆、曹艳春、刘玲：《我国老年长期护理服务质量评价指标体系构建与评估——基于 AHP 方法对顾客感知服务质量模型的修正》,《社会保障研究》2019 年第 4 期。

易棉阳:《论习近平的精准扶贫战略思想》,《贵州社会科学》2016 年第 5 期。

于德:《习近平精准扶贫思想研究》,博士学位论文,中共中央党校,2019。

余超、唐国艳、卢爱珍:《供应链金融应收账款融资信用风险评估的可行性分析——基于煤炭行业的实证研究》,《金融发展评论》2019 年第 3 期。

虞晓芬、傅玳:《多指标综合评价方法综述》,《统计与决策》2004 年第 11 期。

喻文菡、江恬雨、王曼丽:《基于内容分析法的肿瘤 MDT 运行管理现状研究》,《中国医院管理》2020 年第 1 期。

曾寿金、刘志峰、江吉彬:《基于模糊 AHP 的机电产品绿色再制造综合评价方法及应用》,《现代制造工程》2012 年第 7 期。

曾小溪、汪三贵:《中国大规模减贫的经验:基于扶贫战略和政策的历史考察》,《西北师大学报》(社会科学版) 2017 年第 6 期。

曾媛、董莎莎:《党建"金钥匙"打开脱贫致富"连环锁"——重庆市委组织部扶贫集团驻开州区大进镇工作队抓党建促脱贫纪实》,《当代党员》2020 年第 20 期。

翟小可、吴祈宗:《基于 AHP-模糊综合评价的农村电商物流服务质量评价研究》,《数学的实践与认识》2019 年第 5 期。

张春美、黄红娣、曾一:《乡村旅游精准扶贫运行机制、现实困境与破解路径》,《农林经济管理学报》2016 年第 6 期。

张芳娟、张乾元:《我国农村反贫困的制度创新及其治理效能》,《江西社会科学》2021 年第 4 期。

张戈、刘雪璟:《论"党建+扶贫"的实践、理论"三性"》,《学术探索》2021 年第 4 期。

张国兴、张振华、管欣等:《我国节能减排政策的措施与目标协同有效吗？——基于 1052 条节能减排政策的研究》，《管理科学学报》2017 年第 3 期。

张景祥：《基于熵权 Fuzzy-AHP 法的食品安全风险评估》，《科技创新导报》2018 年第 31 期。

张磊主编《中国扶贫开发政策演变（1949-2005 年）》，中国财政经济出版社，2007。

张蕾、袁晓慧：《基于定性比较分析的生育保护政策国际比较》，《社会保障研究》2019 年第 4 期。

张立、张河：《推动乡村振兴与精准扶贫有效衔接的政策稳定性思考》，《农业经济》2021 年第 7 期。

张利利、郭淑妹、马艳琴、卜春霞：《基于数据挖掘技术的银行客户定期存款认购模型研究》，《数学的实践与认识》2019 年第 21 期。

张良、袁梅：《改革开放以来民族教育信息化研究的热点与脉络演进——基于 CiteSpace 知识图谱软件的量化分析》，《民族教育研究》2018 年第 6 期。

张梅、王晓、颜华：《农民合作社扶贫的路径选择及对贫困户收入的影响研究》，《农林经济管理学报》2019 年第 4 期。

张蒙蒙、刘天平、杨建辉：《精准扶贫研究的现状、热点与趋势——基于 CNKI 和 CiteSpace 可视化视角》，《中国农业资源与区划》2019 年第 8 期。

张庆红、夏咏：《新疆连片特困地区少数民族农户贫困影响因素分析》，《中国农业资源与区划》2019 年第 3 期。

张赛群：《习近平精准扶贫思想探析》，《马克思主义研究》2017 年第 8 期。

张维冲、王芳、赵洪、张建光：《基于政府公文结构解析的科技政策主题抽取与分析》，《科学学研究》2020 年第 7 期。

张尧、王运武：《国际教育机器人研究现状及启示——基于 WOS 期刊文献（2010—2018）的可视化分析》，《数字教育》2019 年第 6 期。

张永丽、徐腊梅：《中国农村贫困性质的转变及 2020 年后反贫困政策方向》，《西北师大学报》（社会科学版）2019 年第 5 期。

张元春：《智能物流生态系统演化发展：基于多中心协同治理视角》，《商业经济研究》2021 年第 6 期。

赵春燕：《基于 AHP 的移动图书馆服务质量评价研究》，《图书情报工作》2014 第 S2 期。

赵丽江、李鹏红、管鹏鹏：《政策工具视角下湖北省扶贫政策研究：一个分析框架》，《统计与管理》2019 年第 2 期。

赵蓉英、邹菲：《内容分析法学科基本理论问题探讨》，《图书情报工作》2005 年第 6 期。

赵燕鸿：《脱贫攻坚期乡村旅游精准扶贫的难题与对策研究》，《农业经济》2021 年第 3 期。

赵玉灵：《基于层次分析法的矿山环境评价方法研究——以海南岛为例》，《国土资源遥感》2020 年第 1 期。

郑健：《基于 AHP 模型的乌鲁木齐市大气环境质量评价研究》，《干旱区资源与环境》2013 年第 11 期。

郑宇：《贫困治理的渐进平衡模式：基于中国经验的理论建构与检验》，《中国社会科学》2022 年第 2 期。

《中共中央 国务院关于抓好"三农"领域重点工作确保如期实现全面小康的意见》，《中国农民合作社》2020 年第 3 期。

《中国统计年鉴 2020》，中国统计出版社，2020。

周艳玲、赵普民：《政府与私人部门协同扶贫：互动、困境与策略——以 T 县扶贫项目为例》，《长春市委党校学报》2020 年第 1 期。

朱火云、杨超柏：《城市新贫困：政府与非政府组织合作扶贫研究》，《杭州师范大学学报》（社会科学版）2019 年第 5 期。

朱莉：《贵阳"大扶贫"战略下"高一格"扶贫案例调查启示》，《贵阳市委党校学报》2017 年第 6 期。

朱玉贵：《中国伏季休渔效果研究》，博士学位论文，中国海洋大学，2009。

庄倩：《基于 AHP 的江苏省高标准农田综合生产能力评价》，《江苏农业科学》2016 年第 6 期。

邹开敏：《全民参与的大扶贫格局构建研究——以旅游扶贫为例》，《广东社会科学》2019 年第 3 期。

Abed, Salma S., "Social Commerce Adoption Using TOE Framework: An Empirical Investigation of Saudi Arabian SMEs," *International Journal of Information Management* 4 (2020).

Alesina, A. Alberto, E. Glaeser, and B. Sacerdote, "Why doesn't the United States Have a European-style Welfare State?" *Brookings Papers on Economic Activity*, 2001.

Algerde, Horatio, *Ragged Dick: Or, Street Life in New York with the Boot-Blacks*, New York: Modern Library, 2005.

Banfield, Edward C., *A Critical View of the Urban Crisis*, New York: Harvard University, 1970.

Binh, Pham Thi Thanh and Vu Van Ha, "Poverty Reduction in Vietnam and the Role of Public Administration," *Journal of Contemporary Asia* 49 (2018).

Deichmann, U. et al, "Economic Structure, Productivity, and Infrastructure Quality in Southern Mexico," *The Annals of Regional Science* 3 (2004).

Donoso, Rosa E., Marja Elsinga, "Management of Low-income Condominiums in Bogotá and Quito: The Balance between Property Law and Self-organisation," *International Journal of Housing Policy* 8 (2016).

Easton, David, *The Political System*, New York: Knopf, 1953.

Ercolano, Salvatore and Giuseppe Lucio Gaeta, "Anti-poverty Competences in a Multilevel Government: An Empirical Analysis of Citizens' Preferences in Europe," *Applied Economics* 39 (2017).

Harrington, Michael, *The Other American: Poverty in the United States*, New York: The Macmilan Company, 1962.

Lewis, Oscar, *Life in a Mexican Village: Tepoztlan Restudied*, Urbana:

University of Illinois Press, 1951.

Li Yuheng, Su Baozhong, and Liu Yansui, "Realizing Targeted Poverty Alleviation in China," *China Agricultural Economic Review* 8 (2016).

Libecap, G. D., "Economic Variables and the Development of the Law: The Case of Western Mineral Rights," *The Journal of Economic History* 38 (1978).

Liu Yang, Yang Ren, "Moral Obligation, Public Leadership, and Collective Action for Epidemic Prevention and Control: Evidence from the Corona Virus Disease 2019 (COVID - 19) Emergency," *International Journal of Environmental Research and Public Health* 8 (2020).

Liu Yansui, Liu Jilai, and Zhou Yang, "Spatio-temporal Patterns of Rural Poverty in China and Targeted Poverty Alleviation Strategies," *Journal of Rural Studies* 52 (2017).

Mincer, J. A., *Schooling, Experience, and Earnings*, New York: National Bureau of Economic Research, 1974.

Oh, Jinkyung, Hiroshan Hettiarachchi, "Collective Action in Waste Management: A Comparative Study of Recycling and Recovery Initiatives from Brazil, Indonesia, and Nigeria Using the Institutional Analysis and Development Framework," *Recycling* 1 (2020).

Okun, Arthor M., *Equality and Efficiency: The Big Tradeoff*, Washington, D. C.: Brookings Institution Press, 2015.

Pigou, Arthur Cecil, *Welfare Economics*, Cambridge: Cambridge University Press, 1920.

Polanyi, Michael, *The Logic of Liberty: Reflections and Rejoinders*, Indianapolis: Liberty Fund Inc., 1998.

Rank, Mark, *The Politics of Welfare Reform*, Chicago: The University of Chicago Press, 1985.

Rhodes, R. A. W., *Understanding Governance: Policy Networks, Governance, Reflexivity and Accountability*, Buckingham: Open University Press, 1997.

Rogers, Sarah et al., "Moving Millions to Eliminate Poverty: China's Rapidly Evolving Practice of Poverty Resettlement," *Development Policy Review* 38 (2020).

Rothwell, R., W. Zegveld, *Reindustrialization and Technology*, London: Logman Group Limited, 1985.

Schult, Theodore W., *The Economics of Being Poor*, Oxford: Black Well, 1993.

Sen, A. K., "Well-being, Agency and Freedom," *Journal of Philosophy* 4 (1985).

Sen, A. K., *The Idea of Justice*, Cambridge, MA: Harvard University Press, 2009.

Sen, A. K. "Conceptualising and Measuring Poverty," in D. Grusky & R. Kanbur, eds., *Poverty and Inequality*, Stanford, CA: Stanford University Press, 2006.

Tan Mingjiao, Liu Oin, and Huang Nanni, "Path Model and Countermeasures of China's Targeted Poverty Alleviation and Rural Revitalizalion," *Revista De Cercelare Si Interventie Sociala* 70 (2020).

Weiss, Linda, *The Myth of the Powerless State*, Ithaca: Cornell University Press, 1998.

Xenophon, *Oeconomicus*, New York: Harvard University Press, 1998.

Zhou Yang et al., "Targeted Poverty Alleviation and Land Policy Innovation: Some Practice and Policy Implications from China," *Land Use Policy* 74 (2018).

后　记

　　时光飞逝，转眼我从事减贫研究已十载有余，不知不觉间对减贫形成了一些自己的思考和见解。特别是从决定写作《西南地区扶贫实践研究》一书开始，至今也已五载余。经过这五年多对西南五省（区、市）的深度调研发现，人口规模巨大、民族众多、区域差距显著、文化多元的多民族国家集中国家资源要素干好减贫这件民生大事的意义和影响巨大。在经过对书稿框架的搭建、篇章布局的构思、研究理论的选择、数据的收集与分析、结论的形成与完善等一系列过程后，我对西南地区的减贫有了更深入的思考，每一次的思考都是观念之变、思想之异、方法之问、知识之新和思想之魂的互相纠缠、螺旋式上升的过程。关于减贫的理论阐释的新的知识体系蓬勃生长，助推研究框架的不断调整，而研究框架的调整又会反哺知识生产，新的减贫体系与新的减贫逻辑一道快速成形，最终迈向更高维度的减贫思考。在书稿成形后，我再次对西南部分地区进行了调研，希望能对书中的结论进行实践验证，后又经过了对书稿再次修改的过程，这一过程也是自我感性减贫认知的颠覆与理性减贫认识的再提升的过程，更是减贫知识生产与减贫知识体系的整体性重构过程。

　　站在减贫经验互鉴的立场上，中西方在减贫理论体系构建上早已生发出了不同的实践探索、不同的研究路径、不同的理论阐述，但本书本着理论互鉴、实践互鉴、知识互鉴、文明互鉴的观点，立足本土实际，融合生成一种更加全面、更加综合、更加多元、更加开放的西南地区减贫模式。从宏观来看，无论是基于工业文明还是农业文明而构建的减贫体系，其本质都是"以人为中心"开展的，诚如马克思所言"服务于人的全面自由发展"。而中国及西南地区的减贫实践也自始至终围绕人的需要展开，以服务人的需要为目的，以消除绝对贫困、缩小贫富差距、不断推进社会公平正义、实现共同富裕为目标，进而推动中国式现代化的进程和中华民族伟大复兴目标的实现。

"胜非其难也，持之者其难也。"消除绝对贫困问题不是中国减贫的终结，而是中国减贫的新探索新实践新开始。随着中国脱贫攻坚战取得全面胜利，中国的减贫也进入新的阶段。但中国 2020 年后的减贫与之前的减贫实践不是割裂，而是一种承载和延续的关系，减贫所形成的贫困治理经验同样可为 2020 年后的新型贫困问题治理提供研究案例和经验借鉴。同时 2020 年后的贫困治理的确不同于 2020 年前，进入后扶贫时代的中国的可持续减贫问题依然严峻，世界经济复苏脆弱，国际形势异常严峻，我国经济社会发展各项任务繁重艰巨。在新阶段、新理念、新格局的新时代宏观政治话语体系下，中国需把握好巩固拓展脱贫攻坚成果与乡村振兴战略的政策叠加期、交换期和转轨期的重要特点，并将中国西南地区的丰富减贫知识进一步落实于巩固拓展脱贫攻坚成果同乡村振兴有效衔接这一国家系统工程中。稳住农业基本盘、做好"三农"工作，全面推进乡村振兴，是我国建设社会主义现代化强国、跨越"中等收入陷阱"、迈向共同富裕的必然路径，也是稳定中国经济发展基本面的压舱石。因此，后扶贫时代的减贫问题更应该重视，更应从整体性、系统性、全局性的大国治理的视角出发将减贫始终置于国家政治制度建设、国家治理、经济治理、社会治理、生态治理和文化治理的"包容性治理结构"中予以考量。应该根据国家政治制度建设的核心使命和国家治理任务的阶段性变化调适减贫政策，致力于建设包容性发展关系进而推动减贫与社会治理的互动融合，为推进乡村振兴和国家体系与治理能力现代化提供西南新图景。

最后，感谢云南省社科联"云南省哲学社会科学创新团队成果文库"对本书的资助。感谢张红宇、周文和李小云教授对本书的肯定和为本书撰序。感谢昆明理工大学管理与经济学院对本研究的支持。感谢我的研究生李昊泽、赵倩莹、张叶菁、徐宏宇、侯晓童、李立融在资料收集和整理过程中给予的帮助。感谢西南五省（区、市）各级地方政府对本书调研提供的帮助。感谢社会科学文献出版社编辑对书稿的校编。同时，还要感谢我的家人的理解和照顾，没有你们的帮助，我很难有时间和精力完成本书。

冯朝睿

二〇二三年仲夏于申城

图书在版编目（CIP）数据

西南地区扶贫实践研究 / 冯朝睿著. -- 北京：社
会科学文献出版社，2023.12
（云南省哲学社会科学创新团队成果文库）
ISBN 978-7-5228-2911-1

Ⅰ.①西… Ⅱ.①冯… Ⅲ.①扶贫-研究-西南地区
Ⅳ.①F127.7

中国国家版本馆 CIP 数据核字（2023）第 234760 号

云南省哲学社会科学创新团队成果文库
西南地区扶贫实践研究

著　　者 / 冯朝睿

出 版 人 / 冀祥德
责任编辑 / 袁卫华
文稿编辑 / 刘　燕
责任印制 / 王京美

出　　版 / 社会科学文献出版社
　　　　　　地址：北京市北三环中路甲 29 号院华龙大厦　邮编：100029
　　　　　　网址：www.ssap.com.cn
发　　行 / 社会科学文献出版社（010）59367028
印　　装 / 唐山玺诚印务有限公司

规　　格 / 开　本：787mm × 1092mm　1/16
　　　　　　印　张：24　字　数：378 千字
版　　次 / 2023 年 12 月第 1 版　2023 年 12 月第 1 次印刷
书　　号 / ISBN 978-7-5228-2911-1
定　　价 / 138.00 元

读者服务电话：4008918866